北京市高等教育精品教材
BEIJINGSHI GAODENG JIAOYU JINGPIN JIAOCAI

高等院校经济与管理核心课精品系列教材

经济预测、决策与对策

（第三版）

王文举　　陈江 ◎ 主编

首都经济贸易大学出版社
Capital University of Economics and Business Press
·北 京·

图书在版编目（CIP）数据

经济预测、决策与对策 / 王文举，陈江主编. ——3 版. ——北京：首都经济贸易大学出版社，2023. 10
ISBN 978 - 7 - 5638 - 3480 - 8

Ⅰ.①经… Ⅱ.①王… ②陈… Ⅲ.①经济预测 - 高等学校 - 教材 ②经济决策 - 高等学校 - 教材 Ⅳ.①F20

中国国家版本馆 CIP 数据核字（2023）第 028887 号

经济预测、决策与对策（第三版）

JINGJI YUCE, JUECE YU DUICE

王文举　陈江　主编

责任编辑	王玉荣	
封面设计	李　煜	
出版发行	首都经济贸易大学出版社	
地　　址	北京市朝阳区红庙（邮编 100026）	
电　　话	(010)65976483　65065761　65071505(传真)	
网　　址	http://www.sjmcb.com	
E - mail	publish@cueb.edu.cn	
经　　销	全国新华书店	
照　　排	北京砚祥志远激光照排技术有限公司	
印　　刷	唐山玺诚印务有限公司	
成品尺寸	170 毫米 ×240 毫米　1/16	
字　　数	476 千字	
印　　张	25. 75	
版　　次	2003 年 6 月第 1 版　2013 年 9 月第 2 版 **2023 年 10 月第 3 版　2023 年 10 月总第 8 次印刷**	
书　　号	ISBN 978 - 7 - 5638 - 3480 - 8	
定　　价	55. 00 元	

第三版前言

为适应现代市场经济发展的需要,推进经济管理的科学化与经济决策的民主化,培养新型的经济管理人才,2003 年我们在多年教学实践的基础上编著出版了《经济预测、决策与对策》教材。

教材出版后,经读者广泛使用获得了一致好评,2005 年被评为北京高等教育精品教材。应读者的要求,我们对教材做了修改和完善,2013 年本书作为北京市高等学校人才强教深化计划高层次人才资助项目(PHR20100513)的研究成果,进行了第二版修订。多年来,一些读者提出了宝贵的意见和建议,应读者和出版社的要求,我们对教材又做了进一步的修改和完善。本次第三版修订,我们结合"二十大"精神,努力把握习近平新时代中国特色社会主义思想的世界观和方法论,坚持好、运用好贯穿其中的立场、观点、方法,注重坚持人民至上、坚持自信自立、坚持守正创新、坚持问题导向、坚持系统观念、坚持胸怀天下。基于此,我们重新编写了一些章节,补充了一些内容,更新了部分数据和案例,力图使理论和方法更全面系统,更注重理论、方法和应用相结合。

本教材的特点和编写原则如下:

第一，面向教学需求，遵循"精心设计、精于思想、精简推导、精致案例"的原则。本教材根据我们长期的科研和教学实践经验，以学生的知识需求为导向，结合学生的知识结构和接受能力，注重学生学习的规律，精心设计教材内容和结构；精于基本理论和方法的思路与应用介绍；精简数学推导，使用通俗易懂语言；精致编写典型案例，启发学生学习。

第二，注重介绍经济预测、经济决策与经济对策论的基本理论和基本方法，处理好理论、方法与应用的关系。经济预测、决策与对策的知识浩如烟海，本教材不可能囊括所有相关知识。我们在编写中注重基础和应用，力求将基本理论、方法和适合学生掌握的新成果编入教材，侧重经济预测、决策与对策的研究思路和方法的介绍，使学生对发展历史、基本原理、基本方法有一个系统而有重点的学习，学会利用经济预测、决策与对策的理论和方法分析现实经济问题。

经济预测、决策与对策作为一种方法论，近年来在我国经济研究中已经普遍应用，形成了一大批富有启发性的研究成果。我们把适合学生学习的研究成果和实际案例编入教材，让学生结合实际问题来学习经济预测、决策与对策的理论和方法。

第三，针对学生的知识结构和学习规律，组织教材内容。经济预测、决策与对策的有关内容涉及较深的数学知识，内容比较难学，限于学生的知识结构，我们没有介绍过多过难的数学知识，以免学生不易接受，影响学习效果。

第四，注重培养学生掌握经济预测、决策与对策的基本原理和方法，提高分析问题和解决问题能力，注重培养学生的创新意识和实践能力。

本教材系统地介绍了经济预测和经济决策的基本原理、方法、使用范围及应用，简要地介绍了经济对策论。全书共分14章，内容包括导论、定性预测法、确定性时间序列预测法、随机性时间序列预测法、曲线趋势预测法、季节变动预测法、马尔科夫预测法、回归分析预测法、投入产出分析预测法、经济决策概论、确定型与不确定型决策、风险型决策、多目标决策和经济对策论基础。各章后面均附有习题。书后附有 IBM SPSS Statistics 26.0 简介与例解。

教材编写组由首都经济贸易大学教师组成。主编：王文举，首都经济贸易大学党委书记，经济学二级教授，数量经济学博士生导师；陈江，首都经济贸易大学经济学院副教授，数量经济学硕士生导师。编写组成员：靳向兰，首都经济贸易大学教授，数量经济学博士生导师；马立平，首都经济贸易大学统计学院教授，博士生导师；周华，首都经济贸易大学经济学院教授；张桂喜，首都经济贸易大学经济学院副教授；董寒青，首都经济贸易大学统计学院副教授、硕士生导师；张玉春，首都经济贸易大学统计学院副教授、硕士生导师；朱梅红，首都经济贸易大学统计学院副教授、硕士生导师。

本教材框架、结构和内容是在原教材的基础上，由编写组成员进一步加工整理、集体讨论形成的。具体编写分工如下：王文举负责前言、第一章、第十四章；陈江负责第二章；张桂喜负责第三章前四节、第六章、第八章；朱梅红负责第三章第五节；张玉春负责第四章；董寒青负责第五章、附录；周华负责第七章；靳向兰负责第九章；马立平负责第十章、第十一章、第十二章、第十三章。全书由王文举、陈江总纂、审定，由王文举、陈江担任主编。编写过程中，陈江做了很多协调工作，经济学院数量经济学博士生导师廖明球教授、田新民教授、蒋雪梅教授和硕士生导师李雪教授提出了很多宝贵的意见和建议，在此表示衷心的感谢！

本书适宜作为高等院校经济管理类专业本科和专科学生的教材，也可作为经济管理类专业研究生和广大经济管理人员的学习参考书。

　　在教材编写过程中，我们参考了国内外一些相关研究成果和教材，限于篇幅，在参考文献中未能全部列出，在此对文献作者一并表示感谢！由于编者时间有限，本教材仍存不足之处，敬请读者批评指正。

　　首都经济贸易大学出版社杨玲社长给我们提供了很多指导和帮助，提出许多修改意见和建议，为本书的编辑出版付出辛勤劳动，使本书增色不少，在此表示衷心的感谢！

王文举

2023 年 5 月 15 日

目 录

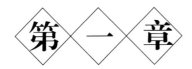

导　论

第一节　经济预测概论

　　所谓预测，就是"鉴往知来"，即根据过去、现在推测未来，由已知预计未知。比如：两支球队进行比赛，在比赛之前，人们可以根据这两支球队的实力，根据以往他们之间比赛成绩的记录及最近时期他们的竞技状态等信息，对未来比赛中谁输谁赢以及比分的悬殊程度作出推断，这就是预测。预测理论作为通用的方法论，既可应用于研究自然现象，又可应用于研究社会现象。将预测理论、方法与个别领域现象发展的实际相结合，就产生了预测的各个分支，如社会预测、政治预测、经济预测、军事预测、科技预测、人口预测、气象预测等。

　　经济预测是预测的一个分支，它是指在经济理论指导下，以准确的调查统计资料和经济信息为依据，从经济现象的历史、现状和规律性出发，运用科学的方法，对经济现象未来发展的前景作出测定。由此可以看出，经济预测不能凭空想象，它只能根据经济现象在其发展过程中表现出来的规律性加以认识和分析，用此规律指导未来，作出预测。因而，经济预测理论是根据对经济现象发展变化规律性的认识，研究从已知事件测定未知事件的方法论。经济预测理论是在经济预测实践过程中产生和发展起来的，是经济预测实践经验的科学概括，反过来又应用于经济实践中，指导实践并接受实践的检验，从而使经济预测理论不断得到丰富和发展。

经济现象的发展变化对过去和现在产生的影响,在将来一定时期内仍将继续发生作用,从而使经济现象的发生和发展具有客观规律性。在掌握了准确的调查统计资料、经济信息和认识经济现象发展变化规律的基础上,将这种客观规律性延伸到未来,运用科学的方法进行经济预测,可以得到满意的预测结果,并可以满足国家经济建设和企业经营管理的需要。但经济现象的发展变化,除受人们已经认识的事前可以掌握的因素影响之外,还受人们尚未认识的事前无法掌握的因素影响。因此,经济现象的未来发展又具有不确定性,对不确定的未来进行经济预测必然会存在误差。加之有时掌握的调查统计资料和经济信息不完全或不够准确,选用预测方法不恰当或判断不正确,也会造成预测失误。从这个角度讲,经济预测的准确程度具有相对性和局限性。然而,我们不能因此怀疑经济预测和经济预测方法的科学性,因为经济现象的发展变化既有偶然性又有必然性,二者是相互联系的。在保证必需的调查统计资料和经济信息的准确和完整的基础上,在不断研究和改进预测方法的前提下,可以透过偶然性认识必然性,掌握经济现象发展变化的规律性,把误差控制在一定的范围内,以提高经济预测的准确性和科学性。

一、经济预测的基本原则

经济预测的研究任务,在于透过经济活动的事实,认识经济发展变化的规律。前人的大量研究指出,经济的发展和变化普遍遵循以下几个基本原则,这些基本原则是我们对经济作出科学预测的基础。

（一）连贯性原则

连贯性原则是指某个经济现象过去和现在发展变化的规律性,在未发生质变的情况下,可以延伸到未来。今天的情况是由昨天演变而来,明天是今天顺序发展的结果。这种连贯性包含两方面的含义:一是时间的连贯性,是指在经济系统中,如果停止执行过去一直沿用的某项政策或措施后,并不能立即消除因此而产生的影响,它仍要按原有的惯性运行一段时间;二是结构的连贯性,是指经济系统的结构在短期内可以认为是不变的,具有相对的稳定性。

时间的连贯性是运用时间序列分析方法进行趋势外推预测的基本假设,而结构的连贯性是利用因果关系建立结构模型进行预测的主要依据。

（二）类推性原则

类推性原则是指利用预测对象与其他事物的发展变化在时间上有先后不同,但在表现形式上有相似之处的特点,把先发展事物的表现过程类推到预测对象上,从而对预测对象的前景作出预测。在经济发展过程中,不同的经济现象所遵循的发展规律有时是相似的,利用这种相似性,就可以根据已知的某一经济现象的发展规律类推出另一个未知的经济现象的未来发展。例如,彩电的发展普及过程,与黑白电视机就有某些类似之处,黑白电视机的发展在前,这时就可以利用黑白电视机的发展规律,类推预测彩电的发展规律。

(三)相关性原则

相关性原则是指经济现象之间往往存在着一定的相互联系和相互影响,即存在着一定的相关性。这种相关性有多种表现形式,其中最重要的就是因果关系。在经济预测中,通过对一组经济变量的分析研究,确定出原因和结果,就可以利用这些变量的实际统计资料建立数学模型,进行预测。回归分析预测法就是利用了相关性原则。

(四)概率性原则

概率性原则是指任何事物的发展都有一定的必然性和偶然性,而且在偶然性中隐藏着必然性。因此,预测者必须通过对事物偶然性的分析,揭露事物内部隐藏着的必然的规律性。从偶然中发现必然是有规律可循的,这个规律就是人们普遍应用的统计规律。

为了预测某时期经济的发展趋势,常常需要对某时期的实际经济过程进行模拟,这种模拟的经济过程与实际的经济过程相比,无疑会存在一定偏差,且这种偏差带有随机性。概率性原则要求预测者对实际的经济过程作出区间估计,且认识到这种区间估计的区域宽度将随着时间的延长而越来越大。

二、经济预测的分类

从不同的角度出发,经济预测根据研究任务的不同可作如下分类。

(一)按预测方法性质不同,可分为定性经济预测和定量经济预测

1. 定性经济预测。定性经济预测是指预测者通过调查研究,了解实际情况,凭借自己的实践经验和理论以及业务水平,对经济现象发展前景作出判断的方法。其主要目的在于判断经济现象未来发展的性质、方向和程度。

定性经济预测的准确程度主要取决于预测者的经验、理论知识、业务水平和分析判断能力,因而此方法多用于一些重大问题、难于量化的问题,或缺乏数据资料甚至无数据资料可参考、无先例可循的问题的预测。

2. 定量经济预测。定量经济预测是指根据准确的调查统计资料和经济信息,建立数学模型或运用统计方法,推导出经济现象未来值的方法。近几十年来,定量经济预测越来越受到重视,许多新的预测方法应运而生,并得到广泛

应用。

定性经济预测和定量经济预测各有其特点和局限性。事实上,在进行预测时,定性与定量预测方法往往是相辅相成、互相渗透的,即定性预测也采用定量分析,而定量预测也在定性分析的基础上进行,这样可以提高预测的准确性。

(二)按预测涉及范围不同,可分为宏观经济预测和微观经济预测

1.宏观经济预测。宏观经济预测是指以国民经济、部门、地区的经济活动为范围进行的各种经济预测。它以整个社会经济的发展作为考察对象,研究经济发展中各相关指标之间的联系和发展变化。例如:对国民经济发展水平、规模和速度的预测,对固定资产投资规模的预测,对全社会物价总水平变动趋势、居民消费结构变动趋势的预测,均属于宏观经济预测。宏观经济预测是政府制定方针政策,编制和检查计划,调整经济结构的重要依据。

2.微观经济预测。微观经济预测是指以基层单位的经济活动为范围进行的各种经济预测。它以个别经济单位生产经营发展的前景作为考察对象,研究微观经济中各相关指标之间的联系和发展变化。例如:对企业产品的产量、销量、市场占有率、广告费支出的预测,对企业如何将有限资源分配在各种产品的生产上以取得最好的经济效益的预测,均属于微观经济预测。微观经济预测是企业制定生产经营决策,编制和检查计划的依据。

宏观经济预测与微观经济预测有密切的关系,宏观经济预测应以微观经济预测为参考,微观经济预测应以宏观经济预测为指导,二者相辅相成。

(三)按预测时间长短不同,可分为短期经济预测、中期经济预测和长期经济预测

1.短期经济预测。短期经济预测一般指1年以下经济发展前景的预测。它是制定企业生产经营发展年度计划、季度计划,明确规定经济短期发展具体任务的依据。

短期经济预测一般不考虑经济环境的变化,所以对于经济现象在观测期所显示出来的发展变化规律可以延伸到预测期,这时较多地使用时间序列预测法。

2.中期经济预测。中期经济预测一般指1年以上5年以下经济发展前景的预测。它是制定国民经济和企业生产经营发展5年计划,规定经济5年发展任务的依据。

中期经济预测既要注意经济规律的稳定性,又要分析经济环境的变化,所以预测的难度要高于短期预测。在中期经济预测中经常使用因果关系预测法。

3.长期经济预测。长期经济预测一般指 5 年以上经济发展前景的预测。它是制定国民经济和企业生产经营发展十年计划、远景规划,规定经济长期发展任务的依据。

由于长期经济预测的时间较长,不确定因素较多,所以考虑预测期经济环境的变化和政策性的变化就显得尤为重要。和中、短期预测相比,长期经济预测更多地使用定性预测法。

三、经济预测的程序

为保证经济预测工作顺利进行,必须有组织、有计划地安排工作进程,以期取得应有的成效。为此经济预测一般按下列程序进行。

(一)确定预测目标

这是经济预测首先要解决的问题。确定预测目标,就是从计划、决策与管理的需要出发,根据实际与可能,确定预测对象,规定预测期限,选择恰当的评价指标,期望预测结果达到的精度等。

(二)收集、审核和整理资料

准确的调查统计资料和经济信息是经济预测的基础,也是提高经济预测准确性的前提条件之一。因而要从多方面把与预测对象有关的各种历史资料以及影响预测对象未来发展的现实资料收集齐全,然后将这些资料系统地加以分析、整理、综合、取舍,必要时可将这些资料绘成图表,这样可以明确各因素之间的关系,便于分析研究。

资料按来源不同有内部资料和外部资料之分。对公司和企业来说,内部资料是反映该单位历年经济活动情况的统计资料、市场调查资料和分析研究资料。外部资料是从本单位外部收集到的统计资料和经济信息,包括政府统计部门公开发表和未公开发表的统计资料、报纸杂志上发表的资料、科研人员的调查研究报告,以及国外有关的经济信息和市场商情资料等。

为了保证资料的准确性,需要对资料进行必要的审核与整理。审核工作主要包括:资料来源是否可靠、统计数据是否准确完备、统计资料是否可比等。整理工作主要包括:对不可靠的资料进行查证核实或删除,对短缺的数据进行估计推算,对不可比的资料进行调整,对总体的资料进行必要的分类组合。

(三)选择预测方法,建立预测模型

选择合适的预测方法和建立预测模型,是保证预测准确的关键一步。

对定性预测方法或定量预测方法的选择,应根据掌握的资料而定。当掌握的资料不够完备、准确程度较低时,可采用定性预测方法。例如,对新产品投放

市场后的销售量进行预测,由于缺少历史统计资料,一般应采用定性预测方法。当掌握的资料比较齐全、准确程度较高时,可采用定量预测方法。例如,对老企业的产值、利润、原材料消耗、流动资金等进行预测,可采用定量预测方法,运用一定的数学模型进行定量分析研究。

另外,预测方法的选择还涉及费用和精度问题,通常可遵循三个原则:①准确度原则。人们总是希望预测误差尽可能小,预测越准确越好。②经济原则。人们希望花钱少,预测成本低。③时间原则。人们希望预测不要占用很多时间,越快越好。

在实际进行预测时,对上述原则的重视程度是不一样的。例如:在关系到整个国民经济的大型预测项目中,应更加强调准确度原则。宁可多花些钱,多用些时间,也要尽可能地得到较为准确的预测结果。而在短期预测中,更应重视经济性和时间性,对准确度的要求就有所降低。

建立预测模型是指建立能够反映经济现象过去和未来之间、原因和结果之间相互联系和发展变化规律性的数学方程式——数学模型。预测模型可能是单一方程,也可能是联立方程;可能是线性模型,也可能是非线性模型。预测模型建立得是否合适,也是涉及预测准确度的一个关键问题。

(四)进行预测

不论是定性预测,还是建立预测模型进行定量预测,这一步是付诸实施的重要一步。定性预测时,由预测者对经济现象未来发展的性质、方向和程度作出判断。定量预测时,由预测者根据预测模型,输入有关数据,进行计算处理,得到预测结果。在利用模型进行预测之前,要对模型进行各种检验,以考察模型所作的各种假设是否合理、模型的选择是否合适。

(五)估计、分析预测误差,改进预测模型

预测误差是实际值与对应的预测值之差。预测误差的大小反映了预测的准确程度,误差越大,预测的准确度越低,误差大到一定程度时,就失去了预测的作用。因此,得到预测结果之后,必须计算预测误差,并分析产生误差的原因,把误差控制在一定范围内。同时还要和定性分析相结合,调整预测值,使预测结果尽可能与实际情况相接近。

在预测过程中,随着时间的推移,如果客观情况发生了显著变化,原来的预测方法和预测模型不能如实地反映经济现象发展的实际时,要及时修改和完善预测模型,以提高预测质量。

(六)提交预测报告

预测报告应概括经济预测研究的主要活动过程,列出所有相关内容:预测目标、预测对象及有关影响因素的分析结论;预测中使用的主要资料和数据;预测方法的选择,预测模型的建立,预测结果的评价及预测模型的修正;等等。

预测报告最终要提交上级有关部门,作为编制计划、制定政策、作出决策的参考依据。

四、预测精度及误差分析

经济预测是基于过去和现在的已知,而过去和现在终究不是未来,已知也终归不是未知。因此,预测肯定会有误差,不可能百分之百准确。预测的任务在于计算出在一定概率保证下预测误差的范围,并改进预测方法或修正预测模型,尽量减小预测误差,避免预测失误,从而提高预测精度。

(一)预测精度的度量指标

预测精度是衡量预测方法是否适用于预测对象的一个重要指标。度量预测精度的指标有多种,这里介绍常用的几种。

设:某经济变量的实际值为 y_t,预测值为 $\hat{y}_t$。(注意:观测期内的 $\hat{y}_t$ 称为追溯预测值,它是用同样的预测方法计算出的观测期的预测值。)

则预测误差为:

$$e_t = y_t - \hat{y}_t \quad (t = 1, 2, \Lambda, n)$$

预测的相对误差为:

$$\tilde{e}_t = \frac{e_t}{y_t} = \frac{y_t - \hat{y}_t}{y_t} \quad (t = 1, 2, \Lambda, n)$$

1. 平均绝对误差 MAE(Mean Absolute Error)。

$$\text{MAE} = \frac{1}{n} \sum_{t=1}^{n} |e_t| = \frac{1}{n} \sum_{t=1}^{n} |y_t - \hat{y}_t|$$

MAE 反映了预测的平均绝对误差,作用相当于 MSE。

2. 均方误差 MSE(Mean Squared Error)。

$$\text{MSE} = \frac{1}{n} \sum_{t=1}^{n} e_t^2 = \frac{1}{n} \sum_{t=1}^{n} (y_t - \hat{y}_t)^2$$

对于同一个预测项目,用不同的方法进行预测时,比较各种预测方法的优劣,可依据均方误差的大小进行比较。使 MSE 小的预测方法优于使 MSE 大的预测方法。

3. 平均相对百分比误差 MAPE(Mean Absolute Percentage Error)。

$$\text{MAPE} = \frac{1}{n} \sum_{t=1}^{n} \frac{|e_t|}{y_t} \times 100\% = \frac{1}{n} \sum_{t=1}^{n} \frac{|y_t - \hat{y}_t|}{y_t} \times 100\%$$

MAPE 反映了预测的平均相对误差。这个指标具有可比性。

对于不同的预测项目,用同一方法进行预测时,评价预测方法更适合于哪一个预测项目,可用 MAPE 作为衡量的标准。

一般预测精度也是用 MAPE 来衡量的,见表1-1。

表1-1 预测精度

种 类	MAPE(误差率)范围
短期预测	2% ~ 5%
中期预测	10% ~ 20%
长期预测	30% ~ 40%

实际进行预测时,由于预测变量的未来值还不知道,因而实际预测误差究竟有多大,是不得而知的,需要待预测事件发生之后,才能计算出来,即事后检验。但为了对所采用的预测方法进行评价,在进行预测时,可以利用上面的指标大致估计一下预测的平均误差。

(二)预测误差产生的原因

1.资料的准确与完备性。预测是根据所掌握的资料来推断未来,预测者所掌握的资料是否准确、全面和及时是影响预测精度的重要条件之一。如果掌握的资料不准确、不完整或时效性不强,预测结论就会与客观实际有很大偏差。所以,在预测前,要根据预测任务的要求,利用各种方法手段,得到全面可靠的统计资料。必要时还要对资料进行加工整理,尽量减少由于数据资料本身所引起的预测误差。

2.预测方法的适用性。预测中可供选用的方法很多,每种预测方法都有一定的适用范围。对同一预测对象、同一资料,采用不同的预测方法,会得到不同的预测结果。一旦选错了方法,就会造成较大的预测误差或失误。因此,选择合适的预测方法是提高预测精度的一个重要条件。

3.所建模型的正确性。预测模型是预测对象的一种简化表达式,它忽略了某些影响因素,因而或多或少都会存在误差。但是如果我们所建的模型是合理的,符合预测要求,则可以得到较高的预测精度。

4.预测者的素质。预测者在预测工作中应具备以下基本素质:一是逻辑判断能力,包括对预测对象与其他影响因素之间关系的判断,对各变量所显示规律的判断等;二是对预测方法的掌握程度,即能够正确掌握各种预测方法的特点、适用对象、适用范围和预测过程等;三是对资料的整理、处理技术,即具有对原始资料的整理、归类、汇总分析等能力;四是计算能力,定量预测离不开计算,预测者应具有一定的计算能力和应用软件能力。

5.预测对象的成熟程度。预测对象发展的成熟程度越低,今后发展的不确定性就越大,因此预测误差也就越大。

总之，预测是一件非常困难的事,60％靠科学计算,40％靠经验,所以说预测不仅是科学,也是艺术。

五、经济预测是一门综合性的边缘学科

经济预测是一门综合了各学科的研究成果而又有自身逻辑性的边缘学科。作为一门综合性学科,它与经济学、统计学、数学及计算机等多门学科有着密切的关系。

首先,经济预测与经济学的关系是不言而喻的。经济预测必须在一定的经济理论指导下进行。如要预测某一经济变量,往往要分析影响这一经济变量的各种因素,只有把这些影响因素找出来,把握它们之间的关系,才能作出较为成功的预测。而要找出这些影响因素并完成对它们的分析,一般要依据相应的经济理论。

其次,经济预测与统计学的关系十分密切。统计学包括社会经济统计学和数理统计学,社会经济统计学是研究社会经济现象总体数量关系的方法论科学,数理统计学是研究随机现象数量关系的方法论科学。经济预测以调查统计资料为依据,自然离不开社会经济统计学和统计工作提供的准确、及时、系统、全面的统计资料;同时,经济预测在研究经济现象的随机变化,揭示其数量关系,并利用样本资料推断总体特征时,必须依靠以概率论为基础的数理统计学。数理统计学的发展为经济预测提供了科学的定量分析方法,从而也丰富和发展了经济预测理论。

再次,经济预测与数学的关系更是显而易见。预测模型很多就是数学模型,预测中大量的计算、预测方法的构思和预测性质的研究,离开数学是寸步难行的。

最后,很多相关学科,特别是数量经济和技术经济方面的学科,在建立各自理论的同时,也研究其理论的应用,这些应用中最常见、最重要的一个方面就是进行经济预测,所以这些学科中都已经积累了不少的预测方法,对于经济预测来说,可以直接把这些方法拿过来为自己服务。

除此以外,近代飞速发展的信息论、系统论、控制论以及计算机技术等更加丰富和发展了定量预测的手段、理论和方法,促进预测向更科学化发展。

综上所述,经济预测已经发展成为一门综合性的边缘学科。它超越了某种专业知识的范畴,而且突破了两大科学的界限,即自然科学和社会科学的界限。当然,预测科学还不能说已经很成熟了,它还在不断向前发展,并在发展过程中不断吸收其他学科的营养,不断丰富和完善自己。

第二节　经济决策简介

决策古已有之,大到国计民生、小至个人家庭无一不面临选择、抉择或决策的问题。而无论任何人、以何种方式作出决策,都离不开信息的支持,尤其是未来信息的支持,可以毫不夸张地说,离开了信息,决策就成了无源之水,无本之木。当然,预测最终也是为了作出正确的决策,为决策提供必要的未来信息。

所谓经济决策,是指经济管理部门、企业或个人为了达到某种特定的目标,在进行充分的调查活动、把握经济发展与管理活动等规律,并对未来发展趋势作出正确判断的基础上,运用科学的方法,在几种可供选择的、可行的方案中,选择一个令人满意的方案并实施。由于经济决策贯穿于经济管理活动的全过程,经济决策行为是否正确、及时,直接会影响到地区、企业或个人经济效益的高低和经济活动的成败。因此,经济决策也可以称为经济管理决策,主要解决经济效果的问题。而效果是解决确定经济发展方向、经营方向、战略性目标等的根本性问题。

在进行决策或确定自己的行动方案时,我们选择的最终方案包括"满意方案"和"最优方案"两类。其中,最优方案是指在现实条件下,从所有可能的备选方案中选取达到最优目标的方案;满意方案是指在现实条件下,经过简略计算和经验判断,从几个备选方案中选取一个把握大、风险较小、效果较好的方案。由于很多情况下,特别是多目标决策时所谓的最优方案很难实现,因而,我们一般可以用满意方案替代最优方案。

经济决策是经济管理行动的抉择,经济决策科学合理,就会以令人满意的结果实现奋斗目标;经济决策不及时或失误,就会失去良机,无法达到奋斗目标。因此,研究经济决策理论,发挥经济决策在国民经济管理、部门管理和企业管理中的作用是十分必要的。然而,由于经济现象的复杂、多变,在经济决策过程中,人们往往受到认识上的限制,再加上时间、资料、经费的限制,不可能对所有的方案都进行比较和分析,也会造成决策失误。只要保证调查数据的真实、可靠、完整,预测方法选择恰当,对未来判断正确,对各种备选方案进行反复比较,就有可能作出科学、正确的决策。

经济预测的目的是科学地决策,而正确决策的基础则是可靠的预测信息。经济预测要求对经济发展前景进行客观的描述,并通过模拟、分析,对未来进行正确的判断,一方面为经济决策提供可供选择的方案和策略,另一方面也可以帮助决策者从多个能达到同一目标的方案中,经过分析判断,选择满意的方案。

鉴于预测信息与决策之间的关系,本书在介绍了预测方法,即获取未来信息方法的基础上,介绍了最基本的定量决策方法。

一、决策的分类

决策所要解决的问题是多种多样的,决策过程、思维方式、运用技术也各不相同,因此决策可以从不同的角度进行分类。

（一）按掌握信息多少分类

按所掌握的信息的多少可分为确定型决策、不确定型决策。确定型决策是指可供选择方案的条件已确定的决策。进行确定型决策的关键在于如何选择,如在一定条件下求极大值或极小值问题,主要涉及简单的数学模型。不确定型决策是指决策时的条件是不确定的决策,这类决策又可以分为两种:一种是已知各种可能情况出现概率的决策,因此可以结合概率作出判断,选择方案,这样的情况下作出的决策要冒一定的风险,所以亦称风险型决策;另一种是未知任何信息的决策,亦称完全不确定型决策。

（二）按问题的性质分类

按问题的性质可分为程序化决策和非程序化决策。程序化决策是指已经有了规范程序的决策,包括决策模型、评价标准等,只要外部因素基本不变,这些规范化程序就可重复用于解决同类问题。而非程序化决策是完全无法用常规办法来处理的、一次性的、新的问题的决策,这类决策主要用于首次发生的、非例行的、无据可依的问题。

（三）按决策过程分类

按决策过程是否运用数学模型来辅助决策分为定性决策和定量决策。定性决策重在对决策质的把握,当决策变量、决策目标无法用数量来描述而只能作抽象概括时,决策只能依靠知识和经验选择满意方案。而定量决策是决策者使用统计方法或数学模型对能用数量表现决策目标和未来行动的问题作出选择的决策。

（四）按决策目标数量分类

按决策目标的数量多少分为单目标决策和多目标决策。单目标决策是指决策要达到的目标只有一个的决策,如追求利润最大化。而多目标决策是指决策要达到的目标不止一个的决策。实际决策中,很多决策问题都是多目标的决策问题,而多目标决策问题相对于单一目标决策要复杂很多。

(五)按决策整体构成分类

按决策整体构成分为单阶段决策和多阶段决策。单阶段决策是指某一特定时期的某一问题的决策,整个决策问题只是由一个阶段构成。而多阶段决策是指整个决策问题必须分为多个阶段的决策。这类决策由多个不同阶段的决策问题构成,前一阶段的决策结果会影响到下一阶段的决策,是下一阶段的出发点。多阶段决策必须追求整体的最优而不只是其中某一阶段的最优。

本书决策部分主线是从信息多少的角度介绍基本的、单目标的定量决策方法。在介绍上面若干条件下的定量决策方法的同时,我们还结合信息与决策的关系,介绍了信息价值测算的方法、决策中的效用理论、决策风险等相关内容。

此外,决策部分还简要地介绍了多目标决策的基本思想与基本方法,总体以定量决策方法为主。当然,实践中,决策者的主观判断能力、决策能力、决策艺术将会起到最关键的作用,这是本书没有涉及同时也很难介绍的内容。

二、决策系统的基本要素

作为管理核心的决策是一个综合系统,组成该系统的基本要素包括决策主体、决策目标、决策对象及内外部环境。

(一)决策主体

决策主体即决策者,既可以是单个决策者,也可以是一个决策团体或组织。决策者进行决策的客观条件是他(或他们)必须具有判断、选择和决断的能力,并能够承担决策后果的法定责任。

(二)决策目标

决策目标是任何决策都不能回避的问题,决策是围绕着特定的目标展开的,决策的开端是确定目标,决策的终端是目标的实现。决策目标既体现了决策的主观意志,又反映了客观现实,没有决策目标的决策就不称为决策,也可以说,决策的成功与否,一定程度上取决于确定的目标是否恰当、科学。

(三)决策对象

决策对象是决策客体,可以包括人类活动的各个方面,但决策对象必须具备决策者能够对其施加影响的特点。凡是决策者不能施加影响的对象,不能作为决策对象。

(四)决策环境

决策不是在一个孤立的、封闭的系统中进行的,而是依存于一定的环境,同环境进行物质、能量和信息的交换,决策系统与环境构成一个密不可分的整体,它们之间是相互影响、相互制约的。

三、决策的基本原则

要做出正确的决策,应遵循以下基本原则。

(一)系统原则

任何一个决策问题都处在社会这个大系统中,决策问题本身也是一个子系统。决策其实是对系统的决策,所以,决策必须遵循系统性原则。

(二)可行性原则

决策所选定的方案,不能超越客观所具备的条件,应从实际出发,在对各种方案进行定性、定量分析的基础上,充分考虑决策能否顺利进行,决策方案实施后是否会带来负面效应。

(三)经济性原则

决策所选定的方案应该是投入少、效益大、产出多的方案,能够获得令人满意的效果并达到预期的目标,如果决策所付出的代价大而所得收益小甚至是负收益,就无实施的必要。

(四)定性与定量结合的原则

决策方案的确定,需要通过多方案的分析、比较。定量分析有其反映事物本质的可靠性和确定性的一面,但也有其局限性。当决策变量较多、约束条件变化较大、问题较复杂时,进行定量分析需要耗费大量的人力、物力、财力,某些重要影响因素也很难量化,这时需要进行定性分析。

(五)信息准全原则

决策是在大量信息的基础上对影响未来的行动作出的选择,没有准确、全面、及时的信息,决策者便没有基础,从而可能会导致决策的失败。科学的决策,首先要有准确的信息以真实地反映事物发展的过程,同时要求有全面的信息以全面反映所要研究的问题。从时间看信息不仅要有过去的信息、现在的信息,还要有未来预测的信息,以尽量减少决策的风险性。从空间看,信息不仅包括内部的信息,更重要的还应包括外部各种环境信息等。

第三节　经济对策论简介

经济预测与决策理论和方法,都是讨论经济行为主体在一定条件下的预测与决策行为,没有考虑行为主体之间的相互影响和相互作用。实际上,在经济系统中,每个行为主体都有自己的利益,他们的行为是相互影响和相互作用的。对策论(又称博弈论)就是研究在利益相互影响的局势中,理性的局中人为了使自己的利益最大化,如何选择自己的策略以及这种策略的均衡问题,即研究当一个局中人的选择受到其他局中人的影响,而且反过来又影响到其他局中人选择时的决策问题和均衡问题。

一、对策论的产生与发展

关于对策论与经济学的关系,我们可以简单地从以下几个方面加以论述。

从经济学的研究对象来看。传统的观点认为,经济学是研究有限资源最优配置的一门学科。从现代观点来看,更为恰当地说,经济学是研究资源配置过程中经济主体行为,即研究理性人行为的一门学科。理性人是指有一个严格定义偏好的行为主体,他在面临给定的约束条件下最大化自己的偏好,即在一定的约束条件下,力图以最小的经济代价去追逐和获取最大的经济利益或效用。理性人在追求自身利益最大化时,需要相互合作,而合作中又存在着冲突。为了实现合作的潜在利益和有效地解决合作中的冲突问题,理性人发明了各种各样的制度用以规范他们的行为,市场经济制度就是人类为达到合作和解决冲突的目的而发明的最重要的制度之一。对策论中的合作理论和非合作理论为解决合作与冲突问题提供了思想方法和重要工具。

从传统的新古典经济学来看。传统的新古典经济学有两个基本假定:一个是市场参与者的数量足够多,从而市场是完全竞争的;另一个是参与人之间不存在信息不对称问题,都是具备完全信息的。在这两个假定的基础上,微观经济学的一般均衡理论证明了在完全竞争条件下各个市场同时均衡的状态是可以存在的。福利经济学则以一般均衡理论为出发点,进而论述一般均衡状态符合"帕累托最优"。然而这两个假设在现实中是不能完全满足的。首先,在现实中,买卖双方的人数常常是有限的,在人数有限的条件下,市场不可能是完全竞争的。在不完全竞争市场中,人们之间的行为是相互影响的,所以一个人在决策时必须考虑对方的反应,这正是对策论要研究的行为相互影响的问题。其次,现实中市场参与者之间的信息一般是不对称的。比如说,"买的没有卖的精",卖者对产品质量的了解通常比买者多。当参与人之间存在信息不对称时,对策论也为其研究提供了有效的工具。

实际上,在经济系统中,各经济实体都有自己的利益(主要是经济利益)。计划经济主要通过社会组织,而市场经济主要通过市场竞争来分配和协调各经济实体的利益。利益决定着经济实体的经济行为。但现有的许多经济理论和建模技术恰恰抽象掉了各经济实体的利益,使它们不能真实地反映经济系统的本质,而现代经济对策论在承认各经济实体利益的基础上,更加侧重研究经济主体的行为特征,能够协调它们的利益,更加侧重研究经济主体(局中人)的行为方案(策略)与其利益得失(支付函数)的关系。因此经济对策论的创立与应用是市场经济发展的必然产物。

对策论思想源远流长,能作为现代对策论研究对象和内容起源的博弈思想和实践活动,可追溯到两千多年前齐王与田忌赛马这一经典实例,以及《孙子兵法》一书中的军事博弈等。而对策论应用于经济领域始于古诺(Cournot,1838)和伯特兰(Bertrant,1883)等人关于两寡头垄断、产品交易行为的研究,他们通过对不同的经济行为方式与案例建立相应的模型进行博弈分析,揭示了经济活动过程中蕴含的博弈问题特征,为经济对策论的发展提供了思想雏形和有益尝试。

一般认为,经济对策论的创立以美国数学家冯·诺伊曼(John von Neumann)和经济学家摩根斯坦(O. Morgenstern)合著的《对策论与经济行为》(1944年)一书为标志。该书奠定和形成了这门学科的理论与方法论基础。自此以后,对策论发展迅速,现已广泛用于宏观、微观经济中的财政、金融、贸易、企业组织等许多方面。《对策论与经济行为》虽然是对策论的第一本专著,但其中包含的思想和概念却很丰富,至今仍是对策论研究的主要内容,它所产生的影响是巨大的。在这本书中,冯·诺伊曼和摩根斯坦主要概括了经济主体的典型行为特征,提出了策略型和扩展型等基本的博弈模型,构建了该学科的理论框架。

此后不久,纳什(Nash,1950)明确提出了"纳什均衡"这一基本概念,揭示了对策论与经济均衡的内在联系,抓住了对策论研究的关键,使得后继的理论研究主线围绕这一核心问题得以展开。

由于初期的对策论研究主要集中在对静态博弈模型的研究上,莱因哈德·泽尔滕(Selten,1965)认识到静态模型的局限性,率先开辟了动态模型的研究,给出了"子博弈和子博弈完美均衡"的概念,并探讨了有关问题,发展了倒推归纳法(backward induction)等分析方法,使经济对策论的发展向前迈进了一大步。

实际中的许多博弈都是在信息不完全的条件下进行的,约翰·豪尔绍尼(Harsanyi,1967,1968)开辟了不完全信息博弈研究的新领域,他首先提出了贝叶斯-纳什均衡,初步运用随机分析方法解决信息不完全和不对称问题,这是现代对策论的主要特征之一。由此发展起来的不完全信息动态博弈模型使博弈理论研究与实际应用的结合更为密切,在经济对策论的发展道路上又建立了一个新的里程碑。

正是由于纳什、泽尔滕、豪尔绍尼三人在扩展和深化对策论并卓有成效地将其应用于经济行为分析方面所作出的突出贡献,他们荣获了 1994 年度的诺贝尔经济学奖。1996 年诺贝尔经济学奖荣归美国哥伦比亚大学的威廉·维克里(William Vickrey)教授和英国剑桥大学的詹姆斯·米尔利斯(James A. Mirrlees)教授,以表彰他们对不对称信息条件下激励经济理论作出的基础性和开拓性贡献。2001 年诺贝尔经济学奖荣归美国加利福尼亚大学伯克利分校的乔治·阿克洛夫(Gorge A. Akerlof)教授、斯坦福大学的迈克尔·斯彭斯(A. Michael Spence)教授和哥伦比亚大学的约瑟夫·斯蒂格利茨(Joseph E. Stiglitz)教授,以表彰他们在不对称信息市场理论方面所作出的杰出贡献。2005 年诺贝尔经济学奖荣归以色列耶路撒冷希伯来大学理性研究中心的罗伯特·奥曼(Robert J. Aumann)教授和美国哈佛大学肯尼迪政府学院、马里兰大学公共政策学院的托马斯·谢林(Thomas C. Schelling)教授,以表彰他们通过博弈论分析而增进人们对冲突和合作的理解方面所作出的杰出贡献。2007 年诺贝尔经济学奖授予博弈论专家美国明尼苏达大学的里奥尼德·赫维茨(Leonid Hurwicz)教授、普林斯顿大学高等研究院的埃里克·马斯金(Eric S. Maskin)教授和芝加哥大学经济系的罗杰·迈尔森(Roger B. Myerson)教授,以表彰他们在机制设计理论方面所作出的杰出贡献。2012 年诺贝尔经济学奖荣归博弈论专家美国加州大学洛杉矶分校的罗伊德·沙普利(Lloyd S. Shapley)教授和哈佛大学商学院的阿尔文·罗斯(Alvin E. Roth)教授,以表彰他们在稳定配置理论和市场设计实践方面所作出的杰出贡献。2014 年,诺贝尔经济学奖又一次授予博弈论专家法国图卢兹大学让·梯若尔(Jean Tirole)教授,以表彰他对市场力量和监管的分析所作出的杰出贡献。2016 年,诺贝尔经济学奖再一次荣归博弈论专家美国哈佛大学奥利弗·哈特(Oliver Hart)教授和麻省理工学院的本特·霍姆斯特罗姆(Bengt Holmström)教授,以表彰他们对契约理论作出的突出贡献,他们提出全新理论工具,对理解现实生活中的契约、制度及契约制定中潜在的陷阱等问题具有重要价值。这标志着经济对策论的发展进入了一个崭新的辉煌的时代。

正是由于经济学家和数学家的卓越贡献以及对策论在经济学中的最广泛、最成功的应用,对策论已成为主流经济学的一部分,在现代经济学领域引起了革命性的变化。具体表现为:

(1)对策论改变了经济学的体系和结构,拓宽了经济学的研究领域,加深了经济学的分析,形成了基于博弈论的研究模式体系,有以对策论为基础,重建经济学大厦之趋势。

(2)对策论改变了经济学的研究和思想方法,经济学的研究越来越转向个体,放弃了一些没有微观经济基础的假定。

(3)经济学越来越转向人与人之间关系的研究,特别是人与人之间行为的相互影响和作用、人们之间的利益冲突与一致、竞争与合作的研究。突出了理性人在经济分析中的价值和地位,侧重研究行为过程,完善了经济学分析方法。从分析方法上讲,对策论更侧重于对多个利益主体的行为特征和规律的分析,更接近于经济系统人为因素这一本质特征。

（4）经济学越来越重视对信息的研究,特别是信息不对称对个人选择及制度安排的影响。

二、对策论的分类

对策论可以划分为合作博弈和非合作博弈。合作博弈和非合作博弈之间的区别主要在于当人们的行为相互作用时,当事人能否达成一个具有约束力的协议,如果能,就是合作博弈,否则就是非合作博弈。以两寡头企业为例,如果它们之间达成一个协议,联合使垄断利润最大化,并且各自按这个协议生产,就是合作博弈,它们面临的问题就是如何分享合作带来的收益;但是,如果这两个企业间的协议不具有约束力,就是说,没有哪一方可以强制另一方遵守这个协议,每个企业都只选择自己的最优产量或价格,则是非合作博弈。合作博弈强调的是团体理性,强调效率、公正和公平;非合作博弈强调的是个人理性、个人最优决策,其结果可能是有效率的,也可能是无效率的。

非合作博弈的划分可以从以下两个角度进行:

第一个角度是从时间方面来划分,即考虑局中人行动的先后顺序。从这个角度讲,对策论可以分为静态博弈和动态博弈。在静态博弈中,局中人同时选择行动或虽非同时,但后行动者并不知道先行动者采取了什么具体行动;动态博弈指的是局中人的行动有先后顺序,并且后行动者能够观察到先行动者所采取的行动。

第二个角度是从信息方面来划分,即局中人对有关其他局中人的特征、策略空间及支付函数所掌握的知识。从这个角度,博弈可以划分为完全信息博弈和不完全信息博弈。完全信息是指每个局中人对所有其他局中人的特征、策略空间及支付函数掌握有准确的知识,否则就是不完全信息。

将上述两个角度的划分结合起来,就得到四种不同类型的非合作博弈:完全信息静态博弈、完全信息动态博弈、不完全信息静态博弈、不完全信息动态博弈。与上述四种博弈相对应的是四个均衡概念:纳什均衡（Nash,1950,1951）、子博弈完美纳什均衡（Selten,1965）、贝叶斯-纳什均衡（Harsanyi,1967,1968）及完美贝叶斯-纳什均衡（Selten,1975;Kreps and Wilson,1982;Fudenberg and Tirole,1991）。

我们将在第十四章介绍这四种博弈和合作博弈。

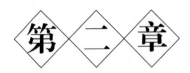

定性预测法

定性预测,是预测者凭借自己的直觉、知识和经验能力,对经济发展的未来状况进行判断的方法,也称判断预测或调研预测。其特点是简便易行,所需数据少,能考虑无法定量的因素,因而适用于重大问题或缺乏原始数据的预测,如市场调查预测、新产品的产销预测等。定性预测的准确程度,主要取决于预测者的经验、理论、业务水平和分析判断能力。它是经济预测中重要的、不可或缺的一类预测方法。

第一节 市场调查预测法

在实际预测工作中,无论是宏观预测还是微观预测,当确定好预测目标后,都需要通过市场调查收集相关资料和数据。这其中包括直接在市场上收集第一手的原始资料和查阅统计资料。资料是预测工作的重要依据。在预测工作中经常遇到的困难是缺乏资料或某些数据异常,因而不能获取必要、准确的信息,以致造成较大的预测误差。对调查者来说,要特别注意资料的客观性、准确性、完整性、经济性和及时性,并妥善处理好它们之间的关系。

随着社会主义市场经济的逐步完善,从政府、企业到普通居民都更加关注市场的变化,希望了解并把握市场动态及其变化规律,来减少决策的失误。通过市场调查将所收集的数据进行加工处理并用于预测,对于提高国家和企业的管理决策水平具有重要的意义。应当说,市场调查是整个预测工作的基础。本章将介绍市场调查的基本概念及常用的调查方法。

一、市场调查的内容和类型

（一）市场调查的内容

市场调查是伴随市场的产生而出现的人们正确认知市场的一种必要手段。实践证明，无论是政府还是企业的管理决策，离开市场调查就不能及时把握市场的运行状况和变化动态，也就无从作出科学的管理决策。

所谓市场调查，就是运用科学的方法，系统地搜集、记录、整理和分析有关市场信息，了解市场发展现状，探究市场发展变化规律和趋势的一种认知活动。其主要目的是及时掌握市场动态，为预测和决策提供科学依据。具体来说市场调查主要包括以下几方面的内容。

1. 市场需求方面的调查。众所周知，企业进行生产的目的是满足市场需求。因此，市场需求是企业计划组织生产的前提，也是发展创新的动力。为了准确把握市场需求情况，通常需要对人口、人均收入变动、消费心理、购买行为、消费结构变化等方面进行调查分析，来掌握各类商品在功能、数量、质量、款式、品种、规格、价格等方面的需求情况，以便为科学的预测和决策提供可靠的依据。

2. 市场供给方面的调查。企业作为一个开放的经济实体，不可能是孤立存在的，必然要与外界发生联系，进行协作和竞争。因此，企业就要对市场上同类产品的生产、数量、质量、性能、资源等情况，以及竞争对手、新产品和新技术应用研究情况等方面进行调查分析，了解市场产品可供量的变动情况，做到心中有数。

3. 企业经营决策与实施方面的调查。企业制定的经营战略与决策是否正确，关键在于其是否能及时推出适合市场需要的产品或服务，是否能充分发挥出企业自身的竞争优势。因此，企业就要对自身的战略定位及管理实施情况，产品或服务，包括产品的价格、销售、推广等情况，现存的问题和改进情况，以及今后可能的发展趋势等进行调查分析，从而对自身实力有清醒的认识。

4. 市场信息与竞争对手方面的调查。竞争是市场经济的必然产物。企业要想发展壮大，就必须参与竞争，而开展竞争首先就要了解并收集有关的市场信息，明确谁是竞争对手，竞争对手的基本情况，包括其产品的生产销售现状、市场占有率变化、新产品和技术创新能力、促销手段和服务的情况，以及未来潜在对手的情况等，以便采取有力措施，提高企业的竞争能力和经营效率。

如今,掌握市场信息已成为企业在商战中的一个制胜法宝。这也是将市场信息作为战略资源的资讯调查行业在全球长盛不衰的原因。

5.市场环境的调查。这是指对企业经营的外部环境进行调查。内容包括经济、社会文化、政策法律、科技、人口、消费心理等企业自身不可控制的因素。企业的发展离不开市场环境的影响,而良好的周边大环境对企业发展也是至关重要的。

(二)市场调查的类型

市场调查涉及的范围广、内容多,因此可按不同的分类方法,将其划分为不同的类型。

1.按调查目的的不同,可分为描述性调查、因果关系调查和探索性调查。

(1)描述性调查。这是指收集整理客观资料并对研究客体的现状如实进行描述和反映的调查。此调查着眼于现状,要回答"是什么""什么水平"等问题,因此该调查起的是"扫描"的作用。例如,对产品市场占有率、销量及价格水平的调查等。

(2)因果关系调查。这是指为了寻找并把握各市场关联变量之间的因果关系而进行的调查。此调查的目的在于寻找相关变量间的前因后果,并回答"为什么"等问题。因此,该调查起的是"透视"的作用。例如,随着广告费用的增加,某消费品的销售额也随之增加,则该调查就要回答:销售额和广告费用之间是否存在因果关系,如果存在,其关联度是多大等问题。开展这类调查的主要工作是收集数据资料,运用统计学分析方法及逻辑推理,找出变量间的相互关系。

(3)探索性调查。该调查分为两种情况:一种是指由于对所研究的问题还不甚明确而需要发现问题、抓住重点时所作的调查。例如,某产品利润下滑速度较快的原因,可能是产品本身的质量和功能的问题,也可能是价格、销售渠道、成本、市场饱和度甚至管理上有漏洞等其他原因。此时可用探索性调查在众多的原因中找出关键所在,从而起到"探知"的作用。另一种是指专为预测未来市场的变动趋势而进行的调查。例如,家庭经济型轿车的前景调查、企业的用工量调查等。此调查着眼于未来,起的是"预警"的作用。

当然,对某一次的具体调查而言,有时目的单一,属于上述三种调查之一;而有时目的不唯一,可能同时包括上述三种调查。例如,对新能源汽车的价格进行调查,既包括对其现价水平的描述性调查,也包括对影响其价格变动因素的因果关系调查,还包括对其未来价格的变动趋势所作的探索性调查。

2.按商品流通环节的不同,可分为批发市场调查和零售市场调查。

(1)批发市场调查。这主要是指对有关批发的市场信息做好收集和分析工作。批发市场是商品进入流通领域的第一个环节,其特点是交易量大、涉及金额多。开展此项调查,可使企业及时把握市场信息,合理决策,有效降低其经营风险。

(2)零售市场调查。这主要指对有关零售的市场信息做好收集和分析工作。零售市场直接面向最终消费者,所以商业企业的经营活动很多与零售市场息息相关,若决策上稍有疏忽,就会导致零售市场发生变化。例如,厂家若只重视生产和销售而忽视售后服务,则消费者会越来越不买账,最终导致零售市场发生变化;反之,零售市场发生变化,也会影响企业的经营管理决策。因此,对零售市场的调查至关重要。

3. 按调查时间的不同,可分为经常性调查、定期调查和临时性调查。

(1)经常性调查。这是指企业根据市场变化随时开展的市场调查,目的是及时把握市场动态,发现并解决问题。在经常性调查中,每次调查的时间和内容都不是固定的,由此也称之为不定期调查。

(2)定期调查。这是指企业针对市场情况和根据经营决策的要求,定期所作的市场调查,其形式有月末、季末、年终调查等。通过定期调查,企业可了解分析一定时期内企业经营活动的情况,以便科学地认识市场环境,定期按计划指导经营活动。

(3)临时性调查。这是指为研究某一特殊问题而进行的市场调查,也称一次性调查。例如,企业在投资开发新产品、开拓新市场、建立新机构,或因市场某些特殊情况而开展一次性调查时,都需要调查了解市场的基本情况,如市场范围、规模、竞争对手、消费群收入水平等信息。一般来说,此类信息在一定时间内相对稳定,是开展经营活动的前提。

除了上述分类外,还可以按调查的范围分为宏观市场调查和微观市场调查;按地域范围分为国内、国际市场调查和城市、乡镇市场调查等。

二、市场调查的程序和方法

(一)市场调查的程序

市场调查是一项复杂细致的工作,涉及面广,所研究的对象不固定。为使调查工作能顺利、高效地进行,取得良好的预期效果,就必须加强组织工作,拟定周密的调查计划,合理安排调查程序。只有按一定的调查程序,循序渐进并认真落实,才能保证调查质量。各种类型的市场调查,虽然程序不尽相同,但大致可分为三个阶段:调查准备阶段、调查实施阶段和汇总分析阶段。

1. 调查准备阶段。该阶段为整个调查工作的开始。准备工作是否充分细致,将直接影响到后期工作的开展和调查工作的质量。因此,一方面要明确调查的目的和任务,另一方面要对市场情况作初步分析。在没有开展正式调查前,应充分利用现有资料,作初步的市场情况分析,评价调查的可行性,以避免调查面铺得过大而导致成本过高,同时,为下一步的正式调查做好充分的准备工作。

2.调查实施阶段。这一阶段在整个市场调查过程中最为复杂,主要包括以下内容:

(1)确定调查项目。根据调查的目的和任务,对各项问题进行分类,规定每项问题应调查收集的资料。要注意调查项目应简明扼要,并尽可能以表格形式列出,以便于填写和汇总整理。

(2)确定调查对象。根据调查的目的选择符合设计条件的参与者,并确定数目,以明确调查的范围和界限。

(3)确定调查的方式、方法,以及时间、地点。调查的方式和方法是指取得资料的形式和方法。例如,可以根据具体情况确定采取询问的方式或抽样调查法等。调查的时间和地点是指取得资料的时间和地点。

(4)确定调查期限和进度。即要确定调查工作的起止时间,包括收集资料和报送资料的整段工作时间。调查期限越短,资料实效性就越好。确定调查期限后,还应确定相应的工作进度。

(5)确定调查预算。调查费用的多少,与调查的种类、方式和内容的繁简有关,因此应合理估算调查的各项开支。编制预算的原则是:要用最小的投入取得最好的调查结果,或是在保证实现调查目标的前提下,力求最小的投入。一般说来,调查费用包括资料费、文印费、交通费、劳务费和杂费等项。

(6)确定组织机构和调查人员。要明确负责调查的组织机构和部门,这是使调查工作有统一指挥并能顺利高效进行的可靠保证。此外还要确定参加调查人员的条件和数量,并对其进行必要的培训。

(7)具体实施。

3.汇总分析阶段。市场调查取得的数据资料大多是零散的,需要通过分类汇总、编校、分析等加工处理,才能成为有用的市场信息,最后在此基础上提出调查报告供决策参考。

(二)市场调查的方法

在进行市场调查之前,先要确定调查方法。常用的调查方法有以下几种。

1.文献查阅法。文献查阅法是指通过查阅各类经济信息刊物和市场行情资料等文献来了解市场状况的方法。也可以根据所查阅政府和专业调研机构公布的年鉴和统计资料,作进一步相关分析,来获取所需的市场信息。

2.访问法。访问法是指通过对调查对象进行访谈来获取有关信息的方法。

可以采取个人面谈、会议座谈、电话访谈、网络调查或问卷调查等多种访问形式。由于此法经常要求调查对象填写调查表,因此,调查表的设计至关重要,其设计质量将直接影响到调查结果。例如,表中的问题要简明清晰、易于回答,并尽量采用选择问答的形式,便于统计分析。

3.普查法。普查法是专门组织的,对研究母体(或称总体)进行逐一、普遍、全面调查的方法,其特点是对每个子体都进行调查。例如,工业普查就涉及所有的工业企业。在对市场作调查时,通常仅在子体数量较少时采用普查法。

4.重点调查法。重点调查法是指在调查对象中选取一部分重点单位进行调查的方法。这些重点单位虽为少数,但却在调查总量中占较大的比重。例如,要掌握时下全国微波炉产销数据,只要调查格兰仕、美的、松下等几家企业的情况即可,因为2020年这几家企业的市场份额已占到全国的90%以上。

5.典型调查法。典型调查法是指在调查对象中有意识地选择一部分有代表性的典型单位进行调查,以调查的结果来推断母体状况的方法。其优点是节省人力和物力,同时由于调查单位少,调查的内容指标可多一些,有利于进行深入细致的研究。

6.抽样调查法。抽样调查法是指从研究母体中抽取部分子体作为样本进行调查,以其结果来推断母体状况的方法。由于此法具有费用小、工作量小、省时的特点,所以在实际作市场调查时,抽样调查的方法被广泛采用。

三、抽样调查法

抽样调查法是市场调查中广泛应用的方法,可分为随机抽样和非随机抽样。

(一)随机抽样

随机抽样的特点是按随机的原则抽取样本,即被抽查母体中的每个子体都有均等的机会被抽到。这样就避免了人为的主观性,增强了样本的客观代表性,而且可推断估算出抽样误差的大小。具体方法有以下几种。

1.单纯随机抽样(或称简单随机抽样)。这是指从调查母体中直接抽取样本的方法。采用这种方法时,母体中的每个子体被抽中的机会是相等的,即完全排除了任何有目的的主观选择。通常采用抽签法或随机数表法来抽取样本。

2.分层随机抽样。这是指将调查母体根据某种属性或特征分为若干层,再用单纯随机抽样法从各层中抽取所需样本的方法。这种方法适用于调查母体范围较大,母体中各子体间差异显著,且分布不均匀的情况。需注意的是,用单纯随机抽样法所选样本有可能集中于某些特征,从而使得样本代表性较差。

3.分群随机抽样。这是指将调查母体分成若干个群体,再用单纯随机抽样方法选定其中的若干群体作为调查样本,对群体内的每个子体进行普遍调查的方法。分群随机抽样具有省时、方便的特点。

分层随机抽样和分群随机抽样的区别在于：分层随机抽样要求各层之间有差异性，而各层内部具有相同性；分群随机抽样则正相反，它要求各群体之间保持相同性，而各群体内部具有差异性。

例如，调查某地居民收入水平，分别采用分层随机抽样和分群随机抽样，其区别如图 2-1 所示。

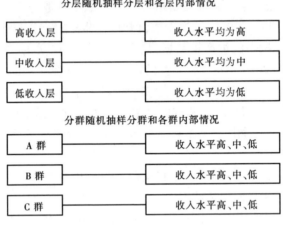

分层随机抽样分层和各层内部情况

高收入层	收入水平均为高
中收入层	收入水平均为中
低收入层	收入水平均为低

分群随机抽样分群和各群内部情况

A 群	收入水平高、中、低
B 群	收入水平高、中、低
C 群	收入水平高、中、低

图 2-1

（二）非随机抽样

1.任意抽样（或称便利抽样）。任意抽样是指根据调查者的方便而随意选取样本的方法。例如，调查者根据其便利情况在街头或商店等场所向调查对象作访问调查。采用这种方法的理论假定是，母体中的每一子体的特征都是相同的，因此随意选取任何一个样本均可获得代表母体特征的结果。而实际上，母体中每一子体的特征并不都是一样的，它们之间的差异大小不一，只有差异小的情况，才适宜采用此法。此法的特点是方便易行、省时、费用低，但误差大，一般用于非正式的初步调查。

2.判断抽样。判断抽样是指调查人员根据其经验判断来选定样本的方法。例如，在调查行业的企业管理水平时，可先根据调查人员的经验选定行业内部企业管理水平较高、一般、较低的不同类型企业作为调查样本，再根据调查结果，综合评判整个行业的企业管理水平。此法简便易行，但对调查人员的经验和判断能力要求较高。

3.配额抽样。配额抽样是指对调查母体按某种属性分层后所形成的子母体,依据一定的特征规定样本配额,再由调查人员主观判断选定配额内样本的方法。应用此法抽取样本简便易行、省时、费用低,并且所抽样本不至于偏重某一层。这也是此法被广泛采用,成为非随机抽样中最流行方法的重要原因。但由于样本不是随机抽样的,故不能估计出抽样误差。

配额抽样法与分层随机抽样法既有共同点又有所区别,如表 2 - 1 所示。

表 2 - 1

	分层随机抽样	配额抽样
相同	对调查母体按某种属性分层并规定样本数额	
区别	1. 从各层中分别随机抽取若干样本 2. 从调查结果中能推算母体特性	1. 从各层中分别主观抽取若干样本 2. 不能从调查结果推算母体特性 3. 抽样方法复杂精密

按分配样本数额时的做法不同,配额抽样分为独立控制和相互控制两种类型。独立控制配额抽样只对具有某种特征的样本分别独立地规定分配数额,即不规定特征之间的交叉关系。相互控制配额抽样则在分配样本数额时要规定各特征之间的交叉关系,即采用交叉控制表来安排样本的分配数额。例如,调查某地居民收入状况,计划抽样 300 人,将调查对象按年龄、性别、收入等特征分层,可得下列配额抽样表,如表 2 - 2 所示。

表 2 - 2

		高收入		中收入		低收入		总计
		男	女	男	女	男	女	
年龄	18~29	3	3	12	12	24	24	78
	30~44	6	6	18	18	21	21	90
	45~64	9	9	12	12	18	18	78
	≥65	9	9	6	6	12	12	54
小计		27	27	48	48	75	75	300
总计		54		96		150		

（三）随机抽样误差及样本容量的确定

在抽样调查中有两类误差最为常见:调查误差和抽样误差。

1. 调查误差。这主要是由于调查人员在测量、登记、计算中出现的工作失误,或是由于被调查者的原因而产生的误差。对于调查者产生的工作失误,要通过加强管理培训、增强责任心来保证调查质量,把这种误差降至最低。对于被调查者的问题,则只能靠提高调查人员的责任心和访问技术的水平来解决。

2. 抽样误差。这主要是由于抽样方式不合理或样本容量过小造成的失误。为尽量减少抽样误差,需注意以下两个原则:①要正确确定抽样的方法,严格遵守随机的原则,使每个子体都有均等的机会被抽中;②要恰当地确定样本容量。样本容量越大,调查结果的准确性就越高,误差就越小,但需要更多的开支和更长的时间,样本容量过大则会失去抽样调查的意义;样本容量越小,可节省时间和费用,但带来的误差较大,调查结果的准确性较差。因此,在实际调查中,一定注意要从实际出发,按调查问题的性质来确定样本容量的大小。另外,样本容量的大小还取决于误差允许度。一般说来,允许误差越小,样本容量应越大;允许误差稍大,则样本容量可以适当减小。

在单纯随机重复抽样的情况下,估计母体均值所需的样本容量,可按如下公式计算:

$$n = \frac{t^2 \sigma^2}{\Delta^2} \qquad (2.1.1)$$

在单纯随机不重复抽样的情况下,估计母体均值所需的样本容量,可按如下公式计算:

$$n = \frac{t^2 N \sigma^2}{N \Delta^2 + t^2 \sigma^2} \qquad (2.1.2)$$

式中:n——样本容量;

$\quad$ t——标准正态概率分布下置信区间的临界值,如在 95.45% 的置信水平下,置信区间的临界值为 2;

$\quad$ σ^2——母体方差;

$\quad$ Δ——允许的误差范围;

$\quad$ N——母体中的子体总数。

一般在进行抽样调查时,σ 是未知的,通常用以前做过的调查或试验数据所得到的 σ 来代替。如果有若干个 σ 的值可供参考,则要选取最大的 σ 值。因为 σ 越大,意味着抽取的样本数就越多,也就越能增强样本的代表性,保证调查的精度和效果。

【例 2 - 1】某家电企业对其所生产的 10 000 只电吹风进行寿命检验。根据正常情况下的试验数据,电吹风寿命的方差(σ^2)为 15 小时。现采用不重复抽样方式进行抽样调查,要求在 95.45% 的概率下,允许误差不超过 2 小时,问至少要抽多少样本?

由上述计算公式,可得样本容量为:

$$n = \frac{t^2 N \sigma^2}{N \Delta^2 + t^2 \sigma^2} = \frac{4 \times 10\,000 \times 15}{10\,000 \times 4 + 4 \times 15} \approx 15\,(只)$$

四、市场调查资料的整理和分析

通过市场调查,可获得方方面面、不同类型的原始数据和资料。只有对这些数据资料作进一步的整理加工,使之反映出市场变化的本质特征,才能从中获取有益的信息,为科学决策提供依据。

（一）资料的整理

资料整理是将调查的原始数据资料转换为有用信息的过程,也是对调查结果作进一步分析的基础。整个整理过程一般要经过对资料的编辑、分类汇总等基本步骤。

1. 编辑。编辑是指对所收集的资料作详细的检查和审核,以筛选出有实用价值的资料。编辑的目的是保证有用资料的完整性和准确性。对于在编辑中出现问题的资料,编辑人员应统一标记清楚,尽量避免直接修改资料的内容,以确保资料的真实性。对于编辑好的资料要妥善保管,以便对照复查。

2. 分类汇总。编辑工作完成后,一般要对有用的资料进行编号处理,以便为分类汇总做好准备。常见的分类汇总有以下两种情况:

（1）对量化的资料进行分类汇总。实际上在很多情况下,调查问卷中的问句本身就已经对答案进行了分类,如:

"请您指出您的月收入属于下列哪个档次范围,并在相应的空格处打钩。"

① 1 000 元以内　　　　□

② 1 001 ~ 3 000 元　　□

③ 3 001 ~ 5 000 元　　□

④ 5 001 ~ 10 000 元　□

⑤ 10 001 元以上　　　□

这样,只需汇总即可。但如果问句为"请指出您理想的月收入是多少",而答案要求是具体数值时,就要根据回答的规律进行分类。

分类汇总应注意以下几点:

第一,分类标志应根据研究的目的、假设和统计分析的要求而定,如收入、支出、销量等。

第二,分类间隔要尽量让最常出现的答案在中间。例如,如果有很多人回答他们的月均收入在1 000 元左右,另一些人回答他们的月收入在1 500 元左右,分类间隔就应是800 ~ 1 250 元,1 251 ~ 1 700 元等。

第三,分类间隔多比分类间隔少好。如果分类多,综合时比较容易;相反如果分类少,则可能影响分析。例如,把月收入分为两类——小于等于3 000 元和大于3 000 元,就太粗略,很难说明问题。

（2）对定性的资料进行分类汇总。这种分类汇总比较简单，只要根据研究目的和分析的需要确定分类标志，就可进行汇总。作这种分类汇总应注意以下几点：

第一，在分类前，要看是否有一定量的应答存在。

第二，使用的分类标准与其他的资料要相适应以便于比较。

第三，分类是简洁而互斥的，每个回答只能放在一个间隔里。

第四，应包容所有可能的回答。通常用"其他"来包括所有没有指出的答案选择。

3.列表。列表就是使问卷的应答结果以某种表格的形式出现。最常见的表格形式有数值（频率）分布表和百分比分布表，如表 2－3 所示。

表 2－3

"您是否会购买这种产品?"	数值（频率）	百分比（%）
肯定会买	114	10.30
可能会买	221	19.96
不 知 道	360	32.52
可能不买	210	18.97
肯定不买	202	18.25
合　　计	1 107	100.0

另外，还可将调查资料的有关情况用图的方式直观地反映出来，如可采用直方图、饼图、曲线图等，使人一目了然，简明易懂。

（二）资料的分析

常见的资料分析的方法有以下几种。

1.频率分布法。这是指根据相应变量值出现的次数占总数的百分比来进行分析的方法。通过计算某个变量各变量值的频率分布情况，可以帮助我们掌握这些变量的总体分布特征，因此变量的频率分析是资料分析中最基础和最重要的分析之一。表 2－4 为被调查者家庭中有无 LED 彩电的数量及其分布的百分比，以此更直观地反映出被调查者 LED 彩电的拥有比例。

表 2－4　家庭有无 LED 彩电频率分布

LED 彩电	被调查者数量（人）	百分比（%）
有	335	41.9
无	465	58.1
合计	800	100

2.平均值法。对有些问题来说，特别是对有关被调查者态度问题的回答情况，常用样本平均值来进行描述。例如，调查某地区居民对 LED 彩电问题的看法，如表 2－5 所示。

表 2 - 5　被调查者回答情况的平均分布

描　述	总平均值	平均值		差　别
		有 LED 彩电	无 LED 彩电	
LED 彩电是家庭必需品	5.9	6.8	5.0	1.8
目前 LED 彩电价格太贵	6.1	5.2	7.0	-1.8
国产 LED 彩电质量尚可	5.0	5.3	4.7	0.6
样本大小	800	335	465	

例中采用了 7 级量表测量。即完全同意为 7,完全不同意为 1,其余情况根据同意的程度不同从 7 ~ 1 取不同大小的值。表中第一列数据给出了 800 名被调查者回答的总平均值。结果表明,总的来说被调查者认为家庭需要 LED 彩电,目前其价格太贵,对国产 LED 彩电的质量比较信任。而按家庭是否已有 LED 彩电来分,被调查者的回答又有一些差距。与没有 LED 彩电的被调查者比,有 LED 彩电的被调查者倾向认为 LED 彩电是家庭必需品,不认为目前 LED 彩电的价格太贵,对国产 LED 彩电的质量比较认可。

3. 综合分析法。该方法是指针对各个问题对不同的被调查者(或不同因素)所进行的分解分析方法。采用此法会对结果的分析更有说服力。如果最初的分析中采用平均值法,则进一步的分析就要判断不同平均值的差别,此时就应使用假设检验等方法;如果最初的分析涉及频率分布法,则进一步的分析就应采用列表法。下面结合示例仅对列表法进行介绍。

例如:某保险公司对过去一段时间内影响保户发生机动车事故的因素进行了调查,并对各种因素进行了列表分析。从表 2 - 6 中可以看出有 61% 的保户在驾车过程中从未出现过事故。

表 2 - 6　保户驾车的事故率

	人数(人)	百分比(%)
驾车时无事故	10 858	61
驾车时至少有一次事故	6 942	39
样本数	17 800	100

然后,在性别基础上分解这个信息,判断男女驾车者之间是否存在差别。可用表 2 - 7 来体现。

表 2 - 7　男女驾车者的事故率

	男	女
驾车时无事故(%)	56	66
驾车时至少有一次事故(%)	44	34
样本数(人)	9 320	8 480

表2-7显示男士驾车的事故率要高一些。人们因此可能会进一步产生新的疑问,如男士驾车的事故多,是不是同他们经常长距离的驾驶有关呢? 这样就引入第三个影响因素"驾驶距离",见表2-8。

表2-8 不同驾驶距离下的事故率

驾驶距离	男		女	
	≥1万公里	<1万公里	≥1万公里	<1万公里
驾车时无事故(%)	51	73	50	73
驾车时至少有一次事故(%)	49	27	50	27
样本数(人)	7 170	2 150	2 430	6 050

表2-8的结果表明,男士驾车的高事故率是由于他们的驾驶距离比女士要长。当然这一结果只说明事故率仅和驾驶的距离成正比而与驾驶者的性别无关,不能说明谁驾驶得更细心或更好。

以上方法只涉及一些简单的数据资料分析。资料的分析还可进行如回归分析、聚类分析、判别分析、因子分析等高层次的分析,在此不一一阐述,读者可自己去参阅有关书籍。

第二节　专家预测法

专家预测法是运用专家的知识经验,并结合有关的背景统计资料进行预测的一类定性预测方法。在这种预测法中,对预测对象的调查研究是由专家来完成的,而非预测者本身。预测者只是起到一个组织作用,其任务是将专家的意见综合整理归纳,最后作出预测。

专家预测法在社会、经济、科技等领域的发展预测中得到了广泛的应用。其最大的优点是在缺乏历史数据和没有先例可借鉴时,也能有效地推测预测对象的未来状态。它有三个特点:一是具有一套选择和组织专家、充分利用专家创造性思维的基本理论和方法;二是主要依靠专家(包括相关领域的专家)作预测;三是预测结果可以量化。

用此法预测的准确度主要是取决于专家的知识广度、深度和经验。所以,如何选择参加预测的专家,就显得尤为重要。这里所说的专家,是指在本专业中有较高理论水平或有丰富实践经验的人,如教授、工程师、工人、农民等。应根据预测任务来选择精通专业和相关知识、乐于承担任务并能坚持始终的专家。专家人选的产生通常采用以下途径:从组织者熟悉的专家中挑选;专家之间相互推荐;通过有关组织推荐等。专家人数可多可少,经验表明预测小组的专家人数一般为 10 ~ 50 人为宜,具体要视预测问题的规模来定。

一、预测方法

专家预测法中最常用的方法有头脑风暴法和德尔菲法。

(一)头脑风暴法

头脑风暴法又称智暴法(Brain Storming),是由美国创造学家奥斯本(A. F. Osborn)于 1939 年提出的,之后很快就得到了广泛的应用。我国是在改革开放以后才引入的,并逐步得到有关方面的重视。

头脑风暴法是通过一组专家共同开会讨论,进行信息交流和互相启发,从而激发出专家们的创造性思维,以达到互相补充,并产生"组合效应"的预测方法。它既可以获取所要预测事件的未来信息,也可以分析清楚一些问题和影响,特别是一些交叉事件的相互影响。

头脑风暴法可分为创业头脑风暴和质疑头脑风暴两种方法。创业头脑风暴是组织专家对所要解决的问题,通过开会讨论,各持己见地、自由地发表意见,集思广益,提出所要解决问题的具体方案。例如,1988 年我国的纺织工业部曾召开过一次专家会议,用此法来预测国外春秋时装的流行款式以提高我国纺织品的出口份额。会上提出了增强我国纺织品国际竞争力的实施方案,并在实际中取得良好的效果。质疑头脑风暴是对已制定的某种计划或方案,召开专家会议,由专家提出质疑,去掉不合理的部分,补充不完善的部分,使计划方案趋于完善。例如,美国国防部曾邀请 50 名专家,针对美国制定长远科技规划的工作文件,举行了两周的头脑风暴会议,由专家提出问题并进行质疑,最终通过讨论形成结论一致的报告。该报告只保留了原报告的 25% ,而修改了其中的 75% 。

组织头脑风暴会议应遵守以下 5 个原则。

1. 所选择专家的专业方向应与预测的对象相一致,而且要注意选择那些在方法论和专业技术领域的资深专家。

2. 被挑选的专家最好彼此不相识,如果彼此相识,则应从同一资历中挑选。在会议上不公布专家所在的单位、年龄、职称或职务,使与会者感到一律平等和一视同仁。

3. 要为会议创造良好的环境条件,使专家能将注意力高度集中在所讨论的问题上。所谓良好的环境条件,是指有一个可以真正自由发言的环境,组织者要说明政策,使专家没有心理顾虑,做到真正的畅所欲言。

4. 要有措施鼓励讨论者对已提出的设想作任何改进。

5. 最好选择熟悉预测程序和处理方法并具备相关经验的专家来负责会议的领导主持工作。

头脑风暴法是一种直观的预测方法。它具有以下优点：一是可最大限度地发挥专家的个人才智，且不受外界影响，没有心理压力；二是通过信息交流，进而激发创造性思维，并在短期内取得成果；三是由于信息量大，考虑的因素多，因此所提供的方案也比较全面。当然也有明显的缺点，主要有：一是由于受专家个人在知识、爱好、经验、成见等方面的限制，预测结论易产生片面性；二是易受领导或权威的影响，不能真正畅所欲言和充分发表意见；三是易受个人自尊心的影响，有的专家听不进不同意见或不能及时公开修正自己的意见等。正因为如此，此方法有时会得出错误的结论。

为了克服这些缺点，于是出现了德尔菲法。

（二）德尔菲法

德尔菲法（Delphi）是头脑风暴法的发展和完善。它是以匿名方式，通过多轮函询专家对预测事件的意见，由组织者进行集中汇总，最终得出较为一致的专家预测意见的一种经验判断法。此法是美国兰德公司（The Rand Corporation）于 20 世纪 40 年代末期创立的，正式提出者是该公司研究人员奥拉夫·赫尔默（O. Helmer）和诺曼·达尔基（N. Dekey）。德尔菲法最初用于军事和科技预测，现已广泛应用于经济、社会、科技等各个领域的预测。

德尔菲是古希腊的一座城市，位于弗西斯境内帕尔那索斯山南坡，传说是希腊神话中的太阳神——阿波罗的神殿所在地，而阿波罗神具有极高的预卜未来的能力。后人便以德尔菲比喻为神的高超的预见能力，故德尔菲法以此得名。由于这种方法适用面广，预测效果好，所以很快便为各国和各企业竞相采用，现已成为应用广泛的预测方法之一。

1. 德尔菲法的运作程序。在应用德尔菲法进行预测时，一般按以下程序进行：

（1）预测准备阶段。它包括两方面的内容：确定主题和选定专家。

（2）预测实施阶段。准备工作就绪之后，就进入了多轮函询过程，通常包括三至五轮。

第一轮，组织者向专家提出所需预测的主题和具体项目，并提供必要的背景材料。在通常情况下，所预测事件的发展变化趋势主要取决于有关政策及相关领域的发展，而专家仅为某一领域的专家，不一定完全清楚有关政策，因此，组织者有必要向专家提供充足的资料，以利于专家作出正确评估，并且要加速意见集合及反馈速度。专家可以向组织者索取更详细的材料，也可以任何形式回答问题。

第二轮,组织者对专家的各种回答进行综合整理,把相同的事件或结论统一起来,剔除次要的、分散的事件或结论,用准确的术语进行统一描述,制成第二轮征询表,连同补充材料、组织要求等再寄给专家征询意见,请专家对他人的预测意见加以评论,对自己的预测意见进行修改和补充说明。

第三轮,将前轮征询意见汇总、整理后再制成征询表,附上补充材料和具体要求等再寄送给专家,要求专家根据新材料深入思考,进一步评价别人的意见和修改、补充自己的意见。

最后一轮,经过上述多轮(第四轮、第五轮的具体操作与第三轮相类似)反复修正、汇总后,当预测结果较为一致时,预测组织者再进行统计整理以及意见归纳,形成最终的预测结论。

(3)结果处理阶段。上述各轮,尤其是最后一轮的归纳整理,涉及结果的处理。要合理运用数理统计方法,处理和统计专家们的分散意见。最后的预测结论必须忠实于专家意见,从专家意见中提炼出最终的预测结果。

(4)提出预测报告。当组织者有了切合实际的预测答案后,就应制作预测报告,介绍预测的组织情况、资料组织整理情况、预测结论以及决策建议等。

2.德尔菲法的特点。德尔菲法和前述头脑风暴法都属于通过收集众多专家意见进行预测的方法。但是,它的组织处理方式不同,有其鲜明的特点:

(1)匿名性。德尔菲法收集专家意见,是通过匿名函询方式,背靠背地发表意见。专家们只同组织者发生联系,专家之间不存在横向联系,并且组织者对专家的姓名也是保密的。这样,既可减少交叉影响、权威效应,又可使专家毫无顾虑地修改自己的意见。

(2)多轮反馈性。德尔菲法不同于民意测验式地一次性征求专家意见,而是通常要经过三至四轮的反馈,并且每轮都将上轮的集中意见或部分信息反馈给专家,以供专家修改自己意见时参考。

(3)收敛性。每轮意见收集后,组织者都将意见进行处理,根据专家意见集中程度重新整理问题,再次征询专家意见。同时,每轮都通过整理问题和提供集中意见供专家参考,使意见趋于集中。

(4)广泛性。德尔菲法因采用通信函询方式,所以可以在比较广泛的范围内征询专家意见,不仅可用于有历史资料和无历史资料情况下的预测,而且可用于近期探索性和远期开放性情况下的预测。

3.德尔菲法的优点与不足。

(1)以上述特点为核心,德尔菲法克服了其他预测法的不足,形成了较为突出的优点:①集思广益,可发挥专家的集体智慧,从而避免主观性和片面性,有利于提高预测质量。德尔菲法以信函方式征询专家意见,具有广泛性和经济合理性,并且快速省时。②有利于专家独立思考,各抒己见,充分发表自己的意见。③通过反馈,专家可相互交流和相互启发,修改完善自己的意见,有利于探索性地解决问题。

(2)德尔菲法也存在着一些不足:①易忽视少数人的创意。②缺少思想交锋和商讨。专家都是背靠背且凭借个人知识和经验作估测的,难免要受到个人的信息占有量和自身知识经验局限性等的影响,而带有一定的主观片面性,而且,背靠背方式使各位专家没有机会相互启发和正面交锋,使预测意见碰不出思想火花。③组织者主观意向明显。德尔菲法的多轮反馈,都是组织者通过归纳整理前轮专家意见进行的,其意见的取舍、新资料的提供等都可能会直接影响专家的思考,因而,汇总结果往往会带有明显的组织者主观意向。

4. 德尔菲法的改进及适用范围。

(1)德尔菲法的改进。德尔菲法自诞生以来,以其广泛的适用性和结果的可靠性立足于社会经济预测领域。为进一步完善和发展德尔菲法,人们主要进行了两部分改进:一是部分取消反馈,减少应答轮数。用德尔菲法预测一般要经过三至五轮,有时甚至更多,这极易使专家生厌、疲惫和反感,同时又需较多时日。为弥补德尔菲法的不足,可采用下述两种办法:第一种是较多较充实地提供前轮预测意见和相关背景材料,以及较具体地提出组织者的目的和要求,这样可适当减少反馈的轮数;第二种是采用顺序量表、分值表和事件出现的概率方式等,由组织者进行统计整理。但组织者不能将自己的意见强加于人或给专家以某种暗示或诱导。二是部分取消匿名,增加思想交锋。德尔菲法的匿名性能使专家克服权威效应、情感效应,能各抒己见、畅所欲言,也能大胆修改自己的预测意见。但背靠背方式使专家之间缺少讨论和思想交锋。因此,可部分取消匿名性,其具体做法是:先采用匿名信函征询,当专家意见大致接近时,取消匿名,展开面对面的辩论,最后再度匿名作出预测判断。这样,既保持了德尔菲法的优点,又吸取了头脑风暴法的优点,有助于迅速而又准确地进行判断预测。

(2)德尔菲法的适用范围。德尔菲法自20世纪40年代诞生以来,已成为决策者进行科学决策所采用的一种行之有效的预测方法,目前在我国已得到广泛应用,取得了满意效果。纵观德尔菲法,其应用虽具有广泛性,但更主要的是用于下述四种情况:①缺乏足够的资料;②作长远规划或大趋势预测;③影响预测事件的因素很多;④主观因素对预测事件的影响较大。

二、专家意见的统计处理

(一)中位数法

所谓中位数,是一种较算术平均数更为合理的平均数,通常作为有代表性

的预测值。将上、下四分位数之间的区域作为预测区间。中位数及上、下四分位数的简单计算方法如下:

设有 n 个专家参加某项预测工作,将他们的预测分值从小到大排列为 $x_1 \leqslant x_2 \leqslant \cdots \leqslant x_n$。记 $x_中$ 为该序列的中位数,$x_上$ 和 $x_下$ 分别为上、下四分位数。则

$$x_中 = \begin{cases} x_{(n+1)/2} & (\text{当 } n \text{ 为奇数时}) \\ \dfrac{x_{n/2} + x_{n/2+1}}{2} & (\text{当 } n \text{ 为偶数时}) \end{cases}$$

$$x_上 = x_中 + \frac{1}{2}(x_n - x_中)$$

$$x_下 = x_中 - \frac{1}{2}(x_中 - x_1)$$

其中,x_1 和 x_n 分别为序列的最小值和最大值。

【例 2 - 2】设有 10 位专家对某地某年外贸进出口总额进行了预测,结果排序如下(单位:亿元):

    30,   32,   33,   34,   35,   37,   38,   38,   39,   40

则用中位数预测该地区某年外贸进出口总额为:

$$x_中 = \frac{35 + 37}{2} = 36 (\text{亿元})$$

$$x_上 = 36 + \frac{1}{2}(40 - 36) = 38 (\text{亿元})$$

$$x_下 = 36 - \frac{1}{2}(36 - 30) = 33 (\text{亿元})$$

这些数据表明,专家们基本上一致认为该年的外贸进出口总额将达到 36 亿元,有 50% 以上专家的预测值在 33 亿元和 38 亿元之间。

（二）主观概率法

主观概率法是对市场调查预测法、专家预测法所获得的数据进行集中整理的常用方法。主观概率是指在一定条件下,个人对某一事件在未来发生或不发生的可能性所作的估计,反映了个人对未来事件的主观判断和信任程度。经济预测的主观概率法,是指利用主观概率对各种预测意见进行汇总整理,得出综合性预测结果的方法。常用的主观概率法有主观概率加权平均法和累计概率中位数法等。下面仅介绍主观概率加权平均法。

主观概率加权平均法是以主观概率为权数,对各种预测意见进行加权平均,求得综合性预测结果的方法。其步骤如下:

第一步,确定主观概率。根据过去预测的经验来确定各种可能情况的主观概率。

第二步,计算综合预测值。

第三步,计算平均偏差程度,校正预测结果。

【例2-3】某大型空调生产企业欲对下一年首季度空调产品的销售额进行预测,且预测工作主要由市场营销部和投资计划部来完成。

首先,要确定主观概率。即以主观概率为权数,计算两部门预测人员的最高销售、最低销售和最可能销售的加权算术平均数,作为预测期望值。如表2-9所示。

表2-9 市场营销部预测期望值计算表

预测人员	估计	销售额(万元)	主观概率	销售额×概率
(1)	(2)	(3)	(4)	(5)
甲	最高销售	1 100	0.2	220
	最可能销售	900	0.5	450
	最低销售	700	0.3	210
	期望值			880
乙	最高销售	1 000	0.2	200
	最可能销售	800	0.6	480
	最低销售	600	0.2	120
	期望值			800
丙	最高销售	900	0.3	270
	最可能销售	700	0.4	280
	最低销售	500	0.3	150
	期望值			700

如预测员甲的期望值为:

$$\frac{1\ 100 \times 20 + 900 \times 50 + 700 \times 30}{100} = 880(万元)$$

其次,以主观概率为权数,计算每人期望值的平均数。如果三位预测人员的判断能力不相上下,其主观概率各为 $\frac{1}{3}$,则三人预测的平均销售额为:

$$\frac{880 + 800 + 700}{3} = 793.33(万元)$$

同理,如果投资计划部预测员甲的期望值为950万元,乙的期望值为750万元,两人的主观概率各为50%,则投资计划部预测员预测的平均销售额为:

$$\frac{950 + 750}{2} = 850(万元)$$

如果市场营销部预测人员的主观概率为60%,投资计划部预测人员的主观

概率为40%,则该公司下一年首季的预测销售额为:

$$\frac{793.33 \times 60 + 850 \times 40}{100} = 816(万元)$$

上述每人期望值的主观概率,主要根据过去预测的准确程度来确定。

最后,计算平均偏差程度,校正预测结果。将过去若干季的实际数和预测数对比,计算比率、平均比率和平均偏差程度。

设过去8个季度的实际数与预测数之比如表2-10所示。

表2-10

季 次	1	2	3	4	5	6	7	8	平均比率
实际数 预测数	0.98	1.03	1.02	0.86	0.97	1.02	0.93	1.04	0.98

平均比率是各季比率的简单算术平均数,为98%,即实际数比预测数有高有低,平均为98%,则平均偏差程度为2%,即实际数比预测数平均低2%,因此应将预测数扣除2%进行校正。经校正后该公司下一年首季预测销售额为:

$$816 \times 98\% = 799.68(万元)$$

（三）评分法

评分法是指先规定各种预测结果的计分标准,然后由各专家对自己的预测结果按标准计算分值,最后进行综合整理得到预测结果的方法。对分数整理的方法有以下几种。

1. 总分法。将各专家对某方案评分的总和作为标准进行比较。

2. 平均分法。计算出各个方案的平均得分值,作为相互比较的依据。公式如下:

$$M_j = \frac{\sum\limits_{i=1}^{m_j} x_{ij}}{m_j} \qquad (2.2.1)$$

式中:M_j——方案j的平均分数值;

m_j——对方案j评分的专家数($m_j \leqslant m$);

m——专家人数;

x_{ij}——专家i对方案j的评分值。

3. 比重系数法。计算出各个方案得分总数占全部方案总分的比重,作为各个方案进行比较的依据。公式如下:

$$W_j = \frac{L_j \cdot \sum\limits_{i=1}^{m_j} x_{ij}}{\sum\limits_{j=1}^{n} \sum\limits_{i=1}^{m} x_{ij}} \qquad (2.2.2)$$

式中:W_j——方案j得分占全部方案总分的比重;

L_j——积极性系数($L_j = m_j / m$);

n——方案数;

m——专家数。

4. 满分频率法。用得到满分的频率作为各个方案比较的依据。公式如下:

$$f_j = \frac{m'_j}{m_j} \qquad (2.2.3)$$

式中:f_j——方案 j 得满分的频率;

m'_j——对方案 j 给满分的专家数;

m_j——对方案 j 评分的专家数。

三、应用举例

某家电公司拥有一项环保电器产品的实用新型专利技术。为尽快将此项技术商品化,及时收回成本,现假设有两种方案需要决策:一种方案是自行生产和销售,这样需购置一些设备,固定成本为 300 万元;原材料、加工费等每件产品的可变成本为 50 元;广告宣传费用为 20 万元;预计销售单价为 80 元。根据以往经验可以断定,在此价格和宣传等措施下,产品销售量将在 10 万与 90 万件之间。另一种方案是拍卖此专利,则预计可得 1 000 万元的收入。为了作出自产自销还是拍卖专利的决策,还需预测该产品的销售量。公司决定采用德尔菲法,具体做法是:

(1)选择本企业技术、营销和管理方面的专家 4 人;本系统的专家 4 人;社会上相关领域的知名学者 4 人。

(2)准备相关资料及调查表。相关资料包括提供该技术产品的样品、产品本身的性能特点和各项指标、国内外同类和相关产品的发展情况,以及本企业过去所生产家电产品的销售情况等。在设计调查表时,假定把该产品销售量分为 3 个档次,分别为 30 万件以下、30 万~70 万件和 70 万件以上,要求填写销售量在各个档次的可能性(各种可能性之和必须等于 1)。

(3)将调查表和相关参考资料发给各专家,在征求意见并填好后交回。如此反复征询 4 次后,意见已基本统一。现将最后一次调查情况汇总由表 2 - 11 列出。

表 2 - 11　新产品销售量最后一次调查汇总表

专　　家		销售量在各档次内的可能性		
代　　号	权　　重	30 万件以下	30 万~70 万件	70 万件以上
1	1	0.2	0.3	0.5
2	3	0.5	0.5	0

续表

专 家		销售量在各档次内的可能性		
代 号	权 重	30 万件以下	30 万~70 万件	70 万件以上
3	1	0.3	0.7	0
4	2	0.7	0.1	0.2
5	3	0.4	0.5	0.1
6	2	0.6	0.3	0.1
7	2	0.2	0.3	0.5
8	3	0.4	0.2	0.4
9	2	0.3	0.1	0.6
10	1	0.2	0.2	0.6
11	2	0.5	0.3	0.2
12	3	0.3	0.1	0.6
加权平均		0.404	0.292	0.304

根据各位专家对本专业的熟悉程度及权威性的大小,分别指定权重(见表 2 – 11 中的第 2 列,注意此权重必须严格保密),然后分别计算 3 个档次的专家估计的可能性的加权平均值,分别为 0.404、0.292、0.304,将这 3 个平均值分别作为真实销售量落在 3 个档次内的可能值。3 个档次的销售量分别取 20 万件、50 万件和 80 万件作为代表值,计算平均销售量:

$$20 \times 0.404 + 50 \times 0.292 + 80 \times 0.304 = 47（万件）$$

则若本公司自行产销该产品,平均可获利为:

$$(80 - 50) \times 47 - (300 + 20) = 1\,090（万元）$$

因此,决策的结果应为自行生产和销售。

习 题

1. 什么是定性预测? 定性预测法适用于什么情况下的预测?
2. 市场调查的意义是什么? 市场调查的主要内容和基本方法有哪些?
3. 什么是抽样调查? 如何减少抽样误差?
4. 常用的随机抽样方法有哪些?
5. 什么是专家预测法? 如何选择专家?
6. 什么是头脑风暴法?

7. 何谓德尔菲法？其特点和优、缺点是什么？

8. 用德尔菲法汇总整理专家意见时,常用的方法有哪些？

9. 已知某公司三个销售人员对明年销售的预测意见与主观概率如表 2 – 12 所示,又知计划人员预测销售的期望值为 1 000 万元,统计人员预测销售的期望值为 900 万元,计划、统计人员的预测能力分别是销售人员的 1.2 倍和 1.4 倍。试用主观概率加权平均法求:

(1)每个销售人员的预测销售期望值。

(2)三个销售人员的平均预测期望值。

(3)该公司明年的预测销售额。

表 2 – 12　销售人员预测期望值计算表

销售人员	估　计	销售额(万元)	主观概率
甲	最高销售	1 120	0.25
	最可能销售	965	0.50
	最低销售	640	0.25
	期望值		0.3
乙	最高销售	1 080	0.20
	最可能销售	972	0.50
	最低销售	660	0.30
	期望值		0.35
丙	最高销售	1 200	0.25
	最可能销售	980	0.60
	最低销售	600	0.15
	期望值		0.35

10. 张先生在银行有一笔存款,他想利用此款购买债券或股票。在今后 5 年内,债券的价值将提高 25%。而股票的价值与股息则依赖于这 5 年的经济状况:若通货膨胀,它将增长 100%;若通货紧缩,它将下降 10%;在一般情况下,它将提高 15%。为预测今后 5 年的经济状况,他请到 5 位专家,用德尔菲法征询意见,最后一轮的意见已接近一致,如表 2 – 13 所示。

表 2 - 13

专家编号	各种情况发生的可能性		
	通货膨胀	一般情况	通货紧缩
1	0.15	0.75	0.10
2	0.20	0.70	0.10
3	0.20	0.65	0.15
4	0.30	0.65	0.05
5	0.15	0.75	0.10

　　试问:如按这些专家的意见(假定平等对待各位专家的意见),为使张先生在 5 年后取得最大的经济收益,他应该用该存款购买债券还是购买股票?

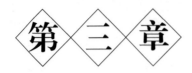

确定性时间序列预测法

时间序列平滑预测法主要研究事物的自身发展规律,借以预测事物的未来发展趋势。最早将这种方法用于商情研究和预测的是美国哈佛大学的沃伦·珀森斯(Worren Persons)教授。到20世纪70年代,随着计算机技术的发展,该方法被广泛应用于水文、气象、地震、经济等各个领域,目前已成为世界各国进行经济预测的基本方法之一。

本章主要介绍的预测方法有移动平均法、指数平滑法及自适应过滤法。这些方法既可用于宏观经济预测,也可用于微观经济预测,预测期限主要为短、中期,不适于有拐点的长期预测。利用这些方法进行经济预测所依据的基本假定是:经济变量过去的发展变化规律,在未发生质变的情况下,可以被延伸到未来时期。在预测期与观测期的经济环境基本相同时,这一假定可以被接受。

第一节　时间序列的构成

所谓时间序列,是指某种统计指标的数值,按照时间先后顺序排列起来的一个数列。例如,某种商品的销售额按季度顺序排列起来的一组统计数据,职工工资总额按年度顺序排列起来的一组统计数据,都是时间序列。时间序列一般用 $y_1, y_2, \cdots, y_t, \cdots$ 表示, t 为时间,简记为 $\{y_t\}$ 。

一、时间序列的构成因素

影响经济变量的时间序列变动的因素很多,有些因素属于根本性因素,它对时间序列的变动起决定性作用,会使时间序列变动呈现出一定的规律性;有些因素属于偶然因素,对时间序列变动只起局部的非决定性作用,使时间序列呈现出不规则波动。为了研究经济变量的发展变化规律,并据此预测未来,需要将这些影响时间序列变动的因素加以分解,分别进行测定。在具体分析中,通常按影响因素的性质不同,将影响时间序列变动的因素分解为长期趋势变动、季节变动、循环变动和不规则变动四种主要类型。

(一)长期趋势变动

长期趋势是指时间序列在较长时期内,受某种根本性因素影响所呈现出的总趋势,是经济现象的本质在数量方面的反映,也是我们对时间序列进行分析和预测的重点。如图 3-1 所示,长期趋势可以是上升的,也可以是下降的,或者是平稳的(或称水平的)。

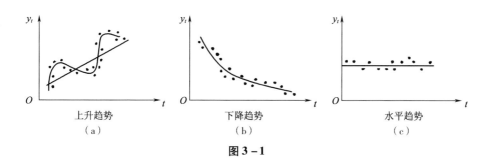

图 3-1

(二)季节变动

季节变动是指时间序列受季节更替规律或节假日的影响而呈现的周期性变动。例如:农作物的生长受季节影响,从而导致农产品加工业的季节性变化,并且波及运输、仓储、价格等方面的季节性变动;空调、燃料、冷饮等商品的销售量受天气冷暖的影响,出现销售旺季及销售淡季;当春节、中秋节、国庆节等节假日来临时,某些食品的需求量剧增,也会出现购买高峰。

季节变动的周期比较稳定,一般是以一年为一个周期反复波动,当然也有不到一年的周期变动。例如,银行的活期储蓄额以月为周期,每天早晨乘公共汽车上班的客流量一般以七天为一周期。季节变动有固定规律可循,周期效应可以预见。

（三）循环变动

循环变动是一种变化非常缓慢、需要经过数年或数十年才能显现出来的循环现象。它虽类似于周期变动，但规律性不明显，无固定周期，出现一次循环变动之后，下次何时出现，周期多长难以预见，因而周期效应难以预测。例如，全球经济危机就是一种循环现象。

为了掌握时间序列受循环变动因素的影响，需要取得很长时期的样本数据加以分析，以获得循环变动的信息，在短期内循环变动是显现不出来的。因而在短期预测中，可以不考虑循环变动的影响。

（四）不规则变动（或称随机干扰）

不规则变动是指时间序列由于突发事件或各种偶然因素引起的无规律可循的变动，如自然灾害、意外事故、战争和政策改变等原因对时间序列造成影响而引起的变动。这种不规则变动有时对经济发展影响较大，但却不能以趋势、季节或循环变动加以解释，也难以预测。

了解构成时间序列的四种因素后，我们就能有的放矢地加以处理。在预测时，需要从时间序列中分离出长期趋势，并找到循环、季节变化的规律，排除随机干扰。

二、时间序列的构成模式

时间序列的变动可以看成是上述四种因素的叠加，是它们综合作用的结果。其作用形式一般有两种模式：

（一）加法模式

$$y_t = T_t + S_t + C_t + I_t \tag{3.1.1}$$

（二）乘法模式

$$y_t = T_t \cdot S_t \cdot C_t \cdot I_t \tag{3.1.2}$$

式中：y_t——第 t 期的时间序列值；

T_t——第 t 期的长期趋势变动值；

S_t——第 t 期的季节变动值；

C_t——第 t 期的循环变动值；

I_t——第 t 期的不规则变动值。

上面所研究的是时间序列的一般构成。实际进行时间序列分析和预测时，四个分量不一定同时存在。有时可能没有 S_t，即时间序列无季节变动的影响；有时可能没有 C_t，即时间序列无循环变动的影响；但是不能没有 T_t，因为任何模式都以长期趋势变动值 T_t 为它的主干。

一般而言,若时间序列的季节变动、循环变动和不规则变动的幅度随着长期趋势变动的增长(或衰减)而加剧(或减弱),应采用乘法模式;若季节变动、循环变动和不规则变动的幅度不随长期趋势变动的增衰而变化,应采用加法模式。

三、时间序列数据的类型

在下面的讨论中,我们假定经济变量的时间序列无循环变动的影响。

在时间序列预测中,常遇到的数据类型有以下几种。

(一)水平趋势型

这时时间序列表现为既无上升或下降趋势,也无季节影响,只是沿着水平方向发生变动,可表示为:

$$y_t = T_t + I_t \qquad \text{(加法模式)}$$

或

$$y_t = T_t \cdot I_t \qquad \text{(乘法模式)}$$

如图 3 - 2(a)所示。

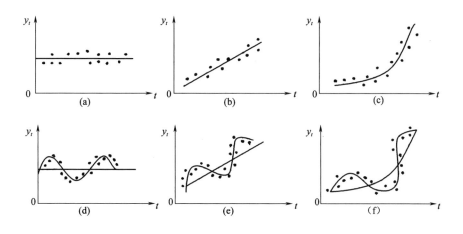

图 3 - 2　六种数据类型的散点图

(二)线性趋势型

这时时间序列的长期趋势值是时间 t 的线性函数,无季节影响,可表示为:

$$y_t = (a + bt) + I_t \qquad \text{(加法模式)}$$

或

$$y_t = (a + bt) \cdot I_t \qquad \text{(乘法模式)}$$

这里,a, b 都是常数,且 $b \neq 0$,如图 3 - 2(b)所示。

（三）曲线趋势型

这时时间序列的长期趋势值是时间 t 的非线性函数,无季节影响。以二次曲线为例,可表示为:

$$y_t = (a + bt + ct^2) + I_t \qquad \text{(加法模式)}$$

或

$$y_t = (a + bt + ct^2) \cdot I_t \qquad \text{(乘法模式)}$$

这里,a、b、c 均为常数,且 $c \neq 0$,如图 3 - 2(c)所示。

（四）水平趋势季节型

这时时间序列无上升或下降趋势,但受季节影响,可表示为:

$$y_t = T_t + S_t + I_t \qquad \text{(加法模式)}$$

或

$$y_t = T_t \cdot S_t \cdot I_t \qquad \text{(乘法模式)}$$

如图 3 - 2(d)所示。

（五）线性趋势季节型

这时时间序列的长期趋势值是时间 t 的线性函数,且受季节影响,可表示为:

$$y_t = (a + bt) + S_t + I_t \qquad \text{(加法模式)}$$

或

$$y_t = (a + bt) \cdot S_t \cdot I_t \qquad \text{(乘法模式)}$$

这里,a、b 都是常数,且 $b \neq 0$,如图 3 - 2(e)所示。

（六）曲线趋势季节型

这时时间序列的长期趋势值是时间 t 的非线性函数,且受季节影响。以指数函数为例,可表示为:

$$y_t = ab^t + S_t + I_t \qquad \text{(加法模式)}$$

或

$$y_t = ab^t \cdot S_t \cdot I_t \qquad \text{(乘法模式)}$$

这里,a、b 都是正的常数,且 $b \neq 1$,如图 3 - 2(f)所示。

本章只讨论前三种数据类型的预测问题,后三种含有季节影响因素的数据类型的预测将在第五章中讨论。

第二节 移动平均法

移动平均法是在算术平均的基础上发展起来的一种预测方法。算术平均虽能代表一组数据的平均水平,但它不能反映数据的变化趋势。当时间序列的数据受周期变动和不规则变动的影响起伏较大,不易显示出发展趋势时,可用移动平均法消除这些因素的影响,显露出时间序列的长期趋势。

移动平均法包括一次移动平均法、加权移动平均法和二次移动平均法等,现分别介绍如下。

一、一次移动平均法

所谓一次移动平均法,就是取时间序列的 N 个观测值予以平均,并依次滑动,直至将数据处理完毕,得到一个平均值序列。

设时间序列为 $y_1, y_2, \cdots, y_t, \cdots, y_n; n$ 为样本容量。

一次移动平均计算公式为:

$$M_t^{(1)} = \frac{y_t + y_{t-1} + \cdots + y_{t-N+1}}{N} \qquad (t \geqslant N) \qquad (3.2.1)$$

式中:$M_t^{(1)}$——第 t 期的一次移动平均值;

N——移动平均的项数(或称步长)。

由式(3.2.1)就可以得到一个时间序列的移动平均数列。移动平均的作用在于修匀数据,消除一些随机干扰,使时间序列的长期趋势显露出来,从而可用于趋势分析及预测。

一般情况下,如果时间序列没有明显的周期变化和趋势变化,可用第 t 期的一次移动平均值作为第 $t+1$ 期的预测值,即预测方程为:

$$\hat{y}_{t+1} = M_t^{(1)} \qquad (3.2.2)$$

式中:$\hat{y}_{t+1}$——第 $t+1$ 期的一次移动平均预测值。

为了运算方便,计算 $M_t^{(1)}$ 时可使用递推公式:

$$M_t^{(1)} = M_{t-1}^{(1)} + \frac{y_t - y_{t-N}}{N} \qquad (3.2.3)$$

因为

$$M_t^{(1)} = \frac{y_t + y_{t-1} + \cdots + y_{t-N+1} + y_{t-N} - y_{t-N}}{N}$$

$$= \frac{y_{t-1} + \cdots + y_{t-N+1} + y_{t-N}}{N} + \frac{y_t - y_{t-N}}{N}$$

$$= M_{t-1}^{(1)} + \frac{y_t - y_{t-N}}{N}$$

所以,与式(3.2.3)相对应,预测方程的递推公式为:

$$\hat{y}_{t+1} = \hat{y}_t + \frac{y_t - y_{t-N}}{N} \qquad (3.2.4)$$

当 N 较大时,用递推公式可大大减少计算量。

【例 3-1】某商店 2021 年 1—12 月份化妆品销售额如表 3-1 所示,试用一次移动平均法预测 2022 年 1 月份的销售额。

表 3-1 化妆品销售额及一次移动平均法计算表   单位:万元

年	月	t	销售额 y_t	$N=3$		$N=5$	
				$\hat{y}_t$	$y_t - \hat{y}_t$	$\hat{y}_t$	$y_t - \hat{y}_t$
2021	1	1	15.0				
	2	2	16.5				
	3	3	14.7				
	4	4	16.2	15.4	0.8		
	5	5	13.8	15.8	-2.0		
	6	6	12.9	14.9	-2.0	15.2	-2.3
	7	7	14.0	14.3	-0.3	14.8	-0.8
	8	8	14.4	13.6	0.8	14.3	0.1
	9	9	15.3	13.8	1.5	14.3	1.0
	10	10	14.7	14.6	0.1	14.1	0.6
	11	11	16.5	14.8	1.7	14.3	2.2
	12	12	14.7	15.5	-0.8	15.0	-0.3
2022	1	13	预测值	15.3		15.1	

解:根据数据绘制散点图,如图 3-3 所示。观察散点图可知,销售额的走势基本沿水平方向变化且无季节影响,因而可用一次移动平均法进行预测。

分别取 $N=3$ 和 $N=5$,按预测方程:

$$\hat{y}_{t+1} = \frac{y_t + y_{t-1} + y_{t-2}}{3}$$

和

$$\hat{y}_{t+1} = \frac{y_t + y_{t-1} + y_{t-2} + y_{t-3} + y_{t-4}}{5}$$

计算 3 个月和 5 个月的移动平均预测值,将结果列于表 3-1 中。

为了便于比较,将两种预测值也画在图 3-3 中。从图中可以看出,$N=5$ 的移动平均预测值比 $N=3$ 的移动平均预测值波动要小。前 6 期数据总的来说呈下降趋势,$N=5$ 时预测值下降较慢,$N=3$ 时下降较快;后 6 期数据呈上升趋势,$N=5$ 时预测值上升较慢,$N=3$ 时上升较快。这说明,$N=5$ 的预测值比 $N=3$ 的预测值对数据变化的反应迟钝。

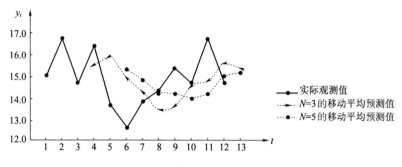

图 3 - 3　销售额及移动平均预测

预测时,我们既希望对数据平滑能力要强,以便更好地抵消随机干扰,显示出规律性,同时又希望预测值对数据变化要反应灵敏,以使预测值不要滞后太多,但二者不可兼得,因为要使预测值能很快跟上数据的变化,必然要带进更多的随机误差。

那么,N 究竟应该选择多大合适? 一般来说,当时间序列的变化趋势较为稳定时,N 宜取大些;当时间序列波动较大、变化明显时,N 宜取小些,但这一原则使用起来并不方便。实际预测中,一个行之有效的方法是试算法,即选择几个 N 值进行计算,比较它们的预测误差,从中选择使预测误差较小的那个 N。

如在本例中,要预测化妆品的销售额,究竟应取 $N = 3$ 还是 $N = 5$ 合适,可通过计算这两个预测公式的均方误差 MSE,选取使 MSE 较小的那个 N。

当 $N = 3$ 时,

$$\text{MSE} = \frac{1}{9} \sum_{t=4}^{12} (y_t - \hat{y}_t)^2 = \frac{15.16}{9} = 1.68$$

当 $N = 5$ 时,

$$\text{MSE} = \frac{1}{7} \sum_{t=6}^{12} (y_t - \hat{y}_t)^2 = \frac{12.23}{7} = 1.75$$

计算结果表明:$N = 3$ 时,MSE 较小,故选取 $N = 3$。2022 年 1 月份的化妆品销售额的预测值为:

$$\hat{y}_{2022.1} = \hat{y}_{13} = \frac{y_{12} + y_{11} + y_{10}}{3} = 15.3 \text{(万元)}$$

注意,一次移动平均法的预测能力只有一期。

二、加权移动平均法

在一次移动平均法中,各期数据在移动平均值中的作用是等同的。但实际上,各期数据所包含的信息量并不相同,近期数据比远期数据包含更多的关于未来的信息。因此,在预测中应更加重视近期数据,给近期数据以较大的权数,给远期数据以较小的权数,这就是加权移动平均法的基本思想。

加权移动平均法的计算公式为:

$$M_{tw}=\frac{w_1 y_t+w_2 y_{t-1}+\cdots+w_N y_{t-N+1}}{w_1+w_2+\cdots+w_N} \qquad (t\geq N) \qquad (3.2.5)$$

式中:M_{tw}——第 t 期的加权移动平均值;

w_i——观测值 y_{t-i+1} 的权数。

w_i 体现了相应的 y 在加权平均值中的重要程度。实际中常选 $w_1\geq w_2\geq\cdots\geq w_N$。若以第 t 期的加权移动平均值作为第 $t+1$ 期的预测值,则预测方程为:

$$\hat{y}_{t+1}=M_{tw} \qquad (3.2.6)$$

【例 3 - 2】利用表 3 - 1 中化妆品销售额的数据,用加权移动平均法预测 2022 年 1 月份的销售额。

解:为了突出新数据的作用,取 $w_1=3,w_2=2,w_3=1$,按预测方程:

$$\hat{y}_{t+1}=\frac{3y_t+2y_{t-1}+y_{t-2}}{3+2+1}$$

计算 3 个月的加权移动平均值,结果列于表 3 - 2 中。2022 年 1 月份销售额的预测值为:

$$\hat{y}_{2022.1}=\hat{y}_{13}=\frac{3y_{12}+2y_{11}+y_{10}}{3+2+1}=\frac{3\times14.7+2\times16.5+14.7}{6}=15.3(万元)$$

均方误差为:

$$MSE=\frac{1}{9}\sum_{t=4}^{12}(y_t-\hat{y}_t)^2=\frac{14.19}{9}=1.58$$

计算结果显示,采用加权移动平均法,可以更准确地反映实际情况,因为均方误差比 $N=3$ 时一次移动平均值的均方误差要小。

注意,加权移动平均法的预测能力也只有一期。

表 3 - 2　化妆品销售额及加权移动平均法计算表　　单位:万元

年	月	t	销售额 y_t	$N=3$ 的加权移动平均预测值 $\hat{y}_t$	$e_t=y_t-\hat{y}_t$	e_t^2
2021	1	1	15.0			
	2	2	16.5			
	3	3	14.7			

年	月	t	销售额 y_t	$N=3$ 的加权移动平均 预测值 $\hat{y}_t$	$e_t = y_t - \hat{y}_t$	e_t^2
2021	4	4	16.2	15.4	0.8	0.64
	5	5	13.8	15.8	−2.0	4.00
	6	6	12.9	14.8	−1.9	3.61
	7	7	14.0	13.8	0.2	0.04
	8	8	14.4	13.6	0.8	0.64
	9	9	15.3	14.0	1.3	1.69
	10	10	14.7	14.8	−0.1	0.01
	11	11	16.5	14.9	1.6	2.56
	12	12	14.7	15.7	−1.0	1.00
2022	1	13	预测值	15.3		
合计						14.19

三、二次移动平均法

所谓二次移动平均法,就是将一次移动平均序列再进行一次移动平均。其计算公式为:

$$M_t^{(2)} = \frac{M_t^{(1)} + M_{t-1}^{(1)} + \cdots + M_{t-N+1}^{(1)}}{N} \tag{3.2.7}$$

它的递推公式为:

$$M_t^{(2)} = M_{t-1}^{(2)} + \frac{M_t^{(1)} - M_{t-N}^{(1)}}{N} \tag{3.2.8}$$

式中:$M_t^{(2)}$——第 t 期的二次移动平均值。

当时间序列具有线性发展趋势时,用一次移动平均法和加权移动平均法进行预测就会出现滞后偏差,表现为对于线性增加的时间序列,预测值偏低,而对于线性减少的时间序列,则预测值偏高。这种偏低、偏高的误差统称为滞后偏差。为了消除滞后偏差对预测的影响,可在一次、二次移动平均值的基础上,利用滞后偏差的规律来建立线性趋势模型,利用线性趋势模型进行预测。

预测步骤为:

（1）对时间序列 $\{y_t\}$ 计算 $M_t^{(1)}$ 和 $M_t^{(2)}$。

（2）利用 $M_t^{(1)}$ 和 $M_t^{(2)}$ 估计线性趋势模型的截距 $\hat{a}_t$ 和斜率 $\hat{b}_t$：

$$\begin{cases} \hat{a}_t = 2M_t^{(1)} - M_t^{(2)} \\ \hat{b}_t = \dfrac{2}{N-1}\left(M_t^{(1)} - M_t^{(2)}\right) \end{cases} \tag{3.2.9}$$

（3）建立线性趋势预测模型：

$$\hat{y}_{t+\tau} = \hat{a}_t + \hat{b}_t\tau \tag{3.2.10}$$

式中：t——当前期；

τ——预测超前期；

$\hat{y}_{t+\tau}$——第 $t+\tau$ 期的预测值；

$\hat{a}_t$——截距的估计值；

$\hat{b}_t$——斜率的估计值。

（4）进行预测。

【例 3-3】表 3-3 给出了 2001—2017 年北京市城镇居民家庭人均消费性支出的统计资料。试用二次移动平均法预测 2018 年和 2019 年北京市城镇居民家庭人均消费性支出。

表 3-3　人均消费性支出及二次移动平均法计算表　　单位：元

年份	t	人均消费性支出 y_t	$M_t^{(1)}$	$M_t^{(2)}$	$\hat{y}_t$	$\dfrac{\|y_t - \hat{y}_t\|}{y_t}$
2001	1	8 922.7				
2002	2	10 285.8				
2003	3	11 123.8				
2004	4	12 200.4	10 633.2			
2005	5	13 244.2	11 713.6			
2006	6	14 825.0	12 848.4			
2007	7	15 330.0	13 899.9	12 273.7		
2008	8	16 460.0	14 964.8	13 356.7	16 610.2	0.009 1
2009	9	17 893.0	16 127.0	14 460.0	17 645.0	0.013 9
2010	10	19 934.0	17 404.3	15 599.0	18 905.3	0.051 6
2011	11	21 984.0	19 067.8	16 891.0	20 413.1	0.071 5

续表

年份	t	人均消费性支出 y_t	$M_t^{(1)}$	$M_t^{(2)}$	$\hat{y}_t$	$\dfrac{\mid y_t - \hat{y}_t \mid}{y_t}$
2012	12	24 046.0	20 964.3	18 390.8	22 695.8	0.056 2
2013	13	26 275.0	23 059.8	20 124.0	25 253.5	0.038 9
2014	14	28 009.0	25 078.5	22 042.6	27 952.8	0.002 0
2015	15	36 642.0	28 743.0	24 461.4	30 138.3	0.177 5
2016	16	38 256.0	32 295.5	27 294.2	35 879.0	0.062 1
2017	17	40 346.0	35 813.3	30 482.6	40 631.0	0.007 1
2018	18	预测值			44 697.8	
2019	19				48 251.6	

资料来源:北京市统计局网站。

预测步骤如下:

(1)绘制散点图3-4。由散点图可以看出,人均消费性支出基本呈线性增长趋势,所以可用二次移动平均法进行预测。

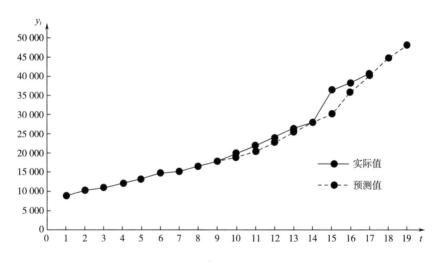

图3-4　人均消费性支出散点图

(2)取 $N = 4$,分别计算 $M_t^{(1)}$ 和 $M_t^{(2)}$,结果列于表3-3中。

(3)计算线性趋势模型的截距和斜率:

$$\hat{a}_{17} = 2M_{17}^{(1)} - M_{17}^{(2)} = 2 \times 35\ 813.3 - 30\ 482.6 = 41\ 144.0$$

$$\hat{b}_{17} = \frac{2}{N-1}(M_{17}^{(1)} - M_{17}^{(2)}) = \frac{2}{3} \times (35\ 813.3 - 30\ 482.6) = 3\ 553.8$$

于是,得到 $t = 17$ 时线性趋势预测模型为:

$$\hat{y}_{17+\tau} = 41\ 144.0 + 3\ 553.8\tau$$

(4)计算追溯预测值,并求平均绝对百分比误差(MAPE)。通常模型建立之后,要计算 MAPE,目的是考察模型的预测效果。为了求各期的追溯预测值,可将式(3.2.9)代入预测模型(3.2.10)中,并令 $\tau = 1$,得:

$$\hat{y}_{t+1} = (2\ M_t^{(1)} - M_t^{(2)}) + \frac{2}{N-1}(M_t^{(1)} - M_t^{(2)}) \qquad (3.2.11)$$

令 $t = 7, 8, \cdots, 16$,由上式可求出 8~17 期的追溯预测值。

如 $t = 10$,则:

$$\hat{y}_{11} = \hat{y}_{10+1} = (2\ M_{10}^{(1)} - M_{10}^{(2)}) + \frac{2}{4-1}(M_{10}^{(1)} - M_{10}^{(2)}) =$$

$$(2 \times 17\ 404.3 - 15\ 599.0) + \frac{2}{3} \times (17\ 404.3 - 15\ 599.0) = 20\ 413.1$$

其余类推,结果列于表3-3中。

$$\text{MAPE} = \frac{1}{10}\sum_{t=8}^{17} \frac{|y_t - \hat{y}_t|}{y_t} = \frac{1}{10} \times 0.489\ 8 = 4.9\%$$

结果表明,MAPE 仅为 4.90%,说明预测模型的精度较好,可用于趋势预测。

(5)预测2018年和2019年的人均消费性支出。分别将 $\tau = 1$ 和 $\tau = 2$ 代入预测模型中,即得预测值:

$$\hat{y}_{2018} = \hat{y}_{18} = 41\ 144.0 + 3\ 553.8 \times 1 = 44\ 697.8\ (元)$$

$$\hat{y}_{2019} = \hat{y}_{19} = 41\ 144.0 + 3\ 553.8 \times 2 = 48\ 251.6\ (元)$$

可见,二次移动平均法有多期的预测能力。

第三节　指数平滑法

上节介绍的移动平均法虽然计算简便,但并非一种理想的预测方法。原因一是当计算移动平均值时,只使用近期的 N 个数据,没有充分利用时间序列的全部数据信息;原因二是对参与运算的 N 个数据等权看待,这往往不符合实际情况。一般认为,越近期的数据越能反映当前情况,对今后的预测影响越大,越远期的数据影响越小。虽然加权移动平均法能弥补这个缺陷,但人为选取 N 个权数,仍然带进了更多的主观因素。指数平滑法则是对时间序列由近及远采取具有逐步衰减性质的加权处理,是移动平均法的改进型。

指数平滑法,根据平滑次数的不同,可分为一次、二次、三次指数平滑法,分别适合于对不同类型的时间序列进行预测。

一、一次指数平滑法

(一)计算公式

设时间序列为 $\{y_t\}$,一次指数平滑计算公式为:

$$S_t^{(1)} = \alpha y_t + (1-\alpha) S_{t-1}^{(1)} \tag{3.3.1}$$

式中:$S_t^{(1)}$——第 t 期的一次指数平滑值;

$\quad y_t$——第 t 期的观测值;

$\quad \alpha$——加权系数,$0 < \alpha < 1$。

实际上,式(3.3.1)是由一次移动平均的递推公式改进得到的。推证如下:

由式(3.2.3)可知,一次移动平均的递推公式为:

$$M_t^{(1)} = M_{t-1}^{(1)} + \frac{y_t - y_{t-N}}{N}$$

式中,$M_{t-1}^{(1)}$ 是观测值 $y_{t-1}, y_{t-2}, \cdots, y_{t-N}$ 的一次移动平均值,故可作为 y_{t-1}, $y_{t-2}, \cdots, y_{t-N}$ 中任何一个观测值的估计值,若以 $M_{t-1}^{(1)}$ 作为 y_{t-N} 的估计值,则式(3.2.3)可改写为:

$$M_t^{(1)} = M_{t-1}^{(1)} + \frac{y_t - M_{t-1}^{(1)}}{N} = \frac{1}{N} y_t + \left(1 - \frac{1}{N}\right) M_{t-1}^{(1)}$$

令 $\alpha = \frac{1}{N}$,以 $S_t^{(1)}$ 替换 $M_t^{(1)}$,则得到一次指数平滑计算公式(3.3.1):

$$S_t^{(1)} = \alpha y_t + (1-\alpha) S_{t-1}^{(1)}$$

指数平滑法如何弥补移动平均法的不足之处,通过将式(3.3.1)展开即可一目了然:

$$
\begin{aligned}
S_t^{(1)} &= \alpha y_t + (1-\alpha) S_{t-1}^{(1)} \\
&= \alpha y_t + (1-\alpha)\left[\alpha y_{t-1} + (1-\alpha) S_{t-2}^{(1)}\right] \\
&= \alpha y_t + \alpha(1-\alpha) y_{t-1} + (1-\alpha)^2 S_{t-2}^{(1)} \\
&\quad\vdots \\
&= \alpha y_t + \alpha(1-\alpha) y_{t-1} + \alpha(1-\alpha)^2 y_{t-2} + \cdots + \alpha(1-\alpha)^{t-1} y_1 + (1-\alpha)^t S_0^{(1)} \\
&= \alpha \sum_{i=0}^{t-1}(1-\alpha)^i y_{t-i} + (1-\alpha)^t S_0^{(1)} \tag{3.3.2}
\end{aligned}
$$

由式(3.3.2)看出,$S_t^{(1)}$ 的主要部分是 $y_t, y_{t-1}, \cdots, y_2, y_1$ 的加权平均,权数由近及远分别为 $\alpha, \alpha(1-\alpha), \alpha(1-\alpha)^2, \cdots$ 按几何级数衰减,满足近期权数大、

远期权数小的要求,而且利用了时间序列的全部数据信息。由于加权系数符合指数规律,又具有平滑数据的作用,故称为指数平滑法。

（二）预测模型

如果时间序列的变化呈水平趋势,可用第 t 期的一次指数平滑值作为第 $t+1$ 期的预测值,其预测模型为：

$$\hat{y}_{t+1} = S_t^{(1)} = \alpha y_t + (1-\alpha)\hat{y}_t \qquad (3.3.3)$$

式(3.3.3)说明, $t+1$ 期预测值是 t 期观测值和 t 期预测值的加权平均。用 y_t 代表新的数据信息,用 $\hat{y}_t$ 代表历史的数据信息,若 α 取 0.5,则表明预测者认为新的数据信息和历史的数据信息是同等重要;若 α 大于 0.5,则表明预测者更重视新的数据信息。式(3.3.3)也可改写为：

$$\hat{y}_{t+1} = \hat{y}_t + \alpha(y_t - \hat{y}_t) \qquad (3.3.4)$$

式(3.3.4)说明,新的预测值是在原预测值的基础上,利用原预测误差进行修正得到的。 α 的大小体现了修正的幅度: α 越大,修正的幅度越大; α 越小,修正的幅度也越小。由此可见, α 既代表了预测模型对时间序列变化的反应速度,又决定了预测模型修匀误差的能力。因此, α 的选取是重要的,它直接影响着预测结果。

1. 一般 α 的选取可遵循下列原则：

（1）当时间序列波动不大,较为平稳时,可取较小的 α 值(0.05~0.2),以减小修正幅度,使预测模型包含较长时间序列的信息。

（2）当时间序列具有明显的变动趋势时,可取较大的 α 值(0.3~0.6),以便迅速跟上数据的变化,提高预测模型的灵敏度。

（3）实际应用中,可多取几个 α 值进行试算,选取使均方误差最小的 α 作为加权系数。

用一次指数平滑法进行预测,还涉及初始值 $S_0^{(1)}$ 的选取问题。由式(3.3.2)可知,当 $t \to +\infty$ 时, $S_0^{(1)}$ 的系数 $(1-\alpha)^t \to 0$,这说明随着 t 的增大, $S_0^{(1)}$ 对预测值的影响越来越小。

2. 初始值是由预测者估计或指定的,具体方法是：

（1）当时间序列的样本容量 $n > 20$ 时,初始值对预测结果影响很小,可选取第一期观测值作为初始值。

（2）当时间序列的样本容量 $n \leq 20$ 时,初始值对预测结果影响较大,应选取最初几期观测值的均值作为初始值。

【例3-4】根据表3-4中的数据,用一次指数平滑法预测2022年1月份化妆品销售额。

表3-4 化妆品销售额及一次指数平滑法计算表 单位:万元

年、月	t	销售额 y_t	$\alpha = 0.2$		$\alpha = 0.5$		$\alpha = 0.7$	
			$\hat{y}_t$	$(y_t - \hat{y}_t)^2$	$\hat{y}_t$	$(y_t - \hat{y}_t)^2$	$\hat{y}_t$	$(y_t - \hat{y}_t)^2$
2021.1	1	15.0	14.90	0.010 0	14.90	0.010 0	14.90	0.010 0
2	2	16.5	14.92	2.496 4	14.95	2.402 5	14.97	2.340 9
3	3	14.7	15.24	0.291 6	15.73	1.060 9	16.04	1.795 6
4	4	16.2	15.13	1.144 9	15.22	0.960 4	15.10	1.210 0
5	5	13.8	15.34	2.371 6	15.71	3.648 1	15.87	4.284 9
6	6	12.9	15.03	4.536 9	14.76	3.459 6	14.42	2.310 4
7	7	14.0	14.60	0.360 0	13.83	0.028 9	13.36	0.409 6
8	8	14.4	14.48	0.006 4	13.92	0.230 0	13.81	0.348 1
9	9	15.3	14.46	0.705 6	14.16	1.299 6	14.22	1.166 4
10	10	14.7	14.63	0.004 9	14.73	0.000 9	14.98	0.078 4
11	11	16.5	14.64	3.459 6	14.72	3.168 4	14.78	2.958 4
12	12	14.7	15.01	0.096 1	15.61	0.828 1	15.98	1.638 4
2022.1	13	预测值	14.95		15.16		15.08	
合计				15.484 0		17.097 8		18.551 1
平均				1.290 3		1.424 8		1.545 9

解:由于化妆品销售额的变化呈水平趋势,见散点图3-3,所以可用一次指数平滑法进行预测。

为了进行比较,分别选取 $\alpha = 0.2$、$\alpha = 0.5$、$\alpha = 0.7$ 进行试算:

初始值为:

$$S_0^{(1)} = \frac{1}{6} \sum_{i=1}^{6} y_i = 14.9$$

即

$$\hat{y}_1 = S_0^{(1)} = 14.9$$

按预测模型 $\hat{y}_{t+1} = \alpha y_t + (1 - \alpha)\hat{y}_t$ 计算各期预测值:

当 $\alpha = 0.2, \hat{y}_1 = 14.9$ 时:

$$\hat{y}_2 = \alpha y_1 + (1 - \alpha)\hat{y}_1 = 0.2 \times 15.0 + (1 - 0.2) \times 14.9 = 14.92$$

$$\hat{y}_3 = \alpha y_2 + (1 - \alpha)\hat{y}_2 = 0.2 \times 16.5 + (1 - 0.2) \times 14.92 = 15.24$$

$$\vdots$$

$$\hat{y}_{12} = \alpha y_{11} + (1 - \alpha)\hat{y}_{11} = 0.2 \times 16.5 + (1 - 0.2) \times 14.64 = 15.01$$

$$\hat{y}_{13} = \alpha y_{12} + (1 - \alpha)\hat{y}_{12} = 0.2 \times 14.7 + (1 - 0.2) \times 15.01 = 14.95$$

类似地,可以计算出 $\alpha = 0.5$、$\alpha = 0.7$ 时各月的预测值,将计算结果列于表 3 - 4 中,并将计算得到的均方误差也列于表 3 - 4 中。

从表 3 - 4 中可以看出,当 $\alpha = 0.2$,$\alpha = 0.5$,$\alpha = 0.7$ 时,均方误差分别为 1.290 3,1.424 8,1.545 9,故选取 $\alpha = 0.2$ 作为加权系数,预测 2022 年 1 月份化妆品销售额为:

$$\hat{y}_{2022.1} = \hat{y}_{13} = \alpha y_{12} + (1 - \alpha)\hat{y}_{12} = 0.2 \times 14.7 + (1 - 0.2) \times 15.01 = 14.95(万元)$$

注意:一次指数平滑法只能预测下一期。

二、二次指数平滑法

所谓二次指数平滑法,是对一次指数平滑序列再进行一次指数平滑。其计算公式为:

$$S_t^{(2)} = \alpha S_t^{(1)} + (1 - \alpha) S_{t-1}^{(2)} \tag{3.3.5}$$

式中:$S_t^{(2)}$——第 t 期的二次指数平滑值。

当时间序列具有线性趋势时,用一次指数平滑法进行预测,就会产生滞后偏差,消除滞后偏差的方法与二次移动平均法类似,即在一次、二次指数平滑值的基础上,利用滞后偏差的规律建立线性趋势模型,用线性趋势模型进行预测。

预测步骤为:

(1)确定加权系数 α 和初始值 $S_0^{(1)}$ 和 $S_0^{(2)}$。$S_0^{(2)}$ 的确定原则和方法与 $S_0^{(1)}$ 相同。

(2)对时间序列 $\{y_t\}$ 计算 $S_t^{(1)}$ 和 $S_t^{(2)}$。

(3)利用 $S_t^{(1)}$ 和 $S_t^{(2)}$ 估计线性趋势模型的截距 $\hat{a}_t$ 和斜率 $\hat{b}_t$:

$$\begin{cases} \hat{a}_t = 2S_t^{(1)} - S_t^{(2)} \\ \hat{b}_t = \dfrac{\alpha}{1 - \alpha}(S_t^{(1)} - S_t^{(2)}) \end{cases} \tag{3.3.6}$$

(4)建立线性趋势预测模型,并进行预测。

$$\hat{y}_{t+\tau} = \hat{a}_t + \hat{b}_t \tau \tag{3.3.7}$$

下面,我们用矩量分析方法来证明式(3.3.6)。

根据式(3.3.2):

$$S_t^{(1)} = \alpha \sum_{i=0}^{t-1} (1 - \alpha)^i y_{t-i} + (1 - \alpha)^t S_0^{(1)}$$

当 $t \to +\infty$ 时,$(1 - \alpha)^t \to 0$,则上式变为:

$$S_t^{(1)} = \alpha \sum_{i=0}^{+\infty} (1 - \alpha)^i y_{t-i} \tag{3.3.8}$$

同理

$$S_t^{(2)} = \alpha S_t^{(1)} + (1-\alpha)S_{t-1}^{(2)} = \alpha \sum_{i=0}^{+\infty} (1-\alpha)^i S_{t-i}^{(1)}$$

而

$$S_{t-i}^{(1)} = \alpha y_{t-i} + (1-\alpha)S_{t-i-1}^{(1)} = \alpha \sum_{j=0}^{+\infty} (1-\alpha)^j y_{t-i-j}$$

将式(3.3.8)两边取期望值,得:

$$E[S_t^{(1)}] = E[\alpha \sum_{i=0}^{+\infty} (1-\alpha)^i y_{t-i}]$$

$$= \alpha \sum_{i=0}^{+\infty} (1-\alpha)^i E(y_{t-i})$$

$$= \alpha \sum_{i=0}^{+\infty} (1-\alpha)^i [\hat{a}_t + \hat{b}_t(-i)]$$

$$= \alpha \sum_{i=0}^{+\infty} (1-\alpha)^i \cdot \hat{a}_t - \alpha \sum_{i=0}^{+\infty} (1-\alpha)^i \cdot i \cdot \hat{b}_t$$

$$= \hat{a}_t - \frac{1-\alpha}{\alpha}\hat{b}_t$$

其中

$$\alpha \sum_{i=0}^{+\infty} (1-\alpha)^i = 1$$

$$\alpha \sum_{i=0}^{+\infty} (1-\alpha)^i \cdot i = \frac{1-\alpha}{\alpha}$$

同理

$$E[S_{t-i}^{(1)}] = \alpha \sum_{j=0}^{+\infty} (1-\alpha)^j E(y_{t-i-j})$$

$$= \alpha \sum_{j=0}^{+\infty} (1-\alpha)^j [\hat{\alpha}_t - \hat{b}_t(i+j)]$$

$$= \hat{\alpha}_t - \hat{b}_t \cdot i - \frac{1-\alpha}{\alpha}\hat{b}_t$$

$$E[S_t^{(2)}] = \alpha \sum_{i=0}^{+\infty} (1-\alpha)^i E[S_{t-i}^{(1)}]$$

$$= \alpha \sum_{i=0}^{+\infty} (1-\alpha)^i (\hat{\alpha}_t - \hat{b}_t \cdot i - \frac{1-\alpha}{\alpha}\hat{b}_t)$$

$$= \hat{\alpha}_t - \frac{1-\alpha}{\alpha}\hat{b}_t - \frac{1-\alpha}{\alpha}\hat{b}_t$$

$$= \hat{\alpha}_t - \frac{2(1-\alpha)}{\alpha}\hat{b}_t$$

因为随机变量的数学期望值是随机变量的最佳估计值,故可取 $S_t^{(1)}$ 和 $S_t^{(2)}$ 代替 $E[S_t^{(1)}]$ 和 $E[S_t^{(2)}]$,从而有:

$$
\begin{cases}
S_t^{(1)} = \hat{a}_t - \dfrac{1-\alpha}{\alpha}\hat{b}_t \\[2mm]
S_t^{(2)} = \hat{a}_t - \dfrac{2(1-\alpha)}{\alpha}\hat{b}_t
\end{cases}
$$

解上述方程组可得：

$$
\begin{cases}
\hat{a}_t = 2S_t^{(1)} - S_t^{(2)} \\[2mm]
\hat{b}_t = \dfrac{\alpha}{1-\alpha}(S_t^{(1)} - S_t^{(2)})
\end{cases}
$$

【例3-5】2000—2017年北京市城镇居民人均可支配收入的统计数据如表3-5所示,试用二次指数平滑法预测2018年和2019年的北京市城镇居民人均可支配收入。

预测过程如下:

(1)绘制散点图,如图3-5所示。由散点图可以看出,北京市城镇居民人均可支配收入呈二次曲线趋势,应该用下面将要介绍的三次指数平滑法进行预测,但为了进行方法的比较,在此仍用二次指数平滑法进行预测。

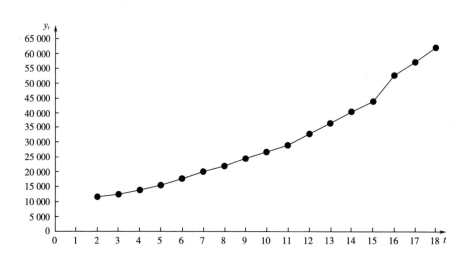

图3-5 北京市城镇居民人均可支配收入散点图

(2)取 $\alpha = 0.4$,初始值为:

$$
S_0^{(1)} = \frac{y_1 + y_2 + y_3}{3} = 11\,463.80
$$

令 $S_0^{(2)} = S_0^{(1)} = 11\,463.80$,对预测结果影响不大。

(3)分别计算 $S_t^{(1)}$ 和 $S_t^{(2)}$:

$$
S_t^{(1)} = \alpha y_t + (1-\alpha)S_{t-1}^{(1)}
$$

$$S_1^{(1)} = 0.4\,y_1 + 0.6\,S_0^{(1)} = 0.4 \times 10\,349.\,70 + 0.6 \times 11\,463.\,80 = 11\,018.\,16$$

$$S_2^{(1)} = 0.4\,y_2 + 0.6\,S_1^{(1)} = 0.4 \times 11\,577.\,80 + 0.6 \times 11\,018.\,16 = 11\,242.\,02$$

$$\vdots$$

$$S_t^{(2)} = \alpha S_t^{(1)} + (1 - \alpha) S_{t-1}^{(2)}$$

$$S_1^{(2)} = 0.4\,S_1^{(1)} + 0.6\,S_0^{(2)} = 0.4 \times 11\,018.\,16 + 0.6 \times 11\,463.\,80 = 11\,285.\,54$$

$$S_2^{(2)} = 0.4\,S_2^{(1)} + 0.6\,S_1^{(2)} = 0.4 \times 11\,242.\,02 + 0.6 \times 11\,285.\,54 = 11\,268.\,13$$

$$\vdots$$

结果列于表 3 – 5 第(4)、(5)列中。

(4)建立线性趋势预测模型:

$$\hat{y}_{t+\tau} = \hat{a}_t + \hat{b}_t \tau$$

由公式(3.3.6)计算参数 $\hat{a}_t$ 和 $\hat{b}_t$:

$$\hat{a}_{18} = 2\,S_{18}^{(1)} - S_{18}^{(2)} = 2 \times 54\,672.\,97 - 47\,458.\,67 = 61\,887.\,27$$

$$\hat{b}_{18} = \frac{\alpha}{1 - \alpha}(S_{18}^{(1)} - S_{18}^{(2)}) = \frac{0.4}{1 - 0.4} \times (54\,672.\,97 - 47\,458.\,67) = 4\,809.\,53$$

于是,得到 $t = 18$ 时的线性趋势预测模型为:

$$\hat{y}_{18+\tau} = 61\,887.\,27 + 4\,809.\,53\tau$$

(5)计算追溯预测值,并求 MAPE。

将式(3.3.6)代入预测模型(3.3.7)中,并令 $\tau = 1$,得到追溯预测值计算公式:

$$\hat{y}_{t+1} = (2\,S_t^{(1)} - S_t^{(2)}) + \frac{\alpha}{1 - \alpha}(S_t^{(1)} - S_t^{(2)}) = \left(1 + \frac{1}{1 - \alpha}\right)S_t^{(1)} - \frac{1}{1 - \alpha}S_t^{(2)} \qquad (3.3.9)$$

本例中,

$$\hat{y}_{t+1} = 2.67\,S_t^{(1)} - 1.67\,S_t^{(2)}$$

令 $t = 1, 2, \cdots, 17$,由上式可求出各期的追溯预测值,结果列于表 3 – 5 第(7)列中。由表 3 – 5 第(8)列可得:

$$\mathrm{MAPE} = \frac{1}{17}\sum_{t=2}^{18} \frac{|\,y_t - \hat{y}_t\,|}{y_t} \times 100\% = 6.95\%$$

(6)预测 2018 年和 2019 年的北京市城镇居民人均可支配收入:

$$\hat{y}_{2018} = \hat{y}_{18+1} = 61\,887.\,27 + 4\,809.\,53 \times 1 = 66\,696.\,80\,(元)$$

$$\hat{y}_{2019} = \hat{y}_{18+2} = 61\,887.\,27 + 4\,809.\,53 \times 2 = 71\,506.\,33\,(元)$$

从预测误差情况看,模型的预测效果不很理想,可能原因是二次指数平滑法不适于具有二次曲线趋势的时间序列的预测。

注意:二次指数平滑法有多期的预测能力。

表3－5　北京市城镇居民人均可支配收入及二次、

三次指数平滑法计算表　　　　　　单位：元

年份	t	城镇居民人均可支配收入 y_t	$S_t^{(1)}$	$S_t^{(2)}$	$S_t^{(3)}$	$\hat{y}_t$	$\dfrac{\lvert y_t - \hat{y}_t \rvert}{y_t}$	$\hat{y}_t$	$\dfrac{\lvert y_t - \hat{y}_t \rvert}{y_t}$
(1)	(2)	(3)	(4)	(5)	(6)	(7)	(8) = |(3) − (7)|(3)	(9)	(10) = |(3) − (9)|(3)
2000	1	10 349.70	11 018.16	11 285.54	11 392.50				
2001	2	11 577.80	11 242.02	11 268.13	11 342.75	10 571.63	0.086 9	10 128.31	0.125 2
2002	3	12 463.90	11 730.77	11 453.19	11 386.93	11 198.40	0.101 5	11 333.50	0.090 7
2003	4	13 882.60	12 591.50	11 908.51	11 595.56	12 194.33	0.121 6	12 779.03	0.079 5
2004	5	15 637.80	13 810.02	12 669.12	12 024.98	13 732.09	0.121 9	14 753.96	0.056 5
2005	6	17 653.00	15 347.21	13 740.35	12 711.13	15 715.33	0.109 8	17 084.95	0.032 2
2006	7	19 978.00	17 199.53	15 124.02	13 676.29	18 030.67	0.097 5	19 620.42	0.017 9
2007	8	21 989.00	19 115.32	16 720.54	14 893.99	20 665.62	0.060 2	22 390.06	0.018 2
2008	9	24 725.00	21 359.19	18 576.00	16 366.79	23 114.59	0.065 1	24 670.31	0.002 2
2009	10	26 738.00	23 510.71	20 549.89	18 040.03	26 007.12	0.027 3	27 574.96	0.031 3
2010	11	29 073.00	25 735.63	22 624.18	19 873.69	28 455.30	0.021 2	29 679.39	0.020 9
2011	12	32 903.00	28 602.58	25 015.54	21 930.43	30 931.74	0.059 9	31 904.08	0.030 4
2012	13	36 469.00	31 749.15	27 708.98	24 241.85	34 592.93	0.051 4	35 952.41	0.014 2
2013	14	40 321.00	35 177.89	30 696.54	26 823.73	38 496.22	0.045 3	40 048.85	0.006 7
2014	15	43 910.00	38 670.73	33 886.22	29 648.73	42 661.73	0.028 4	44 308.62	0.009 1
2015	16	52 859.00	44 346.04	38 070.15	33 017.29	46 660.87	0.117 3	48 133.73	0.089 4
2016	17	57 275.00	49 517.62	42 649.14	36 870.03	54 826.78	0.042 7	58 164.07	0.015 5
2017	18	62 406.00	54 672.97	47 458.67	41 105.49	60 987.99	0.022 7	63 947.78	0.024 7
2018	19	预测值				66 696.80		69 088.80	
2019	20					71 506.33		75 811.93	
平均							0.069 5		0.039 1

资料来源：北京市统计局网站。

三、三次指数平滑法

如果时间序列的变化呈现二次曲线趋势时，可用三次指数平滑法进行预测。

所谓三次指数平滑法,就是将二次指数平滑序列再进行一次指数平滑。其计算公式为:

$$S_t^{(3)} = \alpha S_t^{(2)} + (1 - \alpha) S_{t-1}^{(3)} \tag{3.3.10}$$

式中: $S_t^{(3)}$——第 t 期的三次指数平滑值。

其初始值 $S_0^{(3)}$ 可选取 $S_0^{(2)}$。

三次指数平滑的目的与二次指数平滑类似,是为了计算二次曲线预测模型的参数。设时间序列的二次曲线预测模型为:

$$\hat{y}_{t+\tau} = \hat{a}_t + \hat{b}_t \tau + \hat{c}_t \tau^2 \tag{3.3.11}$$

其中的参数 $\hat{a}_t$、$\hat{b}_t$、$\hat{c}_t$ 分别为:

$$\begin{cases} \hat{a}_t = 3S_t^{(1)} - 3S_t^{(2)} + S_t^{(3)} \\ \hat{b}_t = \dfrac{\alpha}{2(1-\alpha)^2} \left[(6-5\alpha)S_t^{(1)} - 2(5-4\alpha)S_t^{(2)} + (4-3\alpha)S_t^{(3)} \right] \\ \hat{c}_t = \dfrac{\alpha^2}{2(1-\alpha)^2} \left[S_t^{(1)} - 2S_t^{(2)} + S_t^{(3)} \right] \end{cases} \tag{3.3.12}$$

【例 3 – 6】对表 3 – 5 中的数据,用三次指数平滑法预测 2018 年和 2019 年的城镇居民人均可支配收入。

解:取 $\alpha = 0.4$,初始值为:

$$S_0^{(1)} = S_0^{(2)} = S_0^{(3)} = \frac{y_1 + y_2 + y_3}{3} = 11\,463.80$$

计算 $S_t^{(1)}$、$S_t^{(2)}$ 和 $S_t^{(3)}$,结果列于表 3 – 5 第(4)、(5)、(6)列中,得到:

$$S_{18}^{(1)} = 54\,672.97$$
$$S_{18}^{(2)} = 47\,458.67$$
$$S_{18}^{(3)} = 41\,105.49$$

由式(3.3.12)可得,当 $t = 18$ 时,

$$\begin{cases} \hat{a}_{18} = 62\,748.39 \\ \hat{b}_{18} = 6\,149.05 \\ \hat{c}_{18} = 191.36 \end{cases}$$

故 $t = 18$ 时的二次曲线预测模型为:

$$\hat{y}_{18+\tau} = 62\,748.39 + 6\,149.05\tau + 191.36\,\tau^2$$

预测 2018 年和 2019 年的城镇居民人均可支配收入:

$$\hat{y}_{2018} = \hat{y}_{18+1} = 62\,748.39 + 6\,149.05 \times 1 + 191.36 \times 1^2 = 69\,088.80\,(元)$$

$$\hat{y}_{2019} = \hat{y}_{18+2} = 62\,748.39 + 6\,149.05 \times 2 + 191.36 \times 2^2 = 75\,811.93\,(元)$$

与二次指数平滑法一样，为了计算各期的追溯预测值，可将式(3.3.12)代入预测模型(3.3.11)中，并令 $\tau = 1$，得到追溯预测值计算公式：

$$\hat{y}_{t+1} = [3S_t^{(1)} - 3S_t^{(2)} + S_t^{(3)}] + \frac{\alpha}{2(1-\alpha)^2}[(6-5\alpha)S_t^{(1)} - 2(5-4\alpha)S_t^{(2)} + (4-3\alpha)S_t^{(3)}] +$$
$$\frac{\alpha^2}{2(1-\alpha)^2}[S_t^{(1)} - 2S_t^{(2)} + S_t^{(3)}]$$

即

$$\hat{y}_{t+1} = \left[1 + \frac{1}{1-\alpha} + \frac{1}{(1-\alpha)^2}\right]S_t^{(1)} - \left[\frac{1}{1-\alpha} + \frac{2}{(1-\alpha)^2}\right]S_t^{(2)} + \frac{1}{(1-\alpha)^2}S_t^{(3)}$$

$$(3.3.13)$$

本例中，

$$\hat{y}_{t+1} = 5.44 S_t^{(1)} - 7.22 S_t^{(2)} + 2.78 S_t^{(3)}$$

令 $t = 1, 2, \cdots, 17$，由上式可求出各期的追溯预测值，结果列于表 3-5 第(9)列中。由表 3-5 第(10)列可得：

$$\text{MAPE} = \frac{1}{17} \sum_{t=2}^{18} \frac{|y_t - \hat{y}_t|}{y_t} \times 100\% = 3.91\%$$

可见，这时的预测误差比二次指数平滑法的预测误差减小了不少，说明这里采用三次指数平滑法预测的结果更为可靠。

注意：三次指数平滑法有多期的预测能力。

第四节　自适应过滤法

用移动平均法和指数平滑法进行预测，虽然简便易行，但在操作上存在一个难以处理的问题，即权数不好确定，没有固定的规则可循，随意性较大。当数据的特征发生变化时，不能自动调整权数，以适应新数据的要求。为了解决这个问题，需要寻找新的确定权数的方法，这就是本节要介绍的自适应过滤法。

与移动平均法和指数平滑法一样，自适应过滤法也是对时间序列观测值进行某种加权平均来预测未来值。因此它的基本预测公式为：

$$\hat{y}_{t+1} = \sum_{i=1}^{N} w_i y_{t-i+1} \tag{3.4.1}$$

式中：$\hat{y}_{t+1}$——第 $t+1$ 期的预测值；

y_{t-i+1}——第 $t-i+1$ 期的观测值；

w_i——第 $t-i+1$ 期的观测值的权数；

N——权数的个数。

所不同的是它提供了一种新的确定权数的方法，用这种方法获得的权数，可以说是一组"最佳"的权数。

一、自适应过滤法的基本思想

假定我们所研究的经济变量处在一个复杂的动态运行系统中，对于实际输入则会有实际输出与之对应。在进行预测时，我们很难得到经济变量总体的全部信息，只能通过抽样来进行研究，将抽取的样本输入到预测模拟系统中，通过预测模型对样本进行处理计算得到预测值。预测值与实际值误差的大小，取决于权数的选择，因而减少误差的办法就是要调整权数，把调整后的权数重新输入到预测系统中，再计算预测值，如果预测值与实际值的误差仍然很大，再调整权数，这样反复进行下去，直到找出一组"最佳"的权数，使预测误差减小到最低限度。

由此可见，权数的反复调整过程，实际上就是把动态运行系统中经济变量受各种因素影响的结果体现到新的权数中去。由于这种调整权数的过程类似于通信工程中过滤传输噪声的过程，故称为自适应过滤法。

二、具体步骤

设：给定一组时间序列的观测值 $y_1, y_2, \cdots, y_t, \cdots, y_n$。

（1）确定权数的个数 N 及初始权数。一般可以取等权，即

$$w_1 = w_2 = \cdots = w_N = \frac{1}{N}$$

（2）按预测公式（3.4.1）计算预测值：

$$\hat{y}_{t+1} = w_1 y_t + w_2 y_{t-1} + \cdots + w_N y_{t-N+1}$$

（3）计算预测误差：

$$e_{t+1} = y_{t+1} - \hat{y}_{t+1}$$

（4）根据预测误差调整权数。权数调整公式为：

$$w'_i = w_i + 2k e_{t+1} y_{t-i+1} \quad (i = 1, 2, \cdots, N) \tag{3.4.2}$$

式中：w'_i——调整后的第 i 个权数；

$\quad\quad w_i$——调整前的第 i 个权数；

$\quad\quad k$——调整常数。

（5）利用调整后的权数计算下一期的预测值：

$$\hat{y}_{t+2} = w'_1 y_{t+1} + w'_2 y_t + \cdots + w'_N y_{t-N+2}$$

（6）重复（3）、（4）、（5）步，一直计算到 $\hat{y}_n$、e_n 和相应的权数。这时一轮的调

整就此结束。

(7)如果预测误差(指一轮预测的总误差)已达到预测精度,且权数已无明显变化,则可用这组权数预测第 $n+1$ 期的值。否则,用所得到的权数作为初始权数,重新从头开始调整权数。

三、N、k 值和初始权数的确定

在开始调整权数时,要确定权数的个数 N。一般来说,当时间序列 $\{y_t\}$ 呈现季节变动时,N 应取季节长度值。如 $\{y_t\}$ 以一年为周期进行季节变动时,若序列的观测值是月度数据,则取 $N=12$,若是季度数据,则取 $N=4$;如果 $\{y_t\}$ 无明显的周期变动,则可用自相关系数法来确定 N,即以序列的最高自相关系数的滞后期作为 N。

调整常数 k 的大小影响到权数调整的速度。k 值大,调整得快;k 值小,调整得慢。但 k 值过大,有可能导致权数振动,不收敛于一组"最佳"的权数。通常 k 值取 $\frac{1}{N}$,也可以用不同的 k 值进行试算,以确定一个能使 MSE 最小的 k 值。

初始权数的确定也很重要,一般取:

$$w_1 = w_2 = \cdots = w_N = \frac{1}{N}$$

注意:在自适应过滤法中,权数 w_i 可以为负数,且权数之和一般不等于 1,因此它不是严格意义上的加权平均。

自适应过滤法有两个明显的优点:一是使用了全部的数据信息来寻求最佳权数,并随数据轨迹的变化而不断更新权数,从而不断提高预测精度;二是技术比较简单,便于用计算机实现。所以,这种预测方法应用较为广泛。

【例 3-7】已知时间序列前 10 期的观测值如表 3-6 所示,试用自适应过滤法求第 11 期的预测值。

表 3-6

t	1	2	3	4	5	6	7	8	9	10
y_t	0.1	0.2	0.3	0.4	0.5	0.6	0.7	0.8	0.9	1.0

预测步骤为:

(1)取 $N=2$,初始权数 $w_1 = w_2 = \frac{1}{N} = 0.5$,$k=0.8$,预测总误差 $\sum |e_t| < 10^{-4}$。

(2)根据式(3.4.1),计算预测值:

$$\hat{y}_{t+1} = \hat{y}_3 = w_1 y_2 + w_2 y_1 = 0.5 \times 0.2 + 0.5 \times 0.1 = 0.15$$

（3）计算预测误差：

$$e_{t+1} = e_3 = y_3 - \hat{y}_3 = 0.3 - 0.15 = 0.15$$

（4）根据式(3.4.2)调整权数：

$$w'_1 = w_1 + 2k e_3 y_2 = 0.5 + 2 \times 0.8 \times 0.15 \times 0.2 = 0.548$$

$$w'_2 = w_2 + 2k e_3 y_1 = 0.5 + 2 \times 0.8 \times 0.15 \times 0.1 = 0.524$$

（5）利用调整后的权数 w'_1、w'_2 计算下一期的预测值：

$$\hat{y}_{t+2} = \hat{y}_4 = w'_1 y_3 + w'_2 y_2 = 0.548 \times 0.3 + 0.524 \times 0.2 = 0.2692$$

（6）重复(3)、(4)、(5)步。

计算预测误差：

$$e_4 = y_4 - \hat{y}_4 = 0.4 - 0.2692 = 0.1308$$

调整权数：

$$w'_1 = w_1 + 2k e_3 y_3 = 0.548 + 2 \times 0.8 \times 0.1308 \times 0.3 = 0.6108$$

$$w'_2 = w_2 + 2k e_3 y_2 = 0.524 + 2 \times 0.8 \times 0.1308 \times 0.2 = 0.5659$$

计算下期预测值：

$$\hat{y}_{t+3} = \hat{y}_5 = w'_1 y_4 + w'_2 y_3 = 0.6108 \times 0.4 + 0.5659 \times 0.3 = 0.4141$$

$$\vdots$$

一直计算到：

$$\hat{y}_{10} = w'_1 y_9 + w'_2 y_8 = 0.6108 \times 0.9 + 0.5658 \times 0.8 = 1.0094$$

$$e_{10} = y_{10} - \hat{y}_{10} = 1.0 - 1.0094 = -0.0094$$

$$w'_1 = w_1 + 2k e_{10} y_9 = 0.6186 + 2 \times 0.8 \times (-0.0094) \times 0.9 = 0.6051$$

$$w'_2 = w_2 + 2k e_{10} y_8 = 0.5658 + 2 \times 0.8 \times (-0.0094) \times 0.8 = 0.5538$$

这时，第一轮的调整就此结束。第一轮预测的总误差为 0.4614，没有达到预测精度的要求，需要再进行调整。把现有的新权数 $w'_1 = 0.6051$，$w'_2 = 0.5538$ 作为初始权数，重新从第 2 步开始。这样反复进行下去，当调整到第895 轮时，预测的总误差小于 10^{-4}，且权数达到稳定不变，最后得到的"最佳"权数 $w'_1 = 2$，$w'_2 = -1$。用"最佳"权数预测第 11 期的值为：

$$\hat{y}_{11} = w'_1 y_{10} + w'_2 y_9 = 2 \times 1.0 + (-1) \times 0.9 = 1.1$$

如果加大调整常数 k，可以加快权数调整的速度。如 $k = 2$ 时，只要调整 120轮，就可以达到上面的结果。但 k 过大，可能导致权数振动，不收敛于一组"最佳"权数。如 $k = 2.1$ 时，权数振动，不收敛。

实际应用中，权数调整的计算工作量很大，必须借助计算机才能完成。

第五节　灰色预测法

灰色预测理论是由中国的邓聚龙教授于 1982 年提出的。经过 40 多年的不断发展，目前已经成为模糊预测领域中理论、方法较为完善的一个预测学分支，并广泛应用于我国社会、经济、科学技术等诸多领域的系统分析、建模与预测工作。本章简单介绍运用灰色预测理论对时间数列进行建模与预测的基本思想和过程。

一、灰色系统理论与灰色预测

时间数列的灰色预测是灰色系统理论体系的重要内容之一，下面先简要介绍灰色系统理论。

（一）灰色系统

在控制论中，信息多少常以颜色深浅来表示。信息充足、确定（已知）的为白色，信息缺乏、不确定（未知）的为黑色，部分确定与部分不确定的为灰色。对于一个系统而言，既含已知信息又含未知信息的系统就称为灰色系统。

灰色系统理论认为，系统的行为现象尽管是朦胧的，数据是复杂的，但它毕竟是有序的，是有整体功能的。灰色系统理论的主要任务是，从控制论角度，对于一个灰色系统，运用灰色数学方法对不确定对象进行量化，使系统的发展由不知到知，从知之不多到知之较多，系统的灰度逐渐减小，白度逐渐增加，直至认识系统的发展变化规律。具体地说，灰色系统理论是解决灰色系统分析、建模、预测、决策和控制的理论。

（二）灰色预测

通过对灰色系统的分析和建模，可以对灰色系统的未来发展变化状况进行预测。灰色预测能够运用少量的、不完全的信息，通过灰色数学方法，对事物发展变化规律作出模糊性的描述和预测。相对于一些常用的统计预测方法，灰色预测需要的样本量小，不需要关于数据的统计假定，也不需要分析随机变量的统计特征。它是小样本数据预测的有效工具，特别是它对时间数列短、统计数据少、信息不完全系统的分析、建模与预测，具有独特的效果，因此得到了广泛的应用。

灰色预测主要包括以下内容。

1.数列预测,即用观察到的反映预测对象特征的时间数列来构造灰色预测模型,预测未来某一时刻的特征量,或达到某一特征量的时间。

2.灾变与异常值预测,即通过灰色模型预测异常值出现的时刻,预测异常值什么时候出现在特定时区内。

3.季节灾变与异常值预测,即通过灰色模型预测灾变值发生在一年内某个特定的时区或季节的灾变预测。

4.拓扑预测,即将原始数据作曲线,在曲线上按定值寻找该定值发生的所有时点,并以该定值为框架构成时点数列,然后建立模型预测该定值所发生的时点。

5.系统预测,即通过对系统行为特征指标建立一组相互关联的灰色预测模型,预测系统中众多变量间的相互协调关系的变化。

本节仅介绍运用灰色预测理论进行时间数列的预测。

二、时间数列的灰色预测法

(一)时间数列灰色预测的基本思想

尽管客观系统表象复杂,数据零乱,但仍然蕴含某种内在规律。系统的发展变化特征可以用多个时间数列进行直观的刻画。因此对数列的预测是灰色系统预测的内容之一。关键在于如何选择适当的方式将数列所蕴含的规律呈现出来。根据灰色系统理论,对于时间数列数据,可以通过某种方法弱化其随机性,显现其规律性。其中,对于任何一个非负时间数列,通过足够次数的累加后生成的新数列,随机性大大减小,且呈现出下凸的增长曲线形式的规律性。我们可以用指数曲线来拟合这个累加后的生成列,并求出该生成列各期的拟合值。但由于我们只是对生成列建立的拟合模型,所以需要对该拟合模型进行相应次数的累减操作,以得到原始数列各期的拟合值,从而间接地对原始数列各期的数据进行拟合和预测。由于生成列的指数曲线模型是用线性微分方程导出的,因而该类方法被称为灰色数学方法。

(二)时间数列的生成列

在灰色系统理论中,主要是利用数据处理方法寻求数据的内在规律。通过对已知数据列的处理而产生新的生成列,以此来寻找数据的规律性,这种方法称为数据的生成。用于时间数列预测的数据生成方式主要有累加生成、累减生成和邻均值生成。

1.累加生成。把数列各项(时刻)数据依次累加的过程称为累加生成过程(accumulated generating operation,AGO),由此所得的数列称为累加生成数列。

由于累加生成数列的规律性更加明显,所以这种处理也称为白化处理。设原始数列为 $x^{(0)} = (x^{(0)}(1), x^{(0)}(2), \cdots, x^{(0)}(n))$,令

$$x^{(1)}(k) = \sum_{i=1}^{k} x^{(0)}(i), k = 1, 2, \cdots, n \qquad (3.5.1)$$

称所得到的新数列 $x^{(1)} = (x^{(1)}(1), x^{(1)}(2), \cdots, x^{(1)}(n))$ 为数列 $x^{(0)}$ 的 1 次累加生成数列。类似地有

$$x^{(r)}(k) = \sum_{i=1}^{k} x^{(r-1)}(i), k = 1, 2, \cdots, n, r \geq 1 \qquad (3.5.2)$$

称为 $x^{(0)}$ 的 r 次累加生成数列。

2. 累减生成。对于原始数据列依次做前后相邻两个数据相减的运算过程称为累减生成过程。设原始数据列为 $x^{(0)} = (x^{(0)}(1), x^{(0)}(2), \cdots, x^{(0)}(n))$,令

$$x^{(1)}(k) = x^{(0)}(k) - x^{(0)}(k-1), k = 2, 3, \cdots, n \qquad (3.5.3)$$

称所得到的数列 $x^{(1)}$ 为原数列 $x^{(0)}$ 的 1 次累减生成数列。同样,可以进行 r 次累减,生成 r 次累减新数列。可以看出,累减是累加的逆运算,它可将累加生成数列还原为原数列。

3. 邻均值生成。就是对等时距时间数列的相邻两个值进行平均,构造新的邻均值数列。设原始数列为 $x^{(0)} = (x^{(0)}(1), x^{(0)}(2), \cdots, x^{(0)}(n))$,令

$$z^{(0)}(k) = \frac{1}{2}(x^{(0)}(k) + x^{(0)}(k-1)), k = 2, 3, \cdots, n \qquad (3.5.4)$$

称其为邻均值生成数列。

(三)时间数列灰色预测的主要步骤

灰色预测模型一般表示为 GM(m, h),指由 m 阶、h 个变量的线性微分方程导出的灰色预测模型。其中,"G"指灰色(gray),"M"指模型(model),m 是微分方程的阶数,h 是变量的个数。下面以最基本的 GM(1,1)模型为例,来介绍灰色预测的主要步骤。

1. 对原数据的适合性进行检验与处理。根据灰色系统理论,原始数列 $x^{(0)}$ 通过一次累加生成的新数列 $x^{(1)}$ 具有近似的指数规律,称为灰指规律。因此,对 $x^{(1)}$ 建模之前,需要对其灰指数律进行检验。常用的检验方法有级比检验、准光滑性检验和准指数律检验。下面介绍级比检验法。设原始数据列为 $x^{(0)} = (x^{(0)}(1), x^{(0)}(2), \cdots, x^{(0)}(n))$,其级比检验标准为:

$$\sigma(k) = \frac{x^{(0)}(k-1)}{x^{(0)}(k)}, k = 2, 3, \cdots, n \qquad (3.5.5)$$

一般认为,当 $\sigma(k) \in (e^{-\frac{2}{n+1}}, e^{\frac{2}{n+1}})$ 时,数列 $x^{(1)}$ 基本符合指数规律,可以对 $x^{(1)}$ 建立 GM(1,1)模型并用于预测。否则,对 $x^{(0)}$ 做适当的数学变换,以符合上述标准。

2.建立 GM(1,1)模型。假设数列 $x^{(1)}$ 基本符合指数规律,可以把它视作时间 t 的连续函数,可建立如下微分方程:

$$\frac{\mathrm{d}x^{(1)}}{\mathrm{d}t} + ax^{(1)} = b \tag{3.5.6}$$

其中 a 是常数,称为发展系数或发展灰数;b 也是常数,称为内生控制系数。它实际上是一个动态线性模型。参数 a、b 可以用最小二乘法进行估计。

对微分方程(3.5.6)进行离散化,得如下差分方程:

$$\Delta x^{(1)}(k) + ax^{(1)}(k) = b, \quad k = 1,2,\cdots,n \tag{3.5.7}$$

由于 $\Delta x^{(1)}(k) = x^{(1)}(k) - x^{(1)}(k-1) = x^{(0)}(k)$,所以有

$$x^{(0)}(k) + ax^{(1)}(k) = b, \quad k = 1,2,\cdots,n \tag{3.5.8}$$

由于方程(3.5.6)中的 $\dfrac{dx^{(1)}}{dt}$ 涉及 $x^{(1)}$ 的两个时刻,因此认为式(3.5.8)中的 $x^{(1)}(k)$ 取两个时刻的平均值更为合理,即可将 $x^{(1)}(k)$ 替换为:

$$Z^{(1)}(k) = \frac{1}{2}\left(x^{(1)}(k) + x^{(1)}(k-1)\right), \quad k = 2,3,\cdots,n$$

因此式(3.5.8)转化为:

$$x^{(0)}(k) + az^{(1)}(k) = b, \quad k = 2,3,\cdots,n \tag{3.5.9}$$

式(3.5.9)可视为一个以 $Z^{(1)}(k)$ 为自变量,$x^{(0)}(k)$ 为因变量的一元线性回归方程,其矩阵形式为:

$$Y = -aZ + b = B\Phi \tag{3.5.10}$$

其中,

$$Y = \begin{bmatrix} x^{(0)}(2) \\ x^{(0)}(3) \\ \vdots \\ x^{(0)}(n) \end{bmatrix}, \quad Z = \begin{bmatrix} Z(2) \\ Z(3) \\ \vdots \\ Z(n) \end{bmatrix}, \quad B = \begin{bmatrix} -Z(2) & 1 \\ -Z(3) & 1 \\ \vdots & \vdots \\ -Z(n) & 1 \end{bmatrix}, \quad \Phi = \begin{bmatrix} a \\ b \end{bmatrix}$$

运用最小二乘法,得 a、b 的估计值为:

$$\Phi = \begin{bmatrix} \hat{a} \\ \hat{b} \end{bmatrix} = (B^T B)^{-1} B^T Y \tag{3.5.11}$$

将其代入式(3.5.6),有:

$$\frac{\mathrm{d}x^{(1)}}{\mathrm{d}t} + \hat{a}x^{(1)} = \hat{b} \tag{3.5.12}$$

上式满足初始条件 $t = t_0$ 的解为:

$$\hat{x}^{(1)}(t) = \left(x^{(1)}(t_0) - \frac{\hat{b}}{\hat{a}}\right)e^{-\hat{a}(t-t_0)} + \frac{\hat{b}}{\hat{a}} \tag{3.5.13}$$

将上式离散化,且令 $t_0 = 1$,则有:

$$\hat{x}^{(1)}(k+1) = \left(x^{(0)}(1) - \frac{\hat{b}}{\hat{a}} \right) e^{-\hat{a}k} + \frac{\hat{b}}{\hat{a}}, k = 1,2,\cdots \qquad (3.5.14)$$

运用上式,即可得到数列 $x^{(1)}$ 各期的拟合值(注意: $\hat{x}^{(1)}(1) = x^{(0)}(1)$),通过累减式(3.5.15),即可得到 $x^{(0)}$ 对数列的拟合值并进行未来预测。

$$\hat{x}^{(0)}(k+1) = \hat{x}^{(1)}(k+1) - \hat{x}^{(1)}(k), k = 1,2,\cdots,n \qquad (3.5.15)$$

3. 预测结果的检验。进行灰色预测时,通常运用三个标准从不同角度对预测模型的拟合效果进行检验。

(1)残差检验。它是最常用的预测结果检验方法之一。首先进行逐点检验,然后对检验结果进行平均。用平均绝对百分误差 MAPE 来综合衡量预测效果:

$$\text{MAPE} = \frac{1}{n} \sum_{k=1}^{n} \left| \frac{x^{(0)}(k) - \hat{x}^{(0)}(k)}{x^{(0)}(k)} \right|, k = 1,2,\cdots,n$$

(2)关联度检验。它是对建立的拟合曲线与原始数据分布形态的相似程度进行检验。一般来说,拟合的曲线与原始数列数据的分布形态越接近,从而拟合效果和预测结果也就越好,表现出各期拟合值与观察值的关联度就越高。关联度还可用于不同拟合曲线与原始数据拟合情况的比较。

取原始序列 $x^{(0)} = \{x^{(0)}(1), x^{(0)}(2), \cdots, x^{(0)}(n)\}$ 作为参考列,m 种预测方法的预测结果为

$$\hat{x}^{(0)} = \{\hat{x}_i^{(0)}(1), \hat{x}_i^{(0)}(2), \cdots, \hat{x}_i^{(0)}(n)\}, i = 1,2,\cdots,m$$

则第 i 种预测方法在第 k 期的预测结果与原始数据的绝对离差为:

$$\Delta_i^{(0)}(k) = |\hat{x}_i^{(0)}(k) - k^{(0)}(k)|$$

第 i 种预测方法在第 k 期的预测结果与原始数据的关联度为:

$$\eta_i(k) = \frac{\min_i \min_k \Delta_i^{(0)}(k) + \rho \max_i \max_k \Delta_i^{(0)}(k)}{\Delta_i^{(0)}(k) + \rho \max_i \max_k \Delta_i^{(0)}(k)}, i = 1,2,\cdots,m; k = 1,2,\cdots,n$$

其中,ρ 称为分辨率,$0 < \rho < 1$,一般取 $\rho = 0.5$。

对第 i 种预测方法各期的关联度进行平均,得到第 i 种预测方法的预测结果与原始数列的平均关联度:

$$\eta_i = \frac{1}{n} \sum_{k=1}^{n} \eta_i(k)$$

从 m 种预测方法中,选择 η_i 最大的预测方法,因为其预测结果相对于其他方法更好些。

如果只有一种预测方法,则该方法在第 k 期的预测结果与原始数据的关联度为:

$$\eta(k) = \frac{\min_k \Delta_i^{(0)}(k) + \rho \max_k \Delta_i^{(0)}(k)}{\Delta_i^{(0)}(k) + \rho \max_k \Delta_i^{(0)}(k)}, k = 1,2,\cdots,n$$

一般认为,当 $\rho = 0.5$ 时,关联度在 0.6 以上的模型即可被接受。

（3）后验差检验。它是通过考察预测残差分布的统计特性,从而对拟合曲线与原始数列数据分布形态的相似程度进行检验。它包括两个判断标准:标准差比值 C 和小误差概率 P。

首先要计算原始序列标准差:

$$S_1 = \sqrt{\dfrac{\sum_{k=1}^{n} \left[x^{(0)}(k) - \bar{x}^{(0)} \right]^2}{n-1}}$$

其次计算绝对误差序列 $\Delta^{(0)}$ 的标准差:

$$S_2 = \sqrt{\dfrac{\sum_{k=1}^{n} \left[\Delta^{(0)}(k) - \overline{\Delta}^{(0)} \right]^2}{n-1}}$$

然后,计算两个标准差的比值 C:

$$C = \frac{S_2}{S_1}$$

另外,还需要计算小误差概率 P:

$$P = P\{ \left| \Delta^{(0)}(k) - \overline{\Delta}^{(0)} \right| < 0.6745 S_1 \}$$

最后,根据 C 和 P 值来判断预测方法的好坏。一般将预测结果分为四个等级,见表 3 – 7。

表 3 – 7

C	P	预测结果评价
<0.35	>0.95	好
<0.50	>0.80	合格
<0.65	>0.70	勉强合格
≥0.65	≤0.70	不合格

从上述公式可以看出,S_1 反映了原始序列的波动程度,S_2 反映了绝对误差序列的波动程度。要使 C 尽可能小,就需要 S_2 相对于 S_1 要尽量小,这就需要 $\Delta^{(0)}(k)$ 之间尽可能一致,即拟合曲线 $\hat{x}^{(0)}$ 与原序列 $x^{(0)}$ 的分布形态尽量一致。同理,要使小误差概率 P 尽可能大,也需要各 $\Delta^{(0)}(k)$ 尽可能一致,即 $\hat{x}^{(0)}$ 与 $x^{(0)}$ 的分布形态尽量一致。所以,C 和 P 两个标准是从不同角度反映拟合曲线与原始序列分布形态的一致程度。

4. 外推预测。当所建立的 GM(1,1)模型通过了所有的检验,则可以应用于未来的预测了。实际问题中往往预测 $k = n+1$ 时的值,只需要在式(3.5.14)中

令 $k = n + 1$ 即可。

（四）注意事项

1. 适用条件。

(1) 系统内作用因素多,结构复杂,各因素作用机制不明确的灰色系统。

(2) 预测期内结构无重大变化,无突发事件的系统。

(3) 原始数列的期数 $n \geqslant 4$。

2. 关于 $-a$。$-a$ 反映原数列和生成数列的拟合数列的发展态势,称为发展系数。在实践中,要注意它的特殊作用。

(1) 当 $-a < 0.3$ 时,GM(1,1) 可以用于中长期预测。

(2) 当 $0.3 < -a < 0.5$ 时,GM(1,1) 可以用于短期预测,中长期预测慎用。

(3) 当 $0.5 < -a < 0.8$ 时,GM(1,1) 做短期预测应十分谨慎。

(4) 当 $0.8 < -a < 1$ 时,应使用残差修正 GM(1,1) 模型。

(5) 当 $1 < -a$ 时,不宜使用 GM(1,1) 模型。

3. 一般来说,预测期不宜过长,否则惯性将逐渐衰退,致使预测精度下降。

三、灰色预测实例

表 3-8 是 2012—2018 年某企业增加值的资料,运用 GM(1,1) 模型对其进行拟合和预测。

表 3-8　2012—2018 年某企业增加值　　单位:百万元

年份	2012	2013	2014	2015	2016	2017	2018
增加值	459	496	576	612	703	903	1 065

(1) 由数据知:

$$x^{(0)} = (459, 496, 576, 612, 703, 903, 1\,065)$$

(2) 级比检验:通过计算可知,$\sigma(k) \in (e^{-\frac{2}{n+1}}, e^{\frac{2}{n+1}})$, $k = 2, 3, 4, 5, 6, 7$。因此,可以建立 GM(1,1) 模型。

(3) 估计参数 a, b:

$$x^{(1)} = (459, 955, 1\,531, 2\,143, 2\,846, 3\,749, 4\,814)$$

$$Y = (x^{(0)}(2), x^{(0)}(3), x^{(0)}(4), x^{(0)}(5), x^{(0)}(6), x^{(0)}(7))^T$$

$$= (496, 576, 612, 703, 903, 1065)^T$$

$$Z = (Z(2), Z(3), Z(4), Z(4), Z(6), Z(7))^T$$

$$= (707, 1\,243, 1\,837, 2\,495, 3\,298, 4\,282)^T$$

$$Y = -aZ + b$$

运用最小二乘法,得 $\hat{a} = -0.161$, $\hat{b} = 353.869$

74

（4）生成列 $x^{(1)}$ 的指数曲线模型：

$$\hat{x}^{(1)}(k+1) = (459 + 2\,197.94)e^{0.161k} - 2\,197.94, \quad k = 1,2,\cdots$$

（5）生成列 $\hat{x}^{(1)}$ 各期的预测值：

$$\hat{x}^{(1)} = (459,923.128,1\,468.331,2\,108.774,$$
$$2\,861.092,3\,744.828,4\,782.941)$$

（6）原序列 $x^{(0)}$ 各期的预测值 $\hat{x}^{(0)}$：

$$\hat{x}^{(0)} = (459,464.128,545.204,640.442,752.318,883.739,1\,038.112)$$

（7）各期的预测绝对误差 $\Delta^{(0)}(k)$：$0,31.873,30.796,28.442,49.318,$
$19.263,26.888$，其中最小值为 0，最大值为 49.318。

（8）模型拟合结果的三种检验：

● MAPE 检验。

$$\text{MAPE} = \frac{1}{7}\sum_{k=1}^{7}\left|\frac{x^{(0)}(k) - \hat{x}^{(0)}(k)}{x^{(0)}(k)}\right| = 0.040$$

● 关联度检验。取 $\rho = 0.5$，将各期的预测绝对误差 $\Delta^{(0)}(k)$ 代入公式：

$$\eta(k) = \frac{\min\limits_{k}\Delta_i^{(0)}(k) + \rho\max\limits_{k}\Delta_i^{(0)}(k)}{\Delta_i^{(0)}(k) + \rho\max\limits_{k}\Delta_i^{(0)}(k)}, k = 1,2,\cdots,7$$

得各期预测值与实际值的关联度为：$1,0.436,0.445,0.464,0.333,0.561,$
0.478，则平均关联度为：

$$\eta = \frac{1}{7}\sum_{k=1}^{7}\eta(k) = 0.531$$

● 后验差检验。

原序列 $\hat{x}^{(0)}$ 的标准差：

$$S_1 = \sqrt{\frac{\sum\limits_{k=1}^{7}[x^{(0)}(k) - \bar{x}^{(0)}]^2}{7-1}} = 222.187$$

绝对误差序列 $\Delta^{(0)}(k)$ 的标准差：

$$S_2 = \sqrt{\frac{\sum\limits_{k=1}^{7}[\Delta^{(0)}(k) - \overline{\Delta}^{(0)}]^2}{7-1}} = 14.854$$

两个标准差之比：

$$C = \frac{S_2}{S_1} = 0.067$$

由于所有的绝对误差 $\Delta^{(0)}(k)$ 都小于 $0.674\,5S_1$，所以小误差概率 $P = 1$。

综合上述三种检验结果，从 MAPE 看，预测结果比较令人满意；从后验差结果看，预测结果属于"好"；但从关联度结果看，由于关联度不足 0.6，预测结稍差。究竟 GM(1,1)模型的结果是否令人满意,还需要将它与其他预测方法进行比较。如果该方法的结果优于其他预测方法,就可以利用此模型对未来进行预测。另外,如果对该方法的结果不满意,还可以考虑运用残差的 GM(1,1)模型进行修正,运用修正后的模型进行预测。关于残差的 GM(1,1)模型,可以参考有关教科书。

(9)预测未来。如果认为上述 GM(1,1)模型可用,就可以对未来几年该企业的增加值进行预测。下面对 2019 年进行预测。

当 $k = 7$ 时,

$$\hat{x}^{(1)}(8) = (459 + 2\ 197.94)e^{0.161 \times 7} - 2\ 197.94 = 6\ 002.396(百万元)$$

则 2019 年该企业增加值的预测值为:

$$\hat{x}^{(0)}(8) = \hat{x}^{(1)}(8) - \hat{x}^{(1)}(7) = 6\ 002.396 - 4\ 782.941 = 1\ 219.455(百万元)$$

GM(1,1)模型中参数 a 和 b 的最小二乘估计的 EXCEL 操作具体如下:

在 EXCEL 文件中,Y 列作为因变量列,$-Z$ 列作为自变量列,运用 EXCEL 中的"数据分析"工具中的"回归分析"功能,求解 a 和 b。具体如图 3-6 所示。

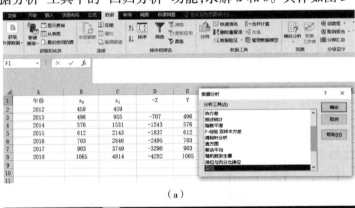

(a)

(b)

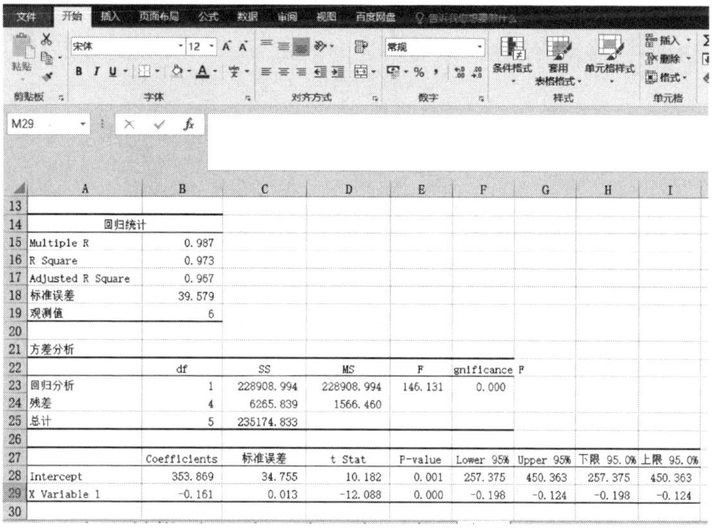

	A	B	C	D	E	F	G	H	I
13									
14	回归统计								
15	Multiple R	0.987							
16	R Square	0.973							
17	Adjusted R Square	0.967							
18	标准误差	39.579							
19	观测值	6							
20									
21	方差分析								
22		df	SS	MS	F	gnificance F			
23	回归分析	1	228908.994	228908.994	146.131	0.000			
24	残差	4	6265.839	1566.460					
25	总计	5	235174.833						
26									
27		Coefficients	标准误差	t Stat	P-value	Lower 95%	Upper 95%	下限 95.0%	上限 95.0%
28	Intercept	353.869	34.755	10.182	0.001	257.375	450.363	257.375	450.363
29	X Variable 1	-0.161	0.013	-12.088	0.000	-0.198	-0.124	-0.198	-0.124
30									

(c)

图 3－6

从图 3－6 中得：

$$\hat{a} = -0.161, \hat{b} = 353.869$$

习 题

1. 通常一个时间序列是由几种因素构成的？

2. 在时间序列预测中，常遇到的数据类型有哪几种？

3. 一次、二次移动平均法分别适合处理什么类型数据的预测问题？它们的预测能力如何？

4. 一次、二次、三次指数平滑法分别适合处理什么类型数据的预测问题？它们的预测能力如何？

5. 简述自适应过滤法的基本思想。

6. 已知某商品 2021 年 1～12 月份的销售量 y_t 如表 3－9 所示。

表 3－9 单位：万件

t	1	2	3	4	5	6	7	8	9	10	11	12
y_t	52	50	48	51	49	53	52	50	49	51	48	47

（1）试用一次移动平均法（分别取 $N=3$ 和 $N=6$），预测 2022 年 1 月份的销

售量。

（2）试用加权移动平均法（取 $w_1=4$，$w_2=2$，$w_3=1$），预测 2022 年 1 月份的销售量。

（3）比较上述各种预测方法的优劣，说明对此时间序列用哪种方法预测更准确？

7. 对第 6 题表中的数据，试用一次指数平滑法预测 2022 年 1 月份的销售量（取 $\alpha=0.4$，初始值为 50）。

8. 某市 2003—2022 年地方财政收入如表 3-10 所示。

表 3-10 单位：亿元

年　度	地方财政收入	年　度	地方财政收入
2003	77.02	2013	507.68
2004	80.25	2014	600.96
2005	84.10	2015	665.94
2006	99.85	2016	830.03
2007	115.26	2017	1 007.35
2008	150.90	2018	1 235.78
2009	209.91	2019	1 882.04
2010	262.01	2020	2 282.04
2011	320.44	2021	2 678.77
2012	398.39	2022	3 810.91

（1）试用二次移动平均法（取 $N=3$），建立财政收入线性趋势预测模型。

（2）试用二次指数平滑法，分别取 $\alpha=0.2$，$\alpha=0.5$，$S_0^{(1)}=S_0^{(2)}=\dfrac{y_1+y_2+y_3+y_4+y_5}{5}=91.30$ 建立财政收入线性趋势预测模型。

（3）比较 3 个模型的优劣，用最优的模型预测 2023 年和 2024 年地方财政收入。

9. 对第 8 题表中的数据，试用三次指数平滑法预测 2023 年和 2024 年地方财政收入。

10. 已知时间序列前 10 期的观测值如表 3-11 所示，用自适应过滤法预测（取 $N=2$，初始权数 $w_1=w_2=0.5$，$k=1.5$）。

表 3-11

t	1	2	3	4	5	6	7	8	9	10
y_t	0.1	0.2	0.3	0.4	0.5	0.6	0.7	0.8	0.9	1.0

（1）当权数调整到多少轮时,可使预测的总误差小于 10^{-5},且权数达到稳定不变?

（2）用最终得到的权数求第 11 期的预测值。

（用计算机完成此题）。

11. 灰色预测的基本思想是什么?

12. GM(1,1)模型的适用条件是什么?

13. 表 3-12 是中国 2012—2018 年高技术产品出口额资料。

（1）判断该数列是否适合运用 GM(1,1)模型进行拟合。

（2）如果适合,试建立 GM(1,1)模型,然后对模型的预测效果进行检验,并运用模型对未来 3 年中国高技术产品出口额进行预测。

表 3-12　中国 2012—2018 年高技术产品出口额　　单位:亿美元

年份	2012	2013	2014	2015	2016	2017	2018
高技术产品出口额	6 011.70	6 603.00	6 605.00	6 552.12	6 035.73	6 674.44	7 468.16

资料来源:中国国家统计局网站。

14. 表 3-13 是北京市 2001—2018 年城镇非私营单位在岗职工平均工资资料,试建立 GM(1,1)模型,并对未来 5 年北京市城镇非私营单位在岗职工平均工资进行预测。

表 3-13　北京市 2001—2018 年城镇非私营单位在岗职工平均工资　单位:元

年份	2001	2002	2003	2004	2005	2006
平均工资	19 155	21 852	25 312	29 674	34 191	40 117
年份	2007	2008	2009	2010	2011	2012
平均工资	46 507	54 913	58 140	65 683	75 834	85 307
年份	2013	2014	2015	2016	2017	2018
平均工资	93 997	103 400	113 073	122 749	134 994	149 843

资料来源:北京市统计局网站。

随机性时间序列预测法

第三章我们讨论了一些简单的外推技术,这些外推技术基于对时间序列的分解。本章我们着手考虑建立并应用时间序列模型进行预测的方法,这些时间序列模型基于如下的思想:要预测的时间序列是由某个随机过程生成,且该随机过程的结构可被确切地刻画和描述,我们称这种时间序列为随机性时间序列。可见,随机性时间序列模型描述生成所观测样本的随机过程的随机特性,对随机特性的描述并不借助于回归中所用的因果关系,而是借助于随机过程的随机性。

在随机性时间序列的分析中,侧重介绍平稳时间序列模型。平稳时间序列的波动和独立的时间序列的波动有所不同。对于独立的时间序列 $\{X_t\}$,$(X_1, X_2, \cdots, X_n)$ 和 X_{n+1} 独立,从而不会含有关于 X_{n+1} 的信息。而平稳时间序列的历史 $X_1, X_2, \cdots, X_n$ 中往往含有 X_{n+1} 的信息,这就使得利用历史样本 $x_1, x_2, \cdots, x_n$ 预测将来 x_{n+1} 成为可能。

第一节　随机过程与时间序列

为什么在研究时间序列之前先要介绍随机过程? 就是要把时间序列的研究提高到理论高度来认识。时间序列不是无源之水,它是由相应随机过程产生的,只有从随机过程的高度认识了它的一般规律,对时间序列的研究才会有指导意义,对时间序列的认识才会更深刻。

一、随机过程

自然界中事物变化的过程可以分成两类:一类是确定型过程;一类是非确定型过程。

确定型过程即可以用关于时间 t 的函数描述的过程。例如,真空中的自由落体运动过程、电容器通过电阻的放电过程、行星的运动过程等。

非确定型过程即不能用一个(或几个)关于时间 t 的确定性函数描述的过程。换句话说,对同一事物的变化过程独立、重复地进行多次观测而得到的结果是不相同的。例如,对河流水位的测量,其中每一时刻的水位值都是一个随机变量。如果以一年的水位纪录作为实验结果,便得到一个与时间对应的水位值 x_t。这个水位值是预先不可确知的,只有通过测量才能得到,而在每年中同一时刻的水位纪录是不相同的。

随机过程:由随机变量组成的一个有序序列称为随机过程,记为 $\{X(s,t), s \in S, t \in T\}$。其中 S 表示样本空间,T 表示序数集。对于每一个 $t, t \in T, X(\cdot, t)$ 是样本空间 S 中的一个随机变量。对于每一个 $s, s \in S, X(s, \cdot)$ 是随机过程在序数集 T 中的一次实现。

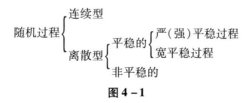

$$\{x_1^1, x_2^1, \cdots, x_{T-1}^1, x_T^1\}$$
$$\{x_1^2, x_2^2, \cdots, x_{T-1}^2, x_T^2\}$$
$$\vdots \quad \vdots \qquad \vdots \quad \vdots \qquad \text{样本空间}$$
$$\{x_1^s, x_2^s, \cdots, x_{T-1}^s, x_T^s\}$$

随机过程简记为 $\{X_t\}$ 或 X_t。

随机过程一般分为两类:一类是离散型的;另一类是连续型的。如果一个随机过程 $\{X_t\}$ 对任意的 $t \in T$ 都是一个连续型随机变量,称此随机过程为连续型随机过程。如果一个随机过程 $\{X_t\}$ 对任意的 $t \in T$ 都是一个离散型随机变量,则称此随机过程为离散型随机过程。具体分类详见图 $4-1$,本书只考虑离散型随机过程。

$$\text{随机过程} \begin{cases} \text{连续型} \\ \text{离散型} \begin{cases} \text{平稳的} \begin{cases} \text{严(强)平稳过程} \\ \text{宽平稳过程} \end{cases} \\ \text{非平稳的} \end{cases} \end{cases}$$

图 4 – 1

按照随机过程的随机特征是否随时间变化而变动,随机过程又分为平稳随机过程和非平稳随机过程。如果随机过程的随机特征不随时间变化而变动,则称该随机过程为平稳随机过程;否则,则为非平稳随机过程。

严(强)平稳过程:一个随机过程中若随机变量的任意子集的联合分布函数与时间无关,即无论对 T 的任何时间子集$(t_1,t_2\cdots t_n)$以及任何实数 k,$(t_1+k,t_2+k,\cdots,t_n+k)$,$(t_i+k)\in T,i=1,2,\cdots,n$ 都有:

$$F(X(t_1),X(t_2),\cdots,X(t_n))=F(X(t_1+k),X(t_2+k),\cdots,X(t_n+k))$$

成立,其中 $F(\cdot)$ 表示 n 个随机变量的联合分布函数,则称其为严平稳过程或强平稳过程。

严平稳意味着随机过程所有存在的矩都不随时间的变化而变化。严平稳的条件是非常严格的,而且对于一个随机过程,上述联合分布函数不便于分析和使用。因此希望给出不像严平稳那样严格的条件。若放松条件,则可以只要求分布的主要参数相同,如只要求从一阶到某阶的矩函数相同。这就引出了宽平稳概念。

宽平稳过程:如果一个随机过程 m 阶矩以下的矩的取值全部与时间无关,则称该过程为 m 阶平稳过程。比如:

$$E[X(t_i)]=E[X(t_i+k)]=\mu<\infty$$

$$Var[X(t_i)]=Var[X(t_i+k)]=\sigma^2<\infty$$

$$Cov[X(t_i),X(t_j)]=Cov[X(t_i+k),X(t_j+k)]=\sigma_{ij}^2<\infty$$

其中 μ,σ^2 和 σ_{ij}^2 为常数,不随 $t(t\in T)$;$k((t_i+k)\in T)$的变化而变化,则称该随机过程$\{X_t\}$为二阶平稳过程。该过程属于宽平稳过程。

如果严平稳过程的二阶矩为有限常数值,则其一定是宽平稳过程;反之,一个宽平稳过程不一定是严平稳过程。但对于正态随机过程而言,严平稳与宽平稳是一致的。这是因为正态随机过程的联合分布函数完全由均值、方差和协方差唯一确定。本书简称二阶平稳过程为平稳过程。

二、时间序列

随机过程的一次实现被称为时间序列,一般用$\{x_t\}$或 x_t 表示。与随机过程相对应,时间序列分类如图 4－2 所示。

时间序列 $\begin{cases} \text{连续型（心电图,水位纪录仪,温度纪录仪）} \\ \text{离散型} \begin{cases} \text{从相同的时间间隔点上取自连续变化的序列（人口序列）} \\ \text{一定时间间隔内的累积值（年粮食产量,进出口额序列）} \end{cases} \end{cases}$

图 4－2

随机过程与时间序列的关系如下:

随机过程：　$\{X_1, X_2, \cdots, X_{T-1}, X_T\}$

第 1 次观测：$\{x_1^1, x_2^1, \cdots, x_{T-1}^1, x_T^1\}$

第 2 次观测：$\{x_1^2, x_2^2, \cdots, x_{T-1}^2, x_T^2\}$

$$\vdots \quad \vdots \qquad \vdots \quad \vdots$$

第 n 次观测：$\{x_1^n, x_2^n, \cdots, x_{T-1}^n, x_T^n\}$

关于随机过程和时间序列的记号,不再区分大小写,为便于表达,习惯采用小写字母表示。如,某河流一年的水位值$\{x_1, x_2, \cdots, x_{T-1}, x_T\}$可以看做一个随机过程,某一年的水位纪录则是一个时间序列$\{x_1^1, x_2^1, \cdots, x_{T-1}^1, x_T^1\}$。而在每年中同一时刻(如 $t = 2$ 时)的水位纪录是不相同的。$\{x_2^1, x_2^2, \cdots, x_2^n\}$构成了 x_2 取值的样本空间。

例如,要记录某市日电力消耗量,则每日的电力消耗量就是一个随机变量,于是得到一个日电力消耗量关于时间 t 的函数。而这些以天为单位的函数族构成了一个随机过程$\{x_t\}, t = 1, 2, \cdots, 365$。因为时间以天为单位,是离散的,所以这个随机过程是离散型随机过程,而一年的日电力消耗量的实际观测值序列就是一个时间序列。

自然科学领域中的许多时间序列常常是平稳的。如,工业生产中对液面、压力、温度的控制过程,某地的气温变化过程,某地 100 年的水文资料,单位时间内路口通过的车辆数过程等。但经济领域中多数宏观经济时间序列却都是非平稳的,如一个国家的年 GDP 序列,年投资序列,年进出口序列等。

为便于计算,先给出差分定义。

差分:时间序列变量的本期值与其滞后值相减的运算叫差分。首先给出差分符号。对于时间序列 x_t,一阶差分可表示为:

$$x_t - x_{t-1} = \Delta x_t = (1 - L) x_t = x_t - L x_t$$

其中,Δ 称为一阶差分算子,L 称为滞后算子,其定义是 $L^n x_t = x_{t-n}$。

二次一阶差分表示为:

$$\Delta^2 x_t = \Delta x_t - \Delta x_{t-1} = (x_t - x_{t-1}) - (x_{t-1} - x_{t-2}) = x_t - 2x_{t-1} + x_{t-2}$$

或

$$\Delta^2 x_t = (1 - L)^2 x_t = (1 - 2L + L^2) x_t = x_t - 2x_t + x_{t-2}$$

k 阶差分可表示为:

$$x_t - x_{t-k} = \Delta_k x_t = (1 - L^k) x_t = x_t - L^k x_t$$

k 阶差分常用于季节性数据的差分。

三、两种基本的随机过程

(一)白噪声过程

白噪声过程:对于随机过程$\{x_t, t \in T\}$,如果 $E(x_t) = 0$,$Var(x_t) = \sigma^2 < \infty$,$t \in T$;$Cov(x_t, x_{t+k}) = 0$,$(t+k) \in T, k \neq 0$,则称$\{x_t\}$为白噪声过程。

白噪声是平稳的随机过程,因其均值为零,方差不变,随机变量之间非相关。显然上述白噪声是二阶宽平稳随机过程。如果$\{x_t\}$同时还服从正态分布,则它就是一个强平稳的随机过程。

白噪声源于物理学与电学,原指音频和电信号在一定频带中的一种强度不变的干扰声。如图4-3所示。

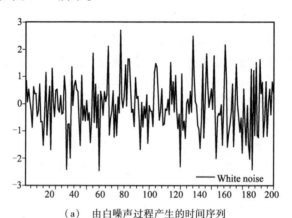

(a) 由白噪声过程产生的时间序列

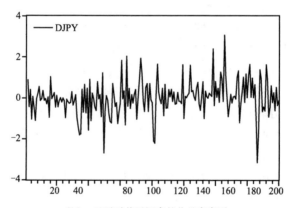

(b) 日元对美元汇率的收益率序列

图4-3

(二)随机游走过程

对于下面的表达式:

$$x_t = x_{t-1} + u_t$$

如果 u_t 为白噪声过程,则称 x_t 为随机游走过程。如图 4 - 4 所示。

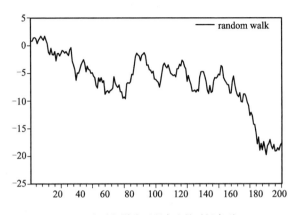

（a）　由随机游走过程产生的时间序列

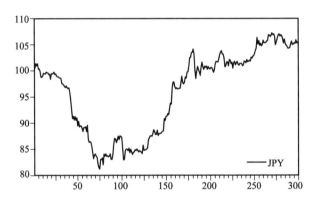

（b）　日元对美元汇率(300 天,1995 年)

图 4 - 4

"随机游走"一词首次出现于 1905 年《自然》(*Nature*)杂志第 72 卷 Pearson K. (皮尔逊 K.)和 Rayleigh L. 雷利 L. 的一篇通信中。该信件的题目是"随机游走问题"。文中讨论寻找一个被放在野地中央的醉汉的最佳策略是从投放点开始搜索。

随机游走过程的均值为零,方差为无限大。

$$x_t = x_{t-1} + u_t = u_t + u_{t-1} + x_{t-2} = u_t + u_{t-1} + u_{t-2} + \cdots$$

$$E(x_t) = E(u_t + u_{t-1} + u_{t-2} + \cdots) = 0$$

$$Var(x_t) = Var(u_t + u_{t-1} + u_{t-2} + \cdots) = \sum_{-\infty}^{t} \sigma_u^2 \to \infty$$

所以随机游走过程是非平稳的随机过程。

第二节　时间序列模型

一、自回归过程

如果一个线性过程可表达为：

$$x_t = \phi_1 x_{t-1} + \phi_2 x_{t-2} + \cdots + \phi_p x_{t-p} + u_t \qquad (4.2.1)$$

式(4.2.1)中 $\phi_i, i = 1, 2, \cdots, p$ 是自回归参数，u_t 为白噪声过程，则称 x_t 为 p 阶自回归过程，用 $AR(p)$ 表示。x_t 是由它的 p 个滞后变量的加权和与 u_t 相加而成。

若用滞后算子表示为：

$$(1 - \phi_1 L - \phi_2 L^2 - \cdots - \phi_p L^p) x_t = \phi(L) x_t = u_t$$

其中 $\varPhi(L) = 1 - \phi_1 L - \phi_2 L^2 - \cdots - \phi_p L^p$ 称为特征多项式或自回归算子。

与自回归模型常联系在一起的是平稳性问题。对于自回归过程 $AR(p)$，如果其特征方程 $\varPhi(z) = 1 - \phi_1 z - \phi_2 z^2 - \cdots - \phi_p z^p = (1 - G_1 z)(1 - G_2 z) K (1 - G_p z) = 0$ 的所有根的绝对值都大于 1，则 $AR(p)$ 是一个平稳的随机过程。

$AR(p)$ 过程中最常用的是 $AR(1)$、$AR(2)$ 过程。

如一阶自回归过程 $AR(1)$：$x_t = \phi_1 x_{t-1} + u_t$，其平稳性的条件是特征方程 $(1 - \phi_1 L) = 0$ 根的绝对值必须大于 1，满足 $|1/\phi_1| > 1$，也就是 $|\phi_1| < 1$。

解释如下：一阶自回归过程 $x_t = \phi_1 x_{t-1} + u_t$ 可写为：

$$(1 - \phi_1 L) x_t = u_t \text{ 或 } x_t = (1 - \phi_1 L)^{-1} u_t$$

在 $|\phi_1| < 1$ 的条件下，有：

$$x_t = (1 + \phi_1 L + (\phi_1 L)^2 + (\phi_1 L)^3 + \cdots) u_t$$

欲使该 $AR(1)$ 具有平稳性，$\sum_{i=0}^{\infty} \phi_1^i L^i$ 必须收敛，即 ϕ_1 必须满足 $|\phi_1| < 1$，这是容易理解的；如果 $|\phi_1| \geqslant 1$，则 $\sum_{i=0}^{\infty} \phi_1^i L^i$ 发散，于是 x_t 变成一个非平稳随机过程。

由上式有：

$$x_t = u_t + \phi_1 u_{t-1} + \phi_1^2 x_{t-2} = u_t + \phi_1 u_{t-1} + \phi_1^2 u_{t-2} + \cdots \text{（短记忆过程）}$$

因为 u_t 是一个白噪声过程，所以对于平稳的 $AR(1)$ 过程有：

$$\mathrm{E}(x_t) = 0, Var(x_t) = \sigma_u^2 + \phi_1^2 \sigma_u^2 + \phi_1^4 \sigma_u^2 + \cdots = \frac{1}{1 - \phi_1^2} \sigma_u^2$$

上式也说明若保证该 $AR(1)$ 平稳，必须保证 $|\phi_1| < 1$。

如一个 AR（1）模型：

$$x_t = 0.6x_{t-1} + u_t$$

利用滞后算子有 $(1 - 0.6L)x_t = u_t$，从而有：

$$x_t = (1 - 0.6L)^{-1}u_t = (1 + 0.6L + 0.36L^2 + 0.216L^3 + \cdots)u_t$$

上式变换为一个无限阶的移动平均过程。

二、移动平均过程

如果一个线性随机过程可用下式表达：

$$x_t = u_t + \theta_1 u_{t-1} + \theta_2 u_{t-2} + \cdots + \theta_q u_{t-q}$$
$$= (1 + \theta_1 L + \theta_2 L^2 + \cdots + \theta_q L^q)u_t = \Theta(L)u_t \qquad (4.2.2)$$

其中 $\theta_1, \theta_2, \cdots, \theta_q$ 是回归参数，u_t 为白噪声过程，则上式称为 q 阶移动平均过程，记为 $\mathrm{MA}(q)$。之所以称"移动平均"，是因为 x_t 是由 $q + 1$ 个 u_t 和 u_t 滞后项的加权和构造而成。"移动"指 t 的变化，"平均"指加权和。

由定义知任何一个 q 阶移动平均过程都是由 $q + 1$ 个白噪声变量的加权和组成，所以任何一个移动平均过程都是平稳的。

与移动平均过程相联系的一个重要概念是可逆性。移动平均过程具有可逆性的条件是特征方程

$$\Theta(z) = (1 + \theta_1 z + \theta_2 z^2 + \cdots + \theta_q z^q) = 0$$

的全部根的绝对值必须大于 1。

由式（4.2.2）有：

$$\Theta(L)^{-1}x_t = u_t$$

由于 $\Theta(L)$ 可表示为：

$$\Theta(L) = (1 - H_1 L)(1 - H_2 L) \cdots (1 - H_q L)$$

所以有：

$$\Theta(L)^{-1} = \left(\frac{m_1}{1 - H_1 L} + \frac{m_2}{1 - H_2 L} + \cdots + \frac{m_q}{1 - H_q L} \right)$$

m_i 为待定参数。可见保证 $\mathrm{MA}(q)$ 过程可以转换成一个无限阶自回归过程，即 $\mathrm{MA}(q)$ 具有可逆性的条件是 $\Theta(L)^{-1}$ 收敛。对于 $|L| \leqslant 1$，必须有 $|H_j| < 1$ 或 $|H_j^{-1}| > 1, j = 1, 2, \cdots, q$ 成立。而 H_j^{-1} 是特征方程 $\Theta(L) = (1 - H_1 L)(1 - H_2 L) \cdots (1 - H_q L) = 0$ 的根，所以 $\mathrm{MA}(q)$ 过程具有可逆性的条件是特征方程 $\Theta(L) = 0$ 的根必须在单位圆之外。（因为 $x_t = \Theta(L)u_t$ 是平稳的，如果变换成 $\Theta(L)^{-1}x_t = u_t$ 后，变得不平稳，显然失去可逆性。）

注意，对于无限阶的移动平均过程：

$$x_t = \sum_{i=0}^{\infty} (\theta_i u_{t-i}) = u_t(1 + \theta_1 L + \theta_2 L^2 + \cdots)$$

其方差为：

$$\text{Var}(x_t) = \sum_{i=0}^{\infty} (\theta_i^2 \text{Var}(u_{t-i})) = \sigma_u^2 \sum_{i=0}^{\infty} \theta_i^2$$

很明显虽然有限阶移动平均过程都是平稳的，但对于无限阶移动平均过程还须另加约束条件才能保证其平稳性。该条件就是 $|x_t|$ 的方差必须为有限值，即

$$\sum_{i=0}^{\infty} \theta_i^2 < \infty$$

MA(q) 过程中最常见的是一阶移动平均过程：

$$x_t = (1 + \theta_1 L) u_t \tag{4.2.3}$$

其具有可逆性的条件是 $(1 + \theta_1 L) = 0$ 的根（绝对值）应大于 1，即 $|1/\theta_1| > 1$，或 $|\theta_1| < 1$。当 $|\theta_1| < 1$ 时，MA(1) 过程(4.2.3)应变换为：

$$u_t = (1 + \theta_1 L)^{-1} x_t = (1 - \theta_1 L + \theta_1^2 L^2 - \theta_1^3 L^3 + \cdots) x_t$$

这是一个无限阶的以几何衰减特征为权数的自回归过程。

对于 MA(1) 过程有：

$$\text{E}(x_t) = \text{E}(u_t) + \text{E}(\theta_1 u_{t-1}) = 0$$

$$\text{Var}(x_t) = \text{Var}(u_t) + \text{Var}(\theta_1 u_{t-1}) = (1 + \theta_1^2) \sigma_u^2$$

由上面的分析可以看出，自回归过程与移动平均过程有如下的关系：

第一，一个平稳的 AR(p) 过程 $(1 - \phi_1 L - \phi_2 L^2 - \cdots - \phi_p L^p) x_t = u_t$ 可以转换为一个无限阶的移动平均过程：

$$x_t = (1 - \phi_1 L - \phi_2 L^2 - \cdots - \phi_p L^p)^{-1} u_t = \Phi(L)^{-1} u_t$$

第二，一个可逆的 MA(p) 过程 $x_t = (1 + \theta_1 L + \theta_2 L^2 + \cdots + \theta_q L^q) u_t = \Theta(L) u_t$ 可以转换成一个无限阶的自回归过程：

$$(1 + \theta_1 L + \theta_2 L^2 + \cdots + \theta_q L^q)^{-1} x_t = \Theta(L)^{-1} x_t = u_t$$

此外，对于 AR(p) 过程只需考虑平稳性问题，条件是 $\Phi(L) = 0$ 的根（绝对值）必须大于 1，不必考虑可逆性问题。而对于 MA(q) 过程，只需考虑可逆性问题，条件是 $\Theta(L) = 0$ 的根（绝对值）必须大于 1，不必考虑平稳性问题。

三、自回归移动平均过程

由自回归和移动平均两部分共同构成的随机过程称为自回归移动平均过程，记为 ARMA(p,q)，其中 p、q 分别表示自回归和移动平均部分的最大阶数。ARMA(p,q) 的一般表达式是：

$$x_t = \phi_1 x_{t-1} + \phi_2 x_{t-2} + \cdots + \phi_p x_{t-p} + u_t + \theta_1 u_{t-1} + \theta_2 u_{t-2} + \cdots + \theta_q u_{t-q} \tag{4.2.4}$$

即

$$(1 - \phi_1 L - \phi_2 L^2 - \cdots - \phi_p L^p) x_t = (1 + \theta_1 L + \theta_2 L^2 + \cdots + \theta_q L^q) u_t$$

或

$$\Phi(L)x_t = \Theta(L)u_t$$

其中 $\Phi(L)$ 和 $\Theta(L)$ 分别表示 L 的 p 阶和 q 阶特征多项式。

ARMA(p,q) 过程的平稳性只依赖于其自回归部分,即 $\Phi(L)=0$ 的全部根取值在单位圆之外(绝对值大于 1)。其可逆性则只依赖于移动平均部分,即 $\Theta(L)=0$ 的根取值应在单位圆之外。

实际中最常用的是 ARMA$(1,1)$ 过程,即

$$x_t - \phi_1 x_{t-1} = u_t + \theta_1 u_{t-1} \tag{4.2.5}$$

或

$$(1 - \phi_1 L)x_t = (1 + \theta_1 L)u_t$$

很明显只有当 $-1 < \phi_1 < 1$ 和 $-1 < \theta_1 < 1$ 时,上述模型才是平稳的、可逆的。

四、单整自回归移动平均过程

以上介绍了三种平稳的随机过程。对于 ARMA 过程(包括 AR 过程),如果特征方程 $\Phi(L)=0$ 的全部根取值在单位圆之外,则该过程是平稳的;如果若干个或全部根取值在单位圆之内,则该过程是强非平稳的。例如:

$$x_t = 1.3x_{t-1} + u_t$$

上式两侧同减 x_{t-1} 得(特征方程的根 $= 1/1.3 = 0.77$):

$$\Delta x_t = 0.3x_{t-1} + u_t$$

仍然非平稳。除此之外还有第三种情形,即特征方程的若干根取值恰好在单位圆上。这种根称为单位根,这种过程也是非平稳的。下面介绍这种重要的非平稳随机过程。

假设一个随机过程含有 d 个单位根,其经过 d 次差分之后可以变换为一个平稳的自回归移动平均过程,则该随机过程称为单整自回归移动平均过程。

伯克斯－詹金斯积数十年理论与实践的研究指出,时间序列的非平稳性是多种多样的,然而幸运的是经济时间序列常常具有这种特殊的线性齐次非平稳特性(即参数是线性的, x_t 及其滞后项都是一次幂的)。对于一个非季节性经济时间序列常常可以用含有一个或多个单位根的随机过程模型描述。

考虑如下模型:

$$\Phi(L)\Delta^d y_t = \Theta(L)u_t \tag{4.2.6}$$

其中 $\Phi(L)$ 是一个平稳的自回归算子,即 $\Phi(z)=0$ 的根都大于 1, $\Theta(L)$ 表示可逆的移动平均算子。若取

$$x_t = \Delta^d y_t$$

则式(4.2.6)可表示为:

$$\Phi(L)x_t = \Theta(L)u_t$$

说明 y_t 经过 d 次差分之后,可用一个平稳的、可逆的 ARMA 过程 x_t 表示。

随机过程 y_t 经过 d 次差分之后可以变换为一个以 $\Phi(L)$ 为 p 阶自回归算子,以 $\Theta(L)$ 为 q 阶移动平均算子的平稳、可逆的随机过程,则称 y_t 为 (p,d,q) 阶单整(单积)自回归移动平均过程,记为 $\text{ARIMA}(p,d,q)$。其中 $\Phi(L)\Delta^d$ 称为广义自回归算子。

式(4.2.6)是随机过程的一般表达式。当 $p\neq0,d=0,q\neq0$ 时,式(4.2.6)变成 $\text{ARMA}(p,q)$ 过程,$d=0,p=0,q\neq0$ 时,ARIMA 过程变成 $\text{AM}(q)$ 过程;而当 $p=d=q=0$ 时,ARIMA 过程变成白噪声过程。

第三节　自相关函数与偏自相关函数

一、自相关函数

以上介绍了几种随机性时间序列模型。实践中单凭对时间序列的观察很难确定其属于哪一种模型,而自相关函数和偏自相关函数是分析随机性时间序列和识别模型的有力工具。

(一)自相关函数的定义

在给出自相关函数定义之前先介绍自协方差函数概念。由第一节得知随机过程 $\{x_t\}$ 中的每一个元素 $x_t,t=1,2,\cdots$ 都是随机变量。对于平稳的随机过程,其期望为常数,用 μ 表示,即

$$E(x_t)=\mu,\quad t=1,2,\cdots$$

随机过程的取值将以 μ 为中心上下变动。平稳随机过程的方差也是一个常量。

$$\text{Var}(x_t)=E[(x_t-E(x_t))^2]=E[(x_t-\mu)^2]=\sigma_x^2,\quad t=1,2,\cdots$$

σ_x^2 用来度量随机过程取值对其均值 μ 的离散程度。

相隔 k 期的两个随机变量 x_t 与 x_{t-k} 的协方差,即滞后 k 期的自协方差定义为:

$$\gamma_k=\text{Cov}(x_t,x_{t-k})=E[(x_t-\mu)(x_{t-k}-\mu)]$$

自协方差序列

$$\gamma_k,k=0,1,\cdots,K$$

称为随机过程 $\{x_t\}$ 的自协方差函数。当 $k=0$ 时,

$$\gamma_0=\text{Var}(x_t)=\sigma_x^2$$

自相关系数定义为:

$$\rho_k = \frac{\mathrm{Cov}(x_t, x_{t-k})}{\sqrt{\mathrm{Var}(x_t)}\ \sqrt{\mathrm{Var}(x_{t-k})}}$$

由于对于一个平稳过程有：

$$\mathrm{Var}(x_t) = \mathrm{Var}(x_{t-k}) = \sigma_x^2$$

所以可将自相关系数改写为：

$$\rho_k = \frac{\mathrm{Cov}(x_t, x_{t-k})}{\sigma_x^2} = \frac{\gamma_k}{\sigma_x^2} = \frac{\gamma_k}{\gamma_0}$$

当 $k=0$ 时，有 $\rho_0 = 1$。

以滞后期 k 为变量的自相关系数列

$$\rho_k, \quad k = 0, 1, \cdots, K$$

称为自相关函数。因为 $\rho_k = \rho_{-k}$，即 $\mathrm{Cov}(x_{t-k}, x_t) = \mathrm{Cov}(x_t, x_{t+k})$，因此自相关函数是零对称的，一般在实际研究中只给出自相关函数的正半部分即可。

（二）自回归模型的自相关函数

下面以平稳 AR(1) 模型为例，说明自回归过程的自相关函数。

设平稳 AR(1) 模型如下：

$$x_t = \phi_1 x_{t-1} + u_t, \ |\phi_1| < 1$$

用 x_{t-k} 同乘上式两侧得：

$$x_t x_{t-k} = \phi_1 x_{t-1} x_{t-k} + u_t x_{t-k}$$

两侧同取期望得：

$$\gamma_k = \phi_1 \gamma_{k-1}$$

其中 $\mathrm{E}(x_{t-k} u_t) = 0$（$u_t$ 与其 $t-k$ 期及以前各项都不相关）。两侧同除 γ_0 得：

$$\rho_k = \phi_1 \rho_{k-1} = \phi_1 \phi_1 \rho_{k-2} = \cdots = \phi_1^k \rho_0$$

因为 $\rho_0 = 1$，所以有

$$\rho_k = \phi_1^k, \ (k \geqslant 0)$$

对于平稳序列有 $|\phi_1| < 1$，所以当 ϕ_1 为正时，自相关函数按指数衰减至零（过阻尼情形）；当 ϕ_1 为负时，自相关函数正负交错地指数衰减至零，见图4－5。因为对于经济时间序列，ϕ_1 一般为正，所以第一种情形常见。指数衰减至零的表现形式说明随着时间间隔的加长，变量之间的关系变得越来越弱。

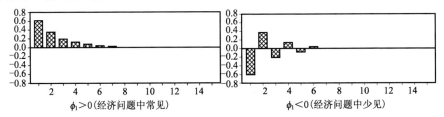

图4－5　AR(1)过程的自相关函数

(三)移动平均模型的自相关函数

下面以 MA(1) 模型为例,说明移动平均模型的自相关函数。

对于 MA(1) 过程 $x_t = u_t + \theta_1 u_{t-1}$,有:

$$\gamma_k = E(x_t x_{t-k}) = E[(u_t + \theta_1 u_{t-1})(u_{t-k} + \theta_1 u_{t-k-1})]$$

当 $k = 0$ 时,

$$\begin{aligned}\gamma_0 &= E(x_t x_t) = E[(u_t + \theta_1 u_{t-1})(u_t + \theta_1 u_{t-1})]\\&= E(u_t^2 + \theta_1 u_t u_{t-1} + \theta_1 u_t u_{t-1} + \theta_1^2 u_{t-1}^2) = (1 + \theta_1^2)\sigma^2\end{aligned}$$

当 $k = 1$ 时,

$$\begin{aligned}\gamma_1 &= E(x_t x_{t-1}) = E[(u_t + \theta_1 u_{t-1})(u_{t-1} + \theta_1 u_{t-2})]\\&= E(u_t u_{t-1} + \theta_1 u_{t-1}^2 + \theta_1 u_t u_{t-2} + \theta_1^2 u_{t-1} u_{t-2}) = \theta_1 E(u_{t-1})^2 = \theta_1 \sigma^2\end{aligned}$$

当 $k > 1$ 时,

$$\gamma_k = E[(u_t + \theta_1 u_{t-1})(u_{t-k} + \theta_1 u_{t-k-1})] = 0$$

综合以上三种情形,MA(1) 过程自相关函数为:

$$\rho_k = \frac{\gamma_k}{\gamma_0} = \begin{cases} \dfrac{\theta_1}{1 + \theta_1^2} & k = 1 \\ 0 & k > 1 \end{cases}$$

用图表示为图 4 - 6。

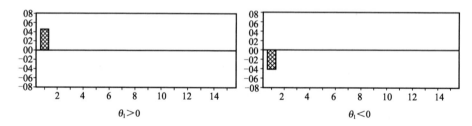

图 4 - 6 MA(1) 过程的自相关函数

可见 MA(1) 过程的自相关函数具有截尾特征。当 $k > 1$ 时,$\rho_k = 0$。

一般地,对于 MA(q) 模型,其自相关函数为:

$$\rho_k = \frac{\gamma_k}{\gamma_0} = \begin{cases} \dfrac{\theta_k + \theta_1 \theta_{k+1} + \theta_2 \theta_{k+2} + \cdots + \theta_{q-k}\theta_q}{1 + \theta_1^2 + \theta_2^2 + \cdots + \theta_q^2} & k = 1, 2, \cdots, q \\ 0 & k > q \end{cases}$$

当 $k > q$ 时,$\rho_k = 0$,说明 $\rho_k, k = 0, 1, \cdots$ 具有截尾特征。

二、偏自相关函数

(一)偏自相关函数的定义

偏自相关函数是描述随机性时间序列模型特征的另一种重要工具。对于任意给定的平稳时间序列,我们可以拟合不同阶数的自回归模型。用 ϕ_{kj} 表示 k 阶自回归式中第 j 个回归系数,则 k 阶自回归模型表示为:

$$x_t = \phi_{k1}x_{t-1} + \phi_{k2}x_{t-2} + \cdots + \phi_{kk}x_{t-k} + u_t$$

其中 ϕ_{kk} 是最后一个回归系数。若把 $k = 1,2\cdots$ 的一系列回归式 ϕ_{kk} 看做是滞后期 k 的函数,则称 $\phi_{kk}(k=1,2\cdots)$ 为偏自相关函数。它由下式中的黑体部分组成。

$$x_t = \phi_{11}x_{t-1} + u_t$$
$$x_t = \phi_{21}x_{t-1} + \phi_{22}x_{t-2} + u_t$$
$$\vdots$$
$$x_t = \phi_{k1}x_{t-1} + \phi_{k2}x_{t-2} + \cdots + \phi_{kk}x_{t-k} + u_t$$

因偏自相关函数中每一个回归系数 ϕ_{kk} 恰好表示 x_t 与 x_{t-k} 在排除了其中间变量 $x_{t-1},x_{t-2},\cdots,x_{t-k+1}$ 影响之后的相关系数:

$$x_t - \phi_{k1}x_{t-1} - \phi_{k2}x_{t-2} - \cdots - \phi_{k k-1}x_{t-k+1} = \phi_{kk}x_{t-k} + u_t$$

所以偏自相关函数由此得名。

（二）自回归模型的偏自相关函数

对于 AR(1) 模型, $x_t = \phi_{11}x_{t-1} + u_t$,当 $k = 1$ 时, $\phi_{11} \neq 0$,当 $k > 1$ 时, $\phi_{kk} = 0$,所以 AR(1) 过程的偏自相关函数特征是在 $k = 1$ 出现峰值（$\phi_{11} = \rho_1$）然后截尾。见图 4 − 7。

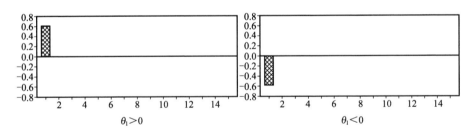

图 4 − 7　AR(1) 过程的偏相关图

对于 AR(2) 过程,当 $k \leq 2$ 时, $\phi_{kk} \neq 0$,当 $k > 2$ 时, $\phi_{kk} = 0$ 。偏自相关函数在滞后期 2 以后有截尾特性。

对于 AR(p) 过程,当 $k \leq p$ 时, $\phi_{kk} \neq 0$,当 $k > p$ 时, $\phi_{kk} = 0$ 。偏自相关函数在滞后期 p 以后有截尾特性,因此可用此特征识别 AR(p) 过程的阶数。

（三）移动平均模型的偏自相关函数

MA(1) 过程的偏自相关函数呈指数衰减特征。若 $\theta_1 > 0$,偏自相关函数呈交替改变符号式指数衰减;若 $\theta_1 < 0$,偏自相关函数呈负数的指数衰减。

因为任何一个可逆的 MA(q) 过程都可以转换成一个无限阶的系数按几何递减的 AR 过程,所以 MA(q) 过程的偏自相关函数呈缓慢衰减特征。如图 4 − 8 所示。

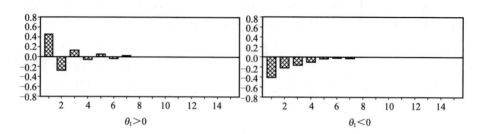

图 4 - 8   MA(1)过程的偏自相关函数

（四）自回归移动平均过程的偏自相关函数

ARMA(p,q)过程的偏自相关函数也是无限延长的,其表现形式与 MA(q)过程的偏自相关函数相类似。根据模型中移动平均部分的阶数 q 以及参数 θ_i 的不同,偏自相关函数呈指数衰减和（或）正弦衰减混合形式。

第四节   时间序列模型的建立

建立时间序列模型通常包括三个步骤:模型识别,模型参数的估计,诊断与检验。

一、模型识别

模型识别包括识别模型的类型和模型阶数两方面内容,主要依赖于对相关图与偏相关图的分析。

识别的第一步是判断随机过程是否平稳。由前面的分析知,如果一个随机过程是平稳的,其特征方程的根都应在单位圆之外。若 $\Phi(L)=0$ 的根接近单位圆,自相关函数将衰减得很慢。所以在分析相关图时,如果发现其衰减很慢,即可认为该时间序列是非平稳的。这时应对该时间序列进行差分,同时分析差分序列的相关图以判断差分序列的平稳性,直至得到一个平稳的序列。

识别的第二步是在平稳时间序列基础上识别 ARMA 模型阶数 p、q。前面分析了不同 ARMA 模型的自相关函数和偏自相关函数的特征,这些特征可为识别时间序列模型参数 p、q 提供信息。实际应用中相关图、偏相关图的特征不会像自相关函数与偏自相关函数那样"规范",所以应该善于从相关图、偏相关图中识别出模型的真实参数 p、q。另外,估计的模型形式不是唯一的,所以在模型识别阶段应多选择几种模型形式,可借助 AIC 准则确定最终的模型。

二、模型参数的估计

模型参数的估计就是待初步确定模型形式后对模型参数进行估计。一般来说,有三种方法可供选择:矩估计法、极大似然估计法和最小二乘法。实践中以最小二乘法最为常用。

三、诊断与检验

完成模型的识别与参数估计后,应对估计结果进行诊断与检验,以判断所选用的模型是否合适。若不合适,应该知道下一步作何修改。

这一阶段主要检验拟合的模型是否合理。一是检验模型参数是否具有显著性;二是检验模型的残差序列是否为白噪声。参数的显著性检验是通过 t 检验完成的,而模型残差序列是否为白噪声的检验是用博克斯和皮尔斯(Box and Pierce,1970)提出的 Q 统计量完成的。Q 检验的零假设是:

$$H:\rho_1 = \rho_2 = \cdots = \rho_K = 0$$

即模型的误差项是一个白噪声过程。Q 统计量定义为:

$$Q = T\sum_{k=1}^{K} r_k^2 \tag{4.4.1}$$

它近似服从 $\chi^2_{(K-p-q)}$ 分布。其中 T 表示样本容量,r_k 表示用残差序列计算的自相关系数值,K 表示自相关系数的个数,p 表示模型自回归部分的最大滞后值,q 表示移动平均部分的最大滞后值。

Ljung 和 Box(李军和博克斯)认为式(4.4.1)定义的 Q 统计量的分布与 $\chi^2_{(K-p-q)}$ 分布存在差异(相应值偏小),于是提出修正的 Q 统计量。

$$Q = T(T+2)\sum_{k=1}^{K}\frac{r_k^2}{T-k} \tag{4.4.2}$$

修正的 Q 统计量近似服从 $\chi^2_{(K-p-q)}$ 分布。(EViews 中给出的 Q 统计量就是按修正后的定义计算的。)

用残差序列计算 Q 统计量的值。如果残差序列不是白噪声,残差序列中必含有其他成分,自相关系数不等于零,则 Q 值将很大,反之 Q 值将很小。判别规则是:

若 $Q < \chi^2_{\alpha(K-p-q)}$,则接受 H_0;若 $Q > \chi^2_{\alpha(K-p-q)}$,则拒绝 H_0。
其中 α 表示显著性水平。

【例 4-1】中国人口时间序列模型。具体数据见图 4-9、图 4-10。

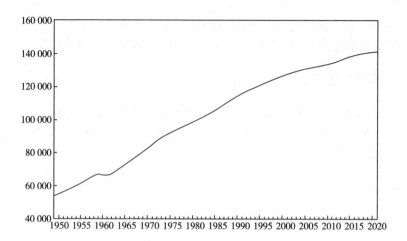

图 4 - 9　中国人口序列(1949—2020)

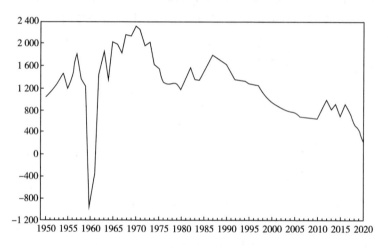

图 4 - 10　中国人口一阶差分序列(1950—2020)

从人口序列图可以看出我国人口总水平除在 1960 年和 1961 两年出现回落外,其余年份基本上保持线性增长趋势。61 年间平均每年增加人口 1 310.2 万人,年平均增长率为 14.97‰。由于总人口数逐年增加,实际上的年人口增长率是逐渐下降的。把 61 年分为两个时期,即改革开放以前时期(1949—1978 年)和改革开放以后时期(1978—2020 年),则前一个时期的年平均增长率为 20.02‰,后一个时期的年平均增长率为 9.17‰。从人口序列的变化特征看,这是一个非平稳序列。

我们再看人口差分序列图。新中国成立初期由于进入和平环境,同时随着国民经济的迅速恢复,人口的年净增数从 1950 年的 1 029 万人,猛增到 1957 年的1 825万人。由于粮食短缺,三年困难时期是新中国成立后我国唯一一次人口净负增长时期(1960,1961),人口净增值不但没有增加,反而减少。随着经济形势的好转,从1962年开始人口年增加值迅速恢复到1 500万人的水平,随后呈连年递增态势。1970年是我国历史上人口增加最多的一个年份,为2 321万人。随着70年代初计划生育政策执行力度的加强,从1971年开始。年人口增加值逐年下降,至1980年基本回落到新中国成立初期水平。1981—1991年人口增加值大幅回升,主要原因是受1962—1966年高出生率的影响(1963年为43.73‰)。从数据看,1992年以后,人口增加值再一次呈逐年下降趋势,2000年以前每年人口净增在1 000万人以上,而自2000年开始,每年人口净增数量降至1 000万人以下,2010年降至641万人,2020年降至204万人。从Δy_t的变化特征看,1960年和1961年数据可看作是两个异常值,其他年份数据则表现为平稳特征。但也不是白噪声序列,而是一个含有自相关和(或)移动平均成分的平稳序列。

下面通过对人口序列PL_t和人口差分序列DPL_t的相关图、偏自相关图进行分析,以判别其平稳性以及模型形式。

见图4-11和图4-12,人口序列PL_t是非平稳序列,人口差分序列DPL_t是平稳序列。应该用DPL_t建立模型。因为DPL_t均值非零,结合图拟建立带有截距项的AR(1)模型。利用最小二乘法估计结果如下:

$$DPL_t = 1\ 191.023(1 - 0.762\ 2) + 0.762\ 2\ DPL_{t-1} + v_t$$

$$(6.12) \qquad\qquad (9.21)$$

$$R^2 = 0.554\ 8, Q = 4.91, P\ 值 = 0.897$$

整理得:

$$DPL_t = 283.22 + 0.762\ 2\ DPL_{t-1} + v_t$$

特征根是$1/0.76 = 1.32$。

Autocorrelation	Partial Correlation		AC	PAC	Q-Stat	Prob
		1	0.965	0.965	69.831	0.000
		2	0.928	-0.035	135.40	0.000
		3	0.891	-0.030	196.67	0.000
		4	0.853	-0.029	253.66	0.000
		5	0.815	-0.025	306.42	0.000
		6	0.776	-0.022	355.05	0.000
		7	0.737	-0.027	399.63	0.000
		8	0.699	-0.023	440.25	0.000
		9	0.660	-0.018	477.10	0.000
		10	0.622	-0.022	510.30	0.000
		11	0.583	-0.026	539.98	0.000
		12	0.542	-0.056	566.08	0.000
		13	0.500	-0.050	588.63	0.000
		14	0.457	-0.028	607.82	0.000
		15	0.415	-0.024	623.91	0.000

图4-11 PL_t的自相关、偏自相关图

Autocorrelation	Partial Correlation		AC	PAC	Q-Stat	Prob
		1	0.727	0.727	39.114	0.000
		2	0.469	-0.126	55.608	0.000
		3	0.366	0.160	65.816	0.000
		4	0.321	0.042	73.812	0.000
		5	0.271	0.011	79.578	0.000
		6	0.211	-0.011	83.114	0.000
		7	0.153	-0.021	84.998	0.000
		8	0.127	0.029	86.318	0.000
		9	0.106	-0.013	87.255	0.000
		10	0.071	-0.025	87.686	0.000
		11	0.065	0.047	88.056	0.000
		12	0.058	-0.019	88.356	0.000
		13	0.061	0.037	88.683	0.000
		14	0.098	0.085	89.560	0.000
		15	0.108	-0.018	90.632	0.000

图 4 – 12 DPL_t 的自相关、偏自相关图

采用 EViews 操作方法时,从 EViews 主菜单中点击 Quick 键,选择 Estimate Equation 功能,随即会弹出 Equation specification 对话框。输入 1 阶自回归时间序列模型估计命令(C 表示漂移项)如图 4 – 13 所示。

Dependent Variable: DPL
Method: Least Squares
Date: 06/03/22 Time: 13:56
Sample (adjusted): 1951 2020
Included observations: 70 after adjustments
Convergence achieved after 3 iterations

Variable	Coefficient	Std. Error	t-Statistic	Prob.
C	1191.023	194.5042	6.123377	0.0000
AR(1)	0.762208	0.082791	9.206368	0.0000

R-squared	0.554849	Mean dependent var	1228.800
Adjusted R-squared	0.548303	S.D. dependent var	573.5036
S.E. of regression	385.4427	Akaike info criterion	14.77482
Sum squared resid	10102495	Schwarz criterion	14.83906
Log likelihood	-515.1186	Hannan-Quinn criter.	14.80034
F-statistic	84.75721	Durbin-Watson stat	1.778291
Prob(F-statistic)	0.000000		

Inverted AR Roots	.76

Autocorrelation	Partial Correlation		AC	PAC	Q-Stat	Prob
		1	0.101	0.101	0.7513	0.386
		2	-0.189	-0.201	3.3890	0.184
		3	-0.023	0.021	3.4298	0.330
		4	0.071	0.035	3.8104	0.432
		5	0.040	0.028	3.9357	0.559
		6	0.050	0.066	4.1350	0.658
		7	-0.027	-0.031	4.1947	0.757
		8	0.021	0.050	4.2300	0.836
		9	0.029	0.008	4.2998	0.891
		10	-0.085	-0.090	4.9060	0.897

图 4 – 13 模型参数估计与残差序列的白噪声检验

预测过程如下：

具体数据见图 4－14。

	PL	DPL
2015	138326.4	680.0000
2016	139232.2	905.7700
2017	140011.0	778.8200
2018	140541.0	530.0000
2019	141008.0	467.0000
2020	141212.0	204.0000

图 4－14

$$DPL_t = 283.22 + 0.7622\,DPL_{t-1} + v_t$$

$$DPL_{2021} = 283.22 + 0.7622\,DPL_{2020} = 283.22 + 0.7622 \times 204 = 438.7088(万人)$$

$$PL_{2021} = PL_{2020} + DPL_{2021} = 141212 + 438.7 = 141650.7(万人)$$

EViews 给出的 2021 年人口增量预测值是 438.706 3，两种计算途径的结果基本相同，见图 4－15。

	DPL	DPLF
2015	680.0000	984.6910
2016	905.7700	801.5172
2017	778.8200	973.6008
2018	530.0000	876.8386
2019	467.0000	687.1860
2020	204.0000	639.1669
2021	NA	438.7063

图 4－15

EViews 操作步骤为：

把样本容量调整到 1949—2021 年，打开估计式窗口，在方程设定（Equation Specification）选择框输入命令，DPLC AR（1），保持方法（Method）选择框的缺省状态（LS 方法），在样本（Sample）选择框中把样本范围调整至 1949—2021 年。点击 OK 键，得到估计结果后，点击功能条中的预测（Forecast）键，得对话框及各种选择状态，具体见图 4－16。

点击 OK 键，DPLF 序列出现在工作文件中。打开 DPLF 序列窗口，得 2021 年增量的预测值为 825.441 1，见图 4－15。

已知 2021 年中国人口实际数是 141 260 万人。实际预测误差为：

$$\eta = \frac{141\,650.7 - 141\,260}{141\,260} = 0.002\,8$$

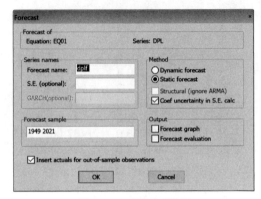

图 4 – 16　预测对话框

习　题

1. 什么是随机过程？随机过程的种类有哪些？

2. 简述时间序列的种类及其含义。

3. 平稳时间序列模型有哪几种类型？

4. 如何判断自回归模型和自回归移动平均模型的平稳性？

5. 简述自相关函数和偏自相关函数的含义。

6. 简述时间序列模型建立的步骤。

7. 表 4 – 1 数据是某公司在 2018—2021 年每月的销售量。

表 4 – 1　　　　　　　　　　　　　　　　　　　单位:万元

月份	2018 年	2019 年	2020 年	2021 年
1	153	134	145	117
2	187	175	203	178
3	234	243	189	149
4	212	227	214	178
5	300	298	295	248
6	221	256	220	202
7	201	237	174	153
8	175	165	241	126
9	123	124	119	108
10	104	106	215	201
11	85	159	124	125
12	92	128	108	96

（1）计算该序列的样本自相关系数。

（2）绘制该时序的自相关图。

（3）判断该序列的平稳性。

8.某城市过去63年中每年降雪量数据如表4-2所示。

表4-2　　　　　　　　单位:mm

年	降雪量	年	降雪量	年	降雪量	年	降雪量
1	126.4	17	78.1	33	90.9	49	104.5
2	110.5	18	69.3	34	39.8	50	46.7
3	79.6	19	80.7	35	74.4	51	54.7
4	71.8	20	103.6	36	82.4	52	77.8
5	89.6	21	58	37	110.5	53	39.9
6	88.7	22	83	38	89.9	54	105.2
7	122.4	23	82	39	89.9	55	105.3
8	98.3	24	68.4	40	120.3	56	110
9	82.4	25	51.1	41	76.2	57	87.4
10	25	26	53.5	42	63.6	58	72.9
11	83.6	27	79	43	49.6	59	54.7
12	4901	28	52.6	44	83.6	60	79.3
13	85.5	29	120.3	45	65.4	61	40.2
14	71.4	30	55.9	46	84.8	62	113.7
15	71.5	31	55.9	47	84.5	63	112.6
16	56.2	32	78.6	48	97		

（1）判断该序列的平稳性。

（2）如果序列平稳且非白噪声,选择适当模型拟合该序列的变化。

（3）利用拟合模型,预测该城市未来5年的降雪量。

曲线趋势预测法

对不同的时间序列来说，其四种构成因素，即长期趋势、季节变动、循环变动和随机变动所起的作用大小不同。有时季节变动和循环变动的作用很小，例如一段时期的年度数据常表现出这样的特点，它依时间变化呈现某种上升或下降的趋势，但无明显的季节变动和循环变动，因此我们可以试图找到一条适当的函数曲线来反映这种变化趋势，即以时间 t 为自变量，时间序列 y_t 为因变量，建立曲线趋势模型：$y_t = f(t)$，当这种趋势可以延伸至未来时，给定时间 t 的未来值，将其代入模型即可得到相应时刻时间序列变量的预测值，这就是曲线趋势预测法。

第一节 直线趋势模型预测法

一、直线趋势模型

直线趋势模型为：

$$\hat{y}_t = a + bt \tag{5.1.1}$$

式中：t——时间变量；

$\hat{y}_t$——预测值；

a, b——模型参数。

其中 a 表示 $t = 0$ 时的预测值，几何意义为截距；b 表示逐期增长量，几何意义为斜率，$b > 0$ 表示上升趋势，$b < 0$ 表示下降趋势。如图 5-1 所示。

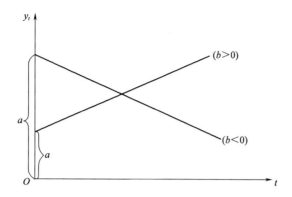

图 5 - 1　直线趋势模型图

此模型表示当时间每过一个时期, y_t 都有等量的增长或减少。

二、直线趋势模型的识别

设:某一经济变量 y_t 的时间序列为 $\{y_t\}$, $t = 1, 2, \cdots, n$; n 为样本容量。

首先绘制 y_t 的散点图(或称时序图),若散点图形状近似于一条直线,如图 5 -1 所示,则初步判断该时间序列可以选用直线趋势模型进行预测。

另外可用阶差法识别。根据模型(5.1.1)可知,其一阶差分

$$\Delta \hat{y}_t = \hat{y}_t - \hat{y}_{t-1} = (a + bt) - [a + b(t - 1)] = b$$

为一个常数,如表 5 - 1 所示,计算给定的时间序列 $\{y_t\}$ 的一阶差分,若一阶差分近似为一个常数时,则可以选择直线趋势模型进行预测。

表 5 - 1　直线趋势模型的阶差计算表

时间 t	模型 $\hat{y}_t = a + bt$	一阶差分 $\Delta \hat{y}_t = \hat{y}_t - \hat{y}_{t-1}$
1	$a + b$	—
2	$a + 2b$	b
3	$a + 3b$	b
⋮	⋮	⋮
$n - 1$	$a + (n - 1)b$	b
n	$a + nb$	b

三、直线趋势模型的参数估计

（一）最小二乘法

最小二乘法的基本思想是：使误差平方和

$$Q = \sum_{t=1}^{n} (y_t - \hat{y}_t)^2 = \sum_{t=1}^{n} (y_t - a - bt)^2$$

达到最小，从而得到参数 a 和 b 的估计值。

根据极值原理，Q 在其偏导数为 0 时取得极值。因此，令

$$\begin{cases} \dfrac{\partial Q}{\partial a} = -2 \sum (y_t - a - bt) = 0 \\ \dfrac{\partial Q}{\partial b} = -2 \sum (y_t - a - bt)t = 0 \end{cases}$$

整理后，得到标准方程组：

$$\begin{cases} \sum y_t = na + b \sum t \\ \sum ty_t = a \sum t + b \sum t^2 \end{cases} \tag{5.1.2}$$

解之，得到参数估计式：

$$\begin{cases} b = \dfrac{n \sum ty_t - \sum t \sum y_t}{n \sum t^2 - (\sum t)^2} \\ a = \dfrac{\sum y_t}{n} - b \dfrac{\sum t}{n} = \bar{y} - b\bar{t} \end{cases} \tag{5.1.3}$$

时间变量 t 一般取值为 $1,2,3,\cdots$ 这种一个自然数列，有时也会从 0 开始取值；甚至为了简化式（5.1.3）的计算，欲使 $\sum t = 0$，当样本容量 n 为奇数时，t 分别取为 $\cdots, -2, -1, 0, 1, 2, \cdots$；当 n 为偶数时，t 分别取为 $\cdots, -5, -3, -1, 1, 3, 5, \cdots$，则参数估计式可简化为：

$$\begin{cases} a = \dfrac{\sum y_t}{n} = \bar{y} \\ b = \dfrac{\sum ty_t}{\sum t^2} \end{cases} \tag{5.1.4}$$

（二）折扣最小二乘法

最小二乘法是线性模型参数估计的一种常用方法，但它存在一个缺陷，即对近期误差与远期误差等同看待。实际上，近期误差比远期误差对预测的影响更大。为了弥补这个缺陷，预测中有时也采用折扣最小二乘法来估计模型的参数。

折扣最小二乘法的基本思想是：对误差平方进行指数折扣加权后，使其总

和达到最小，即 $Q = \sum_{t=1}^{n} \alpha^{n-t}(y_t - \hat{y}_t)^2 \to \min$，其中 α 称为折扣系数，且 $0 < \alpha < 1$。第 t 期的误差平方的权数为 α^{n-t}。若 t 值按 $1, 2 \cdots n$ 排列，则权数分别为 $\alpha^{n-1}, \alpha^{n-2}, \cdots, \alpha^1, \alpha^0 = 1$，是一个按指数递增的序列，说明越是远期的误差平方的折扣越大，而对最近期$(t = n)$的误差平方未打折扣。

折扣系数 α 的大小，反映了折扣程度。特殊情况下，当 $\alpha = 1$ 时，即退化为最小二乘法。当 α 越接近于 1 时，折扣加权作用越小；反之，当 α 越接近于 0 时，折扣加权作用越大。但折扣系数 α 究竟选取多大为宜，尚需试算，对预测模型进行误差分析，最终选取使折扣误差平方和 Q 为最小的 α 值。

为了使 $Q = \sum_{t=1}^{n} \alpha^{n-t}(y_t - \hat{y}_t)^2 = \sum_{t=1}^{n} \alpha^{n-t}(y_t - a - bt)^2 \to \min$，令其偏导数为 0，得到关于参数 a、b 估计值的标准方程组：

$$\begin{cases} \sum_{t=1}^{n} \alpha^{n-t}y_t = a \sum_{t=1}^{n} \alpha^{n-t} + b \sum_{t=1}^{n} \alpha^{n-t}t \\ \sum_{t=1}^{n} \alpha^{n-t}ty_t = a \sum_{t=1}^{n} \alpha^{n-t}t + b \sum_{t=1}^{n} \alpha^{n-t}t^2 \end{cases} \qquad (5.1.5)$$

由此解出 a 和 b，从而得到直线趋势模型 $\hat{y}_t = a + bt$。

四、点预测与置信区间预测

建立预测模型的目的是为了预测未来。事实上，将样本范围所取的 t 值代入预测模型中，得到的估计值 $\hat{y}_t$ 为追溯预测值，而将未来所取的 $t = t_0$ 代入模型中，得到的 $\hat{y}_{t_0} = a + bt_0$，即为变量的点预测值。

给定置信度 $1 - \alpha$，得到变量 y_t 在点预测值 $\hat{y}_{t_0}$ 上下变动的范围称为置信区间预测，该预测区间为：

$$\hat{y}_{t_0} \pm t_{\frac{\alpha}{2}}(n-2)S_y\sqrt{1 + \frac{1}{n} + \frac{(t_0 - \bar{t})^2}{\sum(t - \bar{t})^2}} \qquad (5.1.6)$$

式中：S_y——估计标准差，即

$$S_y = \sqrt{\frac{\sum(y_t - \hat{y}_t)^2}{n-2}}$$

当 $n \geqslant 30$ 时，置信区间可以取为：

$$\hat{y}_{t_0} \pm t_{\frac{\alpha}{2}}(n-2)S_y$$

对于折扣最小二乘法估计标准误差为：

$$S_y = \sqrt{\frac{\sum \alpha^{n-t}(y_t - \hat{y}_t)^2}{n-2}} \qquad (5.1.7)$$

折扣最小二乘法的预测区间为：

$$\hat{y}_{t_0} \pm t_{\frac{\alpha}{2}}(n-2)S_y \sqrt{1 + \frac{1}{n} + \frac{(t_0 - \bar{t})^2}{\sum \alpha^{n-t}(t - \bar{t})^2}} \qquad (5.1.8)$$

【例 5 - 1】表 5 - 2 是某啤酒厂 2014—2021 年历年的啤酒产量，试预测
2022—2024 年该厂的啤酒产量。

表 5 - 2　　　　　　　　　　　　　　　　　　　单位:万桶

年份	时间 t	啤酒产量 y_t	一阶差分 $\Delta y_t = y_t - y_{t-1}$
2014	1	149	—
2015	2	156	7
2016	3	161	5
2017	4	164	3
2018	5	171	7
2019	6	179	8
2020	7	184	5
2021	8	194	10

解:(1)选择模型。首先画出啤酒产量 y_t 的散点图,如图 5 - 2 所示。

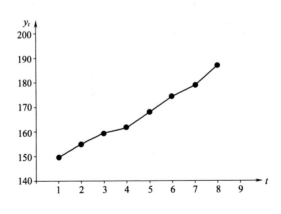

图 5 - 2　啤酒产量散点图

从图 5-2 可以看出,啤酒产量 y_t 大致呈直线变化的趋势。再从表 5-2 的一阶差分序列 $\{\Delta y_t\}$ 中得知它也围绕 7 这个常数变化,因此可以选择直线趋势模型进行预测。

(2)建立直线趋势模型。设所求直线趋势模型为 $\hat{y}_t = a + bt$,用最小二乘法估计参数 a 和 b。根据原始数据计算得到表 5-3。

表 5-3　啤酒产量直线趋势模型最小二乘法计算表

年份	t	y_t	ty_t	t^2	追溯预测值及预测值	$e_t = y_t - \hat{y}_t$	$e_t^2 = (y_t - \hat{y}_t)^2$
2014	1	149	149	1	148.250	0.750	0.563
2015	2	156	312	4	154.393	1.607	2.582
2016	3	161	483	9	160.536	0.464	0.215
2017	4	164	656	16	166.679	-2.679	7.177
2018	5	171	855	25	172.821	-1.821	3.316
2019	6	179	1 074	36	178.964	0.036	0.001
2020	7	184	1 288	49	185.107	-1.107	1.225
2021	8	194	1 552	64	191.250	-2.750	7.563
合计	36	1 358	6 369	204	—		22.642
2022	9				197.394		
2023	10				203.537		
2024	11				209.680		

根据表中数据计算得:

$$\bar{y} = \frac{1}{n} \sum y_t = \frac{1}{8} \times 1\ 358 = 169.75$$

$$\bar{t} = \frac{1}{n} \sum t = \frac{1}{8} \times 36 = 4.5$$

将有关数据代入公式(5.1.3),则有:

$$b = \frac{8 \times 6\ 369 - 36 \times 1\ 358}{8 \times 204 - 36^2} = 6.143$$

$$a = \frac{1\ 358}{8} - 6.143 \times \frac{36}{8} = 142.107$$

因此,直线趋势模型为:

$$\hat{y}_t = 142.107 + 6.143t \tag{5.1.9}$$

分别将 $t = 1, 2, \cdots, 8$ 代入(5.1.9)式,可以得到各年啤酒产量的追溯预测值,列于表 5-3 第 6 列中。

（3）预测。利用直线趋势模型预测该厂 2022—2024 年的啤酒产量。

①点预测。将 $t=9$、10、11 分别代入模型（5.1.9）中得到：

$$\hat{y}_{2022}=\hat{y}_9=142.107+6.143\times9=197.394（万桶）$$

$$\hat{y}_{2023}=\hat{y}_{10}=142.107+6.143\times10=203.537（万桶）$$

$$\hat{y}_{2024}=\hat{y}_{11}=142.107+6.143\times11=209.680（万桶）$$

②区间预测。根据式（5.1.6），2022 年度置信度为 95% 的啤酒产量的预测区间为：

$$197.394\pm2.4469\times1.943\times\sqrt{1+\frac{1}{8}+\frac{(9-4.5)^2}{42}}$$

即

$$(191.376,203.412)$$

其中

$$S_y=\sqrt{\frac{\sum(y_t-\hat{y}_t)^2}{n-2}}=\sqrt{\frac{22.643}{8}}=1.943$$

故有 95% 的可靠程度预测该厂 2022 年度的啤酒产量将在 191.367 万桶至 203.412 万桶之间。

对于 2023 年和 2024 年的区间预测算法与此类似，从略。

以上用最小二乘法得到的啤酒产量直线趋势模型有一个遗憾，即模型（5.1.9）对于近期实际观测值的预测误差，如 $|e_8|=2.75$ 比远期的 $|e_1|,\cdots,|e_7|$ 都大些（见表 5-3），这说明此模型不能很好地跟踪啤酒产量未来的变化趋势。因此，为了加大近期数据的作用，再选择折扣最小二乘法来建立直线趋势模型。

为了突出折扣加权作用，取 $\alpha=0.4$，计算有关数据列于表 5-4 中。

将有关数据代入式（5.1.5）得到标准方程组：

$$\begin{cases}313.9141=1.66557a+12.223b\\2317.0216=12.223a+91.4798b\end{cases}$$

解得：

$$\begin{cases}a=133.538\\b=7.486\end{cases}$$

表 5-4 啤酒产量直线趋势模型折扣最小二乘法计算表

年份	t	y_t	$n-t$	α^{n-t}	$\alpha^{n-t}y_t$	$\alpha^{n-t}ty_t$	$\alpha^{n-t}t$	$\alpha^{n-t}t^2$	$\hat{y}_t$
2014	1	149	7	0.00164	0.2441	0.24412	0.0016	0.0016	141.024
2015	2	156	6	0.00410	0.6390	1.27795	0.0082	0.0164	148.510
2016	3	161	5	0.01024	1.6486	4.94592	0.0307	0.0922	155.996

年份	t	y_t	$n-t$	α^{n-t}	$\alpha^{n-t}y_t$	$\alpha^{n-t}ty_t$	$\alpha^{n-t}t$	$\alpha^{n-t}t^2$	$\hat{y}_t$
2017	4	164	4	0.025 60	4.198 4	16.793 60	0.102 4	0.409 6	163.482
2018	5	171	3	0.064 00	10.944 0	54.720 00	0.320 0	1.600 0	170.968
2019	6	179	2	0.160 00	28.640 0	171.840 0	0.960 0	5.760 0	178.454
2020	7	184	1	0.400 00	73.600 0	515.200 0	2.800 0	19.600 0	185.940
2021	8	194	0	1.000 00	194.000 0	1 552.000	8.000 0	64.000 0	193.426
合计	—	1 358	—	1.665 58	313.914 1	2 317.021 6	12.223	91.479 8	—
2022	9								200.912
2023	10								208.398
2024	11								215.884

故用折扣最小二乘法得到的直线趋势模型为：

$$\hat{y}_t = 133.538 + 7.486t \tag{5.1.10}$$

分别将 $t = 1,2,\cdots,11$ 代入式(5.1.10)中得到啤酒产量的追溯预测值及预测值，列于表 5-4 的最后一列。

与最小二乘法估计的模型(5.1.9)比较，用折扣最小二乘法得到的模型(5.1.10)的斜率稍大些，有利于跟踪啤酒产量 y_t 的未来变化趋势。若将两个模型与实际值画在同一坐标系中进行比较，会更加直观地显现出来，如图 5-3 所示。

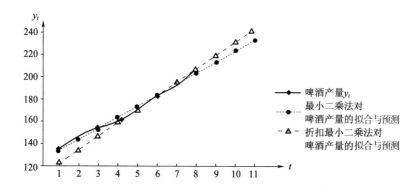

图 5-3　最小二乘法与折扣最小二乘法对啤酒产量的拟合与预测图

通过例 5－1,计算了从建模到预测这一过程,这样有利于读者深入认识最小二乘法及折扣最小二乘法的原理。然而对于实际预测问题,往往数据很多,即样本容量 n 很大,加之模型的复杂化(如曲线预测模型等),手算就显得十分困难,甚至不能实现。因此,目前做定量分析至少掌握一种(统计)软件包进行数据处理是十分必要的,大多数软件包都在 Windows 操作系统支持下,只用点选即可完成计算,非常便捷。每个软件包都有各自的特长,在此我们极力推荐 IBM SPSS Statistics 软件包,因为它对本章所介绍的预测方法及第七章将要介绍的回归分析预测法最为简便,本例操作详见附录。

第二节　可线性化的曲线趋势模型预测法

一、多项式曲线模型

多项式曲线模型的一般形式为:

$$\hat{y}_t = b_0 + b_1 t + b_2 t^2 + \cdots + b_p t^p \quad (b_p \neq 0) \tag{5.2.1}$$

式中: $b_0, b_1, b_2, \cdots, b_p$——待估参数。

当 $p = 1$ 时,即退化为直线趋势模型。当 $p = 2$ 时,称其为二次曲线模型,即 $\hat{y}_t = b_0 + b_1 t + b_2 t^2$,几何图形为抛物线,如图 5－4 所示。当 $p = 3$ 时,称其为三次曲线模型,即 $\hat{y}_t = b_0 + b_1 t + b_2 t^2 + b_3 t^3$,几何图形如图 5－5 所示。这两种形式是比较常用的多项式曲线模型。

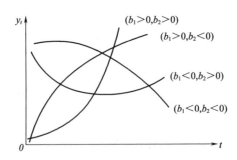

图 5－4　二次曲线模型图

用阶差法识别二次曲线模型,如表 5－5 所示。

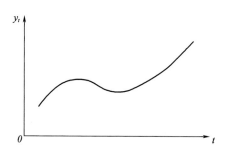

图 5 – 5　三次曲线模型图

表 5 – 5　二次曲线模型的阶差计算表

时间	模型	一阶差分	二阶差分
t	$\hat{y}_t = b_0 + b_1 t + b_2 t^2$	$\hat{y}_t - \hat{y}_{t-1}$	$(\hat{y}_t - \hat{y}_{t-1}) - (\hat{y}_{t-1} - \hat{y}_{t-2})$
1	$b_0 + b_1 + b_2$	—	—
2	$b_0 + 2b_1 + 4b_2$	$b_1 + 3b_2$	—
3	$b_0 + 3b_1 + 9b_2$	$b_1 + 5b_2$	$2b_2$
4	$b_0 + 4b_1 + 16b_2$	$b_1 + 7b_2$	$2b_2$
$\vdots$	$\vdots$	$\vdots$	$\vdots$
$n-1$	$a + (n-1)b$	$b_1 + (2n-3)b_2$	$2b_2$
n	$a + nb$	$b_1 + (2n-1)b_2$	$2b_2$

　　由表 5 – 5 可知,二次曲线模型的特点是二阶差分为一常数。同理可知,三次曲线模型的特点是三阶差分为一常数。因此,当一个时间序列 $\{y_t\}$ 的二阶(或三阶)差分近似为一个常数时,都可以选择二次(或三次)曲线模型进行预测。

　　关于二次(或三次)曲线模型的参数估计可以采用最小二乘法。这里以二次曲线模型的参数估计为例。

　　首先,将二次曲线模型线性化,令 $t_1 = t, t_2 = t^2$,这样将二次曲线模型转化为二元线性模型:

$$\hat{y}_t = b_0 + b_1 t_1 + b_2 t_2$$

然后,根据最小二乘法原理得到标准方程组:

$$\begin{cases} \sum y_t = nb_0 + b_1 \sum t_1 + b_2 \sum t_2 \\ \sum t_1 y_t = b_0 \sum t_1 + b_1 \sum t_1^2 + b_2 \sum t_1 t_2 \\ \sum t_2 y_t = b_0 \sum t_2 + b_1 \sum t_1 t_2 + b_2 \sum t_2^2 \end{cases}$$

即

$$
\begin{cases}
\sum y_t = nb_0 + b_1 \sum t + b_1 \sum t^2 \\
\sum ty_t = b_0 \sum t + b_1 \sum t^2 + b_2 \sum t^3 \\
\sum t^2 y_t = b_0 \sum t^2 + b_1 \sum t^3 + b_2 \sum t^4
\end{cases}
\tag{5.2.2}
$$

最后,求解三元一次线性方程组(5.2.2),即可得到参数 b_0、b_1 和 b_2 的估计值,从而得到二次曲线模型。要估计三次曲线模型的参数 b_0、b_1、b_2 和 b_3 就需要解四元一次线性方程组。当然这里也可以采用对称选点的技巧使得 $\sum t = 0$,$\sum t^3 = 0$,甚至 $\sum t^5 = 0$,从而简化方程组求解。

【例 5 - 2】某区地税局 2014—2021 年的税收总收入如表 5 - 6 所示,试预测 2022 年和 2023 年的税收总收入。

表 5 - 6　地税局 2014—2021 年税收总收入　　　　单位:万元

年　份	税收总收入
2014	44 766
2015	54 313
2016	63 397
2017	74 971
2018	91 142
2019	118 711
2020	142 906
2021	176 600

解:绘制散点图(图 5 - 6),从图 5 - 6 看出,可以用二次曲线模型来对税收总收入进行预测,采用对称选点的方法,设 $t = -7, -5, \cdots, 5, 7$,如表 5 - 7 所示。

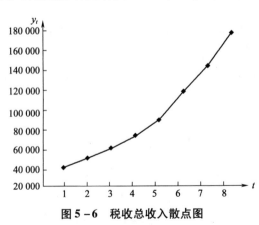

图 5 - 6　税收总收入散点图

表5-7　税收总收入二次曲线模型计算表　　　单位:万元

年份	t	y_t	t^2	t^3	t^4	ty_t	t^2y_t	$\hat{y}_t$
2014	−7	44 766	49	−343	2 401	−313 362	2 193 534	46 766. 26
2015	−5	54 313	25	−125	625	−271 565	1 357 825	51 983. 52
2016	−3	63 397	9	−27	81	−190 191	570 573	61 604. 22
2017	−1	74 971	1	−1	1	−74 971	74 971	75 628. 36
2018	1	91 142	1	1	1	91 142	91 142	94 055. 94
2019	3	118 711	9	27	81	356 133	1 068 399	116 887. 0
2020	5	142 906	25	125	625	714 530	3 572 650	144 121. 4
2021	7	176 600	49	343	2 401	1 236 200	8 653 400	175 759. 3
合计	0	766 806	168	0	6 216	1 547 916	17 582 494	—
2022	9	—	81	—	—	—	—	211 800. 66
2023	11	—	121	—	—	—	—	252 245. 44

将有关数据代入标准方程组(5.2.2),可以得到:

$$\begin{cases} 766\ 806 = 8b_0 + 168b_2 \\ 1\ 547\ 916 = 168b_1 \\ 17\ 582\ 494 = 168b_0 + 6\ 216b_2 \end{cases}$$

解之,得:

$$\begin{cases} b_0 = 84\ 291. 72 \\ b_1 = 9\ 213. 79 \\ b_2 = 550. 43 \end{cases}$$

因此,税收总收入的二次曲线预测模型为:

$$\hat{y}_t = 84\ 291. 72 + 9\ 213. 79t + 550. 43t^2 \tag{5.2.3}$$

预测:

$$\hat{y}_{2022} = \hat{y}_9 = 84\ 291. 72 + 9\ 213. 79 \times 9 + 550. 43 \times 9^2 = 211\ 800. 66(万元)$$

$$\hat{y}_{2023} = \hat{y}_{11} = 84\ 291. 72 + 9\ 213. 79 \times 11 + 550. 43 \times 11^2 = 252\ 245. 44(万元)$$

将预测值与实际值绘于同一图上,如图5-7所示,可以看出该模型预测效果很好。

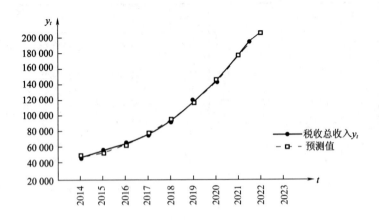

图 5 - 7　税收总收入二次曲线趋势预测

二、指数曲线模型

指数曲线模型的一般形式为：

$$\hat{y}_t = ae^{bt} \quad (\text{或 } \hat{y}_t = ab^t) \tag{5.2.4}$$

式中：a, b——待估参数；

　　t——时间变量；

　　e——自然对数的底。

模型(5.2.4)的几何图形如图 5 - 8 所示。图 5 - 8(a)中 $b > 0$ 表示上升的趋势，图 5 - 8(b)中 $b < 0$ 表示下降的趋势。

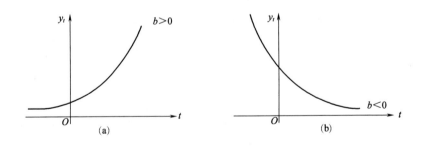

图 5 - 8　指数曲线模型图

用阶差法识别指数曲线模型，如表 5 - 8 所示。

表5-8 指数曲线模型的比率计算表

时间 t	模型 $\hat{y}_t = ae^{bt}$	一次比率 $\hat{y}_t / \hat{y}_{t-1}$
1	ae^b	—
2	ae^{2b}	e^b
3	ae^{3b}	e^b
$\vdots$	$\vdots$	$\vdots$
$n-1$	$ae^{(n-1)b}$	e^b
n	ae^{nb}	e^b

由表5-8可知,指数曲线模型的特点是一次比率,即环比发展速度为一个常数。因此,当时间序列$\{y_t\}$随时间t的增加而按一定比率增长或减少时,可以选择指数曲线模型进行预测。

对模型(5.2.4)两边取自然对数,得:

$$\ln\hat{y}_t = \ln a + bt \tag{5.2.5}$$

令$\hat{y}'_t = \ln\hat{y}_t, A = \ln a$,则模型(5.2.4)可转化为直线模型:

$$\hat{y}'_t = A + bt$$

根据直线模型的最小二乘参数估计公式(5.1.3),得到:

$$\begin{cases} b = \dfrac{n\sum ty'_t - \sum t \sum y'_t}{n\sum t^2 - (\sum t)^2} \\ A = \dfrac{1}{n}\sum y'_t - b\dfrac{\sum t}{n} \end{cases}$$

从而有:

$$\begin{cases} b = \dfrac{n\sum t\ln y_t - \sum t \sum (\ln y_t)}{n\sum t^2 - (\sum t)^2} \\ a = e^{\frac{1}{n}\sum \ln y_t - bt} \end{cases} \tag{5.2.6}$$

【例5-3】仍以某区地税局的税收总收入为例,试建立指数曲线模型。

解:首先计算出一次比率(即环比发展速度)如表5-9所示,可见它接近于常数120%,因此可选择指数曲线模型对税收总收入进行预测。

表 5 – 9　2005—2012 年北京市某区地税局的税收总收入　单位:万元

年　　份	t	税收总收入 y_t	一次比率(%)(y_t/y_{t-1})
2014	1	44 766	—
2015	2	54 313	121. 33
2016	3	63 397	116. 73
2017	4	74 971	118. 26
2018	5	91 142	121. 57
2019	6	118 711	130. 25
2020	7	142 906	120. 38
2021	8	176 600	123. 58

表 5 – 10　税收总收入指数曲线模型计算表

年份	t	y_t	t^2	$\ln y_t$	$t\ln y_t$
2014	1	44 766	1	10. 71	10. 71
2015	2	54 313	4	10. 90	21. 80
2016	3	63 397	9	11. 06	33. 18
2017	4	74 971	16	11. 22	44. 88
2018	5	91 142	25	11. 42	57. 10
2019	6	118 711	36	11. 68	70. 08
2020	7	142 906	49	11. 87	83. 09
2021	8	176 600	64	12. 08	96. 64
合计	36	—	204	90. 94	417. 48
均值	4. 5	—	—	11. 367 5	—

将计算的有关数据列于表 5 – 10 中,并将其代入公式(5. 2. 6),得到:

$$\begin{cases} b = \dfrac{8 \times 417.48 - 36 \times 90.94}{8 \times 204 - 36^2} = 0.196 \\ a = e^{11.3675 - 0.196 \times 4.5} = 35\ 792.73 \end{cases}$$

因此,所求的税收总收入的指数曲线模型为:

$$\hat{y}_t = 35\ 792.73 e^{0.196t}$$

三、幂函数曲线模型

幂函数曲线模型的一般形式为：

$$\hat{y}_t = at^b \tag{5.2.7}$$

其几何图形如图 5 - 9 所示。

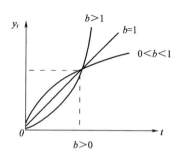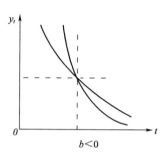

图 5 - 9 幂函数曲线模型图

对模型(5.2.7)两边取对数,得到:

$$\ln \hat{y}_t = \ln a + b\ln t$$

令 $\hat{y}'_t = \ln \hat{y}_t, t' = \ln t, A = \ln a$,则模型(5.2.7)转化为直线模型:

$$\hat{y}'_t = A + bt'$$

根据公式(5.1.3),得到参数估计式:

$$\begin{cases} b = \dfrac{n \sum \ln y_t \cdot \ln t - (\sum \ln t)(\sum \ln y_t)}{n \sum (\ln t)^2 - (\sum \ln t)^2} \\ a = e^{\overline{\ln y_t} - b\overline{\ln t}} \end{cases} \tag{5.2.8}$$

式中:$\overline{\ln y_t}$——$\{\ln y_t\}$ 的均值,即 $\overline{\ln y_t} = \dfrac{1}{n} \sum \ln y_t$;

$\overline{\ln t}$——$\{\ln t\}$ 的均值,即 $\overline{\ln t} = \dfrac{1}{n} \sum \ln t$。

四、对数曲线模型

对数曲线模型的一般形式为:

$$\hat{y}_t = a + b\ln t \tag{5.2.9}$$

其几何图形如图 5 - 10 所示。

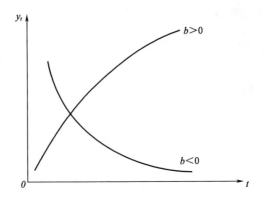

图 5 - 10 对数曲线模型图

令 $t' = \ln t$，则模型(5.2.9)转化为直线模型：

$$\hat{y}_t = a + bt'$$

采用最小二乘法估计参数，根据式(5.1.3)得到：

$$
\begin{cases}
b = \dfrac{n \sum y_t \ln t - (\sum \ln t)(\sum y_t)}{n \sum (\ln t)^2 - (\sum \ln t)^2} \\
a = \dfrac{1}{n} \sum y_t - b \dfrac{1}{n} \sum \ln t = \bar{y} - b \overline{\ln t}
\end{cases}
\tag{5.2.10}
$$

五、双曲线模型

双曲线模型的一般形式为：

$$\hat{y}_t = a + \frac{b}{t} \quad (或 \frac{1}{\hat{y}_t} = a + \frac{b}{t}) \tag{5.2.11}$$

其几何图形如图 5 - 11 所示。

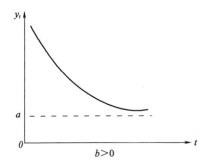
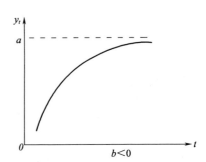

图 5 - 11 双曲线模型图

令 $t' = \dfrac{1}{t}$,则模型(5.2.11)转化为直线模型:

$$\hat{y}_t = a + bt'$$

根据式(5.1.3),得到最小二乘估计式:

$$\begin{cases} b = \dfrac{n \sum y_t \cdot \dfrac{1}{t} - (\sum \dfrac{1}{t})(\sum y_t)}{n \sum \dfrac{1}{t^2} - (\sum \dfrac{1}{t})^2} \\ a = \bar{y} - b \overline{(\dfrac{1}{t})} = \bar{y} - b(\dfrac{1}{n} \sum \dfrac{1}{t}) \end{cases} \tag{5.2.12}$$

以上所用方法均是将曲线模型经过变换使其线性化来估计模型的参数,这种方法不如曲线拟合方法精确。曲线拟合方法不需要对模型进行线性化,而是直接使用原始数据(可给出参数的初值),经过多次搜索逼近找到使误差平方和达到最小的参数,因此曲线拟合的误差是非常小的,是其他方法所达不到的。但曲线拟合的计算量大,所以一定要借助于统计软件包来完成计算。

另外,将曲线模型经过变换转化为线性模型来估计参数,然后再将其还原,这样一来使得各个误差平方和都会有所变化,因此,原来的平方和分解公式也不再成立,所以变换后的线性模型效果好,并不等于非线性模型对原始数据的拟合效果也好,因而对直线模型的各种统计检验法如 t 检验、F 检验就不适用了,所以一般不特别强调对曲线模型的参数检验,但也可以通过预测误差,如估计标准差 S_y、平均绝对百分比误差 MAPE 或拟合优度 R^2 对所建模型的优劣做一个整体的评价。

本节例题也可由统计软件包给出计算结果,并进行综合分析,详见附录。

第三节　有增长上限的曲线趋势模型预测法

有增长上限的曲线趋势模型一般包括三种:修正指数曲线模型和两个 S 形曲线模型,即龚珀兹曲线模型和皮尔曲线(亦称 Logistic)模型,它们常被用于商品的需求预测中。

一、修正指数曲线模型预测法

修正指数曲线是一种具有增长上限的曲线。当一种新产品刚刚问世时,借助于广告宣传的作用,市场会出现对该产品需求的骤增,随后需求的增长速度放慢,最后渐渐趋向于某一正常数极限,如图 5-12(1)所示。对于经济变量的这种变动规律,采用修正指数曲线拟合要比 S 形曲线拟合效果更好,特别是当它具有一个渐近的上限时更是如此。

（一）模型的形式

修正指数曲线模型为:

$$\hat{y}_t = K + ab^t \quad （或 \hat{y}_t = K + ae^{bt}） \tag{5.3.1}$$

式中: K, a, b——待估参数。

模型(5.3.1)的几何图形为:

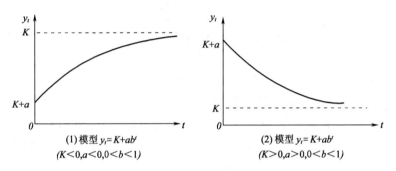

图 5－12　修正指数曲线模型图

从图 5－12 可以看出,当 $t \to +\infty$ 时, $\hat{y}_t \to K$,所以 $\hat{y}_t = K$ 是曲线的渐近线。

图 5－12(1)中的 K 常被称为增长上限,该模型为本节重点讨论对象。图 5－12(2)中的模型可用来描述如产品的成本初期减少较快,中期减少缓慢,直至最终趋向于某一正的极限值 K 的情况。

（二）模型的识别

由表 5－11 可知,修正指数曲线模型的特点是一阶差分的环比为一个常数。根据这一特点,当某一时间序列 $\{y_t\}$ 的一阶差分的环比近似为一常数时,可用该模型进行预测。

表 5－11　修正指数曲线模型的阶差计算表

时间 t	模型 $\hat{y}_t = K + ab^t$	一阶差分 $\hat{y}_t - \hat{y}_{t-1}$	一阶差分的环比 $(\hat{y}_t - \hat{y}_{t-1})/(\hat{y}_{t-1} - \hat{y}_{t-2})$
1	$K + ab$	—	—
2	$K + ab^2$	$ab(b-1)$	—
3	$K + ab^3$	$ab^2(b-1)$	b
4	$K + ab^4$	$ab^3(b-1)$	b
⋮	⋮	⋮	⋮
$n-1$	$K + ab^{(n-1)}$	$ab^{(n-2)}(b-1)$	b
n	$K + ab^n$	$ab^{(n-1)}(b-1)$	b

（三）模型的参数估计

下面分两种情况进行讨论。

第一种情况：根据经验，当增长上限 K 已知时，可以采用上一节使用的将曲线模型线性化的最小二乘法来估计其余两个未知参数 a 和 b。

对模型

$$\hat{y}_t = K + ab^t \quad (K > 0, a < 0, 0 < b < 1)$$

进行变换

$$K - \hat{y}_t = -ab^t \quad (a < 0, K > y_t)$$

两边取对数得：

$$\ln(K - \hat{y}_t) = \ln(-a) + t\ln b$$

令 $\hat{y}'_t = \ln(K - \hat{y}_t)$，$A = \ln(-a)$，$B = \ln b$，则原模型转化为直线模型：$\hat{y}'_t = A + Bt$，用最小二乘法估计参数 A 和 B，再回代求解得：$a = -e^A$，$b = e^B$。

第二种情况：当 K、a、b 均未知时，模型无法线性化，因而不能用最小二乘法估计参数，此时可用三和法或三点法估计参数。下面介绍三和法（也称三段法）。

设时间序列 $\{y_t\}$ 有 N 个数据。不妨设 $N = 3n$，如表 5 - 12 所示。

表 5 - 12

t	1	2	⋯	n	$n+1$	$n+2$	⋯	$2n$	$2n+1$	$2n+2$	⋯	$3n$
y_t	y_1	y_2	⋯	y_n	y_{n+1}	y_{n+2}	⋯	y_{2n}	y_{2n+1}	y_{2n+2}	⋯	y_{3n}

由于 $\{y_t\}$ 的变化趋势可用修正指数曲线模型来描述，所以可近似地认为每个 y_t 值满足模型：

$$\hat{y}_t = K + ab^t \quad (t = 1, 2, \cdots, 3n)$$

将 $\{y_t\}$ 等分成三段，每段含有 n 个数据，对各段求和，得：

$$\sum\nolimits_1 y_t = \sum_{t=1}^{n} y_t = nK + ab(b^0 + b^1 + \cdots + b^{n-1}) = nK + ab\frac{b^n - 1}{b - 1} \quad (5.3.2)$$

$$\sum\nolimits_2 y_t = \sum_{t=n+1}^{2n} y_t = nK + ab^{n+1}(b^0 + b^1 + \cdots + b^{n-1}) = nK + ab^{n+1}\frac{b^n - 1}{b - 1} \quad (5.3.3)$$

$$\sum\nolimits_3 y_t = \sum_{t=2n+1}^{3n} y_t = nK + ab^{2n+1}(b^0 + b^1 + \cdots + b^{n-1}) = nK + ab^{2n+1}\frac{b^n - 1}{b - 1} \quad (5.3.4)$$

式（5.3.3）-式（5.3.2）得：

$$\sum\nolimits_2 y_t - \sum\nolimits_1 y_t = ab\frac{(b^n - 1)^2}{b - 1} \quad (5.3.5)$$

式（5.3.4）-式（5.3.3）得：

$$\sum\nolimits_3 y_t - \sum\nolimits_2 y_t = ab^{n+1}\frac{(b^n - 1)^2}{b - 1} \quad (5.3.6)$$

式(5.3.6) ÷ 式(5.3.5)再开 n 次方得到:

$$b = \sqrt[n]{\frac{\sum_3 y_t - \sum_2 y_t}{\sum_2 y_t - \sum_1 y_t}} \qquad (5.3.7)$$

将 b 代入式(5.3.5)得到:

$$a = \left(\sum_2 y_t - \sum_1 y_t\right) \frac{b-1}{b(b^n-1)^2} \qquad (5.3.8)$$

最后将 a,b 代入式(5.3.2)整理得:

$$K = \frac{1}{n}\left(\sum_1 y_t - ab\frac{b^n-1}{b-1}\right) \qquad (5.3.9)$$

关于修正指数曲线模型的参数估计,也可以用计算机软件实现,方法如下:

将三和法得到的参数估计 K、a、b 作为初始值,用统计软件包如 SPSS for Windows 或 EViews 等进行非线性(NLS)拟合,就得到模型参数的精确估计。

【例 5 - 4】我国卫生机构人员总数如表 5 - 13 所示,试预测 2003 年我国卫生机构总人数。

解:设我国卫生机构总人数为 y_t,绘制散点图,如图 5 - 13 所示。从散点图可以看出,我国卫生机构总人数 1985—1992 年增长较快,随后增长速度渐缓。另外,从表 5 - 13 中可知,其一阶差分的环比近似为常数,因此可选用修正指数曲线模型进行预测。

表 5 - 13　我国卫生机构总人数的修正指数曲线模型计算表　　　单位:万人

年份	时间 t	卫生机构总人数 y_t	一阶差分 Δy_t	一阶差分的环比 $\Delta y_t / \Delta y_{t-1}$	三段和 $\sum_i y_t$	拟合值 $\hat{y}_t$
1985	1	431.3	—	—		427.003
1986	2	444.6	13.3	—		442.622
1987	3	456.4	11.8	0.89	$\sum_1 y_t = 2\,278.8$	456.948
1988	4	467.8	11.4	0.97		470.088
1989	5	478.7	10.9	0.96		482.140
1990	6	490.6	11.9	1.09		493.193
1991	7	502.5	11.9	1.00		503.332
1992	8	514.0	11.5	0.97	$\sum_2 y_t = 2\,559.3$	512.632
1993	9	521.5	7.5	0.65		521.161
1994	10	530.7	9.2	1.23		528.984

续表

年份	时间 t	卫生机构总人数 y_t	一阶差分 Δy_t	一阶差分的环比 $\Delta y_t / \Delta y_{t-1}$	三段和 $\sum_i y_t$	拟合值 $\hat{y}_t$
1995	11	537.3	6.6	0.72		536.159
1996	12	541.9	4.6	0.70		542.740
1997	13	551.6	9.7	2.11	$\sum_3 y_t = 2\,741.4$	548.776
1998	14	553.6	2.0	0.21		554.313
1999	15	557.0	3.4	1.70		559.391

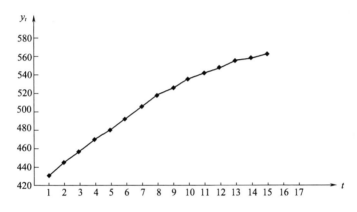

图 5 - 13　卫生机构总人数散点图

将有关数据分别代入式(5.3.2)、式(5.3.3)、式(5.3.4)中得到：

$$b = \sqrt[5]{\frac{2\,741.4 - 2\,559.3}{2\,559.3 - 2\,278.8}} = 0.917\,2$$

$$a = (2\,559.3 - 2\,278.8) \times \frac{0.917\,2 - 1}{0.917\,2 \times \left[(0.917\,2)^5 - 1 \right]^2} = -205.667$$

$$K = \frac{1}{5} \times \left[2\,278.8 - (-205.667) \times 0.917\,2 \times \frac{(0.917\,2)^5 - 1}{0.917\,2 - 1} \right] = 615.641$$

所以我国卫生机构总人数修正指数曲线模型为：

$$\hat{y}_t = 615.641 - 205.667 \times (0.917\,2)^t \tag{5.3.10}$$

将 $t = 19$ 代入模型(5.3.10)，得到 2003 年我国卫生机构总人数的预测值：

$$\hat{y}_{19} = 615.641 - 205.667 \times (0.917\,2)^{19} = 575.832(万人)$$

二、S 形曲线模型预测法

前面所讨论的曲线模型均未考虑曲线的斜率变化速度,然而对于我们所研究分析的时间序列而言,常常具有如下特征:初期阶段以较缓慢的速度逐渐增长,而后增长速度加快,达到一定程度后,增长速度下降,到后期逐渐趋于一条饱和直线。用图形表示大致为一条 S 形曲线。在这种曲线上存在一个拐点,即增长速度由上升突变为下降的点;另外还具有一个增长的上(极)限。拟合这类数据的两个模型为龚珀兹(Gompertz)曲线模型和逻辑斯蒂(Logistic)曲线模型。通常它们能够反映具有生命周期特征的现象,如人口预测、商品的寿命等等,因此也被称为生命周期曲线。

（一）龚珀兹(Gompertz)曲线模型

1. 模型的一般形式为:

$$\hat{y}_t = K \cdot a^{b^t} \quad (0 < a < 1, 0 < b < 1, K > 0) \tag{5.3.11}$$

其几何图形如图 5 – 14 所示。

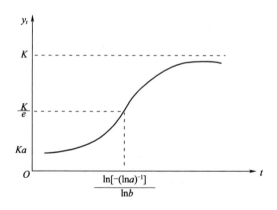

图 5 – 14　龚珀兹曲线模型

根据模型(5.3.11)可知,$t = 0$ 时,$\hat{y}_0 = Ka$,$\lim\limits_{t \to -\infty} \hat{y}_t = 0$,$\lim\limits_{t \to +\infty} \hat{y}_t = K$,$K$ 为该曲线的增长上限值;拐点为 $\left(\dfrac{\ln(-(\ln a)^{-1})}{\ln b}, \dfrac{K}{e} \right)$,曲线关于拐点不对称。

2. 模型识别。由表 5 – 14 可知,龚珀兹曲线模型的特点是:其对数一阶差分的环比为一个常数。根据这一特点,当某一时间序列 $\{y_t\}$ 的对数一阶差分的环比近似为一常数时,可选用龚珀兹曲线模型进行预测。

表 5 - 14　龚珀兹(Gompertz)曲线模型的阶差计算表

时间 t	模型 $\hat{y}_t = Ka^{b^t}$	$\hat{y}_t$ 的对数 $\ln \hat{y}_t$	$\ln\hat{y}_t$ 的一阶差分 $\Delta\ln\hat{y}_t = \ln(\hat{y}_t/\hat{y}_{t-1})$	$\Delta\ln \hat{y}_t$ 的环比 $\Delta\ln y_t/\Delta\ln y_{t-1}$
1	Ka^b	$\ln K + b\ln a$	—	—
2	Ka^{b^2}	$\ln K + b^2\ln a$	$b(b-1)\ln a$	—
3	Ka^{b^3}	$\ln K + b^3\ln a$	$b^2(b-1)\ln a$	b
4	Ka^{b^4}	$\ln K + b^4\ln a$	$b^3(b-1)\ln a$	b
$\vdots$	$\vdots$	$\vdots$	$\vdots$	$\vdots$
$n-1$	$Ka^{b^{n-1}}$	$\ln K + b^{n-1}\ln a$	$b^{n-2}(b-1)\ln a$	b
n	$Ka^{b^{n-2}}$	$\ln K + b^n\ln a$	$b^{n-1}(b-1)\ln a$	b

3. 模型的参数估计。下面分两种情况来讨论。

第一种情况,增长上限 K 已知:

将模型(5.3.11)变形为:

$$\frac{\hat{y}_t}{K} = a^{b^t}$$

对上式两边取对数:

$$\ln(\hat{y}_t/K) = b^t\ln a \tag{5.3.12}$$

由于 $\ln(\hat{y}_t/K)<0,\ln a<0$,因此对上式两边同乘以($-1$)再取对数,最终将龚珀兹曲线模型线性化为:

$$\ln[-\ln(\hat{y}_t/k)] = \ln(-\ln a) + t\ln b \tag{5.3.13}$$

令 $\hat{y}'_t = \ln[-\ln(\hat{y}_t/k)]$,$A = \ln(-\ln a)$,$B = \ln b$,则(5.3.13)为:

$$\hat{y}'_t = A + Bt$$

然后用最小二乘法估计出参数 A、B,最后求反对数得到 a 和 b。

第二种情况,增长上限 K 未知:

将模型(5.3.11)两边取对数,得到:

$$\ln \hat{y}_t = \ln K + (\ln a)b^t$$

若令 $\hat{y}'_t = \ln \hat{y}_t$,$K' = \ln K$,$A = \ln a$,则上式变为:

$$\hat{y}'_t = K' + Ab^t$$

这恰好是修正指数曲线模型(5.3.1)的形式。仿照修正指数曲线模型参数估计的方法,可得 b、$\ln a$ 和 $\ln K$ 的计算公式:

$$\begin{cases} b = \sqrt[n]{\dfrac{\sum_3 \ln y_t - \sum_2 \ln y_t}{\sum_2 \ln y_t - \sum_1 \ln y_t}} \\[2ex] \ln a = \left(\sum_2 \ln y_t - \sum_1 \ln y_t\right)\dfrac{b-1}{b(b^n-1)^2} \\[2ex] \ln K = \dfrac{1}{n}\left[\sum_1 \ln y_t - \dfrac{b(b^n-1)}{b-1}\ln a\right] \end{cases} \qquad (5.3.14)$$

最后通过反对数求出 a 和 K 的值,从而得到龚珀兹曲线模型(5.3.11)的参数估计。

【例5-5】某品牌手机在一个中等城市的销售量统计数据如表5-15所示,试建立预测模型,分析并预测2022年该城市的手机销售量。

解:首先绘制手机销售量的散点图,如图5-15所示。从图中可以看出,销售量的走势大致呈S形曲线形式。再用阶差法计算得知,对数一阶差分的环比 $\Delta\ln y_t/\Delta\ln y_{t-1}$ 近似为一个常数,见表5-15,因此可选择龚珀兹曲线模型进行预测。

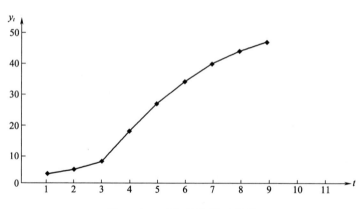

图5-15　手机销售量时序图

表5-15　手机销售量龚珀兹曲线模型计算表　　　　单位:万部

年份	时间 t	销售量 y_t	$\ln y_t$	$\ln y_t$ 的一阶差分 $\Delta\ln y_t$	$\Delta\ln y_t$ 的环比	$\ln y_t$ 的三段和	拟合值 $\hat{y}_t$	误差 $e_t = y_t - \hat{y}_t$
2013	1	4.0	1.39	—	—		2.25	1.75
2014	2	5.5	1.70	0.31	—	$\sum_1 \ln y_t = 5.17$	5.87	-0.37
2015	3	8.0	2.08	0.38	1.23		11.51	-3.51

续表

年份	时间 t	销售量 y_t	$\ln y_t$	$\ln y_t$ 的一阶差分 $\Delta \ln y_t$	$\Delta \ln y_t$ 的环比	$\ln y_t$ 的三段和	拟合值 $\hat{y}_t$	误差 $e_t = y_t - \hat{y}_t$
2016	4	18.0	2.89	0.81	2.13		18.57	-0.57
2017	5	27.0	3.30	0.41	0.51	$\sum_2 \ln y_t = 9.72$	26.00	1.00
2018	6	34.0	3.53	0.23	0.56		32.88	1.12
2019	7	40.0	3.69	0.16	0.70		38.92	1.08
2020	8	44.0	3.78	0.09	0.56	$\sum_3 \ln y_t = 11.32$	43.81	0.19
2021	9	47.0	3.85	0.07	0.78		47.62	-0.62

将有关数据代入公式(5.3.9),得到:

$$b = \sqrt[3]{\frac{11.32 - 9.72}{9.72 - 5.17}} = 0.706$$

$$\ln a = (9.72 - 5.17) \times \frac{0.706 - 1}{0.706 \times (0.706^3 - 1)^2} = -4.511$$

$$\ln K = \frac{1}{3}\left[5.17 - \frac{0.706 \times (0.706^3 - 1)}{0.706 - 1} \times (-4.511)\right] = 4.064$$

求反对数,得 $a = e^{-4.511} = 0.01$, $K = e^{4.064} = 58.2$

于是,所求龚珀兹曲线模型为:

$$\hat{y}_t = 58.2 \times (0.01)^{(0.706)^t} \tag{5.3.15}$$

将 $t = 1, 2, \cdots, 9$ 代入模型(5.3.15),得到该品牌手机销售量的拟合值,列于表 5-15 中,并求出预测误差列于表 5-15 最后一列。计算 MAPE = 12.1%,预测精度较高,模型(5.3.15)可用于预测。

将 $t = 10$ 代入(5.3.15),得到 2022 年的预测值为:

$$\hat{y}_{10} = 58.2 \times (0.01)^{(0.706)^{10}} = 50.51(万部)$$

市场潜在需求量 = 最大销量 - 当前实际销量 = 58.2 - 47.0 = 11.2(万部)

市场潜力 = 市场潜在需求量/最大销量 = 11.2/58.2 × 100% = 19.24%

计算结果显示,市场潜力只有 19.24%。因此,建议该品牌厂商去开拓其他地区的市场,或开发研制新产品。

(二)逻辑斯蒂(Logistic)曲线模型

1. 模型的一般形式为:

$$\hat{y}_t = \frac{1}{K + ab^t} \tag{5.3.16}$$

式中: $K > 0, a > 0, 0 < b < 1$。

其几何图形如图 5-16 所示。当 $t = 0$ 时, $\hat{y}_t = \frac{1}{K + a}$; $\lim\limits_{t \to -\infty} y_t = 0$, $\lim\limits_{t \to +\infty} y_t = \frac{1}{K}$,所以

$\hat{y}_t = 0$ 和 $\hat{y}_t = \dfrac{1}{K}$ 都是模型(5.3.16)的渐近线,其中 $\dfrac{1}{K}$ 为其增长上限。拐点为 $\left(\dfrac{\ln K - \ln a}{\ln b}, \dfrac{1}{2K}\right)$,且该曲线关于拐点对称。

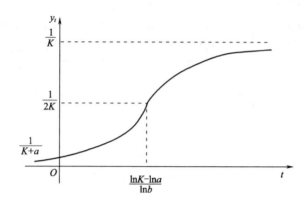

图 5 – 16 Logistic 曲线模型图

2. 模型识别。由表 5 – 16 可知 Logistic 曲线模型的特点是:其倒数一阶差分的环比为一常数。因此,当某时间序列 $\{y_t\}$ 的倒数一阶差分的环比近似为一常数时,可用 Logistic 曲线模型进行预测。

表 5 – 16 逻辑斯蒂(Logistic)曲线模型的阶差计算表

时间 t	模型 $\hat{y}_t = \dfrac{1}{K + ab^t}$	$\hat{y}_t$ 的倒数 $1/\hat{y}_t$	$\Delta(1/\hat{y}_t) = (1/\hat{y}_t) - (1/\hat{y}_{t-1})$	$\Delta(1/\hat{y}_{t-1})$ 的环比: $\Delta(1/\hat{y}_t)/\Delta(1/\hat{y}_{t-1})$
1	$1/(K + ab)$	$K + ab$	—	—
2	$1/(K + ab^2)$	$K + ab^2$	$ab(b-1)$	—
3	$1/(K + ab^3)$	$K + ab^3$	$ab^2(b-1)$	b
4	$1/(K + ab^4)$	$K + ab^4$	$ab^3(b-1)$	b
⋮	⋮	⋮	⋮	⋮
$n-1$	$1/(K + ab^{n-1})$	$K + ab^{n-1}$	$ab^{n-2}(b-1)$	b
n	$1/(K + ab^n)$	$K + ab^n$	$ab^{n-1}(b-1)$	b

3. 模型的参数估计。将模型(5.3.11)两边取倒数,得:

$$\frac{1}{\hat{y}_t} = K + ab^t$$

若令 $\hat{y}'_t = \dfrac{1}{\hat{y}_t}$,则上式变为:

$$\hat{y}'_t = K + ab^t$$

可见，Logistic 曲线模型的倒数正是修正指数曲线模型的形式。因此，仿照修正指数曲线模型参数估计的三和法，可得 b、a 和 K 的计算公式：

$$
\begin{cases}
b = \sqrt[n]{\dfrac{\displaystyle\sum_3 \dfrac{1}{y_t} - \sum_2 \dfrac{1}{y_t}}{\displaystyle\sum_2 \dfrac{1}{y_t} - \sum_1 \dfrac{1}{y_t}}} \\[4mm]
a = \left(\displaystyle\sum_2 \dfrac{1}{y_t} - \sum_1 \dfrac{1}{y_t}\right)\dfrac{b-1}{b(b^n-1)^2} \\[4mm]
K = \dfrac{1}{n}\left(\displaystyle\sum_1 \dfrac{1}{y_t} - ab\dfrac{b^n-1}{b-1}\right)
\end{cases}
\tag{5.3.17}
$$

关于 Logistic 曲线模型的应用举例详见附录。

习　题

1. 在 $t = 1, 2, \cdots, n$ 时对 y 进行观察，得 $y_1, y_2, \cdots, y_n$，选择直线趋势模型：$\hat{y}_t = a + bt$，用最小二乘法估计参数，求证其估计公式（5.1.3）为：

$$
\begin{cases}
b = \dfrac{12\displaystyle\sum_{t=1}^{n} ty_t - 6(n+1)\displaystyle\sum_{t=1}^{n} y_t}{n(n^2-1)} \\[4mm]
a = \dfrac{1}{n}\displaystyle\sum_{t=1}^{n} y_t - \dfrac{1}{2}(n+1)b
\end{cases}
$$

2. 仿照二次曲线模型参数估计方法，试给出三次曲线模型的参数估计求法，并给出其简化求解形式。

3. 如何识别多项式曲线模型、（简单）指数曲线模型、双曲线模型、对数曲线模型？

4. 试用表格形式小结 S 形曲线模型的特征与识别、三和法的参数估计等等。

5. 2010—2021 年某商场年销售额资料如表 5－17 所示。

表 5－17

年份	2010	2011	2012	2013	2014	2015	2016	2017	2018	2019	2020	2021
销售额（亿元）	240	245	250	262	270	275	290	292	300	305	311	321

试选择直线趋势模型，预测 2023 年此商场的年销售额。

6. 根据如表 5－18 所示的 2000—2020 年我国的国内生产总值，试选择适当的趋势曲线模型对我国 2023 国内生产总值进行预测。

表 5 – 18　2000—2020 年的国内生产总值　　单位:亿元

年份	国内生产总值	年份	国内生产总值
2000	100 280.1	2011	487 940.2
2001	110 863.1	2012	538 580.0
2002	121 717.4	2013	592 963.2
2003	137 422.0	2014	643 563.1
2004	161 840.2	2015	688 858.2
2005	187 318.9	2016	746 395.1
2006	219 438.5	2017	832 035.9
2007	270 092.3	2018	919 281.1
2008	319 244.6	2019	986 515.2
2009	348 517.7	2020	1 015 986.2
2010	412 119.3		

7. 根据 2001—2019 年我国国内游客的资料(如表 5 – 19 所示),试构建适当的趋势曲线模型,预测 2020 年国内游客。而后查阅《中国统计年鉴 2021》知悉我国 2020 年国内游客数目为 2 879 百万人次,根据你的模型认为新冠疫情使得国内游客减少了多少人次?

表 5 – 19　2001—2019 年我国国内游客资料　　单位:百万人次

年 份	国内游客	年 份	国内游客
2001	784	2011	2 641
2002	878	2012	2 957
2003	870	2013	3 262
2004	1 102	2014	3 611
2005	1 212	2015	3 990
2006	1 394	2016	4 435
2007	1 610	2017	5 001
2008	1 712	2018	5 539
2009	1 902	2019	6 006
2010	2 103		

8. 根据 1990—2020 年的资料(见表 5 - 20),试选择适当的具有增长上限的趋势曲线模型对我国 2023 年私人汽车拥有量进行预测。

表 5 - 20

年　份	私人汽车拥有量(万辆)	年　份	私人汽车拥有量(万辆)
1990	81.62	2006	2333.32
1991	96.04	2007	2876.22
1992	118.20	2008	3501.39
1993	155.77	2009	4574.91
1994	205.42	2010	5938.71
1995	249.96	2011	7 326.79
1996	289.67	2012	8 838.60
1997	358.36	2013	10 501.68
1998	423.65	2014	12 339.36
1999	533.88	2015	14 099.10
2000	625.33	2016	16 330.22
2001	770.78	2017	18 515.11
2002	968.98	2018	20 574.93
2003	1 219.23	2019	22 508.99
2004	1 481.66	2020	24 291.19
2005	1 848.07		

季节变动预测法

在现实经济生活中,季节变动是一种极为普遍的现象。例如,许多商品的销售量受气候变化的影响表现出明显的季节性变动;一些农副产品的产量因季节更替而有淡、旺季之分。在经济预测,特别是商情预测中,季节变动大多是以12个月或4个季度为一个循环周期,每年重复出现。

对于这种含有季节变动的时间序列而言,用数学方法拟合其演变规律并进行预测是相当复杂的,甚至是不可能的。但是,如果我们能够设法从时间序列中分离出长期趋势线,并找到季节变动的规律,将二者结合起来进行预测,就可以使问题得到简化,也能够达到预测精度的要求。基于这种设想,季节变动预测法的基本思路是:首先找到描述整个时间序列总体发展趋势的数学方程,即分离趋势线;其次找出季节变动对预测对象的影响,即分离季节影响因素;最后将趋势线与季节影响因素合并,得到能够描述时间序列总体发展规律的预测模型,并用于预测。

对于一个时间序列,如何判断它是否存在季节影响因素? 这是首先要解决的问题。

第一节　判断季节变动存在的方法

一、直观判断法

所谓直观判断法,就是绘制时间序列的散点图,直接观察其变化规律,以判断它是否受季节变动的影响,并确定季节的长度。这种方法的优点是直观,但判断时略带主观性。

二、自相关系数判断法

设 $y_t(t=1,2,\cdots)$ 表示一个时间序列,将它滞后 k 期为 y_{t+k}。随机变量 y_t 与 y_{t+k} 之间的相关系数称为时间序列 y_t 的 k 阶自相关系数,用 ρ_k 表示。即:

$$\rho_k = \frac{\text{Cov}(y_t, y_{t+k})}{\sqrt{\text{Var}(y_t)\text{Var}(y_{t+k})}} \tag{6.1.1}$$

ρ_k 的值反映了时间序列的项与其后第 k 项之间线性关系的性质及强弱。若 $\rho_k > 0$,称此时间序列具有 k 阶正自相关,这时若某一项 y_t 较大(或较小),y_{t+k} 也有取大值(或小值)的趋势;若 $\rho_k < 0$,称之为 k 阶负自相关,这时若某一项 y_t 较大(或较小),y_{t+k} 有取小值(或大值)的趋势。

例如,对于下面的时间序列 y_t,滞后 4 期得到 y_{t+4}:

y_t	9	40	51	4	8	42	54	3	10	47	55	5	$\cdots$
y_{t+4}	8	42	54	3	10	47	55	5	$\cdots$				

比较它们前 8 期的数据可以看出,原序列 y_t 的某一项大(或小),y_{t+4} 也大(或小),这时如果计算 ρ_4,会发现 $\rho_4 > 0$,并且它的绝对值很大,这说明 y_t 与 y_{t+4} 之间具有正相关关系且相关性很强。若比较 y_t 与 y_{t+2} 可以看出,它们之间具有负相关关系。

如果已取得时间序列 $\{y_t\}$ 的 n 期观测值 $y_1, y_2, \cdots, y_n$,将它们视为来自 y 的样本,则可用样本自相关系数 r_k 作为 ρ_k 的估计值,即:

$$r_k = \frac{\sum\limits_{t=1}^{n-k}(y_t - \bar{y}')(y_{t+k} - \bar{y}'')}{\sqrt{\sum\limits_{t=1}^{n-k}(y_t - \bar{y}')^2 \sum\limits_{t=1}^{n-k}(y_{t+k} - \bar{y}'')^2}} \tag{6.1.2}$$

其中

$$\bar{y}' = \frac{1}{n-k}\sum_{t=1}^{n-k}y_t$$

$$\bar{y}'' = \frac{1}{n-k}\sum_{t=1}^{n-k}y_{t+k}$$

给定显著性水平 α(一般取 $\alpha = 0.05$),自由度 $df = n - k - 2$,查相关系数临界值表,得到临界值 r_α。

当 $|r_k| > r_\alpha$ 时,则认为 y_t 与 y_{t+k} 之间线性关系显著。

当 $|r_k| \leqslant r_\alpha$ 时,则认为 y_t 与 y_{t+k} 之间线性关系不显著。

在不发生混淆的情况下，r_k 简称为自相关系数。

利用自相关系数 r_k 判断季节变动存在的方法是：如果一时间序列呈现出季节长度为 L 的季节变动，由于同季节的数据同时大或同时小，故 L 阶、$2L$ 阶等自相关系数取正值，并且很大；$\dfrac{L}{2}$ 阶、$\dfrac{L}{2}+L$ 阶等自相关系数通常取负值，并且绝对值也很大（这里假设 L 为偶数，若 L 为奇数，应改为 $\dfrac{L\pm1}{2}$ 阶、$\dfrac{L\pm1}{2}+L$ 阶等）。利用这一特性，可判断时间序列是否受季节变动的影响，如受影响，也能求出季节长度。

【例 6-1】判断下面的时间序列 $\{y_t\}$ 是否存在季节变动的影响。

$\{y_t\} = \{11 \quad 25 \quad 31 \quad 7 \quad 12 \quad 24 \quad 30 \quad 9 \quad 13 \quad 26 \quad 32 \quad 8 \quad 10 \quad 27 \quad 31 \quad 10\}$

解：利用公式（6.1.2）计算时间序列前 8 阶的自相关系数，得到：

k	1	2	3	4	5	6	7	8
r_k	$-0.113\,0$	$-0.882\,3$	$0.016\,8$	$0.985\,4$	$-0.135\,4$	$-0.887\,5$	$0.027\,2$	$0.991\,0$

计算结果显示，r_4、r_8 取正值，r_2、r_6 取负值，且绝对值都很大，而其他各阶自相关系数的绝对值都很小，所以此时间序列存在季节变动，季节长度 $L=4$。

对于既有趋势又受季节变动影响的时间序列，其自相关系数表现复杂，两种因素交织在一起，有时不容易判断。比较好的处理办法是先将趋势从时间序列中剔除，然后再进行季节分析。

三、方差分析法

方差分析法是一种检验方法，在一定的条件下，对于给定的显著性水平，可以鉴别出已知数 L 是否为某时间序列的季节长度。因而在使用这种方法之前，最好能根据直观意义（数据的散点图或经济意义），把可能是季节长度的 L 找出来，然后再用这种方法进行检验。

（一）基本原理

首先将给定的时间序列数据的趋势剔除，然后把数据分成 L 组，假定每组包含有同季节的数据。设法检验各组数据的均值是否有显著差异，如果有显著差异，说明该时间序列数据受季节影响，并且 L 为季节长度，如果无显著差异，说明 L 不是季节长度。

有关方差分析法的基本原理更详细的内容请参阅《数理统计学》。

（二）具体步骤

设时间序列为 $\{y_t\}$，$t=1,2,\cdots,n$；n 为样本容量。如果 $\{y_t\}$ 存在趋势，则将趋势剔除。

1. 将数据分成 L 组,每组有 $n_1, n_2, \cdots, n_L$ 个数据,即 $n = \sum\limits_{i=1}^{L} n_i$。

2. 按方差分析法的要求,计算总平方和 S_T、组内平方和 S_E 和组间平方和 S_A,其计算公式为:

$$S_T = \sum_{j=1}^{L} \sum_{i=1}^{n_j} (y_{ij} - \bar{y})^2 = \sum_{j=1}^{L} SS_j - \frac{\left(\sum\limits_{j=1}^{L} S_j\right)^2}{n} \qquad (6.1.3)$$

$$S_E = \sum_{j=1}^{L} \sum_{i=1}^{n_j} (y_{ij} - \bar{y}_{\cdot j})^2 = \sum_{j=1}^{L} SS_j - \sum_{j=1}^{L} \frac{S_j^2}{n_j} \qquad (6.1.4)$$

$$S_A = S_T - S_E \qquad (6.1.5)$$

其中

$$\bar{y} = \frac{1}{n} \sum_{j=1}^{L} \sum_{i=1}^{n_j} y_{ij};$$

$$\bar{y}_{\cdot j} = \frac{1}{n_j} \sum_{i=1}^{n_j} y_{ij};$$

$$S_j = \sum_{i=1}^{n_j} y_{ij};$$

$$SS_j = \sum_{i=1}^{n_j} y_{ij}^2。$$

3. 计算 F 统计量:

$$F = \frac{S_A/(L-1)}{S_E/(n-L)} \sim F(L-1, n-L)$$

4. 给定显著性水平 α,查 F 分布临界值表,得到临界值 $F_\alpha(L-1, n-L)$。

若 $F > F_\alpha(L-1, n-L)$,则各组数据的均值有显著差异,即可认为有季节影响存在,L 为季节长度。

若 $F \leqslant F_\alpha(L-1, n-L)$,则各组数据无显著差异,即 L 不是季节长度。

【例 6 - 2】已知时间序列的观测值 x_t 如表 6 - 1 所示,试用方差分析法检验 $L = 4$ 是否为季节长度。

表 6 - 1

t	1	2	3	4	5	6	7	8	9	10	11	12
x_t	11	25	31	7	12	24	30	8	13	26	32	8
y_t	0.592 9	1.342 8	1.659 2	0.373 3	0.637 7	1.271 0	1.583 1	0.420 7	0.681 2	1.357 8	1.665 3	0.414 9

解:根据 x_t 的散点图可知,序列 $\{x_t\}$ 存在线性趋势,故先将 $\{x_t\}$ 的趋势剔除,得到表 6 - 1 中第 3 行数据,记为 y_t。剔除的方法是:

用最小二乘法求 x_t 的趋势线方程,得

$$T_t = 18.485 + 0.066\ 4t$$

将 $t = 1, 2, \cdots, 12$ 代入上式,得到各期趋势值 $T_1, T_2, \cdots, T_{12}$,然后用各期 x_t 的值除以相应 T_t 的值,即得 y_t。

假设 $L = 4$ 为季节长度,将数据 y_t 按季节长度的假设值分成 4 组,每组有 3 个数据,即 $n_i = 3(i = 1, 2, 3, 4)$,得到表 6 - 2。

表 6 - 2

组次	1	2	3	4	Σ
数据	0.592 9	1.342 8	1.659 2	0.373 3	
	0.637 7	1.271 0	1.583 1	0.420 7	
	0.681 2	1.357 4	1.665 3	0.414 9	
$\sum y_{ij}$	1.911 8	3.971 6	4.907 6	1.208 9	11.999 9
$\sum y_{ij}^2$	1.222 2	5.262 2	8.032 4	0.488 5	15.005 3

$$S_T = \sum_{j=1}^{L} SS_j - \frac{\left(\sum\limits_{j=1}^{L} S_j\right)^2}{n} = 15.005\ 3 - \frac{11.999\ 9^2}{12} = 3.005\ 5$$

$$S_E = \sum_{j=1}^{L} SS_j - \sum_{j=1}^{L} \frac{S_j^2}{n_j} = 15.005\ 3 - \frac{1}{3}(1.911\ 8^2 + 3.971\ 6^2 + 4.907\ 6^2 + 1.208\ 9^2) = 0.013\ 8$$

$$S_A = S_T - S_E = 3.005\ 5 - 0.013\ 8 = 2.991\ 7$$

于是

$$F = \frac{S_A/(L-1)}{S_E/(n-L)} = \frac{2.991\ 7/3}{0.013\ 8/8} = \frac{0.997\ 2}{0.001\ 7} = 586.588\ 2$$

取显著性水平 $\alpha = 0.05$,查 F 分布临界值表,得到临界值:$F_{0.05}(3, 8) = 4.07$

由于 $F = 586.588\ 2 > 4.07$,故各组数据的均值有显著差异,说明此时间序列存在季节影响,且 $L = 4$ 是季节长度。

第二节　不变季节指数预测法

在第三章中,我们曾经讨论过时间序列的构成形式有两种模式:加法模式和乘法模式。在加法模式中,季节变动的影响是由季节加量体现的;在乘法模式中,则是由季节指数体现的。下面以乘法模式为例进行讨论,讨论的原则与处理问题的方法对加法模式也适用。

一、水平趋势季节型时间序列的预测

如果一个时间序列具有水平趋势且受季节变动的影响,如图 6 - 1 所示,可采用简单季节预测法或温特斯(Winters)指数平滑法进行预测。

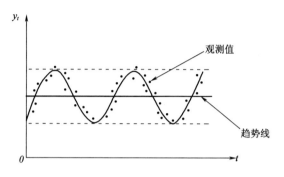

图 6 - 1　水平趋势季节型时间序列

(一)简单季节预测法

设时间序列为 $y_1, y_2, \cdots, y_n$,它是由 m 年的统计数据构成的(一般 $m \geqslant 3$),季节长度为 L,则 $n = mL$。

预测步骤为:

1. 求 y_t 的均值,作为趋势的估计值(当时间序列具有水平趋势时,可以用各数据的均值 $\bar{y}$ 作为趋势的估计值)。即

$$\bar{y} = \frac{1}{n} \sum_{t=1}^{n} y_t$$

2. 剔除趋势。用各期的观测值除以趋势值,得出季节指数和随机干扰的混合值为:

$$\tilde{S}_t = \frac{y_t}{\bar{y}} \quad (t = 1, 2, \cdots, n)$$

3. 估计季节指数。对同季节的 $\tilde{S}_t$ 求平均值,以消除随机干扰,得到季节指数的估计值:

$$S_i = \frac{\tilde{S}_i + \tilde{S}_{i+L} + \tilde{S}_{i+2L} + \cdots + \tilde{S}_{i+(m-1)L}}{m} \quad (i = 1, 2, \cdots, L)$$

4. 建立季节预测模型,并进行预测。预测模型为:

$$\hat{y}_{t+\tau} = \bar{y} \cdot S_\tau \quad (\tau = 1, 2, \cdots, L) \tag{6.2.1}$$

式中:$\hat{y}_{t+\tau}$——第 $t + \tau$ 期的预测值;

S_τ——第 τ 期的季节指数。

【例6-3】已知某商品连续3年各季度的销售量如表6-3所示,试用简单季节预测法预测第4年各季度的销售量。

表6-3　某商品销售量统计数据　　　　　　　单位:万件

年、季		t	销售量 y_t	$\tilde{S}_t$
第1年	1	1	11	0.581 5
	2	2	25	1.321 6
	3	3	31	1.638 8
	4	4	7	0.370 0
第2年	1	5	12	0.634 4
	2	6	24	1.2687
	3	7	30	1.585 9
	4	8	8	0.422 9
第3年	1	9	13	0.687 2
	2	10	26	1.374 4
	3	11	32	1.691 6
	4	12	8	0.422 9

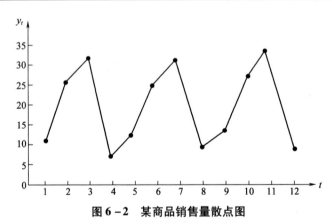

图6-2　某商品销售量散点图

解:从散点图6-2可以看出,这些数据的变化基本呈水平趋势且受季节影响,季节长度 $L=4$,故可用简单季节预测法进行预测。

(1)求 y_t 的均值:

$$\bar{y} = \frac{1}{12}\sum_{t=1}^{12} y_t = \frac{1}{12}(11 + 25 + \cdots + 8) = 18.916\ 7$$

(2)剔除趋势:

$$\tilde{S}_t = \frac{y_t}{\bar{y}}$$

如

$$\tilde{S}_1 = \frac{y_1}{\bar{y}} = \frac{11}{18.916\,7} = 0.581\,5$$

$$\tilde{S}_2 = \frac{y_2}{\bar{y}} = \frac{25}{18.916\,7} = 1.321\,6$$

$$\vdots$$

结果列于表 6-3 第 4 列中。

(3)估计季节指数。将表 6-3 第 4 列的 $\tilde{S}_t$ 同季平均,得到季节指数的估计值:

$$S_1 = \frac{\tilde{S}_1 + \tilde{S}_5 + \tilde{S}_9}{3} = \frac{0.581\,5 + 0.634\,4 + 0.687\,2}{3} = 0.634\,4$$

$$S_2 = \frac{\tilde{S}_2 + \tilde{S}_6 + \tilde{S}_{10}}{3} = \frac{1.321\,6 + 1.268\,7 + 1.374\,4}{3} = 1.321\,6$$

$$S_3 = \frac{\tilde{S}_3 + \tilde{S}_7 + \tilde{S}_{11}}{3} = \frac{1.638\,8 + 1.585\,9 + 1.691\,6}{3} = 1.638\,8$$

$$S_4 = \frac{\tilde{S}_4 + \tilde{S}_8 + \tilde{S}_{12}}{3} = \frac{0.370\,0 + 0.422\,9 + 0.422\,9}{3} = 0.405\,3$$

(4)进行预测。预测模型为:

$$\hat{y}_{t+\tau} = 18.916\,7S_\tau \qquad (\tau = 1,2,3,4)$$

分别将 $\tau = 1,2,3,4$ 代入预测模型中,可得第 4 年各季度销售量的预测值为:

$$\hat{y}_{13} = \hat{y}_{12+1} = 18.916\,7S_1 = 18.917\,6 \times 0.634\,4 \approx 12(万件)$$

$$\hat{y}_{14} = \hat{y}_{12+2} = 18.916\,7S_2 = 18.917\,6 \times 1.321\,6 \approx 25(万件)$$

$$\hat{y}_{15} = \hat{y}_{12+3} = 18.916\,7S_3 = 18.917\,6 \times 1.638\,8 \approx 31(万件)$$

$$\hat{y}_{16} = \hat{y}_{12+4} = 18.916\,7S_4 = 18.917\,6 \times 0.405\,3 \approx 8(万件)$$

显然,简单季节预测法的预测能力只有一个周期(L 期)。

（二）温特斯指数平滑法

温特斯指数平滑法由两个平滑公式和一个预测方程组成。

平滑公式为:

$$T_t = \alpha \frac{y_t}{S_{t-L}} + (1-\alpha)T_{t-1} \qquad\qquad (6.2.2)$$

$$S_t = \gamma \frac{y_t}{T_t} + (1-\gamma)S_{t-L} \qquad\qquad (6.2.3)$$

式中:α, γ——平滑系数,取值在 $(0,1)$ 之间。

预测模型为:

$$\hat{y}_{t+\tau} = T_t \cdot S_{t+\tau-L} \qquad (\tau = 1,2,\cdots,L) \qquad\qquad (6.2.4)$$

式(6.2.2)是对趋势值的估计。假设利用前 $t-1$ 期的数据已经得出趋势的估计值 T_{t-1},当取得第 t 期数据 y_t 后,由于存在季节因素的影响,利用新的数据 y_t 对 T 的估计应为 $\dfrac{y_t}{S_t}$,这里 S_t 表示第 t 期所在季节的季节指数,但此时 S_t 也是未知的,所以只能用上一个周期的 S_{t-L} 替代 S_t,然后对 $\dfrac{y_t}{S_{t-L}}$ 和 T_{t-1} 进行加权平均,作为第 t 期趋势值 T_t 的估计值。

式(6.2.3)是对季节指数的估计。利用前 $t-1$ 期的数据对 S_t 的估计是 S_{t-L},利用本期数据对 S_t 所作的估计应该是 $\dfrac{y_t}{T_t}$,因此对季节指数的最终估计值 S_t 应为 $\dfrac{y_t}{T_t}$ 和 S_{t-L} 的加权平均。

温特斯指数平滑法是双参数方法。趋势平滑系数 α 的作用和选取原则与一次指数平滑法相同,季节平滑系数 γ 的选取,根据经验可取大些,如0.5、0.6。

在利用式(6.2.2)和式(6.2.3)逐期计算时,需要先给定一个趋势的初值和 L 个季节指数的初值,一般用第1周期的数据选取初值。即

$$T_L = \frac{1}{L} \sum_{i=1}^{L} y_i \tag{6.2.5}$$

$$S_i = \frac{y_i}{T_L} \qquad (i = 1, 2, \cdots, L) \tag{6.2.6}$$

然后从第2周期开始逐期计算。如果数据很多,可利用前若干周期的数据选取初值。

温特斯指数平滑法的预测能力也只有一个周期(L 期)。

【例6-4】根据表6-3中某商品销售量的统计数据,用温特斯指数平滑法预测第4年各季度的销售量。

表6-4　某商品销售量及温特斯指数平滑法计算表　　　单位:万件

年、季		t	y_t	T_t	S_t	$\hat{y}_t$	$|y_t - \hat{y}_t|/y_t$
第1年	1	1	11		0.594 6		
	2	2	25		1.351 4		
	3	3	31		1.675 7		
	4	4	7	18.500 0	0.378 4		
第2年	1	5	12	18.836 3	0.615 8	11.000 1	0.083 3
	2	6	24	18.620 9	1.320 1	25.000 9	0.041 7

年、季		t	y_t	T_t	S_t	$\hat{y}_t$	$|y_t - \hat{y}_t|/y_t$
	3	7	30	18.477 3	1.649 7	31.000 5	0.033 3
	4	8	8	19.010 2	0.399 6	7.000 4	0.125 0
第3年	1	9	13	19.430 3	0.642 4	11.706 5	0.099 5
	2	10	26	19.483 3	1.327 3	25.095 4	0.034 8
	3	11	32	19.466 1	1.646 8	31.361 1	0.020 0
	4	12	8	19.576 9	0.404 1	7.596 5	0.050 4

解:取 $\alpha = 0.2$、$\gamma = 0.5$,利用第1周期数据取初值,由式(6.2.5)和式(6.2.6)式算得:

$$T_4 = \frac{1}{4}\sum_{i=1}^{4} y_i = \frac{1}{4}(11 + 25 + 31 + 7) = 18.5$$

$$S_1 = \frac{y_1}{T_4} = \frac{11}{18.5} = 0.594\ 6$$

$$S_2 = \frac{y_2}{T_4} = \frac{25}{18.5} = 1.351\ 4$$

$$S_3 = \frac{y_3}{T_4} = \frac{31}{18.5} = 1.675\ 7$$

$$S_4 = \frac{y_4}{T_4} = \frac{7}{18.5} = 0.378\ 4$$

利用式(6.2.2)和式(6.2.3)从第2个周期开始逐期计算:

$$T_5 = \alpha \frac{y_5}{S_1} + (1-\alpha)T_4 = 0.2 \times \frac{12}{0.594\ 6} + 0.8 \times 18.5 = 18.836\ 3$$

$$S_5 = \gamma \frac{y_5}{T_5} + (1-\gamma)S_1 = 0.5 \times \frac{12}{18.836\ 3} + 0.5 \times 0.594\ 6 = 0.615\ 8$$

$$T_6 = \alpha \frac{y_6}{S_2} + (1-\alpha)T_5 = 0.2 \times \frac{24}{1.351\ 4} + 0.8 \times 18.836\ 3 = 18.620\ 9$$

$$S_6 = \gamma \frac{y_6}{T_6} + (1-\gamma)S_2 = 0.5 \times \frac{24}{18.620\ 9} + 0.5 \times 1.351\ 4 = 1.320\ 1$$

$$\vdots$$

计算进入第3个周期时,注意季节指数的更换:

$$T_9 = \alpha \frac{y_9}{S_5} + (1-\alpha)T_8 = 0.2 \times \frac{13}{0.615\ 8} + 0.8 \times 19.010\ 2 = 19.430\ 3$$

$$S_9 = \gamma \frac{y_9}{T_9} + (1-\gamma)S_5 = 0.5 \times \frac{13}{19.430\ 3} + 0.5 \times 0.615\ 8 = 0.642\ 4$$

$$\vdots$$

结果列于表6－4第4、5列中。

根据式(6.2.4)计算追溯预测值:

$$\hat{y}_5 = T_4 \cdot S_1 = 18.5 \times 0.594\ 6 = 11.000\ 1$$

$$\hat{y}_6 = T_4 \cdot S_2 = 18.5 \times 1.351\ 4 = 25.000\ 9$$

$$\vdots$$

$$\hat{y}_{10} = T_8 \cdot S_6 = 19.010\ 2 \times 1.320\ 1 = 25.095\ 4$$

$$\hat{y}_{11} = T_8 \cdot S_7 = 19.010\ 2 \times 1.649\ 7 = 31.361\ 1$$

$$\vdots$$

结果列于表6－4第6列中。平均绝对百分比误差为:

$$\text{MAPE} = \frac{1}{8} \sum_{t=5}^{12} \frac{|y_t - \hat{y}_t|}{y_t} = 6.1\%$$

计算第4年1—4季度销售量的预测值。将$t=12, \tau=1,2,3,4$代入预测模型(6.2.4)中,得到:

$$\hat{y}_{13} = \hat{y}_{12+1} = T_{12} \cdot S_9 = 19.576\ 9 \times 0.642\ 4 = 12.576\ 2(万件)$$

$$\hat{y}_{14} = \hat{y}_{12+2} = T_{12} \cdot S_{10} = 19.576\ 9 \times 1.327\ 3 = 25.984\ 4(万件)$$

$$\hat{y}_{15} = \hat{y}_{12+3} = T_{12} \cdot S_{11} = 19.576\ 9 \times 1.646\ 8 = 32.239\ 2(万件)$$

$$\hat{y}_{16} = \hat{y}_{12+4} = T_{12} \cdot S_{12} = 19.576\ 9 \times 0.404\ 1 = 7.911\ 0(万件)$$

二、线性趋势季节型时间序列的预测

如果一个时间序列具有线性趋势且受季节变动的影响,如图6－3所示。可用趋势比率法或霍尔特－温特斯指数平滑法进行预测。

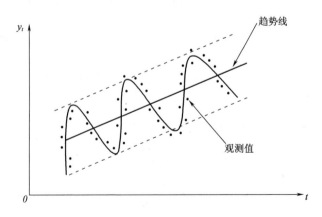

图6－3　线性趋势季节型时间序列

（一）趋势比率法

1. 建立趋势线方程：

$$T_t = \hat{a} + \hat{b}t \tag{6.2.7}$$

2. 根据趋势线方程，计算各期趋势值 $T_1, T_2, \cdots, T_n$。

3. 剔除趋势：

$$\tilde{S}_t = \frac{y_t}{T_t} \quad (t = 1, 2, \cdots, n)$$

4. 初步估计季节指数。对同季节的 $\tilde{S}_t$ 求平均值，以消除随机干扰，将此平均值作为季节指数的初步估计值，即：

$$\bar{S}_i = \frac{\tilde{S}_i + \tilde{S}_{i+L} + \tilde{S}_{i+2L} + \cdots + \tilde{S}_{i+(m-1)L}}{m} \quad (i = 1, 2, \cdots, L)$$

5. 最终估计季节指数。一个周期内的各季节指数之和应等于 L，即 $\sum\limits_{i=1}^{L} \bar{S}_i = L$。但是用上面的方法求出的季节指数的初步估计值，一般来说不满足这一要求，因此要加以调整。调整的方法是：先求出一个周期内各平均季节指数的均值作为调整系数，即

$$S = \frac{1}{L} \sum_{i=1}^{L} \bar{S}_i$$

然后用各平均季节指数 $\bar{S}_i$ 除以调整系数 S，可得到季节指数的最终估计值，即

$$S_i = \frac{\bar{S}_i}{S} \quad (i = 1, 2, \cdots, L)$$

S_i 可满足上面的要求。

6. 建立趋势季节预测模型，并进行预测。预测模型为：

$$\hat{y}_t = (\hat{a} + \hat{b}t)S_i \quad (i = 1, 2, \cdots, L) \tag{6.2.8}$$

式中：$\hat{y}_t$——第 t 期的预测值；

S_i——第 t 期所在季节对应的季节指数。

趋势比率法有多个周期的预测能力。

【例 6-5】某企业 2016—2018 年各季度的销售额数据如表 6-5 所示，试预测 2019 年各季度的销售额。

表 6-5　某企业销售额及趋势比率法计算表　　　　单位：万元

年、季	t	销售额 y_t	T_t	$\tilde{S}_t$	$\hat{y}_t$	$\lvert y_t - \hat{y}_t \rvert / y_t$
(1)	(2)	(3)	(4)	(5)	(6)	(7)
2016. 1	1	30	22.653 8	1.324 3	30.057 1	0.001 9
2	2	18	23.944 0	0.751 8	19.322 8	0.073 5

续表

年、季	t	销售额 y_t	T_t	$\tilde{S}_t$	$\hat{y}_t$	$|y_t - \hat{y}_t|/y_t$
(1)	(2)	(3)	(4)	(5)	(6)	(7)
3	3	21	25.234 2	0.832 2	20.921 7	0.003 8
4	4	27	26.524 4	1.018 0	27.508 5	0.018 9
2017. 1	5	36	27.814 6	1.294 3	36.904 5	0.025 2
2	6	24	29.104 8	0.824 6	23.487 6	0.021 4
3	7	23	30.395 0	0.756 7	25.200 5	0.095 7
4	8	32	31.685 2	1.010 0	32.860 8	0.026 9
2018. 1	9	45	32.975 4	1.364 7	43.751 8	0.027 8
2	10	29	34.265 6	0.846 4	27.652 4	0.046 5
3	11	32	35.555 8	0.900 0	29.479 4	0.078 8
4	12	40	36.846 0	1.085 6	38.213 0	0.044 7

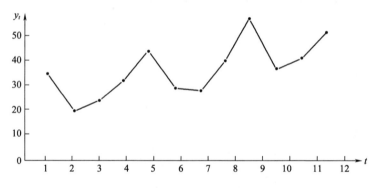

图6-4 某企业销售额散点图

预测步骤如下：

(1)绘制散点图。由散点图6-4看出，数据变化呈线性趋势并受季节影响，可以选择直线作为趋势线。

(2)建立线性趋势线方程。根据表6-5中销售额的数据用最小二乘法估计参数$\hat{a}$、$\hat{b}$，得到趋势线方程：

$$T_t = 21.363\ 6 + 1.290\ 2t$$

关于线性趋势线方程的建立也可以用其他方法，如二次移动平均法、二次指数平滑法、三点法和三段法等。

(3)求各期的趋势值。分别将$t = 1,2,\cdots,12$代入趋势线方程中，得到各期的趋势值：

$$T_1 = 21.363\ 6 + 1.290\ 2 \times 1 = 22.653\ 8$$

$$T_2 = 21.363\ 6 + 1.290\ 2 \times 2 = 23.944\ 0$$

$$\vdots$$

结果列于表 6 - 5 第(4)列中。

(4)剔除趋势。将表 6 - 5 中的第(3)列与第(4)列数据对应相除得到 $\tilde{S}_t$。如：

$$\tilde{S}_1 = \frac{y_1}{T_1} = \frac{30}{22.653\ 8} = 1.324\ 3$$

$$\tilde{S}_2 = \frac{y_2}{T_2} = \frac{18}{23.944\ 0} = 0.751\ 8$$

$$\vdots$$

结果列于表 6 - 5 第(5)列中。

(5)初步估计季节指数。将表 6 - 5 中第(5)列的 $\tilde{S}_t$ 填入表 6 - 6 第①行中,然后计算同季节 $\tilde{S}_t$ 的平均值 $\bar{S}_i$,列于表 6 - 6 第③行中。

表 6 - 6　季节指数计算表

年　度		季　度				合计
		1	2	3	4	
①	2016	1.324 3	0.751 8	0.832 2	1.018 0	
	2017	1.294 3	0.824 6	0.756 7	1.010 0	
	2018	1.364 7	0.846 4	0.900 0	1.085 6	
②	合计	3.983 3	2.422 8	2.488 9	3.113 6	
③	同季平均 $\bar{S}_i$	1.327 8	0.807 6	0.829 7	1.037 9	4.003 0
④	季节指数 S_i	1.326 8	0.807 0	0.829 1	1.037 1	4.000 0

(6)最终估计季节指数。表 6 - 6 第③行的合计数应等于4,但合计数为 4.003 0,故需要进行调整。调整系数为：

$$S = \frac{1}{4} \sum_{i=1}^{4} \bar{S}_i = \frac{1}{4} \times 4.003\ 0 = 1.000\ 75$$

用表 6 - 6 第③行数据分别除以 S,可得第④行季节指数的最终估计值 S_i。

(7) 所建立的趋势季节预测模型为：

$$\hat{y}_t = (21.363\ 6 + 1.290\ 2t)S_i \qquad (i = 1,2,3,4)$$

先根据预测模型计算追溯预测值：

$$\hat{y}_1 = (21.363\ 6 + 1.290\ 2 \times 1)S_1 = (21.363\ 6 + 1.290\ 2 \times 1) \times 1.326\ 8 = 30.057\ 1$$

$$\hat{y}_2 = (21.363\ 6 + 1.290\ 2 \times 2)S_2 = (21.363\ 6 + 1.290\ 2 \times 2) \times 0.807\ 0 = 19.322\ 8$$

$$\vdots$$

结果列于表 6 – 5 第(6)列中。然后计算平均绝对百分比误差:

$$\text{MAPE} = \frac{1}{12} \sum_{t=1}^{12} \frac{|y_t - \hat{y}_t|}{y_t} = \frac{1}{12} \times 0.465\ 1 = 3.88\%$$

可见 MAPE <5%,说明该模型的预测精度较高,可用于未来预测。

2019 年各季度销售额的预测值为:

$$\hat{y}_{2019.1} = \hat{y}_{13} = (21.363\ 6 + 1.290\ 2 \times 13) \times 1.326\ 8 = 50.599\ 2(万元)$$

$$\hat{y}_{2019.2} = \hat{y}_{14} = (21.363\ 6 + 1.290\ 2 \times 14) \times 0.807\ 0 = 31.817\ 1(万元)$$

$$\hat{y}_{2019.3} = \hat{y}_{15} = (21.363\ 6 + 1.290\ 2 \times 15) \times 0.829\ 1 = 33.758\ 2(万元)$$

$$\hat{y}_{2019.4} = \hat{y}_{16} = (21.363\ 6 + 1.290\ 2 \times 16) \times 1.037\ 1 = 43.565\ 3(万元)$$

趋势比率法也适用于曲线趋势季节型时间序列的预测,预测的原理与方法同线性趋势季节型类似,在此不详述。

(二)霍尔特 – 温特斯(Holt – Winters)指数平滑法

该方法的基本思想是把具有线性趋势、季节变动和不规则变动的时间序列进行分解研究,并与指数平滑法相结合,分别对长期趋势(T_t)、趋势的增量(b_t)和季节变动(S_t)作出估计,然后建立预测模型,外推预测值。

1. 平滑公式与预测方程。霍尔特 – 温特斯指数平滑法包括三个平滑公式和一个预测方程。

平滑公式:

$$T_t = \alpha \frac{y_t}{S_{t-L}} + (1-\alpha)(T_{t-1} + b_{t-1}) \tag{6.2.9}$$

$$b_t = \beta(T_t - T_{t-1}) + (1-\beta)b_{t-1} \tag{6.2.10}$$

$$S_t = \gamma \frac{y_t}{T_t} + (1-\gamma)S_{t-L} \tag{6.2.11}$$

式中:α, β, γ——平滑系数,取值在$(0,1)$。

预测方程:

$$\hat{y}_{t+\tau} = (T_t + b_t \tau)S_{t+\tau-kL} \qquad (\tau = 1, 2, \cdots) \tag{6.2.12}$$

式中:k——整数,且$(k-1)L+1 \leqslant \tau \leqslant kL$。此条件保证$S_{t+\tau-kL}$是落在观测值最后一个周期内的与第$t+\tau$期同季节的季节指数。

式(6.2.9)是对趋势值的估计。第一项$\frac{y_t}{S_{t-L}}$表示消除了y_t中的季节影响后,只含有长期趋势和随机变动。理论上应该用$\frac{y_t}{S_t}$,但此时现期的季节指数S_t

尚未求出,故只能用上一个周期的 S_{t-L} 代替 S_t。按照一次指数平滑原理,$(1-\alpha)$ 只要与 T_{t-1} 相乘即可,但对于具有增、减趋势的时间序列而言,这样处理会产生滞后偏差,因此给 T_{t-1} 加上一个趋势增量 b_{t-1},就可以克服滞后偏差,然后对 $\dfrac{y_t}{S_{t-L}}$ 和 $(T_{t-1}+b_{t-1})$ 进行加权平均,以消除随机干扰,用以反映长期趋势。

式(6.2.10)是对趋势增量的估计。用差值 (T_t-T_{t-1}) 表示趋势的增量是合理的,但由于随机干扰的存在,还应该对这个差值进行平滑修正。修正方法是将这个差值与上期的趋势增量 b_{t-1} 进行加权平均,作为趋势增量的估计。

式(6.2.11)的意义与式(6.2.3)的意义相同。

2. 平滑系数 α,β,γ 及初始值的确定。

(1)α,β,γ 的确定。α,β,γ 的取值可以是相同的,也可以是不同的。确定 α,β,γ 的原则,理论上讲是使预测值与观测值之间的均方误差最小,但试算的工作量很大,需要借助计算机才能完成。EViews 软件有此功能,只要给定了季节长度 L,计算机可自动选择 α,β,γ 的最佳值作为平滑系数。α,β,γ 的值也可以根据经验选定,通常取值范围在 $0.1\sim0.2$。

(2)初始值的确定。假设利用前两个周期的数据取初始值。

设:A_1,A_2 表示第 1 个周期和第 2 个周期各数据的平均值,即

$$A_1=\frac{1}{L}\sum_{i=1}^{L}y_i \qquad A_2=\frac{1}{L}\sum_{i=L+1}^{2L}y_i$$

则各初始值可按下面的方法选取:

$$b_L=\frac{A_2-A_1}{L} \tag{6.2.13}$$

$$T_L=A_1+\frac{L-1}{2}b_L \tag{6.2.14}$$

$$S_i=\frac{y_i}{T_L-(L-i)b_L} \quad (i=1,2,\cdots,L) \tag{6.2.15}$$

霍尔特-温特斯指数平滑法在处理具有线性趋势季节型数据的预测中,应用较多,被实践证明是一种行之有效的方法。它的预测能力有多个周期。

【例6-6】根据例6-5中某企业销售额的季度数据,用霍尔特-温特斯指数平滑法预测2019年各季度的销售额。

表6-7 霍尔特-温特斯指数平滑法计算表　　　　单位:万元

年、季	t	y_t	T_t	b_t	S_t
2016.1	1	30			1.350 2
2	2	18			0.769 0

年、季	t	y_t	T_t	b_t	S_t
3	3	21			0.853 9
4	4	27	25.781 3	1.187 5	1.047 3
2017.1	5	36	26.907 6	1.181 4	1.349 0
2	6	24	28.713 1	1.243 8	0.775 7
3	7	23	29.352 6	1.183 4	0.846 9
4	8	32	30.539 8	1.183 8	1.047 4
2018.1	9	45	32.050 5	1.216 5	1.354 5
2	10	29	34.090 7	1.298 9	0.783 2
3	11	32	35.868 7	1.346 8	0.851 4
4	12	40	37.410 4	1.366 3	1.049 6

预测过程如下：

(1)从历史数据看,存在季节变动影响且季节长度 $L=4$。选取 $\alpha=0.2,\beta=0.1,\gamma=0.1$。

(2)确定初始值 $T_4,b_4,S_i(i=1,2,3,4)$。

根据前两年数据计算初始值。

$$A_1=\frac{1}{4}\sum_{i=1}^{4}y_i=24 \qquad A_2=\frac{1}{4}\sum_{i=5}^{8}y_i=28.75$$

由式(6.2.13)至式(6.2.15)可得：

$$b_4=\frac{A_2-A_1}{4}=\frac{28.75-24}{4}=1.187\ 5$$

$$T_4=A_1+\frac{4-1}{2}b_4=24+\frac{3}{2}\times1.187\ 5=25.781\ 3$$

$$S_1=\frac{y_1}{T_4-(4-1)b_4}=\frac{30}{25.781\ 3-3\times1.187\ 5}=1.350\ 2$$

$$S_2=\frac{y_2}{T_4-(4-2)b_4}=\frac{18}{25.781\ 3-2\times1.187\ 5}=0.769\ 0$$

$$S_3=\frac{y_3}{T_4-(4-3)b_4}=\frac{21}{25.781\ 3-1.187\ 5}=0.853\ 9$$

$$S_4=\frac{y_4}{T_4}=\frac{27}{25.781\ 3}=1.047\ 3$$

(3)根据式(6.2.9)至式(6.2.11)逐期计算 T_t、b_t、S_t。

从第2个周期开始计算：

$$T_5=\alpha\frac{y_5}{S_1}+(1-\alpha)(T_4+b_4)=0.2\times\frac{36}{1.350\ 2}+0.8\times(25.781\ 3+1.187\ 5)=26.907\ 6$$

$$b_5=\beta(T_5-T_4)+(1-\beta)b_4=0.1\times(26.907\ 6-25.781\ 3)+0.9\times1.187\ 5=1.181\ 4$$

$$S_5 = \gamma \frac{y_5}{T_5} + (1 - \gamma) S_1 = 0.1 \times \frac{36}{26.9076} + 0.9 \times 1.3502 = 1.3490$$

$$T_6 = \alpha \frac{y_6}{S_2} + (1 - \alpha)(T_5 + b_5) = 0.2 \times \frac{24}{0.7690} + 0.8 \times (26.9076 + 1.1814) = 28.7131$$

$$b_6 = \beta(T_6 - T_5) + (1 - \beta) b_5 = 0.1 \times (28.7131 - 26.9076) + 0.9 \times 1.1814 = 1.2438$$

$$S_6 = \gamma \frac{y_6}{T_6} + (1 - \gamma) S_2 = 0.1 \times \frac{24}{28.7131} + 0.9 \times 0.7690 = 0.7757$$

$$\vdots$$

一直计算到 T_{12}, b_{12}, S_{12}，将计算结果列于表 6-7 第 4,5,6 列中。

（4）预测 2019 年各季度的销售额。预测方程为：

$$\hat{y}_{12+\tau} = (T_{12} + b_{12}\tau) S_{8+\tau} \qquad (k = 1)$$

$$\hat{y}_{2019,1} = \hat{y}_{12+1} = (T_{12} + b_{12} \times 1) S_{8+1} = (37.4104 + 1.3663 \times 1) \times 1.3545 = 52.5230（万元）$$

$$\hat{y}_{2019,2} = \hat{y}_{12+2} = (T_{12} + b_{12} \times 2) S_{8+2} = (37.4104 + 1.3663 \times 2) \times 0.7832 = 31.4400（万元）$$

$$\hat{y}_{2019,3} = \hat{y}_{12+3} = (T_{12} + b_{12} \times 3) S_{8+3} = (37.4104 + 1.3663 \times 3) \times 0.8514 = 35.3410（万元）$$

$$\hat{y}_{2019,4} = \hat{y}_{12+4} = (T_{12} + b_{12} \times 4) S_{8+4} = (37.4104 + 1.3663 \times 4) \times 1.0496 = 45.0022（万元）$$

第三节　可变季节指数预测法

实际中我们会遇到这样的问题,某经济变量的时间序列具有线性增加(或减少)的趋势,同时受季节因素的影响,且这种季节影响因素随着时间的推移有逐渐加大(或减小)的趋势,如图 6-5 所示。

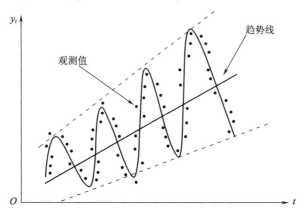

图 6-5　可变季节指数示意图

这时我们已经没有理由认为它各年同月份（或同季度）的季节指数都是相等的了,季节指数应与时间有关。对这样问题的预测应采用可变季节指数预测法。

预测步骤为:

(1)估计趋势值 T_t。

(2)剔除趋势 $\tilde{S}_t = \dfrac{y_t}{T_t}$ $(t = 1, 2, \cdots, n)$。

(3)分别将不同周期的同一季节的 $\tilde{S}_t$ 值构成一个数列,绘制散点图,观察它们随时间而变化的规律,像作趋势预测那样,采用适当的曲线拟合这些 $\tilde{S}_t$ 的值,以求出季节指数的估计值 S_i。

(4)建立趋势季节预测模型,并进行预测。预测模型为:

$$\hat{y}_t = T_t \cdot S_t$$

【例6-7】表6-8给出了某商品连续8年各季度市场销售量的统计数据,根据这些数据,预测第9年各季度的市场销售量。

表6-8　某商品销售量及可变季节指数预测法计算表　单位:万件

年、季	t	y_t	T_t	$\tilde{S}_t$	S_t	$\hat{y}_t$
(1)	(2)	(3)	(4)	(5)	(6)	(7)
第1年1	1	2.359	2.379	0.992	0.989	2.353
2	2	3.053	2.452	1.245	1.215	2.979
3	3	2.526	2.526	1.000	1.004	2.536
4	4	1.982	2.599	0.763	0.721	1.874
第2年1	5	2.693	2.673	1.007	0.982	2.625
2	6	3.451	2.747	1.256	1.237	3.398
3	7	2.909	2.820	1.032	1.011	2.851
4	8	2.049	2.894	0.708	0.719	2.081
第3年1	9	2.861	2.967	0.964	0.976	2.896
2	10	3.793	3.041	1.247	1.259	3.829
3	11	3.160	3.115	1.014	1.019	3.174
4	12	2.166	3.188	0.679	0.716	2.283
第4年1	13	3.133	3.262	0.960	0.970	3.164
2	14	4.147	3.335	1.243	1.281	4.272
3	15	3.494	3.409	1.025	1.027	3.501
4	16	2.406	3.483	0.691	0.714	2.487

续表

年、季	t	y_t	T_t	$\bar{S}_t$	S_t	$\hat{y}_t$
（1）	（2）	（3）	（4）	（5）	（6）	（7）
第5年1	17	3.407	3.556	0.958	0.963	3.424
2	18	4.586	3.630	1.263	1.303	4.730
3	19	3.781	3.703	1.021	1.034	3.829
4	20	2.738	3.777	0.725	0.711	2.685
第6年1	21	3.578	3.851	0.929	0.957	3.685
2	22	5.244	3.924	1.336	1.325	5.199
3	23	4.104	3.998	1.027	1.042	4.166
4	24	2.907	4.071	0.714	0.709	2.886
第7年1	25	3.934	4.145	0.949	0.951	3.942
2	26	5.632	4.219	1.335	1.347	5.683
3	27	4.488	4.292	1.046	1.050	4.507
4	28	3.113	4.366	0.713	0.706	3.082
第8年1	29	4.317	4.439	0.973	0.945	4.195
2	30	6.371	4.513	1.412	1.369	6.178
3	31	4.938	4.587	1.077	1.057	4.848
4	32	3.306	4.660	0.709	0.704	3.281
第9年1	33		4.734		0.938	4.440
2	34		4.807		1.391	6.687
3	35		4.881		1.065	5.198
4	36		4.955		0.701	3.473

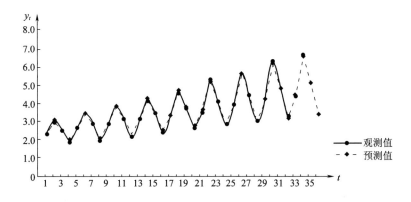

图6－6　某商品销售量散点图及模拟预测图

解:从散点图 6-6 可以看出,该商品的市场销售量有明显的线性增长趋势且受季节变动的影响。总的来说,在第二、三季度季节影响有加大的趋势,第一季度有减小的趋势,而第四季度基本保持不变,所以应采用可变季节指数预测法来进行预测。

(1)用最小二乘法建立趋势线方程:

$$T_t = 2.305 + 0.073\ 6t \tag{6.3.1}$$

分别将 $t = 1,2,\cdots,36$ 代入式(6.3.1),得到各观测期及预测期的趋势值,结果列于表 6-8 第(4)列。

(2)剔除趋势得到 $\tilde{S}_t$,列于表 6-8 第(5)列。

(3)求季节指数。以第二季度为例。将各年第二季度的 $\tilde{S}_t$ 值画在直角坐标系中,见图 6-7。

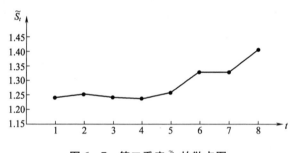

图 6-7 第二季度 $\tilde{S}_t$ 的散点图

观察其走势,发现可用直线拟合,故采用最小二乘法估计参数,得到直线方程:

$$S_{4(t-1)+2} = 1.193 + 0.022\ 04t \tag{6.3.2}$$

这里 t 代表年份。分别将 $t = 1,2,\cdots,9$ 代入式(6.3.2),得到连续 9 年第二季度季节指数的估计值 S_i。如:

$t = 1$ 时,

$$S_2 = 1.193 + 0.022\ 04 \times 1 = 1.215$$

$t = 2$ 时,

$$S_6 = 1.193 + 0.022\ 04 \times 2 = 1.237$$

⋮

$t = 9$ 时,

$$S_{34} = 1.193 + 0.022\ 04 \times 9 = 1.391$$

结果列于表 6-8 第(6)列。

同理,可得第一、三、四季度季节指数的直线方程为:

$$S_{4(t-1)+1} = 0.995 - 0.006\ 31t \tag{6.3.3}$$

$$S_{4(t-1)+3} = 0.996 + 0.007\ 667t \tag{6.3.4}$$

$$S_{4(t-1)+4} = 0.724 - 0.002\ 55t \tag{6.3.5}$$

将 $t = 1, 2, \cdots, 9$ 分别代入式(6.3.3)、式(6.3.4)、式(6.3.5)中,可得到连续 9 年第一、三、四季度季节指数的估计值。结果列于表 6 – 8 第(6)列。

(4)进行预测。预测模型为:

$$\hat{y}_t = T_t \cdot S_t$$

将表 6 – 8 第(4)列与第(6)列对应相乘,得到销售量的追溯预测值和预测值,列于表 6 – 8 第(7)列。由于采用了可变季节指数预测法,预测精度比较高。MPAE 仅为1.7%。

第四节　双季节指数预测法

由于经济变量的取值受多种因素的影响,所以对时间序列来说,可能出现这种情况:某种因素使它表现出长度为 L_1 的季节性,另一种因素却使它表现出长度为 L_2 的季节性。例如,一个企业的产品主要供给两家公司作为生产原料,这两家公司的生产周期分别为 4 个月和 6 个月,这时该企业的这种产品的销售量就可能表现出 $L_1 = 4$ 和 $L_2 = 6$ 的两种周期性。对这样问题的分析及预测应采用双季节指数预测法。

预测步骤为:

(1)估计趋势值 T_t。

(2)剔除趋势: $\tilde{S}_t = \dfrac{y_t}{T_t}$ $(t = 1, 2, \cdots, n)$。

(3)计算序列 $\{\tilde{S}_t\}$ 的各阶自相关系数,从而判断时间序列存在长度为 L_1 的季节变动的可能性。

(4)用方差分析法证实时间序列确实存在长度为 L_1 的季节性变动。

(5)以 L_1 为周期,对同季节的 $\tilde{S}_t$ 求平均值并加以调整,得出第 1 个季节指数 $S_{1i}(i = 1, 2, \cdots, L_1)$。

(6)从 $\tilde{S}_t$ 中剔除 S_{1i} 的影响,得到 $\tilde{\tilde{S}}_t$,即:

$$\tilde{\tilde{S}}_t = \frac{\tilde{S}_t}{S_{1i}} \quad (t = 1, 2, \cdots, n)$$

(7)对序列 $\{\tilde{\tilde{S}}_t\}$ 重复(3)、(4)、(5)步中对 $\tilde{S}_t$ 所做的工作,只是把季节长度

L_1 改为 L_2，最后得到第 2 个季节指数 S_{2i}。

（8）建立预测模型，并进行预测。预测模型为：

$$\hat{y}_t = T_t \cdot S_{1i} \cdot S_{2i}$$

式中：$\hat{y}_t$——第 t 期的预测值；

　　　S_{1i}——第 t 期所在季节对应的长度为 L_1 的季节指数；

　　　S_{2i}——第 t 期所在季节对应的长度为 L_2 的季节指数。

【例 6 - 8】某企业产品连续 20 个月的销售量如表 6 - 9 所示，试预测第 21 ~ 30 月的销售量。[①]

表 6 - 9　双季节指数预测法计算表　　　　　　单位：万件

t	y_t	T_t	$\tilde{S}_t$	S_{1i}	$\tilde{\tilde{S}}_t$	S_{2i}	I_t	$\hat{y}_t$
(1)	(2)	(3)	(4)	(5)	(6)	(7)	(8)	(9)
1	3	6.671 4	0.449 7	0.688 8	0.652 9	0.727 7	0.897 2	3.344 0
2	8	6.800 7	1.176 3	1.140 7	1.031 2	1.025 9	1.005 2	7.958 5
3	12	6.930 0	1.731 6	1.315 5	1.316 3	1.218 9	1.079 9	11.112 0
4	7	7.059 3	0.991 6	0.855 0	1.159 8	1.230 3	0.942 7	7.425 7
5	3	7.188 6	0.417 3	0.688 8	0.605 8	0.797 2	0.759 9	3.947 3
6	6	7.317 9	0.819 9	1.140 7	0.718 8	0.727 7	0.987 8	6.074 5
7	9	7.447 2	1.208 5	1.315 5	0.918 7	1.025 9	0.895 5	10.050 5
8	8	7.576 5	1.055 9	0.855 0	1.235 0	1.218 9	1.013 2	7.895 9
9	8	7.705 8	1.038 2	0.688 8	1.507 3	1.230 3	1.225 1	6.530 1
10	9	7.835 1	1.148 7	1.140 7	1.007 0	0.797 2	1.263 2	7.125 0
11	9	7.964 4	1.130 0	1.315 5	0.859 0	0.727 7	1.180 4	7.624 2
12	8	8.093 7	0.988 4	0.855 0	1.156 0	1.025 9	1.126 8	7.099 3
13	7	8.223 0	0.851 3	0.688 8	1.235 9	1.218 9	1.013 9	6.903 9
14	11	8.352 3	1.317 0	1.140 7	1.154 8	1.230 3	0.938 5	11.721 6
15	9	8.481 6	1.061 1	1.315 5	0.806 6	0.797 2	1.011 8	8.894 8
16	5	8.610 9	0.580 7	0.855 0	0.679 2	0.727 7	0.933 4	5.357 6
17	6	8.740 2	0.686 5	0.688 8	0.996 7	1.025 9	0.971 5	6.176 2
18	11	8.869 5	1.240 2	1.140 7	1.087 2	1.218 9	0.892	12.332 1
19	13	8.998 8	1.444 6	1.315 5	1.098 1	1.230 3	0.892 5	14.564 2
20	6	9.128 1	0.657 3	0.855 0	0.768 8	0.797 2	0.964 4	6.221 8

----

① 侯文超. 经济预测：理论、方法及应用[M]. 北京：商务印书馆，1993：318.

续表

t	y_t	T_t	$\tilde{S}_t$	S_{1i}	$\bar{\tilde{S}}_t$	S_{2i}	I_t	$\hat{y}_t$
(1)	(2)	(3)	(4)	(5)	(6)	(7)	(8)	(9)
21		9.257 4		0.688 8		0.727 7		4.640 2
22		9.386 7		1.140 7		1.025 9		10.984 7
23		9.516 0		1.315 5		1.218 9		15.258 6
24		9.645 3		0.855 0		1.230 3		10.146 0
25		9.774 6		0.688 8		0.797 2		5.367 3
26		9.903 9		1.140 7		0.727 7		8.221 1
27		10.033 2		1.315 5		1.025 9		13.540 5
28		10.162 5		0.855 0		1.218 9		10.590 9
29		10.291 8		0.688 8		1.230 3		8.721 6
30		10.421 1		1.140 7		0.797 2		9.476 6

解:绘制散点图,如图6-8所示,可以看出销售量呈线性上升趋势,但季节性不明显,需要进一步通过自相关系数来判断季节性的存在。

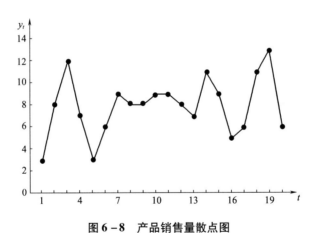

图6-8 产品销售量散点图

(1)建立线性趋势方程,估计趋势值。用最小二乘法估计参数,得到趋势线方程:

$$T_t = 6.542\ 1 + 0.129\ 3t$$

将 $t = 1, 2, \cdots, 30$ 代入上式,得到各观测期及预测期的趋势值。结果列于表6-9第(3)列。

(2)剔除趋势得到 $\tilde{S}_t$。结果列于表6-9第(4)列。

（3）计算序列$\{\tilde{S}_t\}$的各阶自相关系数。因为原观测数据季节性不明显,为了分析数据变化是否有周期性,需要利用式(6.1.2)计算$\tilde{S}_t$的自相关系数。计算结果如表6-10所示。

表 6-10

k	1	2	3	4	5	6	7	8	9	10
r_k	0.045 0	-0.688 7	-0.150 5	0.364 6	0.052 6	-0.210 9	0.095 7	0.097 5	-0.159 9	-0.109 9

由于$r_2<0$、$r_4>0$,相对来说它们的绝对值都比较大,所以可能存在长度为$L=4$的周期性。

（4）对$L=4$作方差分析,以证实存在长度为4的季节性变动。将表6-9第(4)列数据填入表6-11中,数据记为x_{ij}。

表 6-11　L=4 的方差分析

组次	1	2	3	4	合计
数据	0.449 7	1.176 3	1.731 6	0.991 6	
	0.417 3	0.819 9	1.208 5	1.055 9	
	1.038 2	1.148 7	1.130 0	0.988 4	
	0.851 3	1.317 0	1.061 1	0.580 7	
	0.686 5	1.240 2	1.444 6	0.657 3	
$\sum x_{ij}$	3.443 0	5.702 1	6.575 8	4.273 9	19.994 8
$\sum x_{ij}^2$	2.650 2	6.648 0	8.948 6	3.844 4	22.091 2

$$S_T = 22.091\ 2 - \frac{19.994\ 8^2}{20} = 2.101\ 6$$

$$S_E = 22.091\ 2 - \frac{1}{5}(3.443\ 0^2 + 5.702\ 1^2 + 6.575\ 8^2 + 4.273\ 9^2) = 0.916\ 1$$

$$S_A = 2.101\ 6 - 0.916\ 1 = 1.185\ 5$$

$$F = \frac{1.185\ 5/3}{0.916\ 1/16} = 6.901\ 7 > F_{0.05}(3,16) = 3.24$$

故数据中有$L=4$的周期性。

（5）以$L_1=4$为周期,对同季的$\tilde{S}_t$求平均值并加以调整,得到季节指数S_{1i}:0.688 8, 1.140 7, 1.315 5, 0.855 0。将它们列于表6-9第(5)列。

（6）从$\tilde{S}_t$中剔除S_{1i}的影响,即将表6-9第(4)列与第(5)列对应相除,得到$\tilde{\tilde{S}}_t$,列于表6-9第(6)列。

（7）对序列$\{\tilde{\tilde{S}}_t\}$重复(3)、(4)、(5)步中对$\tilde{S}_t$所做的工作,进而得到S_{2i}。

$\tilde{\tilde{S}}_t$是从季节与随机因素的混合值$\tilde{S}_t$中除去了$L=4$的季节成分后剩余的部

分。为了观察它是否还有季节性,计算其自相关系数如表 6 – 12 所示。

表 6 – 12

k	1	2	3	4	5	6	7	8	9	10
r_k	0. 258 2	– 0. 502 4	– 0. 469 9	0. 133 7	0. 469 0	0. 112 2	– 0. 428 0	– 0. 389 7	0. 155 4	0. 342 1

我们看到,r_5,$r_{10} > 0$,r_2,r_3,r_7,$r_8 < 0$,且绝对值都比较大,故可能存在 $L = 5$ 的周期性。对 $L = 5$ 作方差分析,将表 6 – 9 第(6)列数据填入表 6 – 13 中。

表 6 – 13　$L = 5$ 的方差分析

组次	1	2	3	4	5	合计
	0. 652 9	1. 031 2	1. 316 3	1. 159 8	0. 605 8	
数据	0. 718 8	0. 918 7	1. 235 0	1. 507 3	1. 007 0	
	0. 859 0	1. 156 0	1. 235 9	1. 154 6	0. 806 6	
	0. 679 2	0. 996 7	1. 087 2	1. 098 1	0. 768 8	
$\sum x_{ij}$	2. 909 9	4. 102 6	4. 874 4	4. 919 8	3. 188 2	19. 994 9
$\sum x_{ij}^2$	2. 142 1	4. 237 1	5. 967 3	6. 156 0	2. 622 7	21. 125 2

$$S_T = 21. 125\ 2 - \frac{19. 994\ 9^2}{20} = 1. 135\ 4$$

$$S_E = 21. 125\ 2 - \frac{1}{4}(2. 909\ 9^2 + 4. 102\ 6^2 + 4. 874\ 4^2 + 4. 919\ 8^2 + 3. 188\ 2^2) = 0. 268\ 3$$

$$S_A = 1. 135\ 4 - 0. 268\ 3 = 0. 867\ 1$$

$$F = \frac{0. 867\ 1/(5 - 1)}{0. 268\ 3/(20 - 5)} = 12. 119\ 4 > F_{0.05}(4, 15) = 3. 06$$

故数据中有 $L = 5$ 的周期性。

对同季节的 $\tilde{\tilde{S}}_t$ 取平均值并加以调整,得到季节指数 S_{2i}:0. 727 7,1. 025 9,1. 218 9,1. 230 3,0. 797 2。将它们列于表 6 – 9 第(7)列。

最后,将 $\tilde{\tilde{S}}_t$ 除以 S_{2i} 得到序列 $\{I_t\}$,列于表 6 – 9 第(8)列。计算 I_t 的自相关系数填入表 6 – 14 中。

表 6 – 14

k	1	2	3	4	5	6	7	8	9	10
r_k	0. 563 4	0. 221 9	0. 031 1	– 0. 243 0	– 0. 381 0	– 0. 227 4	– 0. 238 3	– 0. 267 1	– 0. 186 8	– 0. 162 2

可见,I_t 中已无周期性,即 I_t 为随机成分。

(8)进行预测。利用预测模型:

$$\hat{y}_t = T_t \cdot S_{1i} \cdot S_{2i}$$

可作追溯预测及未来预测。即将表 6 – 9 中第(3)、(5)、(7)列对应相乘便可得到预测值。结果列于表 6 - 9 第(9)列。

习　题

1. 简述季节变动预测法的基本思想。

2. 如何判断一个时间序列受季节变动的影响？常用的方法有哪些？

3. 季节变动预测的基本方法有哪些？分别适合处理什么类型时间序列数据的预测问题？

4. 用直观判断法判断下列时间序列适合使用哪种方法进行预测？

（1）见表 6 - 15。

表 6 - 15

t	1	2	3	4	5	6	7	8	9	10	11	12	13	14	15	16
y_t	18	22	10	13	21	26	12	14	24	28	17	16	27	32	20	19

（2）见表 6 - 16。

表 6 - 16

t	1	2	3	4	5	6	7	8	9	10	11	12
y_t	7.4	8.1	7.5	7.0	7.7	8.5	7.9	7.0	7.9	8.8	8.2	7.2
t	13	14	15	16	17	18	19	20	21	22	23	24
y_t	8.1	9.1	8.5	7.4	8.4	9.6	8.8	7.7	8.6	10.2	9.1	7.9

（3）见表 6 - 17。

表 6 - 17

t	1	2	3	4	5	6	7	8	9	10	11	12	13	14	15	16
y_t	3	5	8	4	2	8	7	2	3	7	9	3	2	9	8	3

5. 用自相关系数判断法判断时间序列 $\{y_t\}$（见表 6 - 18）是否受季节变动的影响？季节长度是多少？

表 6 - 18

t	1	2	3	4	5	6	7	8	9	10	11	12	13	14	15	16
y_t	9	13	15	7	8	14	16	7	9	15	13	7	6	14	12	8

6. 已知剔除趋势后的数据 y_t 如表 6 - 19 所示。

表 6 - 19

t	1	2	3	4	5	6	7	8	9	10	11	12
y_t	0.592 9	1.342 8	1.659 2	0.373 3	0.637 7	1.271 0	1.583 1	0.420 7	0.681 2	1.357 8	1.665 3	0.414 9

试用方差分析法检验 $L=5$ 是否为季节长度?

7. 某企业 2016—2018 年空调的销售量数据如表 6 - 20 所示。

表 6 - 20   单位:台

年 份	月 份											
	1	2	3	4	5	6	7	8	9	10	11	12
2016	9	8	14	27	42	65	98	59	45	15	11	12
2017	8	9	13	26	43	68	100	63	46	14	13	11
2018	10	8	15	28	42	70	105	65	48	15	12	13

试用简单季节预测法预测 2019 年 6、7、8 月份的销售量。

8. 已知某产品连续 3 年各季度的销售量如表 6 - 21 所示。

表 6 - 21   单位:万件

年 份	季 度			
	1	2	3	4
2016	3	8	10	2
2017	4	9	10	4
2018	3	10	12	5

试用温特斯指数平滑法预测 2019 各季度的销售量。

9. 某商品 2014—2017 年的季度销售额资料如 6 - 20 所示。

表 6 - 22   单位:万元

年 份	季 度			
	1	2	3	4
2014	10	15	14	11
2015	12	17	16	14
2016	15	19	20	16
2017	18	23	22	19

试用趋势比率法和霍尔特—温特斯指数平滑法(取 $\alpha = 0.3, \beta = 0.1, \gamma = 0.05$),预测 2018 年各季度的销售额。

10. 已知某经济变量 y_t 连续 8 年的统计数据如表 6 - 23 所示。

表 6 – 23

年、季	y_t	年、季	y_t	年、季	y_t	年、季	y_t
第1年1	3.0	第3年1	3.6	第5年1	4.3	第7年1	5.1
2	4.0	2	4.9	2	6.0	2	7.4
3	3.3	3	4.0	3	4.8	3	5.9
4	2.4	4	2.8	4	3.4	4	4.0
第2年1	3.3	第4年1	3.9	第6年1	4.7	第8年1	5.6
2	4.4	2	5.4	2	6.7	2	8.2
3	3.6	3	4.4	3	5.3	3	6.4
4	2.6	4	3.1	4	3.7	4	4.4

试用可变季节指数预测法求第 9 年各季度 y_t 的预测值。

第七章

马尔科夫预测法

马尔科夫(A. A. Markov, 1856—1922)是俄国伟大的数学家。马尔科夫链是人类历史上第一个从理论上提出并加以研究的随机过程模型。马尔科夫预测法是应用马尔科夫链的基本原理和基本方法研究分析时间序列的变化规律,并预测其未来变化趋势的一种方法。这种方法在经济预测与经营决策等方面有着广泛的应用。本章将简要地介绍马尔科夫链的基本原理及其在市场预测和经营决策方面的一些应用。

第一节 马尔科夫链及转移概率

一、随机过程

在自然界和人类社会中,事物的变化过程可分为两类:一类是确定性变化过程;另一类是不确定性变化过程。确定性变化过程是指事物的变化是由时间唯一确定的,或者说,对给定的时间,人们事先能确切地知道事物变化的结果。因此,变化过程可用时间的函数来描述。比如,在自由落体运动中,物体在时间 t 内经过的距离为 $S = \frac{1}{2} gt^2$ (米),瞬时速度为 $v = gt$ (米/秒)。不确定性变化过程是指,对给定的时间,事物变化的结果不止一个,事先人们不能肯定哪个结果一定发生,即事物的变化具有随机性。这样的变化过程称为随机过程。在现实世界中,大量事物的变化过程都是随机过程。

定义 7 - 1 设 Ω 是随机试验 E 的样本空间,T 为时间参数空间。若对每一时刻 $t \in T$,都有定义在 Ω 上的随机变量 $Z(t,e)$ 与之对应,则称依赖于 t 的一族随机变量 $\{Z(t,e) | t \in T\}$ 为一随机过程,简记为 $Z(t), t \in T$。

【例 7 - 1】 设 $Z(t)$ 是某市电话局在时间 t 内收到的呼叫次数,$t \in T = [0, 24]$,则 $Z(t), t \in T$ 是一随机过程。

【例 7 - 2】 设 $Z(t)$ 是北京市在一天内 t 时刻的温度,$t \in T = [0, 24]$,则 $Z(t), t \in T$ 是一随机过程。

【例 7 - 3】 设 $Z(t)$ 是第 t 个交易日收盘时的上证指数,$t \in T = \{1,2,3,\cdots\}$,则 $Z(t), t \in T$ 是随机过程。

【例 7 - 4】 在一系列掷硬币的试验中,记:

$$Z(t) = \begin{cases} 1, \text{第 } t \text{ 次出现正面} \\ 0, \text{第 } t \text{ 次出现反面} \end{cases}$$

则 $Z(t), t \in T = \{1,2,3,\cdots\}$ 是一随机过程。

由于随机变量与时间参数空间 T 都有连续与离散之分,所以随机过程可分为如下四类:

(1)连续型随机过程:随机变量 $Z(t)$ 与时间 T 都是连续的。如,例 7 - 2。

(2)离散型随机过程:随机变量 $Z(t)$ 是离散的,时间 T 是连续的。如,例 7 - 1。

(3)连续随机序列:随机变量 $Z(t)$ 是连续的,时间 T 是离散的。如,例 7 - 3。

(4)离散随机序列:随机变量 $Z(t)$ 与时间 T 都是离散的。如,例 7 - 4。

二、马尔科夫链

离散随机序列也称时间序列。时间参数空间通常取 $T = \{0,1,2,3,\cdots\}$,$Z(t)$ 习惯上记为 Z_t。Z_t 所有可能的取值构成的集合称为序列的状态空间,记为 S。不妨设 S 是一个整数集合。

马尔科夫链是指具有无后效性的时间序列。所谓无后效性是指序列将来处于什么状态,只与它现在所处的状态有关,而与它过去处于什么状态无关。无后效性可用条件概率表示。

定义 7 - 2 设时间序列 $Z_t, t \in T$ 的状态空间 S 是一整数集,若对 S 中的任意 n 个整数:$i,j,i_1,i_2,\cdots,i_{n-2}$ 和 T 中任意 n 个整数($0 \le t_1 < t_2 < \cdots < t_n$)都有:

$$P\{Z_{t_n}=j | Z_{t_1}=i_1,\cdots,Z_{t_{n-2}}=i_{n-2},Z_{t_{n-1}}=i\} = P\{Z_{t_n}=j | Z_{t_{n-1}}=i\} \tag{7.1.1}$$

则称时间序列 $Z_t, t \in T$ 是马尔科夫链。而条件概率 $p\{Z_{t_n}=j | Z_{t_{n-1}}=i\}$ 称为由 t_{n-1} 时刻之状态 i 到 t_n 时刻之状态 j 的状态转移概率,记为 $p_{ij}(t_{n-1},t_n)$。

式(7.1.1)的含义是:时间序列在 t_n 时刻的状态只与 t_{n-1} 时刻的状态有关,而与 t_{n-1} 时刻以前的状态无关。这种性质称为无后效性。

定义 7 – 3　若对任意 $t \in T$ 和任意自然数 k,马尔科夫链的转移概率 $p_{ij}(t, t+k) = p_{ij}(0, k)$,则称 $p_{ij}(0, k)$ 为由状态 i 经 k 步到状态 j 的转移概率,简称 k 步状态转移概率,记为 $p_{ij}(k)$。特别称 $p_{ij}(1) = p_{ij}$ 为一步转移概率。

在以后的讨论中,我们总假定 $p_{ij}(t, t+k) = p_{ij}(k)$ 对任意 $t \in T$ 都成立。

【例 7 – 5】在例 7 – 4 中,$Z(t)$,$t \in T$ 是马尔科夫链。首先,$Z(t)$,$t \in T$ 的状态空间为 $S = \{0, 1\}$。其次,t 时刻序列处于什么状态与"历史"无关。

显然,一步转移概率为:$p_{ij} = p\{Z_t = j \mid Z_{t-1} = i\} = \dfrac{1}{2}$,其中 $i, j = 0, 1$。

三、转移概率矩阵及其性质

定义 7 – 4　设马尔科夫链 Z_t,$t \in T$ 的状态空间为 $S = \{1, 2, 3, \cdots, n\}$,则称由一步转移概率 $p_{ij}(i, j = 1, 2, \cdots, n)$ 构成的 n 阶方阵

$$P = (p_{ij})_{n \times n} = \begin{pmatrix} p_{11} & p_{12} & \cdots & p_{1n} \\ p_{21} & p_{22} & \cdots & p_{2n} \\ \vdots & \vdots & & \vdots \\ p_{n1} & p_{n2} & \cdots & p_{nn} \end{pmatrix}$$

为一步状态转移概率矩阵。

一般地,由 k 步转移概率 $p_{ij}(k)$,$(i, j = 1, 2, \cdots, n)$ 构成的 n 阶方阵

$$P(k) = (p_{ij}(k))_{n \times n} = \begin{pmatrix} p_{11}(k) & p_{12}(k) & \cdots & p_{1n}(k) \\ p_{21}(k) & p_{22}(k) & \cdots & p_{2n}(k) \\ \vdots & \vdots & & \vdots \\ p_{n1}(k) & p_{n2}(k) & \cdots & p_{nn}(k) \end{pmatrix}$$

为 k 步状态转移概率矩阵。

一步转移概率矩阵 $P = (p_{ij})_{n \times n}$ 描述了 t 时刻系统内各状态到 $t + 1$ 时刻系统内各状态的变化规律性。比如,矩阵 P 的第 i 行的元素 $p_{ij}(j = 1, 2, \cdots, n)$ 描述了 t 时刻状态 i 向 $t + 1$ 时刻系统内各状态转移的可能性。如表 7 – 1 所示。

表 7 – 1

	$t + 1$ 时刻系统内之状态			
t 时刻状态 i	1 ，	2 ，	$\cdots$ ，	n
转移概率 p_{ij}	p_{i1} ，	p_{i2} ，	$\cdots$ ，	p_{in}

由条件概率的性质知,转移概率矩阵 P 有如下性质:

性质7-1 设 $P = (p_{ij})_{n \times n}$ 是马尔科夫链的一步转移概率矩阵,则:

(1) $p_{ij} \geq 0, j = 1, 2, \cdots, n; i = 1, 2, \cdots, n$。

(2) $\sum\limits_{j=1}^{n} p_{ij} = 1, i = 1, 2, \cdots, n$。

对于两步转移概率矩阵 $P(2) = (p_{ij}(2))_{n \times n}, p_{ij}(2)$ 表示 t 时刻状态 i 到 $t+2$ 时刻状态 j 的转移概率。

由图7-1及全概率公式可知,$p_{ij}(2)$ 与 p_{ij} 之间的关系如下:

$$
\begin{aligned}
p_{ij}(2) &= P\{Z_{t+2} = j | Z_t = i\} \\
&= \sum_{r=1}^{n} P\{Z_{t+1} = r | Z_t = i\} P\{Z_{t+2} = j | Z_{t+1} = r\} \\
&= \sum_{r=1}^{n} p_{ir} \cdot p_{rj}
\end{aligned}
\tag{7.1.2}
$$

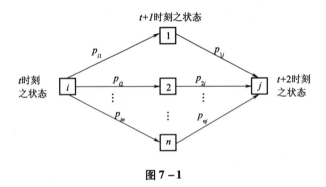

图7-1

由矩阵乘法和式(7.1.2)知 $P(2) = P^2$。一般地,k 步转移概率矩阵 $P(k)$ 与一步转移概率矩阵 P 之间有如下关系。

性质7-2 设 $P = (p_{ij})_{n \times n}$ 与 $P(k) = (p_{ij}(k))_{n \times n}$ 分别为马尔科夫链的一步和 k 步转移概率矩阵,则 $P(k) = P^k, k = 1, 2, 3, \cdots$,即 k 步转移概率矩阵恰好等于一步转移概率矩阵的 k 次幂。

【例7-6】设马尔科夫链的一步转移概率矩阵为:

$$
P = \begin{array}{c} 1 \\ 2 \\ 3 \end{array} \begin{array}{ccc} 1 & 2 & 3 \\ \left(\begin{array}{ccc} 0 & 0 & 1 \\ 1 & 0 & 0 \\ \dfrac{1}{3} & \dfrac{1}{3} & \dfrac{1}{3} \end{array} \right) \end{array}
$$

求三步转移概率矩阵 $P(3)$,并写出 t 时刻之状态3到 $t+3$ 时刻各状态的转移概率。

解：由性质 7 - 2 知 $P(3) = P^3$。

因为

$$P^2 = \begin{pmatrix} 0 & 0 & 1 \\ 1 & 0 & 0 \\ \frac{1}{3} & \frac{1}{3} & \frac{1}{3} \end{pmatrix} \begin{pmatrix} 0 & 0 & 1 \\ 1 & 0 & 0 \\ \frac{1}{3} & \frac{1}{3} & \frac{1}{3} \end{pmatrix} = \begin{pmatrix} \frac{1}{3} & \frac{1}{3} & \frac{1}{3} \\ 0 & 0 & 1 \\ \frac{4}{9} & \frac{1}{9} & \frac{4}{9} \end{pmatrix}$$

所以

$$P^3 = P^2 \cdot P = \begin{pmatrix} \frac{1}{3} & \frac{1}{3} & \frac{1}{3} \\ 0 & 0 & 1 \\ \frac{4}{9} & \frac{1}{9} & \frac{4}{9} \end{pmatrix} \begin{pmatrix} 0 & 0 & 1 \\ 1 & 0 & 0 \\ \frac{1}{3} & \frac{1}{3} & \frac{1}{3} \end{pmatrix} = \begin{pmatrix} \frac{4}{9} & \frac{1}{9} & \frac{4}{9} \\ \frac{1}{3} & \frac{1}{3} & \frac{1}{3} \\ \frac{7}{27} & \frac{4}{27} & \frac{16}{27} \end{pmatrix}$$

t 时刻之状态 3 到 $t + 3$ 时刻各状态的转移概率依次为 $\frac{7}{27}$、$\frac{4}{27}$ 和 $\frac{16}{27}$。

【例 7 - 7】为了解顾客对 A、B、C 三种不同品牌洗衣粉的购买倾向,市场调查小组进行了购买倾向调查。在本月购买 A、B、C 品牌的顾客中分别调查了 100 人、150 人和 120 人,了解他们下月的购买倾向。调查结果用矩阵表示如下:

$$\begin{array}{c} \\ 1A \\ 2B \\ 3C \end{array} \begin{array}{ccc} 1A & 2B & 3C \\ \begin{pmatrix} 40 & 30 & 30 \\ 60 & 30 & 60 \\ 60 & 30 & 30 \end{pmatrix} \end{array}$$

其中,第一行表示在本月购买 A 品牌的 100 人中有 40 人在下月仍打算购买 A 品牌,而打算转向购买 B 和 C 品牌的人数都是 30。第二行与第三行类同。

要求:

(1)写出状态转移概率矩阵。

(2)求购买 C 品牌的顾客在未来第二个月购买 A 品牌和 B 品牌的概率。

解:(1)题中所给的矩阵也称状态转移频数矩阵。

用频数矩阵的各行频数分别除以各行频数之和,得状态转移概率矩阵如下:

$$\begin{array}{c} \\ \\ P = \end{array} \begin{array}{c} \\ 1A \\ 2B \\ 3C \end{array} \begin{array}{ccc} 1A & 2B & 3C \\ \begin{pmatrix} 0.4 & 0.3 & 0.3 \\ 0.4 & 0.2 & 0.4 \\ 0.5 & 0.25 & 0.25 \end{pmatrix} \end{array}$$

（2）因为

$$P(2) = P^2 = \begin{pmatrix} 0.4 & 0.3 & 0.30 \\ 0.4 & 0.2 & 0.40 \\ 0.5 & 0.25 & 0.25 \end{pmatrix} \begin{pmatrix} 0.4 & 0.3 & 0.30 \\ 0.4 & 0.2 & 0.04 \\ 0.5 & 0.25 & 0.25 \end{pmatrix} = \begin{pmatrix} 0.430 & 0.255\ 0 & 0.315\ 0 \\ 0.440 & 0.260\ 0 & 0.300\ 0 \\ 0.425 & 0.262\ 5 & 0.312\ 5 \end{pmatrix}$$

因此,购买 C 品牌的顾客在未来第二个月购买 A 品牌的概率为 0.425 0,购买 B 品牌的概率为 0.262 5。

第二节　概率向量与概率矩阵

一、概率向量与概率矩阵

由转移概率矩阵的定义及性质可以看到,转移概率矩阵的行向量的各元素都是非负的,且各元素之和等于 1。为此,给出如下的定义:

定义 7 – 5　如果一个行向量的元素都是非负的,且各元素之和等于 1,则称此向量为概率向量。

如果一个方阵的每一行向量都是概率向量,则称此方阵为概率矩阵。

由定义 7 – 5 可知,马尔科夫链的一步转移概率矩阵即是概率矩阵;反之,每一概率矩阵都可以作为一个马尔科夫链的一步转移概率矩阵。

性质 7 – 3　如果同阶方阵 $A = (a_{ij})_{n \times n}$ 与 $B = (b_{ij})_{n \times n}$ 都是概率矩阵,则 $C = AB = (c_{ij})_{n \times n}$ 也是概率矩阵。即概率矩阵的乘积仍为概率矩阵。

证明:由矩阵乘法知:

$$c_{ij} = \sum_{r=1}^{n} a_{ir} b_{rj}$$

因为 A 与 B 都是概率矩阵,所以 $a_{ir} \geq 0, b_{rj} \geq 0, \sum_{r=1}^{n} a_{ir} = 1, \quad \sum_{j=1}^{n} b_{rj} = 1, (i, r, j = 1, 2, \cdots, n)$。于是 $c_{ij} \geq 0$,且

$$\sum_{j=1}^{n} c_{ij} = \sum_{j=1}^{n} \left(\sum_{r=1}^{n} a_{ir} b_{rj} \right) = \sum_{r=1}^{n} a_{ir} \left(\sum_{j=1}^{n} b_{rj} \right) = \sum_{r=1}^{n} a_{ir} = 1$$

因此,$C = (c_{ij})$ 为概率矩阵。

由此性质可知,k 步转移概率矩阵 $P(k) = P^k$ 也是概率矩阵。

马尔科夫链在初始时刻可能处于状态空间中的任一状态,因此,在初始时刻也有概率分布。

定义 7 – 6　马尔科夫链在初始时刻的概率分布

Z_0	1	2	$\cdots$	n
p	p_1^0	p_2^0	$\cdots$	p_n^0

称为初始分布,记为 $p(0) = (p_1^0, p_2^0, \cdots, p_n^0)$。

在 t 时刻的概率分布

Z_t	1	2	$\cdots$	n
p	p_1^t	p_2^t	$\cdots$	p_n^t

称为马尔科夫链在 t 时刻的绝对分布。记为:$p^t = (p_1^t, p_2^t, \cdots, p_n^t)$。

定理 7 – 1　马尔科夫链在 t 时刻的绝对分布等于初始分布与 t 步转移概率矩阵的乘积,即

$$(p_1^t, p_2^t, \cdots, p_n^t) = (p_1^0, p_2^0, \cdots, p_n^0)P(t)$$

证明:由全概率公式得

$$p_j^t = p\{Z_t = j\} = \sum_{i=1}^n p\{Z_0 = i\} p\{Z_t = j \mid Z_0 = i\} = \sum_{i=1}^n p_i^0 p_{ij}(0,t) = \sum_{i=1}^n p_i^0 p_{ij}(t)$$

由向量与矩阵的乘法知,p_j^t 恰好是 $(p_1^0, p_2^0, \cdots, p_n^0)P(t)$ 的第 j 个分量 $(j = 1, 2, \cdots, n)$。因此

$$(p_1^t, p_2^t, \cdots, p_n^t) = (p_1^0, p_2^0, \cdots, p_n^0)P(t)$$

【例 7 – 8】设马尔科夫链的一步转移概率矩阵为:

$$P = \begin{pmatrix} 0.4 & 0.3 & 0.3 \\ 0.6 & 0.3 & 0.1 \\ 0.6 & 0.1 & 0.3 \end{pmatrix}$$

(1)若初始分布为 $(0.2, 0.2, 0.6)$,求 $t = 1$ 时的绝对分布。

(2)若初始分布为 $(0.5, 0.25, 0.25)$,求马尔科夫链在任一时刻 t 的绝对分布。

解:(1)由题设,初始分布 $p^0 = (0.2, 0.2, 0.6)$,于是由定理 7 – 1 得:

$$p^1 = p^0 P = (0.2 \quad 0.2 \quad 0.6) \begin{pmatrix} 0.4 & 0.3 & 0.3 \\ 0.6 & 0.3 & 0.1 \\ 0.6 & 0.1 & 0.3 \end{pmatrix} = (0.56 \quad 0.18 \quad 0.26)$$

即 $t = 1$ 时,马尔科夫链的绝对分布为 $(0.56, 0.18, 0.26)$。

(2)因为 $p^0 = (0.5 \quad 0.25 \quad 0.25)$,所以由定理 7 – 1 得:

$$p^1 = p^0 \cdot P = (0.5 \quad 0.25 \quad 0.25) \begin{pmatrix} 0.4 & 0.3 & 0.3 \\ 0.6 & 0.3 & 0.1 \\ 0.6 & 0.1 & 0.3 \end{pmatrix} = (0.5 \quad 0.25 \quad 0.25) = p^0$$

因此

$$p^2 = p^0 P(2) = p^0 \cdot P^2 = (p^0 \cdot P)P = p^0 \cdot P = p^0$$

一般地，$p^t = p^0 P(t) = p^0 \cdot P^t = p^0$，即马尔科夫链在任一时刻的绝对分布都等于初始分布。

【例 7 - 9】设马尔科夫链的转移概率矩阵为：

$$P = \begin{pmatrix} u_1 & u_2 & \cdots & u_n \\ u_1 & u_2 & \cdots & u_n \\ \vdots & \vdots & & \vdots \\ u_1 & u_2 & \cdots & u_n \end{pmatrix}$$

初始分布为 $p^0 = (p_1^0, p_2^0, \cdots, p_n^0)$。求马尔科夫链在任一时刻的绝对分布。

解：因为

$$P^2 = \begin{pmatrix} u_1 & u_2 & \cdots & u_n \\ u_1 & u_2 & \cdots & u_n \\ \vdots & \vdots & & \vdots \\ u_1 & u_2 & \cdots & u_n \end{pmatrix} \begin{pmatrix} u_1 & u_2 & \cdots & u_n \\ u_1 & u_2 & \cdots & u_n \\ \vdots & \vdots & & \vdots \\ u_1 & u_2 & \cdots & u_n \end{pmatrix} = P$$

所以

$$P^t = P, t = 1, 2, 3, \cdots$$

又因为 $\sum_{i=1}^{n} p_i^0 = 1$，所以

$$p^0 \cdot P = (p_1^0, p_2^0, \cdots, p_n^0) \begin{pmatrix} u_1 & u_2 & \cdots & u_n \\ u_1 & u_2 & \cdots & u_n \\ \vdots & \vdots & & \vdots \\ u_1 & u_2 & \cdots & u_n \end{pmatrix} = (u_1, u_2, \cdots, u_n)$$

因此，对任意自然数 t，有

$$p^t = p^0 \cdot P(t) = p^0 \cdot P^t = p^0 \cdot P = (u_1, u_2, \cdots, u_n)$$

即马尔科夫链在任一时刻 t 的绝对分布为 $(u_1, u_2, \cdots, u_n)$。

容易验证，在例 7 - 8 中，当概率向量 $u = (0.5, 0.25, 0.25)$ 时，使得 $uP = u$；在例 7 - 9 中，当概率向量 $u = (u_1, u_2, \cdots, u_n)$ 时，使得 $uP = u$。

一般地可以给出如下定义：

定义 7 - 7 设 P 为马尔科夫链的一步转移概率矩阵。如果存在概率向量 $u = (u_1, u_2, \cdots, u_n)$，使得 $uP = u$，则称 u 为 P 的固定概率向量，或称为 P 的固定点（或均衡点）。

如果马尔科夫链的转移概率矩阵 P 的所有行向量都等于同一向量 u，则称 P 是由 u 构成的稳态矩阵。

在例 7 − 8 中，$u = (0.5, 0.25, 0.25)$ 是所给矩阵的固定点。在例 7 − 9 中，所给的转移概率矩阵是稳态矩阵。

读者会很自然地提出如下问题：什么样的转移概率矩阵有固定点？转移概率矩阵、固定点和稳态矩阵之间又有什么关系？这些问题将在下面的内容中加以讨论。

二、正规概率矩阵

定义 7 − 8 设 P 是马尔科夫链的一步转移概率矩阵，如果存在自然数 k，使得 P^k 的所有元素都是正数，则称 P 为正规概率矩阵。

【例 7 − 10】试判断下列哪些矩阵是正规概率矩阵，哪些不是。

$$(1) P = \begin{pmatrix} 1 & 0 & 0 \\ 0 & 1 & 0 \\ 0 & 0 & 1 \end{pmatrix} \qquad (2) P = \begin{pmatrix} \dfrac{1}{2} & \dfrac{1}{3} & \dfrac{1}{4} \\ \dfrac{2}{5} & \dfrac{1}{5} & \dfrac{2}{5} \\ \dfrac{1}{4} & \dfrac{1}{2} & \dfrac{1}{4} \end{pmatrix}$$

$$(3) P = \begin{pmatrix} 0.2 & 0.6 & 0.2 \\ 0.1 & 0.8 & 0.1 \\ 0.6 & 0.3 & 0.1 \end{pmatrix} \qquad (4) P = \begin{pmatrix} 0 & 1 \\ \dfrac{1}{2} & \dfrac{1}{2} \end{pmatrix}$$

解：(1) 由于对任意自然数 k，都有 $P^k = P$，而 P 除对角线以外都等于 0，所以 P 不是正规概率矩阵。

(2) 尽管 P 的所有元素都大于 0，但是 P 的第一行不是概率向量，所以 P 不是正规概率矩阵。

(3) 因为 P 的所有元素都大于 0，且为概率矩阵，所以 P 是正规概率矩阵。

(4) 由于

$$P^2 = \begin{pmatrix} \dfrac{1}{2} & \dfrac{1}{2} \\ \dfrac{1}{4} & \dfrac{3}{4} \end{pmatrix}$$

的所有元素都大于 0，且 P 为概率矩阵，所以 P 是正规概率矩阵。

定理 7 − 2 设 P 为正规概率矩阵，则

(1) P 有唯一的由正数构成的固定概率向量 u。

(2) 设方阵 V 的每一行向量都是 P 的固定概率向量 u，则由 P 的各次幂组

成的矩阵序列 $P, P^2, P^3, \cdots, P^k, \cdots$ 以 V 为极限,即

$$\lim_{k \to \infty} P^k = V$$

(3)设 p^0 是任意概率向量,则向量序列 $p^0 \cdot P, p^0 \cdot P^2, \cdots, p^0 \cdot P^k, \cdots$ 以固定概率向量 u 为极限,即

$$\lim_{k \to \infty} p^0 \cdot P^k = u$$

定理 7 - 2 又称马尔科夫链的基本定理。这里不予证明,只作如下两点解释:

(1)由定理 7 - 2 知,如果马尔科夫链的一步转移概率矩阵 P 是正规矩阵,那么 P 一定存在固定点 u,而且当 k 趋于无穷时,k 步转移概率矩阵 $P(k)$ 收敛于由 u 构成的稳态矩阵 V。这说明一个系统经过无穷多次的状态转移后,几乎以相同的分布转移到系统内的各个状态。也就是说,系统将表现出稳定之势。

(2)由定理 7 - 3 知,不论马尔科夫链的初始分布如何,经充分多次的转移后,绝对分布会趋于同一分布,即固定概率向量 u 给出的分布。换句话说,不论最初系统处于什么状态,最终都会以分布 u 处于系统内的各个状态,即系统最终会处于均衡状态。

【例 7 - 11】试求正规概率矩阵:

$$P = \begin{pmatrix} 0 & 1 \\ \dfrac{1}{2} & \dfrac{1}{2} \end{pmatrix}$$

的固定点,并计算 $P^1, P^2, \cdots, P^7$,验证随着 k 的逐渐增大,P^k 逐渐趋于由固定点构成的稳态矩阵。

解:由概率矩阵 P 的固定点 $u = (u_1, u_2, \cdots, u_n)$ 的定义知,u 满足 $uP = u$,即

$$u(P - I) = 0$$

其中 I 为 n 阶单位矩阵。上式两端求转置,得:

$$(P^T - I) u^T = 0$$

又因 $u_1 + u_2 + \cdots + u_n = 1$,所以,求解线性方程组

$$\begin{cases} (P^T - I) u^T = 0 \\ u_1 + u_2 + \cdots + u_n = 1 \end{cases}$$

就可得到固定点 u。

在本题中,

$$P = \begin{pmatrix} 0 & 1 \\ \dfrac{1}{2} & \dfrac{1}{2} \end{pmatrix} \qquad P^T = \begin{pmatrix} 0 & \dfrac{1}{2} \\ 1 & \dfrac{1}{2} \end{pmatrix}$$

所以,方程组为:

$$\begin{cases} \begin{pmatrix} -1 & \dfrac{1}{2} \\ 1 & -\dfrac{1}{2} \end{pmatrix} \begin{pmatrix} u_1 \\ u_2 \end{pmatrix} = \begin{pmatrix} 0 \\ 0 \end{pmatrix} \\ u_1 + u_2 = 1 \end{cases}$$

即

$$\begin{cases} -u_1 + \dfrac{1}{2}u_2 = 0 \\ u_1 - \dfrac{1}{2}u_2 = 0 \\ u_1 + u_2 = 1 \end{cases}$$

解之,得固定点 $u = \left(\dfrac{1}{3}, \dfrac{2}{3} \right)$。因此稳态矩阵为:

$$V = \begin{pmatrix} \dfrac{1}{3} & \dfrac{2}{3} \\ \dfrac{1}{3} & \dfrac{2}{3} \end{pmatrix}$$

由矩阵乘法得:

$$P^2 = \begin{pmatrix} 0.5 & 0.5 \\ 0.25 & 0.75 \end{pmatrix} \qquad P^3 = \begin{pmatrix} 0.25 & 0.75 \\ 0.37 & 0.63 \end{pmatrix}$$

$$P^4 = \begin{pmatrix} 0.37 & 0.63 \\ 0.31 & 0.69 \end{pmatrix} \qquad P^5 = \begin{pmatrix} 0.31 & 0.69 \\ 0.34 & 0.66 \end{pmatrix}$$

$$P^6 = \begin{pmatrix} 0.34 & 0.66 \\ 0.33 & 0.67 \end{pmatrix} \qquad P^7 = \begin{pmatrix} 0.33 & 0.67 \\ 0.34 & 0.66 \end{pmatrix}$$

可以看出,随着 k 的逐渐增大,P^k 逐渐趋于稳态矩阵 V。

【例 7 - 12】设马尔科夫链的一步转移概率矩阵为:

$$P = \begin{pmatrix} 0.4 & 0.3 & 0.3 \\ 0.6 & 0.3 & 0.1 \\ 0.6 & 0.1 & 0.3 \end{pmatrix}$$

对充分大的 k,求 k 步转移概率矩阵 $P(k)$ 的近似矩阵。

解:因为 P 为正规概率矩阵,所以有固定点 u。设 V 是由 u 构成的 P 的稳态矩阵,由定理 7 - 2 知:

$$\lim_{k \to \infty} P(k) = \lim_{k \to \infty} P^k = V$$

因此,对于充分大的 k,有:

$$P(k) \approx V$$

解线性方程组:

$$\begin{cases} (P^{\mathrm{T}} - I)u^{\mathrm{T}} = 0 \\ u_1 + u_2 + \cdots + u_n = 1 \end{cases}$$

即

$$\begin{cases} -0.6u_1 + 0.6u_2 + 0.6u_3 = 0 \\ 0.3u_1 - 0.7u_2 + 0.1u_3 = 0 \\ 0.3u_1 + 0.1u_2 - 0.7u_3 = 0 \\ u_1 + u_2 + u_3 = 1 \end{cases}$$

得固定点 $u = (0.5, 0.25, 0.25)$。

因此,对充分大的 k,有:

$$P(k) \approx V = \begin{pmatrix} 0.5 & 0.25 & 0.25 \\ 0.5 & 0.25 & 0.25 \\ 0.5 & 0.25 & 0.25 \end{pmatrix}$$

第三节　马尔科夫链在经济预测等方面的应用

在经济领域中,很多现象都具有马尔科夫链的特征。用马尔科夫链的基本原理和基本方法研究这些现象,可以对这些现象的发展变化作出预测。本节主要通过一些例子介绍马尔科夫链在经济预测等方面的应用。

一、市场占有率的预测

所谓市场占有率,是指在某地区消费某种产品的居民中,使用某一品牌的居民所占的比率,或者说,该地区消费者使用某一品牌的概率。在竞争激烈的市场经济中,对厂家来说,了解自己的品牌在目前及以后的市场中的占有率是至关重要的。如果假设在某地区经营的某种产品有 n 个品牌 $A_1, A_2, \cdots, A_n$,并假定消费者消费这 n 种品牌的产品具有马尔科夫链的特征,那么,用马尔科夫链的基本原理和基本方法可以对这 n 种品牌的市场占有率作出预测。具体步骤如下。

(一)进行市场调查

1.在全体消费此种产品的消费者中,调查目前购买 n 种品牌的消费者各占的比率,获得初始分布 $p^0 = (p_1^0, p_2^0, \cdots, p_n^0)$。

在实际问题中,只需调查部分消费者,获得近似的初始分布即可。

2.调查在 n 种品牌之间消费者的流动情况,获得转移频数矩阵,进而获得

转移概率矩阵 P。

比如,在被调查的目前使用第 i 种品牌的 n_i 个消费者中,在下一时刻将有 n_{ij} 个消费者使用 j 品牌($j = 1, 2, \cdots, n; i = 1, 2, \cdots, n$)。于是转移频数矩阵为 $N = (n_{ij})_{n \times n}$。

用 n_i 去除矩阵 N 的第 i 行各元素($i = 1, 2, \cdots, n$)就得到了转移概率矩阵 $P = (p_{ij})_{n \times n}$,其中

$$p_{ij} = \frac{n_{ij}}{n_i} \quad (j = 1, 2, \cdots, n; i = 1, 2, \cdots, n)$$

（二）预测未来第 k 时刻的市场占有率

计算初始分布 p^0 与 k 步转移概率矩阵 $P(k)$ 的乘积,就可得到未来第 k 时刻的绝对分布,即第 k 时刻的市场占有率:

$$p^k = (p_1^k, p_2^k, \cdots, p_n^k) = (p_1^0, p_2^0, \cdots, p_n^0)P(k)$$

（三）预测均衡状态下的市场占有率

如果转移概率矩阵 P 是正规矩阵,那么 P 有唯一的固定点 $u = (u_1, u_2, \cdots, u_n)$,于是,在市场最终达到均衡状态下,各种品牌的最终市场占有率将分别为 $u_1, u_2, \cdots, u_n$。

【例 7 – 13】在北京地区销售的鲜牛奶主要由三个厂家提供。分别用 1、2、3 表示。2021 年 12 月份对 2 000 名消费者进行了调查。购买厂家 1、2 和 3 产品的消费者分别为 800、600 和 600。同时得到的转移频数矩阵为:

$$N = \begin{matrix} & \begin{matrix} 1 & \quad 2 & \quad 3 \end{matrix} \\ \begin{matrix} 1 \\ 2 \\ 3 \end{matrix} & \begin{pmatrix} 320 & 240 & 240 \\ 360 & 180 & 60 \\ 360 & 60 & 180 \end{pmatrix} \end{matrix}$$

其中第一行表示,在 12 月份购买厂家 1 产品的 800 个消费者中,有 320 名消费者继续购买厂家 1 的产品。转向购买厂家 2 和 3 产品的消费者都是 240 人。N 的第二行与第三行的含义同第一行。

(1)试对三个厂家 2022 年 1—7 月份的市场占有率进行预测。

(2)试求市场处于均衡状态时,各厂家的市场占有率。

解:(1)用 800、600 和 600 分别除以 2 000,得到 2021 年 12 月份各厂家的市场占有率,即初始分布 $p^0 = (0.4, 0.3, 0.3)$。

用 800、600 和 600 分别去除矩阵 N 的第一行、第二行和第三行的各元素,得状态转移概率矩阵:

$$P = \begin{pmatrix} 0.4 & 0.3 & 0.3 \\ 0.6 & 0.3 & 0.1 \\ 0.6 & 0.1 & 0.3 \end{pmatrix}$$

于是,第 k 月的绝对分布,或第 k 月的市场占有率为:

$$p^k = p^0 \cdot P(k) = p^0 \cdot P^k \quad (k = 1, 2, 3, \cdots, 7)$$

$k = 1$ 时,

$$p^1 = (0.4 \quad 0.3 \quad 0.3) \begin{pmatrix} 0.4 & 0.3 & 0.3 \\ 0.6 & 0.3 & 0.1 \\ 0.6 & 0.1 & 0.3 \end{pmatrix} = (0.52 \quad 0.24 \quad 0.24)$$

$k = 2$ 时,

$$p^2 = (0.4 \quad 0.3 \quad 0.3)P^2 = (0.52 \quad 0.24 \quad 0.24)P = (0.496 \quad 0.252 \quad 0.252)$$

$k = 3$ 时,

$$p^3 = (0.4 \quad 0.3 \quad 0.3)P^3 = p^2 \cdot P = (0.496 \quad 0.252 \quad 0.252)P$$
$$= (0.500\,8 \quad 0.249\,6 \quad 0.249\,6)$$

类似地可以计算出 $p^4 \, , p^5 \, , p^6$ 和 p^7 。

现将计算结果绘制成市场占有率变动表,如表 7 - 2 所示。

表 7 - 2   市场占有率变动表

2022 年月份	三个厂家的市场占有率		
i	p_1^i	p_2^i	p_3^i
1	0.520 000	0.240 000	0.240 000
2	0.496 000	0.252 000	0.252 000
3	0.500 800	0.249 600	0.249 600
4	0.499 840	0.250 080	0.250 080
5	0.500 032	0.249 984	0.249 984
6	0.500 000	0.250 000	0.250 000
7	0.500 000	0.250 000	0.250 000

从表 7 - 2 中可以看出,厂家 1 的市场占有率随着时间的推移逐渐稳定在 50% ,而厂家 2 和厂家 3 的市场占有率都逐渐稳定在 25% 。

(2)由于转移概率矩阵 P 是正规矩阵,因此 P 有唯一的均衡点 u 。由例 7 - 12 知, $u = (0.5, 0.25, 0.25)$ 。由定理 7 - 2 知, $\lim_{k \to \infty} p^0 \cdot P^k = u = (0.5, 0.25, 0.25)$,即随着时间的推移,三个厂家的市场占有率逐渐趋于稳定。当市场达到均衡状态时,各厂家的市场占有率分别为 50% 、25% 和 25% 。

由表 7 - 2 可以看出,第三个月时,市场基本上已达到均衡状态。此时,各厂家的市场占有率与均衡状态时的市场占有率的误差已不足千分之一。

二、人力资源预测

用马尔科夫链的基本理论和基本方法可以对一个单位的人力资源的流动

情况进行分析和研究,并对未来该单位人力资源的结构进行预测。

【例7 – 14】某高校为编制师资发展规划,需要预测未来教师队伍的结构。现在对教师状况进行如下分类:青年,中年,老年和流退(流失或退休)。根据历史资料,各类教师(按一年为一期)的转移概率矩阵为:

$$P = \begin{matrix} 青 \\ 中 \\ 老 \\ 流退 \end{matrix} \begin{pmatrix} 0.8 & 0.15 & 0 & 0.05 \\ 0 & 0.75 & 0.2 & 0.05 \\ 0 & 0 & 0.8 & 0.2 \\ 0 & 0 & 0 & 1 \end{pmatrix}$$

目前青年教师400人,中年教师360人,老年教师300人。试分析3年后教师的结构以及为保持编制不变,3年内应进多少硕士和博士毕业生充实教师队伍。

解:设目前的教师结构为 $n^0 = (400,360,300,0)$,则一年后教师结构为:

$$n^1 = n^0 \cdot P = (320,330,312,98)$$

流退人员98人,为保持编制不变,第一年学校需进98人。此时青年教师为 $320 + 98 = 418$ 人。教师结构为: $n^1_* = (418,330,312,0)$。

两年后教师结构为:

$$n^2 = n^1_* \cdot P = (418,330,312,0)P = (334,310,316,100)$$

第二年流退100人,因此第二年需进100名硕士和博士毕业生。此时青年教师为 $334 + 100 = 434$ 人。教师结构为 $n^2_* = (434,310,316,0)$。

3年后的教师结构为:

$$n^3 = n^2_* \cdot P = (434,310,316,0)P = (347,298,315,100)$$

第三年流退100人,因此第三年需进硕士和博士100人。此时青年教师为 $347 + 100 = 447$ 人。教师结构为 $n^3_* = (447,298,315,0)$。

综上所述,3年内需进硕士和博士毕业生298名。3年后教师结构为:青年教师447名,中年教师298名,老年教师315名。

三、期望利润预测

一个生产厂家的利润时常伴随着市场状态的变化而变化。由于市场状态的变化具有随机性,所以生产厂家的利润也具有不确定性。在这里,根据马尔科夫链的基本原理给出了生产厂家预测期望利润的计算公式。同时,通过例子说明如何利用公式预测期望利润。

(一)利润矩阵

定义7 – 9 设市场状态空间为 $S = \{1,2,\cdots,n\}$,转移概率矩阵为 $P = (p_{ij})_{n \times n}$。当市场由状态 i 转移至状态 j 时,厂家的利润为 $\pi_{ij}(i,j = 1,2,\cdots,n)$,则称由 $\pi_{ij}(i,j = 1,2,\cdots,n)$ 构成的 n 阶方阵

$$\Pi = (\pi_{ij})_{n \times n} = \begin{pmatrix} \pi_{11} & \pi_{12} & \cdots & \pi_{1n} \\ \pi_{21} & \pi_{22} & \cdots & \pi_{2n} \\ \vdots & \vdots & & \vdots \\ \pi_{n1} & \pi_{n2} & \cdots & \pi_{nn} \end{pmatrix}$$

为利润矩阵。

（二）期望利润预测公式

设 $v_i(k)$ 为从状态 i 开始,经过 k 步转移到各状态所获得的期望利润, $i=1,2,\cdots,n$。记: $v(k) = (v_1(k), v_2(k), \cdots, v_n(k))^T$, $k=0,1,2,\cdots$,并规定 $v(0)=0$。

由数学期望的定义知,当 $k=1$ 时

$$v_i(1) = \pi_{i1}p_{i1} + \pi_{i2}p_{i2} + \cdots + \pi_{in}p_{in}$$

当 $k>1$ 时, $v_i(k)$ 等于由状态 i 开始,经一步转移到各状态所获得的期望利润 $v_i(1)$ 再加上经一步转移后所到达的各个状态 j 再经 $k-1$ 步转移到达各状态所获得的期望利润 $v_j(k-1)$ 的数学期望即:

$$v_i(k) = v_i(1) + \sum_{j=1}^{n} v_j(k-1)p_{ij} = v_i(1) + (p_{i1}, p_{i2}, \cdots, p_{in})v(k-1)$$

于是

$$v(k) = \begin{pmatrix} v_1(k) \\ v_2(k) \\ \vdots \\ v_n(k) \end{pmatrix} = \begin{pmatrix} v_1(1) \\ v_2(1) \\ \vdots \\ v_n(1) \end{pmatrix} + \begin{pmatrix} p_{11} & p_{12} & \cdots & p_{1n} \\ p_{21} & p_{22} & \cdots & p_{2n} \\ \vdots & \vdots & & \vdots \\ p_{n1} & p_{n2} & \cdots & p_{nn} \end{pmatrix} \begin{pmatrix} v_1(k-1) \\ v_2(k-1) \\ \vdots \\ v_n(k-1) \end{pmatrix} = v(1) + P \cdot v(k-1)$$

(7.3.1)

式(7.3.1)给出了市场由一种状态开始,经 k 步转移到达各种状态时,生产厂家的期望利润 $v_i(k)(i=1,2,\cdots,n)$ 构成的向量 $v(k)$ 的递推公式。

【例 7 – 15】设一生产厂家的产品每月市场状态有畅销和滞销两种,用 1 表示畅销,用 2 表示滞销。假设从畅销到畅销可获利 30 万元;从畅销转为滞销可获利 10 万元;从滞销转向畅销可获利 20 万元,从滞销到滞销将亏损 10 万元。现有 30 个月的市场销售记录。如表 7 – 3 所示。

表 7 – 3   30 个月的市场销售状态

月份	1	2	3	4	5	6	7	8	9	10	11	12	13	14	15
市场状态	1	1	2	2	1	1	2	2	2	1	2	2	1	1	2

月份	16	17	18	19	20	21	22	23	24	25	26	27	28	29	30
市场状态	1	2	1	2	2	1	1	2	1	1	2	2	1	1	1

(1)求销售市场状态转移概率矩阵。

(2)分别预测下个月和未来 3 个月的期望利润。

解:(1)在 30 个状态中,有 15 个滞销,15 个畅销,最末一个是畅销,无后续状态,故以 14(15 - 1)个计算。在 14 个畅销中,有 6 个连续畅销。因此,$p_{11} = \dfrac{6}{14} = 0.43$,$p_{12} = 0.57$。

在 15 个滞销中,有 7 个连续滞销。因此,$p_{22} = \dfrac{7}{15} = 0.47$,$p_{21} = 0.53$。

于是,转移概率矩阵为:

$$P = \begin{pmatrix} 0.43 & 0.57 \\ 0.53 & 0.47 \end{pmatrix}$$

(2)由已知条件知,利润矩阵为:

$$\Pi = \begin{pmatrix} 30 & 10 \\ 20 & -10 \end{pmatrix}$$

由于本月处于畅销状态,所以下月的期望利润为:

$$v_1(1) = p_{11}\pi_{11} + p_{12}\pi_{12} = 0.43 \times 30 + 0.57 \times 10 = 18.6(\text{万元})$$

又因

$$v_2(1) = 20 \times 0.53 - 10 \times 0.47 = 5.9(\text{万元})$$

所以,由递推公式得:

$$v(2) = v(1) + P \cdot v(2-1) = v(1) + P \cdot v(1)$$

$$= \begin{pmatrix} 18.6 \\ 5.9 \end{pmatrix} + \begin{pmatrix} 0.43 & 0.57 \\ 0.53 & 0.47 \end{pmatrix} \begin{pmatrix} 18.6 \\ 5.9 \end{pmatrix} = \begin{pmatrix} 29.96 \\ 18.53 \end{pmatrix}$$

$$v(3) = v(1) + P \cdot v(3-1) = v(1) + P \cdot v(2)$$

$$= \begin{pmatrix} 18.6 \\ 5.9 \end{pmatrix} + \begin{pmatrix} 0.43 & 0.57 \\ 0.53 & 0.47 \end{pmatrix} \begin{pmatrix} 29.96 \\ 18.53 \end{pmatrix}$$

$$= \begin{pmatrix} 18.6 \\ 5.9 \end{pmatrix} + \begin{pmatrix} 24.12 \\ 24.83 \end{pmatrix} = \begin{pmatrix} 42.72 \\ 30.73 \end{pmatrix}$$

由于本月为畅销,由计算结果可以看出,$v_1(1) = 18.6$,$v_1(3) = 42.72$。因此,下一个月期望利润为 18.6 万元,未来 3 个月的期望利润为 42.72 万元。

四、马尔科夫链在其他方面的应用举例

(一)项目选址问题

【例 7 - 16】某汽车维修公司在某市有甲、乙、丙 3 个维修厂。由于公司注重对员工的技术培训,树立顾客至上、信誉第一的理念,采用先进的管理模式,所以公司在本行业具有良好的形象,形成了一定规模的、稳定的客户群。对客户的调查显示,客户在甲、乙、丙 3 个维修厂之间的转移概率矩阵为:

$$P = \begin{matrix} 甲 \\ 乙 \\ 丙 \end{matrix} \begin{pmatrix} 0.8 & 0.2 & 0 \\ 0.2 & 0 & 0.8 \\ 0.2 & 0.2 & 0.6 \end{pmatrix}$$

由于资金的原因,公司目前打算只对其中的一个维修厂进行改造,并扩大规模。试分析应选择哪个维修厂。

解:由于

$$P^2 = \begin{pmatrix} 0.68 & 0.32 & 0.32 \\ 0.16 & 0.20 & 0.16 \\ 0.16 & 0.48 & 0.52 \end{pmatrix}$$

的所有元素都大于0,所以 P 是正规矩阵。因此,P 存在唯一的固定概率向量 $u = (u_1, u_2, u_3)$。

解线性方程组:

$$\begin{cases} (P^T - I) u^T = 0 \\ u_1 + u_2 + u_3 = 1 \end{cases}$$

即

$$\begin{cases} -0.2u_1 + 0.2u_2 + 0.2u_3 = 0 \\ 0.2u_1 - u_2 + 0.2u_3 = 0 \\ 0.8u_2 - 0.4u_3 = 0 \\ u_1 + u_2 + u_3 = 1 \end{cases}$$

得唯一解:

$$u = \left(\frac{1}{2}, \frac{1}{6}, \frac{1}{3} \right)$$

由此可以看出,长期趋势表明,当公司的客户在 3 个维修厂之间的转移达到均衡状态时,大约有 50% 的客户在甲厂维修,大约有 16.67% 的客户在乙厂维修,大约有 33.33% 的客户在丙厂维修。因此,应选择甲厂进行项目投资。

（二）最佳经营策略选择

【例 7 - 17】某地区销售的鲜牛奶是由 3 个厂家提供的。该地区客户总数为 100 万户,假定厂家从每个客户那里每年平均获利 50 元。厂家 2 的市场调查显示,状态转移概率矩阵为:

$$P = \begin{pmatrix} 0.4 & 0.3 & 0.3 \\ 0.6 & 0.3 & 0.1 \\ 0.6 & 0.3 & 0.1 \end{pmatrix}$$

均衡状态下的市场占有率分别为 50%,25% 和 25%（见例 7 - 12 和例 7 - 13）,厂家 2 认为应采取积极的营销策略,提高自己的市场占有率,为此设计了两套方案。

方案一旨在吸引老客户。方案一的实施需花费约 450 万元。实施方案后, 估计转移概率矩阵为:

$$P_1 = \begin{pmatrix} 0.4 & 0.3 & 0.3 \\ 0.3 & 0.7 & 0 \\ 0.6 & 0.1 & 0.3 \end{pmatrix}$$

方案二希望吸引厂家 1 和厂家 3 的客户。方案的实施需花费大约 400 万元。实施方案后, 估计转移概率矩阵为:

$$P_2 = \begin{pmatrix} 0.3 & 0.5 & 0.2 \\ 0.6 & 0.3 & 0.1 \\ 0.4 & 0.5 & 0.1 \end{pmatrix}$$

试选择最佳方案。

解: 方案一, 显然 P_1^2 的所有元素都大于 0, 所以 P_1 为正规矩阵。故 P_1 有唯一的固定点 $u = (u_1, u_2, u_3)$。

解线性方程组:

$$\begin{cases} (P_1^T - I) u^T = 0 \\ u_1 + u_2 + u_3 = 1 \end{cases}$$

即

$$\begin{cases} -0.6u_1 + 0.3u_2 + 0.6u_3 = 0 \\ 0.3u_1 - 0.3u_2 + 0.1u_3 = 0 \\ 0.3u_1 - 0.7u_3 = 0 \\ u_1 + u_2 + u_3 = 1 \end{cases}$$

得唯一解:

$$u = (0.39, 0.44, 0.17)$$

因此, 当市场达到均衡状态时, 厂家 2 的市场占有率达到 44%, 比原来增加了 19 个百分点, 由此增加的利润为:

$$0.19 \times 100 \times 50 = 950 (万元)$$

方案一的成本为 450 万元, 因而实际比原来多获利 500 万元。

方案二, 类似地可得到 P_2 的固定概率向量为 $u = (0.44, 0.42, 0.14)$。即, 当市场达到均衡状态时, 厂家 2 的市场占有率为 42%, 比原来增加了 17 个百分点, 由此增加的利润为:

$$0.17 \times 100 \times 50 = 850 (万元)$$

实施方案二的成本为 400 万元。因而实际比原来多获利 450 万元。

比较方案一和方案二可知, 实施方案一要比实施方案二多获利 50 万元。因此应选择方案一。

第四节　吸收态马尔科夫链及其应用

一、状态的分类

前面三节对马尔科夫链的基本概念、基本性质及其应用进行了讨论。如果对马尔科夫链作深入的探讨,必须对状态空间中各状态在相互转移过程中的相互联系与相互区别作进一步的分析和研究。先看下面的例子:

【例 7 – 18】设马尔科夫链的一步转移概率矩阵为:

$$P = \begin{pmatrix} 0.2 & 0.2 & 0 & 0.6 \\ 0 & 0.5 & 0.5 & 0 \\ 0 & 0.8 & 0.2 & 0 \\ 0 & 0 & 0 & 1 \end{pmatrix}$$

试分析状态转移过程中各状态的特点。

解:根据转移概率矩阵 P,将状态 1、2、3、4 的转移情况绘成图。如图 7 – 2 所示。这样的图称为马尔科夫链状态传递图(或马尔科夫链状态转移图)。

图 7 – 2

由图 7 – 2 可以看出,状态 2 和 3 可以相互转移,但它们都不能转移到其他状态。状态 1 可以转移到状态 2 和 4,但其他状态都不能到达状态 1。状态 4 不能向其他任何状态转移。

显然,马尔科夫链的各状态在状态转移过程中具有不同的特点,根据这些特点可以对状态进行分类。为此给出如下定义:

定义 7 – 10　设马尔科夫链的状态空间为 $S = \{1,2,3,\cdots,n\}$。从状态 i 到状态 j 的 k 步转移概率为 $p_{ij}(k)$,$k = 1,2,3,\cdots$

(1)如果存在自然数 m,使得 $p_{ij}(m) > 0$,则称状态 i 可到达状态 j,记为 $\boxed{i \rightarrow j}$;否则,称状态 i 不能达到状态 j,记为 $\boxed{i \nrightarrow j}$。如果 $\boxed{i \rightarrow j}$,且 $\boxed{j \rightarrow i}$,则称状态 i 与状态 j 是相通的,记为 $\boxed{i \longleftrightarrow j}$ 或 $\boxed{i \rightleftarrows j}$。比如,在例 7 – 18 中,状态 2 与状态

3 是相通的。

(2)如果 S 的子集 $S_\alpha = \{i_1, i_2, \cdots, i_r\}$ 的任意两个状态都是相通的,则称 S_α 是一个相通类。

(3)如果一个相通类 S_α 的任何一个状态都不能到达 S_α 之外的任何一个状态,则称 S_α 是一个封闭类。如果一个封闭类仅由一个状态构成,则称此状态为吸收态。

比如,在例 7 - 18 中,$S_\alpha = \{2, 3\}$ 是一个封闭类。状态 4 是吸收态。

(4)若在一个相通类 S_α 中存在一状态可到达 S_α 之外的某一状态,则称 S_α 是一过渡类。比如,在例 6 - 18 中,状态 1 构成一个过渡类。过渡类中的元素称为过渡态。

【例 7 - 19】设马尔科夫链的转移概率矩阵为:

$$P = \begin{pmatrix} 0.4 & 0.6 & 0 & 0 & 0 \\ 0.5 & 0.5 & 0 & 0 & 0 \\ 0.5 & 0 & 0.2 & 0.3 & 0 \\ 0 & 0 & 0 & 0.7 & 0.3 \\ 0 & 0 & 0 & 0.2 & 0.8 \end{pmatrix}$$

状态空间为 $S = \{1, 2, 3, 4, 5\}$,试对其状态进行分类。

解:先作马尔科夫链状态传递图。如图 7 - 3 所示。

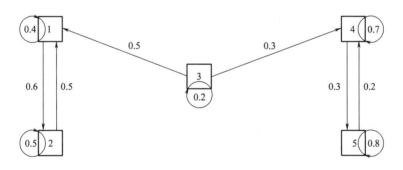

图 7 - 3

由图 7 - 3 可以看出,S 的子集 $\{1, 2\}$ 与 $\{4, 5\}$ 都是相通类,同时也都是封闭类。状态 3 是过渡态。此马尔科夫链没有吸收态。

在此例中还可以看到,由于任何其他状态都不能到达状态 3,所以状态 3 经 k 步转移仍处于状态 3 的概率为 $p_{33}(k) = (0.2)^k, k = 1, 2, 3, \cdots$(这意味着每一步状态 3 都可能在状态 3 处停留)。因为 $\lim\limits_{k \to \infty} p_{33}(k) = \lim\limits_{k \to \infty} (0.2)^k = 0$,所以状态 3 最终停留在状态 3 处是不可能的。换句话说,状态 3 最终必然被某个封闭类所吸收。

一般地,有如下结论:

定理7-3 设 S_α 是马尔科夫链的过渡类,则 S_α 中的任一状态都必然被某一封闭类所吸收。

(此定理的证明从略)

二、过渡分析

由定理7-3知,过渡类中的任一状态都必然被某一封闭类所吸收。那么:

(1)从过渡态 i 开始,在被某一封闭类吸收之前,访问过渡态 j 的平均次数是多少?

(2)从过渡态 i 开始,在被某一封闭类吸收之前,在过渡类停留的平均次数是多少?

(3)从过渡态 i 开始,被某一封闭类吸收的概率是多少?

过渡分析回答了上面的这些问题。

(一)马尔科夫链的标准形

定义7-11 如果将马尔科夫链的转移概率矩阵的行列重排得到如下形式的矩阵:

$$\begin{pmatrix} P_1 & O \\ R & Q \end{pmatrix} \text{或} \begin{pmatrix} Q & R \\ O & P_1 \end{pmatrix} \tag{7.4.1}$$

则称形如(7.4.1)的矩阵为马尔科夫链的标准形。

显然,如果先排列封闭类各状态向其他状态转移的概率向量,后排列过渡类中各状态向其他状态转移的概率向量,并对列进行相应的重排,那么就得到形如

$$\begin{pmatrix} P_1 & O \\ R & Q \end{pmatrix}$$

的标准形。反之,则得到形如

$$\begin{pmatrix} Q & R \\ O & P_1 \end{pmatrix}$$

的标准形。其中 P_1 为 r 阶方阵, r 是封闭类中状态的个数, Q 为 $n-r$ 阶方阵。 $n-r$ 是过渡类中状态的个数。

【例7-20】设马尔科夫链的转移概率矩阵为:

$$P = \begin{array}{c} 1 \\ 2 \\ 3 \\ 4 \\ 5 \end{array} \begin{pmatrix} 1 & 0 & 0 & 0 & 0 \\ 0.6 & 0 & 0.4 & 0 & 0 \\ 0 & 0.6 & 0 & 0.4 & 0 \\ 0 & 0 & 0.6 & 0 & 0.4 \\ 0 & 0 & 0 & 0 & 1 \end{pmatrix}$$

试写出马尔科夫链的标准形。

解：作状态传递图，如图 7-4 所示。

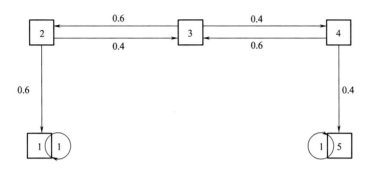

图 7-4

由图 7-4 知，状态 2,3,4 构成过渡类，状态 1 和 5 都是吸收态。

先排列状态 1 和 5，后排列状态 2,3,4，得如下标准形：

$$P = \begin{array}{c} \\ 1 \\ 5 \\ 2 \\ 3 \\ 4 \end{array} \begin{array}{ccccc} 1 & 5 & 2 & 3 & 4 \\ \left(\begin{array}{ccc:ccc} 1 & 0 & 0 & 0 & 0 \\ 0 & 1 & 0 & 0 & 0 \\ \hdashline 0.6 & 0 & 0 & 0.4 & 0 \\ 0 & 0 & 0.6 & 0 & 0.4 \\ 0 & 0.4 & 0 & 0.6 & 0 \end{array}\right) \end{array} = \begin{pmatrix} P_1 & O \\ R & Q \end{pmatrix}$$

其中 $P_1 = I_2$（I_2 是 2 阶单位矩阵）。

$$R = \begin{pmatrix} 0 & 0 \\ 0 & 0.4 \end{pmatrix} \qquad Q = \begin{pmatrix} 0 & 0.4 & 0 \\ 0.6 & 0 & 0.4 \\ 0 & 0.6 & 0 \end{pmatrix}$$

先排列状态 2,3,4，后排列状态 1 和 5，得如下形式的标准形：

$$P = \begin{array}{c} \\ 2 \\ 3 \\ 4 \\ 1 \\ 5 \end{array} \begin{array}{ccccc} 2 & 3 & 4 & 1 & 5 \\ \left(\begin{array}{ccc:cc} 0 & 0.4 & 0 & 0.6 & 0 \\ 0.6 & 0 & 0.4 & 0 & 0 \\ 0 & 0.6 & 0 & 0 & 0.4 \\ \hdashline 0 & 0 & 0 & 1 & 0 \\ 0 & 0 & 0 & 0 & 1 \end{array}\right) \end{array} = \begin{pmatrix} Q & R \\ O & P_1 \end{pmatrix}$$

其中 P_1、R、Q 同上。

（二）基本矩阵

定义 7-12 设马尔科夫链的标准形为：

$$P = \begin{pmatrix} P_1 & O \\ R & Q \end{pmatrix}$$

则称矩阵 $M = (I - Q)^{-1}$ 为马尔科夫链的基本矩阵。

引理 7-1　基本矩阵 $M = (I - Q)^{-1}$ 必存在。

证明：由分块矩阵的乘法，得：

$$P^n = \begin{pmatrix} P_1^n & O \\ R_n & Q^n \end{pmatrix}$$

其中

$$R_1 = R, R_n = R_{n-1} P_1 + Q^{n-1} R$$

由定理 7-3，有：

$$\lim_{n \to \infty} Q^n = 0$$

由矩阵的乘法，有

$$(I - Q) \sum_{k=0}^{n-1} Q^k = I - Q^n \qquad (\text{其中 } Q^0 = I)$$

于是

$$(I - Q) \sum_{k=0}^{\infty} Q^k = \lim_{n \to \infty} (I - Q) \sum_{k=0}^{\infty} Q^k = \lim_{n \to \infty} (I - Q^n) = I - \lim_{n \to \infty} Q^n = I$$

因此，$M = (I - Q)^{-1}$ 必存在，且

$$M = (I - Q)^{-1} = I + Q + Q^2 + \cdots + Q^n + \cdots$$

定理 7-4　设 $S_\alpha = \{i_1, i_2, \cdots, i_{n-r}\}$ 是马尔科夫链的过渡类。$M = (I - Q)^{-1}$ 是基本矩阵，则 $M - I$ 的第 s 行第 t 列元素等于从状态 i_s 开始，在被吸收之前访问过渡态 i_t 的期望次数或平均次数。

证明：设马尔科夫链的标准形为：

$$P = \begin{pmatrix} P_1 & O \\ R & Q \end{pmatrix}$$

则 k 步转移概率矩阵为：

$$P(k) = P^k = \begin{pmatrix} P_1^k & O \\ R_k & Q^k \end{pmatrix}$$

于是从过渡态 i_s 开始，经 k 步转移到达 i_t 的 k 步转移概率 $p_{i_s i_t}(k)$ 恰好是 Q^k 的第 s 行第 t 列元素。

由于从过渡态 i_s 开始，在被一封闭类吸收之前访问过渡态 i_t 的平均次数为：

$$p_{i_s i_t}(1) + p_{i_s i_t}(2) + \cdots + p_{i_s i_t}(k) + \cdots$$

所以这个平均次数刚好是矩阵的第 s 行第 t 列元素。

$$M - I = Q^1 + Q^2 + \cdots + Q^k + \cdots$$

由此证明可以看出,当 $s \neq t$ 时,这个平均数恰好等于矩阵 M 的第 s 行第 t 列元素 $m_{i_s i_t}$。当 $s = t$ 时,这个平均数恰好等于矩阵 M 的第 s 行第 s 列的元素减 1,即 $m_{i_s i_s} - 1$。

定理 7-5　设 $S_\alpha = \{i_1, i_2, \cdots, i_{n-r}\}$ 是马尔科夫链的过渡类,$M = (m_{i_s i_t})$ 是马尔科夫链的基本矩阵。则从过渡态 i_s 出发,最终进入一个封闭类之前转移的期望总步数为:

$$m_{i_s i_1} + m_{i_s i_2} + \cdots + m_{i_s i_{n-r}} - 1$$

此定理可由定理 7-4 及其证明直接获得。

定理 7-6　设 $S_\alpha = \{i_1, i_2, \cdots, i_{n-r}\}$ 是马尔科夫链的过渡类。$\bar{S}_\alpha = \{j_1, j_2, \cdots, j_r\}$ 是封闭类的并集。M 是基本矩阵,R 是标准形中的 R。则矩阵 $B = MR$ 的第 s 行第 t 列元素 b_{st} 恰好等于马尔科夫链从过渡态 i_s 开始,通过访问一封闭类中的状态 j_t 而被该封闭类吸收的概率。

证明:设 $p_{i_s i_l}(k)$ 是由过渡态 i_s 经 k 步转移到达过渡态 i_l 的 k 步转移概率,则 $p_{i_s i_l}(k)$ 恰好是 Q^k 的第 s 行第 l 列的元素(在这里,规定 $Q^0 = I$)。

由于 $p_{i_l j_t}$ 是由过渡态 i_l 经一步转移到达一封闭类中的状态 j_t 的转移概率,所以由过渡态 i_s 开始,在过渡类中经 k 步转移到达 i_l 后,再通过访问 j_t 而被一封闭类吸收的概率为:

$$\sum_{l=1}^{n-r} p_{i_s i_l}(k) \cdot p_{i_l j_t}$$

其恰好为矩阵 $Q^k R$ 的第 s 行第 t 列元素。因此,从过渡态 i_s 开始,通过访问 j_t 而被吸收的概率为:

$$\sum_{k=0}^{\infty} \left(\sum_{l=1}^{n-r} p_{i_s i_l}(k) p_{i_l j_t} \right)$$

它恰好是矩阵

$$\sum_{k=0}^{+\infty} Q^k R = \left(\sum_{k=0}^{+\infty} Q^k \right) R = MR$$

的第 s 行第 t 列的元素。因此定理得证。

【例 7-21】设马尔科夫链的一步转移概率矩阵为:

$$P = \begin{matrix} 1 \\ 2 \\ 3 \\ 4 \end{matrix} \begin{pmatrix} 0 & 0.4 & 0.2 & 0.4 \\ 0.4 & 0 & 0 & 0.6 \\ 0 & 0 & 1 & 0 \\ 1 & 0 & 0 & 0 \end{pmatrix}$$

试分析基本矩阵 M 和 $B = MR$ 的含义。

解:作状态传递图。如图 7-5 所示。

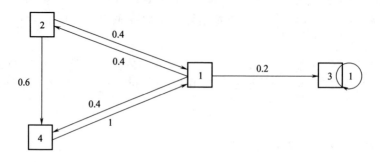

图 7 – 5

由图 7 – 5 可以看出,状态 1,2,4 是过渡态,状态 3 是吸收态。

按照状态 3、2、1、4 的顺序重排转移概率矩阵,得如下标准形:

$$
\begin{array}{c@{}c}
 & \begin{array}{cccc} 3 & 2 & 1 & 4 \end{array} \\
\begin{array}{c} 3 \\ 2 \\ 1 \\ 4 \end{array} &
\left(\begin{array}{c:ccc}
1 & 0 & 0 & 0 \\ \hdashline
0 & 0 & 0.4 & 0.6 \\
0.2 & 0.4 & 0 & 0.4 \\
0 & 0 & 1 & 0
\end{array}\right)
\end{array}
$$

其中

$$
R = \begin{array}{c} \\ \\ \\ \end{array}\overset{3}{\left(\begin{array}{c} 0 \\ 0.2 \\ 0 \end{array}\right)}
$$

$$
Q = \begin{array}{c} 2 \\ 1 \\ 4 \end{array}\left(\begin{array}{ccc} 0 & 0.4 & 0.6 \\ 0.4 & 0 & 0.4 \\ 0 & 1 & 0 \end{array}\right)
$$

$$
M = (I - Q)^{-1} = \begin{array}{c} 2 \\ 1 \\ 4 \end{array}\left(\begin{array}{ccc} 3 & 5 & 3.8 \\ 2 & 5 & 3.2 \\ 2 & 5 & 4.1 \end{array}\right)
$$

$$
M - I = \begin{array}{c} 2 \\ 1 \\ 4 \end{array}\left(\begin{array}{ccc} 2 & 5 & 3.8 \\ 2 & 4 & 3.2 \\ 2 & 5 & 3.1 \end{array}\right)
$$

$$
B = MR = \begin{array}{c} 2 \\ 1 \\ 4 \end{array}\left(\begin{array}{ccc} 3 & 5 & 3.8 \\ 2 & 5 & 3.2 \\ 2 & 5 & 4.1 \end{array}\right)\overset{3}{\left(\begin{array}{c} 0 \\ 0.2 \\ 0 \end{array}\right)} = \begin{array}{c} 2 \\ 1 \\ 4 \end{array}\overset{3}{\left(\begin{array}{c} 1 \\ 1 \\ 1 \end{array}\right)}
$$

由矩阵 $M-I$ 可知,从过渡态 2 开始,在被吸收之前访问过渡态 2、1、4 的平均次数分别为 2 次、5 次和 3.8 次。在过渡类中停留的平均总次数为 $2+5+3.8=10.8$ 次。

对于过渡态 1 和 4,情况类同。

由矩阵 B 可知,过渡态 2、1 和 4 均以概率 1 被状态 3 所吸收。

【例 7-22】设马尔科夫链的转移概率矩阵为:

$$P = \begin{array}{c} 1 \\ 2 \\ 3 \\ 4 \\ 5 \\ 6 \end{array}\begin{pmatrix} 0.7 & 0.3 & 0 & 0 & 0 & 0 \\ 0.4 & 0.6 & 0 & 0 & 0 & 0 \\ 0.6 & 0 & 0 & 0.4 & 0 & 0 \\ 0 & 0 & 0.5 & 0 & 0 & 0.5 \\ 0 & 0 & 0 & 0 & 0.1 & 0.9 \\ 0 & 0 & 0 & 0 & 0.2 & 0.8 \end{pmatrix}$$

试对过渡态被吸收的情况进行分析。

解:作状态转移图。如图 7-6 所示。

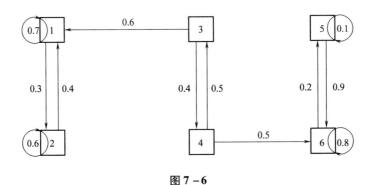

图 7-6

由图 7-6 可以看出,状态 1 和状态 2 与状态 5 和状态 6 分别构成封闭类。状态 3 和状态 4 都是过渡态。

按封闭类、过渡类的顺序重新排列转移概率矩阵,得如下标准形:

$$\begin{array}{c} 1 \\ 2 \\ 5 \\ 6 \\ 3 \\ 4 \end{array}\left(\begin{array}{cccc:cc} 0.7 & 0.3 & 0 & 0 & 0 & 0 \\ 0.4 & 0.6 & 0 & 0 & 0 & 0 \\ 0 & 0 & 0.1 & 0.9 & 0 & 0 \\ 0 & 0 & 0.2 & 0.8 & 0 & 0 \\ \hdashline 0.6 & 0 & 0 & 0 & 0 & 0.4 \\ 0 & 0 & 0.5 & 0 & 0.5 & 0 \end{array}\right)$$

其中

$$Q = \begin{matrix} 3 \\ 4 \end{matrix} \begin{pmatrix} 0 & 0.4 \\ 0.5 & 0 \end{pmatrix}$$

$$R = \begin{matrix} & 1 & 2 & 5 & 6 \\ & \begin{pmatrix} 0.6 & 0 & 0 & 0 \\ 0 & 0 & 0.5 & 0 \end{pmatrix} \end{matrix}$$

$$M = (I - Q)^{-1} = \begin{matrix} 3 \\ 4 \end{matrix} \begin{pmatrix} 1.25 & 0.5 \\ 0.625 & 1.25 \end{pmatrix}$$

$$M - I = \begin{matrix} 3 \\ 4 \end{matrix} \begin{pmatrix} 0.25 & 0.5 \\ 0.625 & 0.25 \end{pmatrix}$$

$$B = \begin{matrix} 3 \\ 4 \end{matrix} \begin{pmatrix} 1.250 & 0.500 \\ 0.625 & 0.250 \end{pmatrix} \begin{matrix} 1 & 2 & 5 & 6 \\ \begin{pmatrix} 0.6 & 0 & 0 & 0 \\ 0 & 0 & 0.5 & 0 \end{pmatrix} \end{matrix} = \begin{matrix} 3 \\ 4 \end{matrix} \begin{matrix} 1 & 2 & 5 & 6 \\ \begin{pmatrix} 0.750 & 0 & 0.250 & 0 \\ 0.375 & 0 & 0.625 & 0 \end{pmatrix} \end{matrix}$$

由矩阵 $M - I$ 可知,从过渡态 3 开始,在被封闭类吸收之前访问过渡态 3 和 4 的平均次数分别为 $\frac{1}{4}$ 次和 $\frac{1}{2}$ 次;在过渡类中停留的平均总次数为 $\frac{1}{4} + \frac{1}{2} = \frac{3}{4}$ 次。

对过渡态 4 的情况类同。

由矩阵 $B = MR$ 可知,从状态 3 开始,转移到封闭类{1,2}的概率为 0.75,被封闭类{5,6}吸收的概率为 0.25。从状态 4 开始,分别被封闭类{1,2}和{5,6}吸收的概率分别为 0.375 和 0.625。

三、吸收态马尔科夫链的应用举例

(一)银行贷款回收问题

【例 7-23】某商业银行在结算时发现,账目未结清的客户共有 800 户。其中欠款时间为一年的有 400 户,两年的有 250 户,三年的有 150 户。银行规定,如果三年后仍不还款,则将其列入呆账(指无法收回的应收账款)。根据以往经验,还款情况随欠款时间转移的概率分布如表 7-4 所示。

表 7-4 还款情况随欠款时间转移的概率分布表

	1 年	2 年	3 年	还清	呆账
1	0	0.3	0	0.6	0.1
2	0	0	0.5	0.3	0.2
3	0	0	0	0.4	0.6
还清	0	0	0	1	0
呆账	0	0	0	0	1

(1)试分析两年后应收账款的分布情况。

(2)试分析应收账款的最终分布情况。

解:这是一个马尔科夫链问题。状态空间为 $S = \{1,2,3,4,5\}$,其中状态 4 是还清,状态 5 是呆账。

由题设知,一步转移概率矩阵为:

$$P = \begin{matrix} 1 \\ 2 \\ 3 \\ 4 \\ 5 \end{matrix} \begin{pmatrix} 0 & 0.3 & 0 & \vdots & 0.6 & 0.1 \\ 0 & 0 & 0.5 & \vdots & 0.3 & 0.2 \\ 0 & 0 & 0 & \vdots & 0.4 & 0.6 \\ \hdashline 0 & 0 & 0 & \vdots & 1 & 0 \\ 0 & 0 & 0 & \vdots & 0 & 1 \end{pmatrix}$$

恰好是标准形。其中

$$Q = \begin{pmatrix} 0 & 0.3 & 0 \\ 0 & 0 & 0.5 \\ 0 & 0 & 0 \end{pmatrix} \qquad R = \begin{pmatrix} 0.6 & 0.1 \\ 0.3 & 0.2 \\ 0.4 & 0.6 \end{pmatrix}$$

(1)因为连续两年的转移概率矩阵为:

$$P(2) = P^2 = \begin{pmatrix} 0 & 0 & 0.15 & 0.69 & 0.16 \\ 0 & 0 & 0 & 0.5 & 0.5 \\ 0 & 0 & 0 & 0.4 & 0.6 \\ 0 & 0 & 0 & 1 & 0 \\ 0 & 0 & 0 & 0 & 1 \end{pmatrix}$$

所以,两年后未结清欠款的客户的构成为:

$$(400,250,150,0,0)P(2) = (0,0,60,461,279)$$

这说明,两年后,800 户中平均有 461 户已结清,279 户已变为呆账,还有 60 户尚未还清。

(2)由于

$$M = (I - Q)^{-1} = \begin{matrix} 1 \\ 2 \\ 3 \end{matrix} \begin{pmatrix} 1 & 0.3 & 0.15 \\ 0 & 1 & 0.5 \\ 0 & 0 & 1 \end{pmatrix}$$

所以

$$B = MR = \begin{pmatrix} 1 & 0.3 & 0.15 \\ 0 & 1 & 0.5 \\ 0 & 0 & 1 \end{pmatrix} \begin{pmatrix} 0.6 & 0.1 \\ 0.3 & 0.2 \\ 0.4 & 0.6 \end{pmatrix} = \begin{matrix} 4 & 5 \\ \begin{pmatrix} 0.75 & 0.25 \\ 0.5 & 0.5 \\ 0.4 & 0.6 \end{pmatrix} \end{matrix}$$

由矩阵 B 可以看出,处于状态 1,即欠款一年的 400 个应收账款中有 75% 将被状态 4 吸收,其余 25% 将被状态 5 吸收。也就是说,平均有 300 个应收账款将结清,其余 100 个将成为呆账,同理欠款两年的 250 个应收账款中,平均有一半会结清,另一半会成为呆账。欠款三年的150个应收账款中,平均有60个将结清,其余90个将成为呆账。

因此,在总共800个应收账款中,平均来说,最终将有485个结清,其余315个成为呆账。

（二）保修费估计问题

【例7-24】某手机生产厂家出售的手机有三年的保修期。假设保修期内一旦产品需要修理,修理后就能保证在保修期内不需再修。对出售的产品分5种状态进行考查。状态i表示产品出售时间在第i年内（$i=1,2,3$）,状态4表示保修期满,状态5表示产品需要修理。根据以往经验,一步转移概率矩阵为:

$$P = \begin{matrix} 1 \\ 2 \\ 3 \\ 4 \\ 5 \end{matrix} \begin{pmatrix} 0 & 0.95 & 0 & 0 & 0.05 \\ 0 & 0 & 0.90 & 0 & 0.10 \\ 0 & 0 & 0 & 0.80 & 0.20 \\ 0 & 0 & 0 & 1 & 0 \\ 0 & 0 & 0 & 0 & 1 \end{pmatrix}$$

假设最近三年已售出产品的情况为:出售时间在一年内的有30万个,满一年不到两年的有20万个,满两年不足三年的有10万个,用向量$v=(30,20,10)$表示。试对已售出产品所需的保修费进行估计（假设平均每个手机的修理费为20元）。

解:这是马尔科夫链问题。转移概率矩阵恰好是标准形,其中

$$Q = \begin{matrix} 1 \\ 2 \\ 3 \end{matrix} \begin{pmatrix} 0 & 0.95 & 0 \\ 0 & 0 & 0.90 \\ 0 & 0 & 0 \end{pmatrix} \qquad R = \begin{matrix} 1 \\ 2 \\ 3 \end{matrix} \begin{matrix} 4 & 5 \\ \begin{pmatrix} 0 & 0.05 \\ 0 & 0.10 \\ 0.80 & 0.20 \end{pmatrix} \end{matrix}$$

基本矩阵为:

$$M = (I-Q)^{-1} = \begin{matrix} 1 \\ 2 \\ 3 \end{matrix} \begin{pmatrix} 1 & 0 & 0.855 \\ 0 & 1 & 0.900 \\ 0 & 0 & 1 \end{pmatrix}$$

于是

$$B = MR = \begin{pmatrix} 1 & 0.950 & 0.855 \\ 0 & 1 & 0.900 \\ 0 & 0 & 1 \end{pmatrix} \begin{pmatrix} 0 & 0.05 \\ 0 & 0.10 \\ 0.80 & 0.20 \end{pmatrix} = \begin{matrix} 1 \\ 2 \\ 3 \end{matrix} \begin{matrix} 4 & 5 \\ \begin{pmatrix} 0.684 & 0.316 \\ 0.720 & 0.280 \\ 0.800 & 0.200 \end{pmatrix} \end{matrix}$$

由矩阵B可以看出,在出售时间不满一年的30万个手机中,约有$30 \times 31.6\% = 9.48$万个需要修理,满一年不足两年的20万个手机中,约有$20 \times 28\% = 5.6$万个需要修理,满两年不满三年的10万个手机中,约有$10 \times 20\% = 2$

万个需要修理。因此,在已售出的 60 万个手机中,约有 17.08 万个需要修理。显然,通过计算

$$vB = (30,20,10) \begin{pmatrix} 0.684 & 0.316 \\ 0.720 & 0.280 \\ 0.800 & 0.200 \end{pmatrix} = (42.92, 17.08)$$

可直接得到需要修理的手机为 17.08 万个。修理费用约为 $17.08 \times 20 = 341.6$ 万元。

习　题

1. 设马尔科夫链的状态空间为 $S = \{1,2,3\}$,一步转移概率矩阵为:

$$P = \begin{pmatrix} 0 & 0.2 & 0.8 \\ 0 & 1 & 0 \\ 0.6 & 0.4 & 0 \end{pmatrix}$$

(1)求三步转移概率矩阵。

(2)写出 t 时刻之状态 1 到 $t+3$ 时刻各状态的转移概率。

2. 设马尔科夫链的状态空间为 $S = \{1,2\}$,初始分布为 $p^0 = (\frac{1}{2}, \frac{1}{2})$,一步转移概率矩阵为:

$$P = \begin{pmatrix} 0 & 1 \\ 0.6 & 0.4 \end{pmatrix}$$

求 $t = 3$ 时刻的绝对分布。

3. 判断下列矩阵哪些是正规矩阵,哪些不是正规矩阵。并求出正规矩阵的固定概率向量。

$$(1) P = \begin{pmatrix} 1 & 1 \\ 0 & 1 \end{pmatrix}$$

$$(2) P = \begin{pmatrix} 0.2 & 0.4 & 0.4 \\ 0.3 & 0.3 & 0.4 \\ 0.5 & 0.3 & 0.1 \end{pmatrix}$$

$$(3) P = \begin{pmatrix} 0 & 0 & 1 \\ 1 & 0 & 0 \\ \frac{1}{3} & \frac{1}{3} & \frac{1}{3} \end{pmatrix}$$

4. 设马尔科夫链的一步转移概率矩阵为:

$$P = \begin{pmatrix} 0 & 1 & 0 \\ 0 & 0 & 1 \\ 0.5 & 0.5 & 0 \end{pmatrix}$$

对充分大的自然数 k,求 k 步转移概率矩阵 $P(k)$ 的近似矩阵。

5. 设有甲、乙、丙三种商品,目前的市场占有率分别为 $(0.4,0.3,0.2)$,购买这三种商品的顾客流动转移概率矩阵为:

$$P = \begin{pmatrix} 0.5 & 0.25 & 0.25 \\ 0.4 & 0.3 & 0.3 \\ 0.6 & 0.2 & 0.2 \end{pmatrix}$$

假设顾客的流动转移是按月统计的,求两个月后,这三种商品的市场占有率。如果市场环境一直不发生变化,那么三种商品的最终市场占有率是多少? 它们与目前的市场占有率有关吗?

6. 设某市场销售 A,B,C 三种品牌的同类型产品,购买该产品的顾客变动情况如下:过去买 A 牌产品的顾客,在下一季度中有 20% 转买 B 牌产品,25% 转买 C 牌产品;原来买 B 牌产品的顾客,有 30% 转买 A 牌产品,有 20% 转买 C 牌产品;原买 C 牌产品的顾客中有 15% 转买 A 牌产品,有 25% 转买 B 牌产品,问目前的市场条件如果持续下去是否对生产 A 牌产品的工厂有利?

7. 设某地区有 A,B,C 三个农药公司生产同种用途的产品。该地区市场总客户假定为 1 万户,上一生产季节市场占有率分别为 A 公司50%、B 公司30% 、C 公司20%。C 公司不甘于此,本生产季节改进服务,大力吸收新顾客,关照老客户,结果市场情况变化如下面矩阵所示:

$$\begin{array}{c} \\ A \\ B \\ C \end{array} \begin{array}{ccc} A & B & C \\ \begin{pmatrix} 3\,500 & 500 & 1\,000 \\ 300 & 2\,400 & 300 \\ 100 & 100 & 1\,800 \end{pmatrix} \end{array}$$

其中第一行表示原来购买 A 公司产品的顾客仍购买 A 公司产品的有 3 500 个,转向购买 B 公司和 C 公司产品的顾客分别为 500 和 1 000 个。第二行与第三行类同。

(1)试求购买该种产品的顾客在三种产品之间转移的概率矩阵。

(2)假设这种市场状况会持续下去,那么三个公司产品的市场占有率是多少? 与上个生产季节相比,C 公司的市场占有率发生了怎样的变化?

8. 某产品每月的市场状态有畅销和滞销两种,三年来有如下记录,见表 7 – 5,"1"代表畅销,"2"代表滞销。

表 7 - 5

月份	1	2	3	4	5	6	7	8	9	10	11	12	13	14	15	16
市场状态	1	1	1	2	2	1	1	1	1	1	2	2	1	2	1	1
月份	17	18	19	20	21	22	23	24	25	26	27	28	29	30	31	32
市场状态	1	1	2	2	2	1	2	1	2	1	1	1	2	2	1	1

（1）求市场状态转移的一步和二步转移概率矩阵。

（2）若从畅销到畅销利润为 50 万元，从畅销到滞销利润为 30 万元，从滞销到滞销亏损 10 万元，从滞销到畅销利润为 15 万元。求未来三个月的期望利润。

9. 某高等学校为编制师资发展规划，需要预测未来教师队伍构成比例。现将教师状况分为五类：助教、讲师、副教授、教授、流失和退休。目前状态向量 $v_0 = (140, 250, 120, 60, 0)$，根据以往资料，各类之间转移概率矩阵如下：

$$P = \begin{pmatrix} 0.6 & 0.4 & 0 & 0 & 0 \\ 0 & 0.6 & 0.25 & 0 & 0.15 \\ 0 & 0 & 0.5 & 0.3 & 0.2 \\ 0 & 0 & 0 & 0.80 & 0.2 \\ 0 & 0 & 0 & 0 & 1 \end{pmatrix}$$

（助教　讲师　副教授　教授　流退）

试求三年后的教师结构以及为保持三年内编制不变应进的人数。

10. 根据以下所给的马尔科夫链的一步转移概率矩阵作状态传递图，并分析各状态的类型。

$$(1) P = \begin{pmatrix} 0.1 & 0.2 & 0.7 & 0 & 0 \\ 0.4 & 0.6 & 0 & 0 & 0 \\ 0 & 0.3 & 0.3 & 0.1 & 0.3 \\ 0 & 1 & 0 & 0 & 0 \\ 0 & 0 & 0 & 0 & 1 \end{pmatrix}$$

$$(2) P = \begin{pmatrix} 1 & 0 & 0 & 0 & 0 \\ 0 & 0 & 1 & 0 & 0 \\ 0.2 & 0.3 & 0.3 & 0.2 & 0 \\ 0 & 0 & 0.5 & 0 & 0.5 \\ 0 & 0 & 0 & 0 & 1 \end{pmatrix}$$

11. 设马尔科夫链的一步转移概率矩阵为：

$$P = \begin{pmatrix} 1 & 0 & 0 & 0 & 0 \\ 0.6 & 0 & 0.4 & 0 & 0 \\ 0 & 0.6 & 0 & 0.4 & 0 \\ 0 & 0 & 0.6 & 0 & 0.4 \\ 0 & 0 & 0 & 0 & 1 \end{pmatrix}$$

(1)作马尔科夫链的状态转移图。

(2)写出马尔科夫链的标准形。

(3)求基本矩阵 M 及 $B = MR$,并解释 M 和 B 的第二行第三列元素的含义。

12. 某银行把它应收的短期贷款期限定为 1 个季度,即转移期为 1 季度,并规定将超过 3 个季度不能收回的短期贷款划为呆账。贷款状态划分为 $S = ($ 欠 1 季,欠 2 季,欠 3 季,结清,呆账),假定未来应分期收回的贷款向量为 $k = (4, 2, 1)$,单位:千万元。据经验估计,转移概率矩阵为:

$$P = \begin{matrix} 1 \\ 2 \\ 3 \\ 结清 \\ 呆账 \end{matrix} \begin{pmatrix} 0 & 0.8 & 0 & 0.2 & 0 \\ 0 & 0 & 0.5 & 0.5 & 0 \\ 0 & 0 & 0 & 0.7 & 0.3 \\ 0 & 0 & 0 & 1 & 0 \\ 0 & 0 & 0 & 0 & 1 \end{pmatrix}$$

根据以上资料,计算短期贷款的回收率。

回归分析预测法

在社会经济活动中,经济现象之间客观地存在着各种各样的有机联系,这种联系经常表现为数量上的相互依存关系,例如,商品的需求量与价格之间、货币投放量与物价指数之间就存在着相互依存、相互制约的关系。回归分析预测法就是从各种经济现象之间的因果关系出发,通过对与预测对象有联系的经济现象变动趋势的分析,推算预测对象未来数量状态的一种预测方法。

第一节 回归分析的基本概念

一、相关分析与回归分析

(一)变量间的相互关系

现实世界中,各种变量之间的关系可分为两类:一类是确定的函数关系;另一类是不确定的相关关系。

函数关系反映的是变量之间存在的严格的数量依存关系。例如,当某种商品的价格 P 不变时,销售额 Y 与销售量 X 之间具有一一对应的确定性关系,即 $Y = PX$。这里,变量 X,Y 都是确定性变量,预测学中不研究这种函数关系。

相关关系反映的是变量之间存在着的非严格的依存关系。这种依存关系有两个显著特点:一是变量之间确实存在数量上的客观内在关系,表现为当一个变量数量上发生变化时,会影响到另一个变量数量上也相应地发生变化,例如,增加农作物施肥量会相应地提高亩产量;二是变量之间的数量依存关系不是确定的,具有一定的随机性,表现为当给定自变量的一个数值时,因变量可能会有若干个数值与之对应,并且因变量总是遵循一定的规律围绕这些数值的平均数上下波动,原因是影响因变量发生变化的因素不止一个。例如,影响农作物亩产量的因素除了施肥量之外,还与气温、降雨量、种子质量、耕作技术、农业政策及环境等多种因素有关。

（二）相关分析与回归分析

相关分析是研究两个或两个以上随机变量之间相互依存关系的密切程度,主要包括两个方面:一是确定变量间有无相关关系,这是相关分析的前提;二是确定相关关系的密切程度,这是相关分析的主要目的和主要内容。相关关系的密切程度可用相关系数或相关指数来衡量。线性相关时用相关系数表示,非线性相关时用相关指数表示,多元线性相关时用复相关系数和偏相关系数来表示。

回归分析是研究某一随机变量(因变量或被解释变量)与其他一个或多个确定性变量(自变量或解释变量)之间的数量变动关系。用回归分析的方法求出的关系式,称为回归模型。

相关分析与回归分析的区别在于相关分析只研究随机变量间的相关程度,无须考察因果关系,因此不需要区分因变量与自变量;而回归分析注重研究变量之间的因果关系,有因变量和自变量之分,并且因变量是随机变量,自变量往往是非随机变量,可通过自变量的变化对因变量作出估计或预测。两者的共同点在于,它们都是研究非确定性变量之间的关系。在实际工作中,一般先进行相关分析,由相关系数或相关指数的大小决定是否需要进行回归分析,在相关分析的基础上拟合出回归模型,以便进行推算和预测分析。

二、回归模型的种类

回归模型作为定量分析的主要工具,在预测分析中占有十分重要的地位。人们从不同的角度出发,将回归模型分为如下几类。

（一）一元回归模型和多元回归模型

根据模型自变量的多少,可分为一元回归模型和多元回归模型。一元回归模型是根据某一因变量与某一自变量之间的相关关系建立的模型;多元回归模型是根据某一因变量与两个或两个以上自变量之间的相关关系建立的模型。

（二）线性回归模型和非线性回归模型

根据模型是否有线性特征,可分为线性回归模型和非线性回归模型。在线性回归模型中,因变量与自变量之间的变动关系是呈直线形的。在非线性回归模型中,因变量与自变量的关系是呈曲线形的。

（三）普通回归模型和带虚拟变量回归模型

根据模型是否带虚拟变量,可分为普通回归模型和带虚拟变量回归模型。普通回归模型的自变量都是数量变量;带虚拟变量回归模型的自变量既有数量变量又有品质变量。例如,农作物亩产量不仅受施肥量、降雨量等数量变量的影响,而且也受地势和政府经济政策等品质变量的影响。

此外,根据回归模型是否用滞后的因变量作自变量,还可分为无自回归现象的回归模型和自回归模型。

三、线性回归模型

根据凯恩斯的绝对收入假设消费理论,认为消费是由收入唯一决定的,是收入的线性函数。消费随着收入的增加而增加,其数学描述为:

$$Y = \alpha + \beta X$$

式中:Y——消费额;

X——收入。

有三点需要注意。首先,在该方程中,似乎给定一个收入值即可以得到一个唯一确定的消费值,但实际上消费除了受到收入的影响外,还受到其他一些因素的影响,如消费者所处群体的平均收入水平、消费习惯、对未来收入的期望等,尽管这些因素对消费的影响不是主要的,甚至是很微小的,但确实是客观存在的;其次,所假定的线性关系并不是严格的而是近似的;再次,所给定的收入数据本身并不绝对准确地反映收入水平,具有收入数值的近似性。所以,更符合实际情况的是将消费与收入之间的关系用如下方程描述:

$$Y = \alpha + \beta X + u$$

式中:u——随机误差项。

根据该方程,每给定一个收入 X 的值,消费 Y 并不是唯一确定的,而是有许多值,它的概率分布与随机误差项 u 的概率分布相同。

引入随机误差项,将变量之间的关系用一个线性随机方程来描述,用随机数学的方法来估计方程中的参数,这就是线性回归模型的特征。

线性回归模型的一般形式为:

$$Y_i = \beta_0 + \beta_1 X_{1i} + \beta_2 X_{2i} + \cdots + \beta_k X_{ki} + u_i \qquad (i = 1, 2, \cdots, n)$$

式中:Y——被解释变量;

$X_1, X_2, \cdots, X_k$——解释变量；

k——解释变量的数目；

u——随机误差项；

i——观测值下标；

n——样本容量；

$\beta_0, \beta_1, \beta_2, \cdots, \beta_k$——模型参数。

　　客观经济现象是十分复杂的,很难用有限个变量和某一确定的形式来描述,这就是设置随机误差项的原因。随机误差项主要包括:①在解释变量中被忽略的影响因素;②变量观测值的观测误差;③模型的设定误差;④其他随机因素的影响。

第二节　一元线性回归分析预测法

　　一元线性回归模型是最简单的线性回归模型,由于模型中只有一个解释变量,其参数估计方法最为简单。因此,成为回归分析预测法的基础。一元线性回归模型的一般形式为:

$$Y_i = \beta_0 + \beta_1 X_i + u_i \qquad (i = 1, 2, \cdots, n) \qquad (8.2.1)$$

式中:Y_i——被解释变量；

　　　X_i——解释变量；

　　　β_0, β_1——模型参数；

　　　u_i——随机误差项。

一、一元线性回归模型的基本假设

　　为了保证模型参数的估计量具有良好的性质,通常对模型提出若干基本假设。对于一元线性回归模型(8.2.1)式通常要满足下面5个假设条件:

　　假设1:随机误差项 u_i 的数学期望值(均值)为零,即

$$\mathrm{E}(u_i) = 0 \qquad (i = 1, 2, \cdots, n)$$

　　这表明对 X 的每个观测值来说,u_i 可能大于零、小于零或等于零,但考虑 u_i 所有可能的取值,其均值为零。

　　假设2:随机误差项 u_i 的方差与 i 无关,为一常数,即

$$\mathrm{Var}(u_i) = \sigma^2 \qquad (i = 1, 2, \cdots, n)$$

　　这表明 u_i 具有相同的方差,即每次观测受随机因素影响的程度相同。

　　假设3:不同的随机误差项 u_i 与 u_j 之间相互独立,即

$$\text{Cov}(u_i, u_j) = 0 \qquad (i \neq j \quad i, j = 1, 2, \cdots, n)$$

这表明 u_i 不存在自相关。

假设 4：随机误差项 u_i 与解释变量 X_i 之间不相关，即

$$\text{Cov}(X_i, u_i) = 0 \qquad (i = 1, 2, \cdots, n)$$

假设 5：u_i 服从正态分布，即

$$u_i \sim N(0, \sigma^2) \qquad (i = 1, 2, \cdots, n)$$

以上 5 个假设条件称为一元线性回归模型的经典假设条件。在满足上述基本假设条件的情况下，随机抽取一组样本观测值 (X_i, Y_i)（$i = 1, 2, \cdots, n$），就可以估计模型的参数了。

二、一元线性回归模型的参数估计

（一）参数的最小二乘估计量

估计模型参数的方法有多种，普遍使用的是最小二乘法，也称为最小平方法（Ordinary Least Squares, OLS）。

设有一组样本观测值 (X_i, Y_i)（$i = 1, 2, \cdots, n$），满足一元线性回归模型式（8.2.1）。我们可以找到一条直线使之尽可能好地拟合这组观测值，能近似描述变量 Y 和 X 之间的相互关系，称该直线为样本回归直线。记作

$$\hat{Y}_i = \hat{\beta}_0 + \hat{\beta}_1 X_i \tag{8.2.2}$$

式中：$\hat{Y}_i$——第 i 期 Y_i 的预测值；

$\hat{\beta}_0, \hat{\beta}_1$——模型参数 β_0, β_1 的估计值。如图 8-1 所示。

根据最小二乘法原理可知，拟合这条最佳直线的准则是使残差平方和达到最小，即使

$$Q = \sum_{i=1}^{n} e_i^2 = \sum_{i=1}^{n} (Y_i - \hat{Y}_i)^2 = \sum_{i=1}^{n} [Y_i - (\hat{\beta}_0 + \hat{\beta}_1 X_i)]^2$$

达到最小。由于 Q 是关于 $\hat{\beta}_0, \hat{\beta}_1$ 的二次非负函数，所以它的极小值总是存在的。由微分学的极值原理可知，当 Q 对 $\hat{\beta}_0$ 和 $\hat{\beta}_1$ 的一阶偏导数为零时，Q 达到最小。即

$$\begin{cases} \dfrac{\partial Q}{\partial \hat{\beta}_0} = -2 \sum (Y_i - \hat{\beta}_0 - \hat{\beta}_1 X_i) = 0 \\[3mm] \dfrac{\partial Q}{\partial \hat{\beta}_1} = -2 \sum (Y_i - \hat{\beta}_0 - \hat{\beta}_1 X_i) X_i = 0 \end{cases}$$

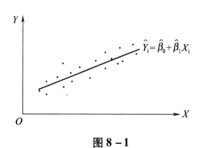

图 8-1

整理上式得一元线性回归的正规方程组：

$$\begin{cases} n\hat{\beta}_0 + \hat{\beta}_1 \sum X_i = \sum Y_i & (1) \\ \hat{\beta}_0 \sum X_i + \hat{\beta}_1 \sum X_i^2 = \sum X_i Y_i & (2) \end{cases} \qquad (8.2.3)$$

解方程组得最小二乘估计量 $\hat{\beta}_0$ 和 $\hat{\beta}_1$：

$$\begin{cases} \hat{\beta}_0 = \dfrac{\sum X_i^2 \sum Y_i - \sum X_i \sum X_i Y_i}{n \sum X_i^2 - (\sum X_i)^2} & (1) \\[3mm] \hat{\beta}_1 = \dfrac{n \sum X_i Y_i - \sum X_i \sum Y_i}{n \sum X_i^2 - (\sum X_i)^2} & (2) \end{cases} \qquad (8.2.4)$$

为了减少计算工作量，可对(8.2.4)式进行简化。令：

$$\bar{X} = \frac{1}{n} \sum X_i, \quad \bar{Y} = \frac{1}{n} \sum Y_i, \quad x_i = X_i - \bar{X}, \quad y_i = Y_i - \bar{Y}$$

其中，x_i 表示 X_i 与样本均值 $\bar{X}$ 的离差，y_i 表示 Y_i 与样本均值 $\bar{Y}$ 的离差。由式 (8.2.3)中(1)式得：

$$\hat{\beta}_0 = \bar{Y} - \hat{\beta}_1 \bar{X}$$

由式(8.2.4)中(2)式得：

$$\hat{\beta}_1 = \frac{\sum X_i Y_i - n\bar{X}\bar{Y}}{\sum X_i^2 - n\bar{X}^2}$$

因为

$$\sum x_i y_i = \sum (X_i - \bar{X})(Y_i - \bar{Y}) = \sum X_i Y_i - n\bar{X}\bar{Y}$$

$$\sum x_i^2 = \sum (X_i - \bar{X})^2 = \sum X_i^2 - n\bar{X}^2$$

所以

$$\hat{\beta}_1 = \frac{\sum x_i y_i}{\sum x_i^2}$$

故式(8.2.4)可简化为：

$$\begin{cases} \hat{\beta}_1 = \dfrac{\sum x_i y_i}{\sum x_i^2} \\[3mm] \hat{\beta}_0 = \bar{Y} - \hat{\beta}_1 \bar{X} \end{cases} \qquad (8.2.5)$$

式(8.2.5)称为 OLS 估计量的离差形式。

顺便指出，若将 $\hat{\beta}_0 = \bar{Y} - \hat{\beta}_1 \bar{X}$ 代入(8.2.2) 式，并记 $\hat{y}_i = \hat{Y}_i - \bar{Y}$，则有：

$$\hat{Y}_i = \hat{\beta}_0 + \hat{\beta}_1 X_i = \bar{Y} - \hat{\beta}_1 \bar{X} + \hat{\beta}_1 X_i$$

$$\hat{Y}_i - \bar{Y} = \hat{\beta}_1 (X_i - \bar{X})$$

即

$$\hat{y}_i = \hat{\beta}_1 x_i \qquad (8.2.6)$$

式(8.2.6)称为样本回归方程的离差形式。

（二）最小二乘估计量的性质

最小二乘估计量 $\hat{\beta}_0$ 和 $\hat{\beta}_1$ 具有线性、无偏性和有效性这三种数理统计学中最重要的统计性质。

1. 线性,是指估计量 $\hat{\beta}_0$，$\hat{\beta}_1$ 分别是观测值 Y_i 的线性组合。即

$$\hat{\beta}_1 = \sum w_i Y_i, \quad \hat{\beta}_0 = \sum v_i Y_i$$

其中,

$$w_i = \frac{x_i}{\sum x_i^2}, \quad v_i = \frac{1}{n} - \bar{X} w_i$$

2. 无偏性,是指估计量 $\hat{\beta}_0$ 和 $\hat{\beta}_1$ 的期望值分别等于总体模型参数 β_0 和 β_1，即 $E(\hat{\beta}_0) = \beta_0$，$E(\hat{\beta}_1) = \beta_1$。

3. 有效性(最小方差性),是指最小二乘估计量 $\hat{\beta}_0$ 和 $\hat{\beta}_1$ 在所有线性无偏估计量中,具有最小方差。

证明请参阅计量经济学的有关书籍。

由于最小二乘估计量具有线性、无偏性及最小方差性这样优良的性质,使得最小二乘法在数理统计学和经济预测中得到了广泛的应用。最小二乘估计量也称为最佳线性无偏估计量,这就是著名的高斯—马尔科夫定理(Gauss - Markov theorem)。

由 $\hat{\beta}_0$，$\hat{\beta}_1$ 的线性性质,可求出它们的方差。

$$\begin{aligned}
\mathrm{Var}(\hat{\beta}_0) &= \mathrm{Var}\left(\sum v_i Y_i\right) = \sum v_i^2 \mathrm{Var}(\beta_0 + \beta_1 X_i + u_i) \\
&= \sum \left(\frac{1}{n} - \bar{X} w_i\right)^2 \sigma^2 = \sum \left(\frac{1}{n^2} - \frac{2\bar{X} w_i}{n} + \bar{X}^2 w_i^2\right)\sigma^2 \\
&= \left[\frac{1}{n} - \frac{2\bar{X}\sum w_i}{n} + \bar{X}^2 \sum \left(\frac{x_i}{\sum x_i^2}\right)^2\right]\sigma^2 \\
&= \left(\frac{1}{n} + \frac{\bar{X}^2}{\sum x_i^2}\right)\sigma^2 = \frac{\sum X_i^2}{n \sum x_i^2}\sigma^2
\end{aligned} \qquad (8.2.7)$$

$$\begin{aligned}
\mathrm{Var}(\hat{\beta}_1) &= \mathrm{Var}\left(\sum w_i Y_i\right) = \sum w_i^2 \mathrm{Var}(\beta_0 + \beta_1 X_i + u_i) \\
&= \sum w_i^2 \mathrm{Var}(u_i) = \sum \left(\frac{x_i}{\sum x_i^2}\right)^2 \sigma^2 = \frac{\sigma^2}{\sum x_i^2}
\end{aligned} \qquad (8.2.8)$$

（三）随机误差项 u_i 的方差 σ^2 的估计

在完成了模型参数 $\hat{\beta}_0,\hat{\beta}_1$ 的估计后，还要对随机误差项的方差进行估计。由于随机误差项 u_i 无法观测，故只能从 u_i 的估计值——残差 e_i 出发，对 σ^2 作出估计。可以证明

$$\hat{\sigma}^2 = \frac{\sum e_i^2}{n-2} \tag{8.2.9}$$

故 $\hat{\sigma}^2$ 是 σ^2 的无偏估计量。由此可得 $\hat{\beta}_0$ 和 $\hat{\beta}_1$ 的样本方差：

$$S_{\hat{\beta}_0}^2 = \frac{\hat{\sigma}^2 \sum X_i^2}{n \sum x_i^2} \tag{8.2.10}$$

$$S_{\hat{\beta}_1}^2 = \frac{\hat{\sigma}^2}{\sum x_i^2} \tag{8.2.11}$$

三、一元线性回归模型的检验

得到了模型的参数估计量，可以说一个线性回归模型基本建立了。然而，该模型能否客观揭示所研究的经济现象中诸因素之间的关系，能否用于实际预测，还需要通过进一步检验才能确定。一元线性回归模型的检验包括经济意义检验、统计检验和计量经济学检验。

（一）经济意义检验

经济意义检验主要检验模型参数的估计量在经济意义上的合理性。方法是将模型参数的估计量同预先拟定的理论期望值进行比较，检验参数估计量的符号和大小，以判断其合理性。

首先，检验参数估计量的符号。以如下假想的社会消费品模型为例：

社会消费品零售总额 $= 8\,700.12 - 0.26 \times$ 居民收入总额

该模型中，居民收入总额前的参数估计量为负，意味着居民收入越多，社会消费品零售总额越低。这从经济行为上无法解释，所以此模型不能通过经济意义检验，应找出原因重建模型。

如果参数估计量的符号正确，则要进一步检验参数估计量的大小。以如下假想的企业生产模型为例：

$\ln($ 产品产量 $) = 2.76 + 1.76\ln($ 固定资产原值 $)$

由于此模型为对数线性模型，所以固定资产原值前的参数的经济意义是明确的，即固定资产原值的产出弹性，表示当固定资产原值增加 1% 时，产品产量增加的百分数。根据产出弹性的概念，该参数应该为 0 到 1 之间的一个数。模型中的参数估计量虽然符号正确，但数值范围与理论期望值不符，所以不能通

过经济意义检验,应找出原因重建模型。

经济意义检验是一项最基本的检验。如果模型的经济意义不合理,不管其他方面的质量多高,也没有实际价值。

（二）统计检验

统计检验的目的是检验模型的统计学性质。对于已建立的一元线性回归模型,检验其是否符合变量之间的客观规律性,变量 Y 与 X 之间是否具有显著的线性相关关系等。常用的统计检验有拟合优度检验、回归系数的显著性检验（t 检验）等。

1. 拟合优度检验。是指检验回归模型对样本观测值的拟合程度。检验的方法是构造一个可以表征拟合程度的统计量,再从检验对象中计算出该统计量的数值,然后与某一标准作比较,得到检验结论。

（1）总离差平方和的分解。已知由 n 对样本观测值 (X_i, Y_i) $(i=1,2,\cdots,n)$ 得到如下样本回归直线:

$$\hat{Y}_i = \hat{\beta}_0 + \hat{\beta}_1 X_i$$

Y 的第 i 个观测值与样本均值的离差 $y_i = Y_i - \bar{Y}$ 可分解为两部分之和

$$y_i = Y_i - \bar{Y} = (Y_i - \hat{Y}_i) + (\hat{Y}_i - \bar{Y}) = e_i + \hat{y}_i$$

图 8 - 2 表示了这种分解。其中,$\hat{y}_i = \hat{Y}_i - \bar{Y}$ 是样本回归拟合值与样本均值之差,可以认为是由回归线解释的部分;$e_i = Y_i - \hat{Y}_i$ 是观测值与样本回归拟合值之差,是回归线不能解释的部分。显然,如果 Y_i 落在样本回归线上,则残差 $e_i = 0$,说明离差 y_i 完全可由样本回归线解释,即在该点处实现完全拟合。由于样本观测点很多,不宜分别考虑每一个离差,为避免正负偏差相抵消和绝对值符号在计算中带来的不便,我们用离差平方和来考虑总离差情况。

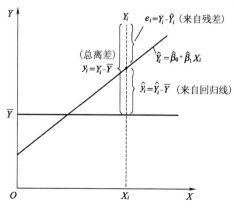

图 8 - 2　离差分解示意图

总离差平方和 TSS $= \sum (Y_i - \bar{Y})^2 = \sum y_i^2$，反映样本观测值总体离差的大小。

回归平方和 ESS $= \sum (\hat{Y}_i - \bar{Y})^2 = \sum \hat{y}_i^2$，反映由模型中解释变量所解释的那部分离差的大小。

残差平方和 RSS $= \sum (Y_i - \hat{Y}_i)^2 = \sum e_i^2$，反映样本观测值与估计值偏离的大小，也是模型中解释变量未解释的那部分离差的大小。

由于

$$\sum y_i^2 = \sum e_i^2 + \sum \hat{y}_i^2 + 2 \sum e_i \hat{y}_i$$

可以证明 $\sum e_i \hat{y}_i = 0$，所以有

$$\sum y_i^2 = \sum e_i^2 + \sum \hat{y}_i^2 \tag{8.2.12}$$

即

$$TSS = RSS + ESS$$

显然，若模型拟合得好，则总离差平方和与回归平方和应该比较接近。因此可将此作为评判模型拟合优度的一个标准。

(2)判定系数 R^2。根据上述关系，可用

$$R^2 = \frac{ESS}{TSS} = 1 - \frac{RSS}{TSS} \tag{8.2.13}$$

来检验模型的拟合优度，称 R^2 为判定系数。显然，在总离差平方和中，回归平方和所占的比重就越大，残差平方和所占的比重就越小，即 R^2 越接近于 1，则回归直线与样本观测值拟合得越好。R^2 的取值范围是$[0,1]$。

实际计算 R^2 时，常采用下面公式：

$$R^2 = \hat{\beta}_1^2 \frac{\sum x_i^2}{\sum y_i^2} = \frac{\left(\sum x_i y_i\right)^2}{\sum x_i^2 \sum y_i^2} \tag{8.2.14}$$

2. 回归系数的显著性检验(t 检验)。对一元线性回归模型而言，回归系数的显著性检验主要是针对 β_1 是否显著为 0 进行的检验。若 β_1 显著为 0，说明 Y 与 X 之间不存在着线性关系，则回归模型就失去了线性意义；若 β_1 显著不为 0，则 Y 与 X 之间存在着线性关系，所建立的回归模型才有意义。检验步骤为：

第一步：提出原假设 H_0: $\beta_1 = 0$；备择假设 H_1: $\beta_1 \neq 0$。

第二步：计算统计量 $t_{\hat{\beta}_1} = \dfrac{\hat{\beta}_1}{S_{\hat{\beta}_1}}$。其中，$\hat{\beta}_1$ 的样本标准差 $S_{\hat{\beta}_1} = \sqrt{\dfrac{\sum e_i^2}{(n-2)\sum x_i^2}}$。

第三步：给定显著性水平 α，查 t 分布表，得到临界值 $t_{\alpha/2}(n-2)$。这里 n 为样本容量。

第四步:比较判断。若 $|t_{\hat{\beta}_1}| \geq t_{\alpha/2}(n-2)$,则拒绝 H_0,接受 H_1,即认为 β_1 显著不为零,从而可判定 Y 与 X 之间有显著的线性关系,检验通过。若 $|t_{\hat{\beta}_1}| < t_{\alpha/2}$ $(n-2)$,则接受 H_0,即认为 β_1 显著为零,从而可判定 Y 与 X 之间无显著的线性关系,检验未通过。

3. 计量经济学检验。计量经济学检验的目的在于检验模型的计量经济学性质。这里只简单介绍随机误差项的自相关检验和异方差检验。

（1）自相关检验。在线性回归模型的假设条件中,有 $\text{Cov}(u_i, u_j) = 0$, $(i \neq j; i,j = 1,2,\cdots,n)$。若随机误差项 u 违背了这一基本假设,则称 u 出现了自相关或序列相关。对于出现自相关的模型,如果仍采用 OLS 法估计参数,就会产生参数估计量非有效、回归系数的 t 检验失效及模型的预测精度降低等不良后果。因此需要对模型进行自相关的检验。这里只介绍杜宾—瓦特森（Durbin-Watson）检验,即 DW 检验。DW 检验只适用于检验 u 具有一阶自相关的情形。

设随机误差项 u_i 具有一阶自相关形式:

$$u_i = \rho u_{i-1} + v_i$$

其中,ρ 为自相关系数,$|\rho| \leq 1$;v_i 为随机误差项,且满足

$$\text{E}(v_i) = 0, \quad \text{E}(v_i, v_j) = \begin{cases} \sigma_v^2 & i=j \\ 0 & i \neq j \end{cases}$$

DW 检验方法的假定条件是:

①解释变量 X 非随机。

②随机误差项 u_i 为一阶自相关形式:

$$u_i = \rho u_{i-1} + v_i$$

③回归模型中不应含有滞后的被解释变量作为解释变量,即不应出现下列形式:

$$Y_i = \beta_0 + \beta_1 X_{1i} + \cdots + \beta_k X_{ki} + \gamma Y_{i-1} + u_i$$

④回归模型含有截距项。

DW 检验步骤如下:

第一步:提出原假设 $H_0: \rho = 0$,即 u 不具有一阶自相关形式;备择假设 $H_1: \rho \neq 0$,即 u 具有一阶自相关形式。

第二步:计算统计量 DW。

$$DW = \frac{\sum_{i=2}^{n}(e_i - e_{i-1})^2}{\sum_{i=1}^{n}e_i^2} \tag{8.2.15}$$

其中，$e_i = Y_i - \hat{Y}_i$ 是 u_i 的估计值。在大样本情况下，可以证明：

$$DW \approx 2(1 - \hat{\rho}) \qquad\qquad (8.2.16)$$

显然，由(8.2.16)式可知：

若 $\hat{\rho} = 0$，则 DW $= 2$，u 不存在自相关。

若 $\hat{\rho} = 1$，则 DW $= 0$，u 存在完全正自相关。

若 $\hat{\rho} = -1$，则 DW $= 4$，u 存在完全负自相关。

第三步：查 DW 表。根据显著性水平 α，样本容量 n 和解释变量个数，查 DW 分布表，得到下限值 d_L 和上限值 d_u。

第四步：比较判断：

若 $0 < DW < d_L$，则拒绝 H_0，接受 H_1，认为 u 存在正自相关。

若 $d_L \leqslant DW \leqslant d_u$，则不能确定 u 是否存在自相关。

若 $d_u < DW < 4 - d_u$，则接受 H_0，认为 u 无自相关。

若 $4 - d_u \leqslant DW \leqslant 4 - d_L$，则不能确定 u 是否存在自相关。

若 $4 - d_L < DW < 4$，则拒绝 H_0，接受 H_1，认为 u 存在负自相关。

为了更好地掌握以上判断准则，给出 DW 检验判别域图，见图 8-3。

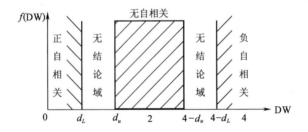

图 8-3　DW 检验判别域图

最后还应指出，DW 检验存在着无结论区域，这是此检验方法的一大缺陷。对于 DW 检验不适宜的情形，可采用拉格朗·乘数检验，详见《计量经济学》。经过检验，若回归模型的随机误差项存在自相关，则应分析原因，重建模型，直至检验通过。

（2）异方差检验。在线性回归模型的假设条件中，有 $\mathrm{Var}(u_i) = \sigma^2$，$(i = 1, 2, \cdots, n)$。若随机误差项 u 违背了这一基本假设，即 $\mathrm{Var}(u_i) \neq \sigma^2$，则称 u 具有异方差性。例如，为了研究家庭的收入与储蓄的关系，可建立如下储蓄回归模型

$$S_i = \beta_0 + \beta_1 Y_i + u_i$$

其中，Y_i 表示第 i 户的收入，S_i 表示第 i 户的储蓄。

该模型中，随机误差项 u_i 的同方差假设就不符合实际情况，因为高收入家

庭的储蓄变动倾向比低收入家庭的储蓄变动倾向大得多。原因是低收入家庭在必要支出后剩余较少,只是为了达到某种目的(如为购买高档商品或偿还某笔债务)而储蓄,因此其储蓄行为较有规律,差异性较小。而高收入家庭除必要支出外剩余较多,有更多的选择余地,因而,储蓄的差异就较大。所以,对于该储蓄回归模型来说,随机误差项 u_i 具有异方差性。

对于存在异方差性的模型,如果仍采用 OLS 法估计参数,就会导致参数估计量非有效、回归系数的显著性检验失效以及模型的预测精度降低等不良后果,因此需要对模型进行异方差检验。异方差的检验方法很多,这里只简单介绍图示检验法。

图示检验法是一种简便直观的判断方法,常用以下两种图示进行检验。

一种是 Y-X 散点图。首先绘制观测值的散点图,然后观察散点的分布情况,若存在明显的散点扩大、缩小或复杂型趋势,则表明 u_i 存在异方差。常见的有如下几种情形,见图 8-4。

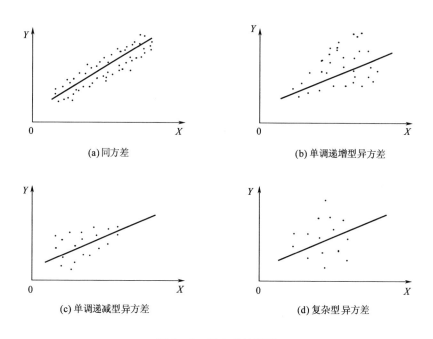

(a)同方差　　　　　　　　　　(b)单调递增型异方差

(c)单调递减型异方差　　　　　　(d)复杂型异方差

图 8-4　异方差的类型

另一种是 e_i^2-X 散点图。先用最小二乘法(OLS)建立回归模型,再计算 e_i^2,绘制 e_i^2-X 散点图。若散点分布呈一斜率为零的直线,则表明 u_i 是同方差,否则 u_i 存在异方差。常见如下几种情形,见图 8-5。

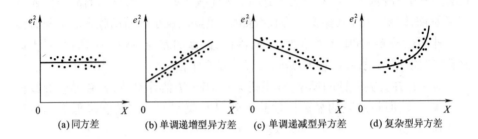

图 8 - 5　异方差的类型

图示检验法只能进行粗略的判断,对异方差较为精确的检验还要用到其他方法,如 Goldfeld-Quandt 检验和怀特检验等。修正异方差的方法主要有加权最小二乘法、原模型变换法和对数变换法等。由于篇幅有限,在此不详述。读者可参阅计量经济学和 Eviews 软件等有关书籍。

四、一元线性回归模型的预测

当我们所建立的一元线性回归模型通过了各种检验之后,即可以认为该回归模型能够正确地反映经济现象,因而可用于预测。所谓预测,就是给定解释变量 X 的一个特定值,利用样本回归方程对被解释变量 Y 的值作出估计。预测分为点预测和区间预测。

(一)点预测

假定一元线性回归模型 $Y_i = \beta_0 + \beta_1 X_i + u_i (i = 1, 2, \cdots, n)$ 以及相应的经典假设条件,对于样本范围 $(i = 1, 2, \cdots, n)$ 之外的某个时期仍然成立。那么,如果给定解释变量 X 的一个特定值 X_0,则预测期的真实值 Y_0 和 $E(Y_0)$ 应该分别为:

$$Y_0 = \beta_0 + \beta_1 X_0 + u_0$$
$$E(Y_0) = \beta_0 + \beta_1 X_0$$

根据样本回归方程 $\hat{Y}_i = \hat{\beta}_0 + \hat{\beta}_1 X_i$,当 $X_i = X_0$ 时,

$$\hat{Y}_0 = \hat{\beta}_0 + \hat{\beta}_1 X_0 \tag{8.2.17}$$

这里的 $\hat{Y}_0$ 即为真实值 Y_0 和 $E(Y_0)$ 的点预测值。可见,点预测值具有双重含义:其一,它可以作为 Y_0 的预测值,称为个别值预测;其二,它可以作为 $E(Y_0)$ 的预测值,称为均值预测。

(二)区间预测

利用回归模型进行预测,一般都会存在误差,因而预测值不一定正好等于

真实值。所以,我们不仅要对 Y_i 进行点预测,而且还要知道预测结果的波动范围,这个范围称为预测区间或置信区间,这种预测称为区间预测。回归分析的预测区间有两种:一种是均值 $E(Y_0)$ 的预测区间;另一种是个别值 Y_0 的预测区间。

1. $E(Y_0)$ 的预测区间。为了求得 $E(Y_0)$ 的预测区间,需要知道 $\hat{Y}_0$ 的抽样分布。由于

$$\hat{Y}_0 = \hat{\beta}_0 + \hat{\beta}_1 X_0$$

且

$$\hat{\beta}_1 \sim N\left(\beta_1, \frac{\sigma^2}{\sum x_i^2}\right), \quad \hat{\beta}_0 \sim N\left(\beta_0, \frac{\sigma^2 \sum X_i^2}{n \sum x_i^2}\right)$$

则

$$E(\hat{Y}_0) = E(\hat{\beta}_0) + X_0 E(\hat{\beta}_1) = \beta_0 + \beta_1 X_0$$

$$\mathrm{Var}(\hat{Y}_0) = \mathrm{Var}(\hat{\beta}_0) + 2X_0 \mathrm{Cov}(\hat{\beta}_0, \hat{\beta}_1) + X_0^2 \mathrm{Var}(\hat{\beta}_1)$$

可以证明

$$\mathrm{Cov}(\hat{\beta}_0, \hat{\beta}_1) = \frac{-\sigma^2 \bar{X}}{\sum x_i^2}$$

于是

$$\begin{aligned}
\mathrm{Var}(\hat{Y}_0) &= \frac{\sigma^2 \sum X_i^2}{n \sum x_i^2} - \frac{2X_0 \bar{X} \sigma^2}{\sum x_i^2} + \frac{X_0^2 \sigma^2}{\sum x_i^2} \\
&= \sigma^2 \left(\frac{\sum x_i^2 + n\bar{X}^2}{n \sum x_i^2} - \frac{2X_0 \bar{X}}{\sum x_i^2} + \frac{X_0^2}{\sum x_i^2} \right) \\
&= \sigma^2 \left[\frac{1}{n} + \frac{(X_0 - \bar{X})^2}{\sum x_i^2} \right]
\end{aligned}$$

故

$$\hat{Y}_0 \sim N\left\{ \beta_0 + \beta_1 X_0, \ \sigma^2 \left[\frac{1}{n} + \frac{(X_0 - \bar{X})^2}{\sum x_i^2} \right] \right\}$$

由于 σ^2 未知,用 $\hat{\sigma}^2$ 代替 σ^2,可得 $\hat{Y}_0$ 的样本方差:

$$S_{\hat{Y}_0}^2 = \hat{\sigma}^2 \left[\frac{1}{n} + \frac{(X_0 - \bar{X})^2}{\sum x_i^2} \right] \tag{8.2.18}$$

对于小样本(例如 $n \leqslant 30$),可构造 t 统计量:

$$t = \frac{\hat{Y}_0 - E(Y_0)}{S_{\hat{Y}_0}} \sim t(n-2)$$

若给定显著性水平 α, 则有:

$$P\left[-t_{\alpha/2}(n-2) \leqslant \frac{\hat{Y}_0 - \mathrm{E}(Y_0)}{S_{\hat{Y}_0}} \leqslant t_{\alpha/2}(n-2)\right] = 1 - \alpha$$

即

$$P[\hat{Y}_0 - t_{\alpha/2}(n-2)S_{\hat{Y}_0} \leqslant \mathrm{E}(Y_0) \leqslant \hat{Y}_0 + t_{\alpha/2}(n-2)S_{\hat{Y}_0}] = 1 - \alpha$$

于是, 在 $(1-\alpha)$ 的置信度下, $\mathrm{E}(Y_0)$ 的预测区间为:

$$[\hat{Y}_0 - t_{\alpha/2}(n-2)S_{\hat{Y}_0}, \quad \hat{Y}_0 + t_{\alpha/2}(n-2)S_{\hat{Y}_0}] \tag{8.2.19}$$

2. Y_0 的预测区间。为了求得 Y_0 的预测区间, 需要知道预测误差 $e_0 = Y_0 - \hat{Y}_0$ 的抽样分布。可以证明:

$$e_0 \sim N\left\{0, \sigma^2\left[1 + \frac{1}{n} + \frac{(X_0 - \bar{X})^2}{\sum x_i^2}\right]\right\}$$

用 $\hat{\sigma}^2$ 代替 σ^2, 对于小样本, 可构造 t 统计量:

$$t = \frac{Y_0 - \hat{Y}_0}{S_{e_0}} \sim t(n-2)$$

其中,

$$S_{e_0} = \sqrt{\hat{\sigma}^2\left[1 + \frac{1}{n} + \frac{(X_0 - \bar{X})^2}{\sum x_i^2}\right]} \tag{8.2.20}$$

于是, 在 $(1-\alpha)$ 的置信度下, Y_0 的预测区间为:

$$[\hat{Y}_0 - t_{\alpha/2}(n-2)S_{e_0}, \quad \hat{Y}_0 + t_{\alpha/2}(n-2)S_{e_0}] \tag{8.2.21}$$

$\mathrm{E}(Y_0)$ 的预测区间和 Y_0 的预测区间如图 8-6 所示。图中实线所示区域为 $\mathrm{E}(Y_0)$ 的预测区间, 虚线所示区域为 Y_0 的预测区间。

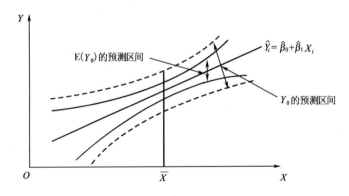

图 8-6 Y 的均值与 Y 的个别值的预测区间

显然，个别值 Y_0 的预测区间要比均值 $E(Y_0)$ 的预测区间宽，这是因为 $S_{e_0}^2$ 比 $S_{\hat{Y}_0}^2$ 大 $\hat{\sigma}^2$ 的缘故。预测区间的宽窄是随 X_0 的变化而变化的。当 $X_0 = \bar{X}$ 时，预测区间的宽度最小，而当 X_0 远离 $\bar{X}$ 时，预测区间的宽度明显增大。这就暗示当 X_0 远离 $\bar{X}$ 时，在过去样本基础上建立起来的样本回归方程的预测能力显著下降。这种预测能力的下降是由两方面原因造成的：一是数学上的原因。当 X_0 远离 $\bar{X}$ 时，预测区间逐渐变宽，不管你构造的数学模型如何正确，可信程度实际上是降低了。二是实际情况的变化。我们所构造的回归模型反映的是样本期的状况，当所取得的样本能够反映总体未来的发展趋势时，用样本回归方程进行预测误差会较小，但是当所取得的样本已经不能反映总体未来情况时，仍用此样本回归方程进行预测，可信度就会降低。

五、一元线性回归分析预测实例

某市 2009—2018 年 10 年中，个人消费支出和收入资料如表 8－1 所示，试建立回归模型预测 2019 年个人收入为 213 亿元时的个人消费支出额。

利用一元线性回归分析进行预测，可分为以下四步：

第一步：对预测对象进行分析，建立以预测对象为被解释变量的回归模型。用 Y 表示个人消费支出，X 表示个人收入，作 Y 与 X 的散点图，如图 8－7 所示。由散点图可以看出，Y 与 X 呈线性趋势，因此可以建立如下一元线性回归模型：

$$Y_i = \beta_0 + \beta_1 X_i + u_i$$

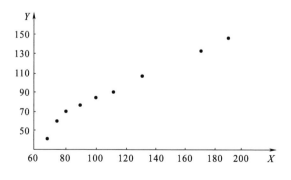

图 8－7　个人消费支出与收入散点图

表 8 - 1   一元线性回归模型计算表   单位:亿元

年份	个人收入 X	消费支出 Y	x	y	xy	x^2	y^2
2009	64	56	-47.4	-37	1 753.8	2 246.76	1 369
2010	70	60	-41.4	-33	1 366.2	1 713.96	1 089
2011	77	66	-34.4	-27	928.8	1 183.36	729
2012	82	70	-29.4	-23	676.2	864.36	529
2013	92	79	-19.4	-14	271.6	376.36	196
2014	107	88	-4.4	-5	22.0	19.36	25
2015	125	102	13.6	9	122.4	184.96	81
2016	143	118	31.6	25	790.0	998.56	625
2017	165	136	53.6	43	2 304.8	2 872.96	1 849
2018	189	155	77.6	62	4 811.2	6 021.76	3 844
Σ	1 114	930			13 047.0	16 482.40	10 336

第二步:对模型参数进行估计,求得样本回归方程。由表 8 - 1 计算得:

$$\bar{X} = \frac{1}{n} \sum X_i = \frac{1}{10} \times 1\ 114 = 111.4$$

$$\bar{Y} = \frac{1}{n} \sum Y_i = \frac{1}{10} \times 930 = 93$$

$$\sum x_i y_i = 13\ 047$$

$$\sum x_i^2 = 16\ 482.4$$

由式(8.2.5) 得:

$$\hat{\beta}_1 = \frac{\sum x_i y_i}{\sum x_i^2} = \frac{13\ 047}{16\ 482.4}$$

$$= 0.791\ 6$$

$$\hat{\beta}_0 = \bar{Y} - \hat{\beta}_1 \bar{X}$$

$$= 93 - 0.791\ 6 \times 111.4$$

$$= 4.816$$

由此得到样本回归方程为:

$$\hat{Y}_i = 4.816 + 0.791\ 6 X_i$$

第三步:模型检验。一般要做以下四种检验:

(1)经济意义检验。从经济理论和实际经验看,个人消费支出和个人收入之间是有关系的,收入决定消费支出。解释变量 X 的系数 0.791 6 说明,收入每增加 1 个货币单位,平均而言消费支出约增加 0.791 6 个货币单位。

(2)拟合优度检验。由(8.2.14)式得:

$$R^2 = \frac{(\sum x_i y_i)^2}{\sum x_i^2 \sum y_i^2} = \frac{13\,047^2}{16\,482.4 \times 10\,336} = 0.999\,2$$

说明模型的拟合优度很高。

(3)对 β_1 的显著性 t 检验。根据(8.2.6)式有:

$$\sum \hat{y}_i^2 = \hat{\beta}_1^2 \sum x_i^2$$

因此

$$\sum e_i^2 = \sum y_i^2 - \sum \hat{y}_i^2 = \sum y_i^2 - \hat{\beta}_1^2 \sum x_i^2$$

$$= 10\,336 - 0.791\,6^2 \times 16\,482.4 = 7.624$$

$$S_{\hat{\beta}_1} = \sqrt{\frac{\sum e_i^2}{(n-2)\sum x_i^2}} = \sqrt{\frac{7.624}{(10-2) \times 16\,482.4}} = 0.007\,6$$

对 β_1 进行 t 检验:

① 提出原假设 $H_0: \beta_1 = 0$;备择假设 $H_1: \beta_1 \neq 0$。

② 计算统计量: $t_{\hat{\beta}_1} = \dfrac{\hat{\beta}_1}{S_{\hat{\beta}_1}} = \dfrac{0.791\,6}{0.007\,6} = 104.16$。

③ 给定 $\alpha = 0.05$,查自由度为 $n-2 = 8$ 的 t 分布表,得临界值 $t_{0.025}(8) = 2.306$。

④ 判断。显然 $t_{\hat{\beta}_1} > t_{0.025}(8)$,因此拒绝 H_0,接受 H_1,认为 β_1 显著不为 0,即 Y 与 X 之间存在着线性关系。t 检验通过。

(4)DW 检验。首先计算各 e_i,列入表 8 – 2 中。

表 8 – 2　DW 检验计算表

年份	2009	2010	2011	2012	2013	2014	2015	2016	2017	2018
Y_i	56	60	66	70	79	88	102	118	136	155
$\hat{Y}_i$	55.48	60.23	65.77	69.73	77.64	89.52	103.77	118.01	135.43	154.43
e_i	0.52	– 0.23	0.23	0.27	1.36	– 1.52	– 1.77	– 0.01	0.57	0.57

得:

$$\sum_{i=2}^{10} (e_i - e_{i-1})^2 = 13.755$$

$$DW = \frac{\sum (e_i - e_{i-1})^2}{\sum e_i^2} = \frac{13.755}{7.624} = 1.804$$

由 DW 分布表可以看到,当 n 较小时,查表得 $d_u = 1.36$,有 $d_u = 1.36 < \mathrm{DW} < 4 - d_u = 2.64$,所以随机误差项 u_i 无一阶自相关。

第四步:进行预测。通过以上检验可知,样本回归方程基本符合实际,因此可以用于预测。将 2019 年个人收入 213 亿元代入样本回归方程得:

$$\hat{Y}_{2019} = 4.816 + 0.791\,6 \times 213 = 173.43(亿元)$$

即 2019 年当个人收入为 213 亿元时,消费支出的预测值为 173.43 亿元。

下面进行区间预测:

$$\hat{\sigma} = \sqrt{\frac{\sum e_i^2}{n-2}} = \sqrt{\frac{7.624}{8}} = 0.976\,2$$

故

$$S_{e_0} = \hat{\sigma}\sqrt{1 + \frac{1}{n} + \frac{(X_0 - \bar{X})^2}{\sum x_i^2}} = 1.283$$

当给定 $\alpha = 0.05$ 时,查 t 分布表得 $t_{0.025}(8) = 2.306$,于是

$$\hat{Y}_0 - t_{0.025}(8)S_{e_0} = 173.43 - 2.306 \times 1.283 = 170.47$$

$$\hat{Y}_0 + t_{0.025}(8)S_{e_0} = 173.43 + 2.306 \times 1.283 = 176.39$$

因此,在 95% 的置信水平下,2019 年消费支出的预测区间为 $(170.47, 176.39)$。

第三节　　多元线性回归分析预测法

在第二节中我们讨论了一元线性回归分析预测法。由于经济现象的复杂性,某一经济变量往往受到多种因素的影响,仅用一元线性回归模型常常难以解决复杂的经济问题,因此必须使用多元线性回归模型。多元线性回归模型的构造原理与一元线性回归模型的构造原理基本相同,只是计算更为复杂,需引入矩阵这一数学工具。

一、多元线性回归模型

多元线性回归模型的一般形式为:

$$Y_i = \beta_0 + \beta_1 X_{1i} + \beta_2 X_{2i} + \cdots + \beta_k X_{ki} + u_i \quad (i = 1, 2, \cdots, n) \tag{8.3.1}$$

其中,k 为解释变量的数目;β_0 为截距项,它给出了所有未包含在模型中的解释变量对 Y 的平均影响;$\beta_j(j = 1, 2, \cdots, k)$ 称为偏回归系数,表示在其他解释变量保持

不变的情况下,X_j 每变化 1 个单位时,Y 的均值 $E(Y)$ 的变化,它给出了 X_j 的单位变化对 Y 均值的"直接"影响。其他变量和符号的含义与一元线性回归模型相同。

将 n 期观测值 $(Y_i, X_{1i}, X_{2i}, \cdots, X_{ki})$　$(i = 1, 2, \cdots, n)$ 代入(8.3.1)式得:

$$
\begin{cases}
Y_1 = \beta_0 + \beta_1 X_{11} + \beta_2 X_{21} + \cdots + \beta_k X_{k1} + u_1 \\
Y_2 = \beta_0 + \beta_1 X_{12} + \beta_2 X_{22} + \cdots + \beta_k X_{k2} + u_2 \\
\qquad\qquad\qquad\qquad\vdots \\
Y_n = \beta_0 + \beta_1 X_{1n} + \beta_2 X_{2n} + \cdots + \beta_k X_{kn} + u_n
\end{cases}
$$

写成矩阵形式为:

$$
\begin{pmatrix} Y_1 \\ Y_2 \\ \vdots \\ Y_n \end{pmatrix} = \begin{pmatrix} 1 & X_{11} & X_{21} & \cdots & X_{k1} \\ 1 & X_{12} & X_{22} & \cdots & X_{k2} \\ \vdots & \vdots & \vdots & & \vdots \\ 1 & X_{1n} & X_{2n} & \cdots & X_{kn} \end{pmatrix} \begin{pmatrix} \beta_0 \\ \beta_1 \\ \vdots \\ \beta_k \end{pmatrix} + \begin{pmatrix} u_1 \\ u_2 \\ \vdots \\ u_n \end{pmatrix}
$$

简写为:

$$
Y = XB + U \tag{8.3.2}
$$

其中,

$$
Y = \begin{pmatrix} Y_1 \\ Y_2 \\ \vdots \\ Y_n \end{pmatrix}_{n \times 1} \quad X = \begin{pmatrix} 1 & X_{11} & X_{21} & \cdots & X_{k1} \\ 1 & X_{12} & X_{22} & \cdots & X_{k2} \\ \vdots & \vdots & \vdots & & \vdots \\ 1 & X_{1n} & X_{2n} & \cdots & X_{kn} \end{pmatrix}_{n \times (k+1)} \quad B = \begin{pmatrix} \beta_0 \\ \beta_1 \\ \vdots \\ \beta_k \end{pmatrix}_{(k+1) \times 1} \quad U = \begin{pmatrix} u_1 \\ u_2 \\ \vdots \\ u_n \end{pmatrix}_{n \times 1}
$$

注意:X 矩阵中,元素 X_{ji} 的第一个下标 j 为列序号,表示不同的解释变量,第二个下标 i 为行序号,表示不同的样本。这种表示方法与常见的矩阵行列下标表示法稍有不同,请予以注意。

二、多元线性回归模型的基本假设

多元线性回归模型通常要满足 6 个假设条件:

假设 1:$E(u_i) = 0$　$(i = 1, 2, \cdots, n)$,即零均值假设。用矩阵可表示为:

$$
E(U) = E \begin{pmatrix} u_1 \\ u_2 \\ \vdots \\ u_n \end{pmatrix} = \begin{pmatrix} E(u_1) \\ E(u_2) \\ \vdots \\ E(u_n) \end{pmatrix} = 0
$$

假设 2:$\mathrm{Var}(u_i) = E(u_i^2) = \sigma^2$　$(i = 1, 2, \cdots, n)$,即同方差假设。

假设 3:$\mathrm{Cov}(u_i, u_j) = E(u_i u_j) = 0$　$(i \neq j; i, j = 1, 2, \cdots, n)$,即无自相关假设。

假设 2 和假设 3 用矩阵可表示为:

$$\text{Cov}(\boldsymbol{U}) = \begin{pmatrix} \text{Var}(u_1) & \text{Cov}(u_1,u_2) & \cdots & \text{Cov}(u_1,u_n) \\ \text{Cov}(u_2,u_1) & \text{Var}(u_2) & \cdots & \text{Cov}(u_2,u_n) \\ \vdots & \vdots & & \vdots \\ \text{Cov}(u_n,u_1) & \text{Cov}(u_n,u_2) & \cdots & \text{Var}(u_n) \end{pmatrix}$$

$$= \begin{pmatrix} \text{E}(u_1^2) & \text{E}(u_1u_2) & \cdots & \text{E}(u_1u_n) \\ \text{E}(u_2u_1) & \text{E}(u_2^2) & \cdots & \text{E}(u_2u_n) \\ \vdots & \vdots & & \vdots \\ \text{E}(u_nu_1) & \text{E}(u_nu_2) & \cdots & \text{E}(u_n^2) \end{pmatrix}$$

$$= \begin{pmatrix} \sigma^2 & 0 & \cdots & 0 \\ 0 & \sigma^2 & \cdots & 0 \\ \vdots & \vdots & & \vdots \\ 0 & 0 & \cdots & \sigma^2 \end{pmatrix} = \text{E}(UU') = \sigma^2 I_n \qquad (8.3.3)$$

其中,I_n 为 n 阶单位矩阵。

矩阵(8.3.3)称为随机误差项 u 的协方差矩阵,此矩阵主对角线上的元素是方差,而主对角线以外的元素是协方差。注意协方差矩阵是对称的。

假设4: $\text{Cov}(X_{ji},u_i) = 0$ $(j = 1,2,\cdots,k;i = 1,2,\cdots,n)$,即假设解释变量与随机误差项不相关。

假设5: $u_i \sim N(0,\sigma^2)$ $(i = 1,2,\cdots,n)$,即随机误差项 u 服从正态分布。用矩阵可表示为:$U \sim N(0,\sigma^2 I_n)$。

对于多元线性回归模型,增加了下面一个假设条件。

假设6:解释变量 $X_1,X_2,\cdots,X_k$ 为非随机变量,且它们之间不存在严格的线性相关,即不存在多重共线性。即 $\text{rank}(X) = k + 1 < n$。当样本观测值确定后,$X$ 为一常数矩阵,此假设要求矩阵 X 满秩,即要求行列式 $| X'X | \neq 0$,这个条件是得到参数估计值矩阵 $\hat{B}$ 的充分必要条件。

以上 6 个假设条件称为多元线性回归模型的经典假设条件。

三、多元线性回归模型的参数估计

和一元线性回归模型的参数估计一样,多元线性回归模型参数估计的任务也有两项:一是求出反映变量之间数量关系的结构参数 β_j 的估计量 $\hat{\beta}_j(j = 0,1,2,\cdots,k)$;二是求出随机误差项方差 σ^2 的估计量 $\hat{\sigma}^2$。

对于多元线性回归模型(8.3.1)式

$$Y_i = \beta_0 + \beta_1 X_{1i} + \beta_2 X_{2i} + \cdots + \beta_k X_{ki} + u_i \qquad (i = 1,2,\cdots,n)$$

在上述假设条件下,可利用 OLS 法对模型的参数进行估计。

（一）参数的最小二乘估计量

根据假设1，可以得到多元线性回归模型的总体回归方程：

$$E(Y_i) = \beta_0 + \beta_1 X_{1i} + \beta_2 X_{2i} + \cdots + \beta_k X_{ki} \tag{8.3.4}$$

实际上，该方程只是在理论上存在，通过有限样本是无法求得的。我们只能利用样本回归模型

$$Y_i = \hat{\beta}_0 + \hat{\beta}_1 X_{1i} + \hat{\beta}_2 X_{2i} + \cdots + \hat{\beta}_k X_{ki} + e_i \tag{8.3.5}$$

的样本回归方程

$$\hat{Y}_i = \hat{\beta}_0 + \hat{\beta}_1 X_{1i} + \hat{\beta}_2 X_{2i} + \cdots + \hat{\beta}_k X_{ki} \tag{8.3.6}$$

对总体进行推断。用式（8.3.5）和式（8.3.6）分别作为式（8.3.1）和式（8.3.4）的估计式，即用 $\hat{\beta}_0, \hat{\beta}_1, \cdots, \hat{\beta}_k$ 作为总体回归系数 $\beta_0, \beta_1, \cdots, \beta_k$ 的估计量。根据最小二乘法原理可知，要求出总体回归系数的最佳估计量，应使残差平方和

$$Q = \sum e_i^2 = \sum (Y_i - \hat{Y}_i)^2$$
$$= \sum (Y_i - \hat{\beta}_0 - \hat{\beta}_1 X_{1i} - \hat{\beta}_2 X_{2i} - \cdots - \hat{\beta}_k X_{ki})^2$$

达到最小。根据多元函数的极值原理，$\hat{\beta}_0, \hat{\beta}_1, \cdots, \hat{\beta}_k$ 是下列方程组的解

$$\begin{cases} \dfrac{\partial Q}{\partial \hat{\beta}_0} = 2\sum (Y_i - \hat{\beta}_0 - \hat{\beta}_1 X_{1i} - \hat{\beta}_2 X_{2i} - \cdots - \hat{\beta}_k X_{ki})(-1) = 0 \\[2mm] \dfrac{\partial Q}{\partial \hat{\beta}_1} = 2\sum (Y_i - \hat{\beta}_0 - \hat{\beta}_1 X_{1i} - \hat{\beta}_2 X_{2i} - \cdots - \hat{\beta}_k X_{ki})(-X_{1i}) = 0 \\[2mm] \qquad\qquad\qquad\qquad\qquad \vdots \\[2mm] \dfrac{\partial Q}{\partial \hat{\beta}_k} = 2\sum (Y_i - \hat{\beta}_0 - \hat{\beta}_1 X_{1i} - \hat{\beta}_2 X_{2i} - \cdots - \hat{\beta}_k X_{ki})(-X_{ki}) = 0 \end{cases}$$

化简整理得到多元线性回归的正规方程组：

$$\begin{cases} n\hat{\beta}_0 + \hat{\beta}_1 \sum X_{1i} + \hat{\beta}_2 \sum X_{2i} + \cdots + \hat{\beta}_k \sum X_{ki} = \sum Y_i \\[2mm] \hat{\beta}_0 \sum X_{1i} + \hat{\beta}_1 \sum X_{1i}^2 + \hat{\beta}_2 \sum X_{2i} X_{1i} + \cdots + \hat{\beta}_k \sum X_{ki} X_{1i} = \sum X_{1i} Y_i \\[2mm] \qquad\qquad\qquad\qquad\qquad \vdots \\[2mm] \hat{\beta}_0 \sum X_{ki} + \hat{\beta}_1 \sum X_{1i} X_{ki} + \hat{\beta}_2 \sum X_{2i} X_{ki} + \cdots + \hat{\beta}_k \sum X_{ki}^2 = \sum X_{ki} Y_i \end{cases} \tag{8.3.7}$$

写成矩阵形式为：

$$\begin{pmatrix} n & \sum X_{1i} & \sum X_{2i} & \cdots & \sum X_{ki} \\ \sum X_{1i} & \sum X_{1i}^2 & \sum X_{2i} X_{1i} & \cdots & \sum X_{ki} X_{1i} \\ \vdots & \vdots & \vdots & & \vdots \\ \sum X_{ki} & \sum X_{1i} X_{ki} & \sum X_{2i} X_{ki} & \cdots & \sum X_{ki}^2 \end{pmatrix} \begin{pmatrix} \hat{\beta}_0 \\ \hat{\beta}_1 \\ \vdots \\ \hat{\beta}_k \end{pmatrix} = \begin{pmatrix} \sum Y_i \\ \sum X_{1i} Y_i \\ \vdots \\ \sum X_{ki} Y_i \end{pmatrix} \tag{8.3.8}$$

进一步改写为:

$$\begin{pmatrix} 1 & 1 & \cdots & 1 \\ X_{11} & X_{12} & \cdots & X_{1n} \\ X_{21} & X_{22} & \cdots & X_{2n} \\ \vdots & \vdots & & \vdots \\ X_{k1} & X_{k2} & \cdots & X_{kn} \end{pmatrix} \begin{pmatrix} 1 & X_{11} & X_{21} & \cdots & X_{k1} \\ 1 & X_{12} & X_{22} & \cdots & X_{k2} \\ \vdots & \vdots & \vdots & & \vdots \\ 1 & X_{1n} & X_{2n} & \cdots & X_{kn} \end{pmatrix} \begin{pmatrix} \hat{\beta}_0 \\ \hat{\beta}_1 \\ \vdots \\ \hat{\beta}_k \end{pmatrix} = \begin{pmatrix} 1 & 1 & \cdots & 1 \\ X_{11} & X_{12} & \cdots & X_{1n} \\ X_{21} & X_{22} & \cdots & X_{2n} \\ \vdots & \vdots & & \vdots \\ X_{k1} & X_{k2} & \cdots & X_{kn} \end{pmatrix} \begin{pmatrix} Y_1 \\ Y_2 \\ \vdots \\ Y_n \end{pmatrix}$$

即

$$(X'X)\hat{B} = X'Y \tag{8.3.9}$$

以上式(8.3.7)至式(8.3.9)都称为多元回归的正规方程组。

根据假设 6,$\mathrm{rank}(X) = k + 1$,所以 $X'X$ 满秩,$X'X$ 的逆矩阵 $(X'X)^{-1}$ 存在。因而

$$\hat{B} = (X'X)^{-1}X'Y \tag{8.3.10}$$

即 $\hat{B}$ 为 B 的 OLS 估计量。

(二)最小二乘估计量的性质

用最小二乘法得到的多元线性回归模型的参数估计量也具有线性、无偏性和有效性。

1. 线性。由参数估计量的公式 $\hat{B} = (X'X)^{-1}X'Y$ 可知,$\hat{B}$ 是 Y 的线性函数,因而它具有线性的性质。

2. 无偏性。将 $Y = XB + U$ 代入(8.3.10)式得

$$\begin{aligned} \hat{B} &= (X'X)^{-1}X'(XB + U) \\ &= (X'X)^{-1}X'XB + (X'X)^{-1}X'U \\ &= B + (X'X)^{-1}X'U \end{aligned}$$

对上式两边取期望值,得

$$\begin{aligned} \mathrm{E}(\hat{B}) &= \mathrm{E}[B + (X'X)^{-1}X'U] \\ &= \mathrm{E}(B) + (X'X)^{-1}X'\mathrm{E}(U) \\ &= B \end{aligned}$$

可见 $\hat{B}$ 具有无偏性。

3. 有效性。有效性又称最小方差性。首先计算参数估计量 $\hat{B}$ 的协方差矩阵:

$$\begin{aligned} \mathrm{Cov}(\hat{B}) &= \mathrm{E}\{[\hat{B} - \mathrm{E}(\hat{B})][\hat{B} - \mathrm{E}(\hat{B})]'\} \\ &= \mathrm{E}[(\hat{B} - B)(\hat{B} - B)'] \\ &= \mathrm{E}[(X'X)^{-1}X'UU'X(X'X)^{-1}] \\ &= (X'X)^{-1}X'\mathrm{E}(UU')X(X'X)^{-1} \\ &= \sigma^2(X'X)^{-1} \end{aligned} \tag{8.3.11}$$

根据高斯 — 马尔科夫定理,(8.3.11) 式表示的方差在所有线性无偏估计量的方差中是最小的,所以 $\hat{B}$ 具有有效性。

（三）随机误差项方差 σ^2 的估计

随机误差项 U 的方差 σ^2 为总体参数,无法得到,只能用 $\mathrm{Var}(e_i)$ 近似代替。由于被解释变量的估计值与观测值之间的残差为:

$$
\begin{aligned}
e &= Y - X\hat{B} \\
&= XB + U - X(X'X)^{-1}X'Y \\
&= XB + U - X(X'X)^{-1}X'(XB + U) \\
&= XB + U - XB - X(X'X)^{-1}X'U \\
&= [I_n - X(X'X)^{-1}X']U
\end{aligned}
$$

令 $M = I_n - X(X'X)^{-1}X'$,上式变为:

$$e = MU$$

则残差平方和为:

$$e'e = (MU)'MU = U'M'MU$$

因为 M 为对称等幂矩阵,即

$$M = M'$$
$$M^2 = M'M = M$$

所以有

$$e'e = U'MU$$

$$
\begin{aligned}
\mathrm{E}(e'e) &= \mathrm{E}(U'MU) \\
&= \mathrm{E}\{U'[I_n - X(X'X)^{-1}X']U\} \\
&= \sigma^2 \mathrm{tr}[I_n - X(X'X)^{-1}X'] \\
&= \sigma^2\{\mathrm{tr}I_n - \mathrm{tr}[X(X'X)^{-1}X']\} \\
&= \sigma^2[n - (k + 1)]
\end{aligned}
$$

其中符号"tr"表示矩阵的迹,是矩阵主对角线元素之和。于是

$$\sigma^2 = \frac{E(e'e)}{n - k - 1}$$

易知,随机误差项方差的估计量为:

$$\hat{\sigma^2} = \frac{e'e}{n - k - 1} \tag{8.3.12}$$

且该估计量为无偏估计量。

四、多元线性回归模型的检验

当多元线性回归模型的参数估计任务完成并建立起模型之后,还需要进一步对模型进行经济意义检验、统计检验和计量经济学检验,以确定模型是否可

以用于预测。

（一）经济意义检验

关于经济意义检验，一元线性回归模型主要检验参数估计量的符号和大小，而多元线性回归模型除了检验参数估计量的符号和大小之外，还要检验参数估计量之间的关系。例如，有下列职工家庭日用品需求模型：

$$\ln(\text{人均购买日用品支出额}) = -3.69 + 1.20\ln(\text{人均收入}) - 6.40\ln(\text{日用品价格})$$

该模型是一个对数线性模型，在该模型中，人均收入和日用品价格前的参数的经济意义是明确的，即是它们各自的需求弹性，符号也是正确的，数值范围大体适当。但是，根据经济意义，这两个参数估计量之和应该在1左右，因为当收入增长1%，价格增长1%时，人均购买日用品支出额也应该增长1%左右。于是，该模型的参数估计量不能通过经济意义检验，应该找出原因重新建立模型，只有当模型中的参数估计量通过所有经济意义的检验，方可进行下一步检验。

（二）统计检验

多元线性回归模型统计检验的内容和方法与一元线性回归模型大致相同，一般包括拟合优度检验、回归方程总体线性的显著性检验、回归系数的显著性检验以及参数的置信区间估计等。

1. 拟合优度检验。对多元线性回归模型进行拟合优度检验也使用判定系数指标，即

$$R^2 = \frac{\text{ESS}}{\text{TSS}} = \frac{\sum \hat{y}_i^2}{\sum y_i^2} \tag{8.3.13}$$

在多元线性回归模型中，可以证明总离差平方和也可以分解为回归平方和与残差平方和两部分之和，即

$$\sum y_i^2 = \sum \hat{y}_i^2 + \sum e_i^2 \tag{8.3.14}$$

也即

$$\text{TSS} = \text{ESS} + \text{RSS} \tag{8.3.15}$$

因而

$$R^2 = \frac{\text{ESS}}{\text{TSS}} = 1 - \frac{\text{RSS}}{\text{TSS}} \tag{8.3.16}$$

又 TSS，ESS，RSS 的矩阵表达式为：

$$\text{TSS} = \sum y_i^2 = \sum (Y_i - \bar{Y})^2 = \sum Y_i^2 - n\bar{Y}^2 = Y'Y - n\bar{Y}^2$$

$$\text{ESS} = \sum \hat{y}_i^2 = \sum (\hat{Y}_i - \bar{Y})^2 = \sum \hat{Y}_i^2 - n\bar{Y}^2 = \hat{Y}'\hat{Y} - n\bar{Y}^2$$

$$= (X\hat{B})'(X\hat{B}) - n\bar{Y}^2 = \hat{B}'X'X\hat{B} - n\bar{Y}^2$$

$$= \hat{B}'X'X(X'X)^{-1}X'Y - n\bar{Y}^2 = \hat{B}'X'Y - n\bar{Y}^2$$

$$\text{RSS} = \sum e_i^2 = \text{TSS} - \text{ESS} = Y'Y - \hat{B}'X'Y$$

于是,R^2 的矩阵表达式为:

$$R^2 = \frac{\hat{B}'X'Y - n\bar{Y}^2}{Y'Y - n\bar{Y}^2} \tag{8.3.17}$$

R^2 是检验样本回归方程与样本观测值拟合优度的指标,R^2 越大,表明回归方程与样本观测值拟合得越好,反之,拟合得越差。但人们在应用过程中发现,R^2 的大小还与模型中的解释变量个数有关,随着解释变量个数的增加,R^2 往往是增大的,这是因为残差平方和往往随着解释变量个数的增多而减少,至少不会增加。这就使人们产生一种错觉,要增大 R^2,只要增加模型中的解释变量个数即可。但实际上,由增加解释变量个数引起的 R^2 的增大与模型拟合好坏无关。因此,在多元线性回归模型之间比较拟合优度,R^2 就不是一个合适的指标,必须加以调整,调整的方法是用残差平方和与总离差平方和分别除以各自的自由度,以消除解释变量个数对拟合优度的影响。调整后的判定系数用 $\bar{R}^2$ 表示,即

$$\bar{R}^2 = 1 - \frac{\text{RSS}/(n - k - 1)}{\text{TSS}/(n - 1)} \tag{8.3.18}$$

将 $\text{RSS}/\text{TSS} = 1 - R^2$ 代入(8.3.18)式,得到 $\bar{R}^2$ 与 R^2 的关系式

$$\bar{R}^2 = 1 - (1 - R^2)\frac{n - 1}{n - k - 1} \tag{8.3.19}$$

最后还应指出,回归分析的目的并不是追求较高的 $\bar{R}^2$ 值,而是要得到总体回归模型中回归系数可信任的估计量,以便作出统计推断。因此,在建立回归模型时,应该更多地从理论上探讨解释变量与被解释变量之间的关系,不能单凭最高的 $\bar{R}^2$ 值来选择模型,有时为了追求模型的经济意义,甚至可以牺牲一点拟合优度。

2. 回归方程总体线性的显著性检验(F 检验)。回归方程总体线性的显著性检验是为了判断模型中被解释变量与解释变量之间的线性关系在总体上是否显著成立。普遍使用的方法是 F 检验。

对于多元线性回归模型

$$Y_i = \beta_0 + \beta_1 X_{1i} + \beta_2 X_{2i} + \cdots + \beta_k X_{ki} + u_i \qquad (i = 1, 2, \cdots, n)$$

检验模型中被解释变量 Y 与解释变量 $X_1, X_2, \cdots, X_k$ 之间的线性关系在总体上是否显著成立,相当于检验回归模型中参数 $\beta_1, \beta_2, \cdots, \beta_k$ 是否显著不为零。因为如果 $\beta_1, \beta_2, \cdots, \beta_k$ 全为 0,则 Y 与 $X_1, X_2, \cdots, X_k$ 的线性关系不存在,回归方程没有任何意义。由总离差平方和的分解公式(8.3.15)可知

$$\text{TSS} = \text{ESS} + \text{RSS}$$

由于回归平方和 ESS 反映的是解释变量 $X_1, X_2, \cdots, X_k$ 对被解释变量 Y 的线性作用的程度,残差平方和 RSS 反映的是随机误差项对被解释变量 Y 的影响,故考虑比值

$$\frac{\text{ESS}}{\text{RSS}} = \frac{\sum \hat{y}_i^2}{\sum e_i^2}$$

如果该比值较大,则 $X_1, X_2, \cdots, X_k$ 对 Y 的解释程度高,可以认为回归方程总体上存在线性关系,反之,总体上可能不存在线性关系。因此,可通过该比值的大小对总体线性关系进行推断。按照假设检验的原理,提出的原假设与备择假设分别为:

H_0: $\beta_1 = \beta_2 = \cdots = \beta_k = 0$。

H_1: $\beta_j (j = 1, 2, \cdots, k)$ 不全为 0。

在原假设 H_0 成立的条件下,统计量

$$F = \frac{\text{ESS}/k}{\text{RSS}/(n - k - 1)}$$

$$= \frac{(\hat{B}'X'Y - n\overline{Y}^2)/k}{(Y'Y - \hat{B}'X'Y)/(n - k - 1)} \sim F(k, n - k - 1)$$

因此,给定显著性水平 α,查 F 分布表,得到临界值 $F_\alpha(k, n - k - 1)$,根据样本观测值求出 F 统计量的值。若 $F \geqslant F_\alpha(k, n - k - 1)$,则拒绝 H_0,接受 H_1,认为回归方程总体上的线性关系显著成立;若 $F < F_\alpha(k, n - k - 1)$,则接受 H_0,认为回归方程总体上的线性关系显著不成立。

3. 回归系数的显著性检验(t 检验)。对于多元线性回归模型,方程的总体线性关系显著成立,并不意味着每个解释变量 $X_1, X_2, \cdots, X_k$ 对被解释变量 Y 的影响都是显著的。因此,必须对每个解释变量进行显著性检验,以决定是否将这个解释变量留在模型中。经过检验,如果发现某个解释变量 $X_j(j = 1, 2, \cdots, k)$ 对被解释变量 Y 的影响不显著,则应将 X_j 从模型中剔除,重新建立更为简单的回归模型,以利于对 Y 进行更准确的预测。回归系数的显著性检验普遍采用的方法是 t 检验。

参数估计量 $\hat{B}$ 的协方差矩阵为 $\text{Cov}(\hat{B}) = \sigma^2 (X'X)^{-1}$,此矩阵主对角线上的元素为各参数估计量 $\hat{\beta}_j$ 的方差。以 c_{jj} 表示矩阵 $(X'X)^{-1}$ 主对角线上的第 j 个元素,于是参数估计量 $\hat{\beta}_j$ 的方差为:

$$\text{Var}(\hat{\beta}_j) = \sigma^2 \cdot c_{jj} \qquad (j = 1, 2, \cdots, k)$$

其中,σ^2 未知,用 $\hat{\sigma}^2 = \dfrac{e'e}{n - k - 1}$ 代替。这样,当模型参数估计完之后,就可以计算

每个参数估计量的样本方差值。因为 $\hat{\beta}_j \sim N(\beta_j, \sigma^2 c_{jj})$，所以可构造如下 t 统计量：

$$t_{\hat{\beta}_j} = \frac{\hat{\beta}_j - \beta_j}{S_{\hat{\beta}_j}} = \frac{\hat{\beta}_j - \beta_j}{\sqrt{c_{jj} \dfrac{e'e}{n-k-1}}} \sim t(n-k-1) \quad (j = 1, 2, \cdots, k)$$

该统计量即为对回归系数进行显著性检验的 t 统计量。

t 检验步骤如下：

（1）提出原假设 $H_0: \beta_j = 0 \quad (j = 1, 2, \cdots, k)$；

备择假设 $H_1: \beta_j \neq 0 \quad (j = 1, 2, \cdots, k)$。

（2）计算统计量 $t_{\hat{\beta}_j}$。在原假设 H_0 成立的条件下：

$$t_{\hat{\beta}_j} = \frac{\hat{\beta}_j}{S_{\hat{\beta}_j}} = \frac{\hat{\beta}_j}{\sqrt{c_{jj} \dfrac{e'e}{n-k-1}}}$$

（3）给定显著性水平 α，查 t 分布表，得到临界值 $t_{\alpha/2}(n-k-1)$。

（4）作出判断。若 $|t_{\beta_j}| \geq t_{\alpha/2}(n-k-1)$，则拒绝 H_0，接受 H_1，即认为 β_j 显著不为零，从而可断定解释变量 X_j 对被解释变量 Y 的影响显著，可将 X_j 留在模型中。若 $|t_{\hat{\beta}_j}| < t_{\alpha/2}(n-k-1)$，则接受 H_0，即认为 β_j 显著为零，从而可断定解释变量 X_j 对被解释变量 Y 的影响不显著。

回归系数的显著性检验是用来判断所考察的解释变量是否对被解释变量有显著影响，但并未回答在一次抽样中，所得到的参数估计值与参数真实值的接近程度，以及以多大的概率达到指定的接近程度，这需要通过构造参数的置信区间作出回答。

4. 总体参数的置信区间。在回归系数的显著性检验中，我们已经知道

$$t_{\hat{\beta}_j} = \frac{\hat{\beta}_j - \beta_j}{S_{\hat{\beta}_j}} \sim t(n-k-1)$$

这就是说，如果给定置信水平 $(1-\alpha)$，可从 t 分布表中查得自由度为 $(n-k-1)$ 的临界值为 $t_{\alpha/2}$，那么 $t_{\hat{\beta}}$ 值落在 $(-t_{\alpha/2}, t_{\alpha/2})$ 的概率是 $(1-\alpha)$。用公式表示为：

$$P(-t_{\alpha/2} < t_{\hat{\beta}_j} < t_{\alpha/2}) = 1 - \alpha$$

即

$$P\left(-t_{\alpha/2} < \frac{\hat{\beta}_j - \beta_j}{S_{\hat{\beta}_j}} < t_{\alpha/2}\right) = 1 - \alpha$$

$$P(\hat{\beta}_j - t_{\alpha/2} \cdot S_{\hat{\beta}_j} < \beta_j < \hat{\beta}_j + t_{\alpha/2} \cdot S_{\hat{\beta}_j}) = 1 - \alpha$$

于是得到，在 $(1-\alpha)$ 的置信水平下 β_j 的置信区间为：

$$(\hat{\beta}_j - t_{\alpha/2} \cdot S_{\hat{\beta}_j}, \quad \hat{\beta}_j + t_{\alpha/2} \cdot S_{\hat{\beta}_j}) \quad\quad\quad (8.3.20)$$

（三）计量经济学检验

多元线性回归模型的计量经济学检验主要包括异方差检验、自相关检验和多重共线性检验。由于异方差检验和自相关检验既适用于一元线性回归模型，也适用于多元线性回归模型，已在第二节中作了介绍，这里不再赘述。下面仅对多重共线性检验问题进行讨论。

对于多元线性回归模型

$$Y_i = \beta_0 + \beta_1 X_{1i} + \beta_2 X_{2i} + \cdots + \beta_k X_{ki} + u_i \quad (i = 1, 2, \cdots, n)$$

其假设 6 是解释变量 $X_1, X_2, \cdots, X_k$ 之间不存在严格的线性相关。如果某两个或多个解释变量之间出现了相关性，则称为存在多重共线性。如果存在

$$c_1 X_{1i} + c_2 X_{2i} + \cdots + c_k X_{ki} = 0 \quad (i = 1, 2, \cdots, n)$$

其中 c_j 不全为 0，即某一个解释变量可以表示为其他解释变量的线性组合，则称解释变量之间存在完全共线性。如果存在

$$c_1 X_{1i} + c_2 X_{2i} + \cdots + c_k X_{ki} + v_i = 0 \quad (i = 1, 2, \cdots, n)$$

其中 c_j 不全为 0，v_i 为随机干扰项，则称为近似共线性。

在实际经济问题中，经常存在多重共线性问题。例如，建立一个商品需求函数模型 $D = \beta_0 + \beta_1 P + \beta_2 Q + \beta_3 I + u$，其中，$D$ 为商品需求量，P 为商品价格，Q 为商品质量水平，I 为居民收入。一般来说，质量较高的商品，价格也比较高，所以价格与质量水平这两个解释变量之间存在一定的相关性，这就产生了多重共线性。

如果模型存在多重共线性，若仍采用 OLS 法估计参数，就会给模型带来严重的不良后果。首先，如果解释变量之间存在完全共线性，则模型的参数 B 无法估计，因为此时 $(X'X)^{-1}$ 不存在，无法得到参数的最小二乘估计量 $\hat{B} = (X'X)^{-1} X'Y$。其次，如果解释变量之间存在近似共线性，则模型参数估计量的方差会随着多重共线性程度的加大而增加，给模型的构造和应用带来了严重问题。因此，在建立回归模型时，检验解释变量之间是否存在多重共线性是十分重要的。常用的检验方法主要有判定系数检验法、逐步回归检验法等，其中尤以逐步回归检验法应用最为广泛。

逐步回归检验法的一般步骤为：

1. 先求出总体的估计式，并进行各种检验，以确定模型的总体效果。

2. 经检验，如果总体估计式符合要求，则可计算各解释变量之间的相关系数，以确定模型多重共线性的程度。

3. 如果多重共线性严重，则求出被解释变量对于每个解释变量的回归方程，并根据经济理论和各判定系数，选择其中最合理的回归方程作为初始的回

归模型。

4. 以初始回归模型为基础,逐个引入解释变量,重新进行回归。根据拟合优度的变化决定新引入的变量是否可以用其他变量的线性组合代替,而不是作为独立的解释变量。如果拟合优度变化显著,则说明新引入的变量是一个独立解释变量;如果拟合优度变化很不显著,则说明新引入的变量不是一个独立解释变量,它可以用其他变量的线性组合代替,也就是说它与其他变量之间存在共线性的关系。

【例 8 − 1】根据理论和经验分析,影响粮食生产(Y)的主要因素有:粮食播种面积(X_1)、有效灌溉面积(X_2)、化肥施用量(X_3)、大型拖拉机(X_4)、小型拖拉机(X_5)、农用排灌柴油机(X_6)。表 8 − 3 列出了中国 31 个省、市、自治区粮食生产的相关数据,拟建立 2013 年中国粮食生产函数模型。[①]

表 8 − 3 中国粮食生产与相关投入资料

	粮食产量 Y(万吨)	粮食播种面积 X_1(千公顷)	有效灌溉面积 X_2(千公顷)	化肥施用量 X_3(万吨)	大型拖拉机 X_4(千台)	小型拖拉机 X_5(千台)	农用排灌柴油机 X_6(千台)
北京	96.1	158.9	153.0	12.8	6.5	2.4	37.7
天津	174.7	332.8	308.9	24.3	15.6	9.2	63.1
河北	3 365.0	6 315.9	4 349.0	331.0	234.3	1 424.2	1 523.9
山西	1 312.8	3 274.3	1 382.8	121.0	107.2	347.4	144.2
内蒙古	2 773.0	5 617.3	2 957.8	202.4	623.4	428.2	180.5
辽宁	2 195.6	3 226.4	1 407.4	151.6	208.0	322.5	809.9
吉林	3 551.0	4 789.9	1 510.1	216.8	440.4	670.8	197.6
黑龙江	6 004.1	11 564.4	5 342.1	245.0	873.3	645.3	131.2
上海	114.2	168.5	184.1	10.8	6.7	3.6	13.5
江苏	3 423.0	5 360.8	3 785.3	326.8	131.3	925.4	415.9
浙江	734.0	1 253.7	1 409.4	92.4	11.7	139.3	863.3
安徽	3 279.6	6 625.3	4 305.5	338.4	179.9	2 249.7	1 174.2
福建	664.4	1 202.1	1 122.4	120.6	3.1	104.5	65.1
江西	2 116.1	3 690.9	1 995.6	141.6	10.2	289.8	221.5
山东	4 528.2	7 294.6	4 729.0	472.7	500.7	1 997.0	1 259.8
河南	5 713.7	10 081.8	4 969.1	696.4	357.8	3 513.2	1 100.5

---

① 李子奈,潘文卿. 计量经济学[M]. 4 版. 北京. 高等教育出版社,2015.

	粮食产量 Y(万吨)	粮食播种面积 X_1(千公顷)	有效灌溉面积 X_2(千公顷)	化肥施用量 X_3(万吨)	大型拖拉机 X_4(千台)	小型拖拉机 X_5(千台)	农用排灌柴油机 X_6(千台)
湖北	2 501.3	4 258.4	2 791.4	351.9	149.4	1 141.2	698.1
湖南	2 925.7	4 936.6	3 084.3	248.2	106.6	227.5	1 067.8
广东	1 315.9	2 507.6	1 770.8	243.9	23.9	329.2	349.7
广西	1 521.8	3 076.0	1 586.4	255.7	34.2	456.8	271.6
海南	190.9	421.8	260.9	47.6	44.5	52.7	38.0
重庆	1 148.1	2 253.9	675.2	96.6	3.8	7.8	759.5
四川	3 387.1	6 469.9	2 616.5	251.1	121.8	119.1	307.3
贵州	1 030.0	3 118.4	926.9	97.4	41.9	85.8	225.0
云南	1 824.0	4 499.4	1 660.3	219.0	287.0	377	121.6
西藏	96.2	175.9	239.3	5.7	66.4	138.3	0.9
陕西	1 215.8	3 105.1	1 209.9	241.7	99.3	198.7	322.6
甘肃	1 138.9	2 858.7	1 284.1	94.7	130.4	575.6	130.7
青海	102.4	280.0	186.9	9.8	11.1	243.9	2.5
宁夏	373.4	801.6	498.6	40.4	42.6	179.8	27.0
新疆	1 377.0	2 234.8	4 769.9	203.2	397.2	316.9	69.8

资料来源:《中国统计年鉴》(2014)。

设粮食生产函数模型为:

$$\ln Y = \beta_0 + \beta_1 \ln X_1 + \beta_2 \ln X_2 + \beta_3 \ln X_3 + \beta_4 \ln X_4 + \beta_5 \ln X_5 + \beta_6 \ln X_6 + u$$

(1)用 OLS 法估计模型为:

$$\ln \widehat{Y} = -1.100 + 0.757\ln X_1 + 0.246\ln X_2 + 0.000\ 2\ln X_3 +$$

$$(-2.24) \quad (8.20) \quad\quad (2.53) \quad\quad (0.002)$$

$$0.030\ln X_4 - 0.032\ln X_5 + 0.051\ln X_6$$

$$(0.92) \quad\quad (-0.96) \quad\quad (1.22)$$

$$R^2 = 0.985\ 0 \quad \overline{R}^2 = 0.981\ 2 \quad F = 262.32$$

可见,R^2 较大且接近于1,而且 $F = 262.32 > F_{0.05}(6,24) = 2.51$,故认为粮食生产与上述解释变量间总体线性关系显著。但由于其中 X_3、X_4、X_5、X_6 前参数估计值未能通过 t 检验,而且 X_5 的参数符号的经济意义也不合理,故认为解释变量间存在多重共线性。

（2）求各解释变量之间的相关系数。$\ln X_1$、$\ln X_2$、$\ln X_3$、$\ln X_4$、$\ln X_5$、$\ln X_6$ 的相关系数如表 8 - 4 所示。

表 8 - 4 相关系数表

	$\ln X_1$	$\ln X_2$	$\ln X_3$	$\ln X_4$	$\ln X_5$	$\ln X_6$
$\ln X_1$	1.000 0	0.934 5	0.945 3	0.673 6	0.750 9	0.790 8
$\ln X_2$	0.934 5	1.000 0	0.928 5	0.684 7	0.783 8	0.749 6
$\ln X_3$	0.945 3	0.928 5	1.000 0	0.594 6	0.718 2	0.857 9
$\ln X_4$	0.673 6	0.684 7	0.594 6	1.000 0	0.726 0	0.334 2
$\ln X_5$	0.750 9	0.783 8	0.718 2	0.726 0	1.000 0	0.440 0
$\ln X_6$	0.790 8	0.749 6	0.857 9	0.334 2	0.440 0	1.000 0

表中数据显示 $\ln X_1$、$\ln X_2$、$\ln X_3$ 间存在高度相关性，同时，$\ln X_3$ 与 $\ln X_6$ 间的相关性也较高。

（3）分别求 Y 对于每个解释变量的回归方程，并确定初始的回归模型。

分别作 $\ln Y$ 关于 $\ln X_1$、$\ln X_2$、$\ln X_3$、$\ln X_4$、$\ln X_5$、$\ln X_6$ 的回归，发现 $\ln Y$ 关于 $\ln X_1$ 的回归具有最大的可决系数：

$$\ln \hat{Y} = -0.684 + 1.004\ln X_1$$

$$(-3.08) \quad (35.14)$$

$$R^2 = 0.977 1 \quad \bar{R}^2 = 0.976 3$$

可见，粮食生产受粮食播种面积的影响最大，与经验相符合，因此选该一元回归模型为初始的回归模型。

（4）逐步回归。将其他解释变量分别引入上述初始回归模型，寻找最佳回归方程，其结果如表 8 - 5 所示。

表 8 - 5 逐步回归

	C	$\ln X_1$	$\ln X_2$	$\ln X_3$	$\ln X_4$	$\ln X_5$	$\ln X_6$	$\bar{R}^2$
$Y = f(X_1)$	-0.684	1.004						0.976 3
t 值	(-3.08)	(35.14)						
$Y = f(X_1, X_2)$	-0.915	0.812	0.238					0.981 0
t 值	(-4.26)	(11.3)	(2.87)					
$Y = f(X_1, X_2, X_3)$	-0.722	0.769	0.209	0.071				0.980 8
t 值	(-2.25)	(8.62)	(2.31)	(0.81)				
$Y = f(X_1, X_2, X_4)$	-0.90	0.813	0.241		-0.005			0.980 3
t 值	(-3.65)	(11.03)	(7.79)		(-0.18)			

续表

	C	$\ln X_1$	$\ln X_2$	$\ln X_3$	$\ln X_4$	$\ln X_5$	$\ln X_6$	$\overline{R}^2$
$Y = f(X_1, X_2, X_5)$	-0.789	0.820	0.281			-0.041		0.9817
t 值	(-3.46)	(11.60)	(3.24)			(-1.43)		
$Y = f(X_1, X_2, X_6)$	-1.081	0.761	0.231				0.050	0.9823
t 值	(-4.75)	(10.15)	(2.89)				(1.76)	

过程如下：

第一步，在初始模型中引入 X_2，模型拟合优度提高，且参数合理，变量也通过了显著性水平为 5% 的 t 检验；

第二步，引入 X_3，模型拟合优度有所下降，虽然参数符号合理，但变量甚至未通过显著性水平为 10% 的 t 检验；

第三步，去掉 X_3，引入 X_4，模型的拟合优度仍没有只有 X_1、X_2 时高，同时，X_4 的参数未能通过 10% 显著性水平下的 t 检验，且参数符号与经济意义不符；

第四步，去掉 X_4，引入 X_5，模型的拟合优度虽有所提高，但 X_5 的参数未能通过 10% 显著性水平下的 t 检验，且参数符号与经济意义不符。

第五步，去掉 X_5，引入 X_6，模型的拟合优度比只有 X_1、X_2 时有所提高，且 X_6 的参数符号与经济意义相符，并通过了 10% 显著性水平下的 t 检验。

在第五步所得模型的基础上，再尝试引入单个的 X_3、X_4、X_5，或者引入它们的任意线性组合，均达不到以 X_1、X_2、X_6 为解释变量的回归结果。因此最终的粮食生产函数应以 $Y = f(X_1, X_2, X_6)$ 为最优，拟合结果如下：

$$\ln \hat{Y} = -1.081 + 0.761 \ln X_1 + 0.231 \ln X_2 + 0.050 \ln X_6$$

五、多元线性回归模型的预测

假定所建立的多元线性回归模型 $Y = XB + U$ 在预测期或预测范围内仍然成立，即由样本得到的统计规律不发生太大变化、原有回归模型的假设条件仍然成立的前提下进行预测。对于给定的解释变量的一组特定值

$$X_0 = (1, X_{10}, X_{20}, \cdots, X_{k0})$$

利用样本回归方程可以得到 Y_0 的估计值

$$\hat{Y}_0 = X_0 \hat{B}$$

$\hat{Y}_0$ 既可以作为总体均值 $E(Y_0)$ 的预测值，也可以作为总体个别值 Y_0 的预测值。为了进行科学预测，还需要求出 $E(Y_0)$ 和 Y_0 的预测区间。

（一）E(Y_0）的预测区间

从参数估计量性质的讨论中可知：

$$E(\hat{Y}_0) = E(X_0\hat{B}) = X_0 E(\hat{B}) = X_0 B = E(Y_0)$$

$$Var(\hat{Y}_0) = E[\hat{Y}_0 - E(\hat{Y}_0)]^2 = E(X_0\hat{B} - X_0 B)^2$$

$$= E\{[X_0(\hat{B} - B)][X_0(\hat{B} - B)]'\}$$

由于 $X_0(\hat{B} - B)$ 为标量，因此

$$X_0(\hat{B} - B) = [X_0(\hat{B} - B)]' = (\hat{B} - B)'X_0'$$

代入上式得：

$$Var(\hat{Y}_0) = E[X_0(\hat{B} - B)(\hat{B} - B)'X_0']$$

$$= X_0 E[(\hat{B} - B)(\hat{B} - B)']X_0'$$

$$= X_0 Cov(\hat{B})X_0' \backslash$$

$$= \sigma^2 X_0 (X'X)^{-1} X_0'$$

所以

$$\hat{Y}_0 \sim N[X_0 B, \sigma^2 X_0 (X'X)^{-1} X_0']$$

以 $\hat{\sigma}^2$ 代替 σ^2，得到 $\hat{Y}_0$ 的方差估计量

$$S_{\hat{Y}_0}^2 = \hat{\sigma}^2 X_0 (X'X)^{-1} X_0' \tag{8.3.21}$$

构造 t 统计量

$$t = \frac{\hat{Y}_0 - E(Y_0)}{S_{\hat{Y}_0}} = \frac{\hat{Y}_0 - E(Y_0)}{\hat{\sigma}\sqrt{X_0(X'X)^{-1}X_0'}} \sim t(n - k - 1)$$

给定了置信度（$1 - \alpha$），E(Y_0）的预测区间为：

$$E(Y_0) = \hat{Y}_0 \pm t_{\alpha/2}(n - k - 1)\hat{\sigma}\sqrt{X_0(X'X)^{-1}X_0'} \tag{8.3.22}$$

（二）Y_0 的预测区间

设 e_0 是总体真值 Y_0 与预测值 $\hat{Y}_0$ 的误差，称为预测误差。即

$$e_0 = Y_0 - \hat{Y}_0$$

可以证明

$$e_0 \sim N\{0, \sigma^2[1 + X_0(X'X)^{-1}X_0']\}$$

以 $\hat{\sigma}^2$ 代替 σ^2，可得到 e_0 的方差估计量：

$$S_{e_0}^2 = \hat{\sigma}^2[1 + X_0(X'X)^{-1}X_0'] \tag{8.3.23}$$

构造 t 统计量：

$$t = \frac{Y_0 - \hat{Y}_0}{S_{e_0}} = \frac{Y_0 - \hat{Y}_0}{\hat{\sigma} \sqrt{1 + X_0 (X'X)^{-1} X_0'}} \sim t(n - k - 1)$$

给定了置信度 $(1 - \alpha)$，Y_0 的预测区间为：

$$Y_0 = \hat{Y}_0 \pm t_{\alpha/2}(n - k - 1)\hat{\sigma} \sqrt{1 + X_0 (X'X)^{-1} X_0'} \qquad (8.3.24)$$

六、多元线性回归分析预测实例

在一项关于某地区居民家庭对某种商品消费需求的抽样调查中,得到表 8 - 6 的资料。根据这些资料,对这一地区居民家庭对该商品的消费支出进行回归分析。

表 8 - 6　某地居民家庭的商品消费需求调查　　　　单位:元

序号	对某商品的消费支出 Y	商品单价 X_1	家庭人均月收入 X_2
1	591	23	2 540
2	654	24	3 040
3	623	32	3 557
4	647	32	3 720
5	674	31	3 966
6	644	34	4 307
7	680	35	4 780
8	724	38	5 320
9	757	39	6 000
10	760	42	6 433

（一）建立模型

用 Y 表示某商品的消费支出,X_1 表示商品单价,X_2 表示家庭人均月收入,根据以往经验和对调查资料的初步分析可知,Y 与 X_1、X_2 呈线性关系,因此可建立总体二元线性回归模型

$$Y_i = \beta_0 + \beta_1 X_{1i} + \beta_2 X_{2i} + u_i$$

其样本回归模型的矩阵表达式为：

$$Y = X\hat{B} + e$$

其中：

$$Y = \begin{pmatrix} 591 \\ 654 \\ \vdots \\ 760 \end{pmatrix}; \quad X = \begin{pmatrix} 1 & 23 & 2540 \\ 1 & 24 & 3040 \\ \vdots & \vdots & \vdots \\ 1 & 42 & 6433 \end{pmatrix}; \quad \hat{B} = \begin{pmatrix} \hat{\beta}_0 \\ \hat{\beta}_1 \\ \hat{\beta}_2 \end{pmatrix}; \quad e = \begin{pmatrix} e_1 \\ e_2 \\ \vdots \\ e_{10} \end{pmatrix}$$

模型参数估计量为：

$$\hat{B} = (X'X)^{-1}X'Y$$

由于

$$X'X = \begin{pmatrix} 1 & 1 & \cdots & 1 \\ 23 & 24 & \cdots & 42 \\ 2540 & 3040 & \cdots & 6433 \end{pmatrix} \begin{pmatrix} 1 & 23 & 2540 \\ 1 & 24 & 3040 \\ \vdots & \vdots & \vdots \\ 1 & 42 & 6433 \end{pmatrix}$$

$$= \begin{pmatrix} 10 & 330 & 43\,663 \\ 330 & 11\,224 & 1\,507\,274 \\ 43\,663 & 1\,507\,274 & 204\,997\,543 \end{pmatrix}$$

$$(X'X)^{-1} = \begin{pmatrix} 7.533\,092\,28 & -0.476\,916\,40 & 0.001\,902\,10 \\ -0.476\,916\,40 & 0.037\,257\,96 & -0.000\,172\,36 \\ 0.001\,902\,10 & -0.000\,172\,36 & 0.000\,000\,87 \end{pmatrix}$$

$$X'Y = \begin{pmatrix} 1 & 1 & \cdots & 1 \\ 23 & 24 & \cdots & 42 \\ 2540 & 3040 & \cdots & 6433 \end{pmatrix} \begin{pmatrix} 591 \\ 654 \\ \vdots \\ 760 \end{pmatrix} = \begin{pmatrix} 6754 \\ 5\,474 \\ \vdots \\ 30\,092\,103 \end{pmatrix}$$

于是

$$\hat{B} = (X'X)^{-1}X'Y = \begin{pmatrix} 584.512\,79 \\ -7.210\,40 \\ 0.075\,31 \end{pmatrix}$$

故样本回归方程为：

$$\hat{Y}_i = 584.512\,79 - 7.210\,40X_{1i} + 0.075\,31X_{2i}$$

（二）模型检验

1. 经济意义检验。从模型参数估计量的符号看，$\hat{\beta}_1 < 0$ 意味着商品价格越高，对该商品的消费需求支出越少；$\hat{\beta}_2 > 0$ 意味着家庭人均月收入越高，对该商品的消费需求支出越多，与理论期望值相符。

从模型参数估计量的大小看，$\hat{\beta}_1 = -7.210\,40$，表示当 X_2 保持不变时，X_1 每增加 1 元，Y 平均减少约 7.21 元；$\hat{\beta}_2 = 0.075\,31$，表示当 X_1 保持不变时，X_2 每增加 1 元，Y 平均增加约 0.08 元。参数估计量的取值范围也与实际情况相符，因而模型通过经济意义检验。

2. 统计检验。

（1）拟合优度检验。由于

$$\text{TSS} = Y'Y - n\bar{Y}^2$$

$$= (591 \ 654 \ \cdots \ 760) \begin{pmatrix} 591 \\ 654 \\ \vdots \\ 760 \end{pmatrix} - 10 \times 675.4^2$$

$$= 4 \ 589 \ 972 - 4 \ 561 \ 651.6 = 28 \ 320.4$$

$$\text{ESS} = \hat{B}'X'Y - n\bar{Y}^2 = 4 \ 588 \ 307.957 \ 9 - 4 \ 561 \ 651.6 = 26 \ 656.36$$

所以

$$R^2 = \frac{\text{ESS}}{\text{TSS}} = \frac{26 \ 656.36}{28 \ 320.4} = 0.941 \ 24$$

$$\bar{R}^2 = 1 - (1 - R^2)\frac{n-1}{n-k-1}$$

$$= 1 - (1 - 0.941 \ 24)\frac{10-1}{10-2-1} = 0.924 \ 5$$

可见模型在整体上拟合得比较好。

(2) F 检验。由于

$$\text{RSS} = \text{TSS} - \text{ESS} = 28 \ 320.4 - 26 \ 656.36 = 1 \ 664.04$$

所以

$$F = \frac{\text{ESS}/k}{\text{RSS}/(n-k-1)} = \frac{26 \ 656.36/2}{1 \ 664.04/7} = 56.066 \ 6$$

在 5% 的显著性水平下，查 F 分布表，得临界值 $F_{0.05}(2,7) = 4.74$，$F = 56.066 \ 6 > 4.74$，表明回归方程的总体线性关系显著成立，即商品的消费支出与商品单价和家庭人均月收入的线性关系显著，模型通过 F 检验。

(3) t 检验。由于

$$\hat{\sigma}^2 = \frac{e'e}{n-k-1} = \frac{\sum e_i^2}{n-k-1} = \frac{1 \ 664.04}{7} = 237.720 \ 3$$

$$\text{Cov}(\hat{B}) = \hat{\sigma}^2 (X'X)^{-1}$$

$$= 237.720 \ 3 \begin{pmatrix} 7.533 \ 092 \ 28 & -0.476 \ 916 \ 40 & 0.001 \ 902 \ 10 \\ -0.476 \ 916 \ 40 & 0.037 \ 257 \ 96 & -0.000 \ 172 \ 36 \\ 0.001 \ 902 \ 10 & -0.000 \ 172 \ 36 & 0.000 \ 000 \ 87 \end{pmatrix}$$

$$= \begin{pmatrix} 1 \ 790.768 \ 948 & -113.372 \ 710 & 0.452 \ 168 \\ -113.372 \ 710 & 8.856 \ 973 & -0.040 \ 975 \\ 0.452 \ 168 & -0.040 \ 975 & 0.000 \ 206 \end{pmatrix}$$

此矩阵中主对角线上的元素即为 $\hat{\beta}_0 \ \hat{\beta}_1 \ \hat{\beta}_2$ 的样本方差：

$$S_{\hat{\beta}_0}^2 = 1 \ 790.768 \ 948 \qquad S_{\hat{\beta}_0} = 42.317 \ 5$$

$$S_{\hat{\beta}_1}^2 = 8.856 \ 973 \qquad S_{\hat{\beta}_1} = 2.976 \ 1$$

$$S_{\hat{\beta}_2}^2 = 0.000\ 206 \qquad S_{\hat{\beta}_2} = 0.014\ 4$$

由此可得参数估计量的 t 检验值分别为：

$$t_{\hat{\beta}_0} = \frac{\hat{\beta}_0}{S_{\hat{\beta}_0}} = \frac{584.512\ 79}{42.317\ 5} = 13.812\ 6$$

$$t_{\hat{\beta}_1} = \frac{\hat{\beta}_1}{S_{\hat{\beta}_1}} = \frac{-7.210\ 40}{2.976\ 1} = -2.422\ 8$$

$$t_{\hat{\beta}_2} = \frac{\hat{\beta}_2}{S_{\hat{\beta}_2}} = \frac{0.075\ 31}{0.014\ 4} = 5.245\ 6$$

在 5% 的显著性水平下，查 t 分布表，得临界值 $t_{0.025}(7) = 2.365$。由上面计算可见回归系数的 t 检验值的绝对值均大于 2.365，说明总体参数 $\beta_0, \beta_1, \beta_2$ 均显著不为零。模型的回归系数均通过 t 检验。

在 5% 的显著性水平下，模型总体参数置信区间分别为：

$\hat{\beta}_0 \pm t_{0.025} \times S_{\hat{\beta}_0} = 584.512\ 79 \pm 2.365 \times 42.317\ 5$，即 β_0 的置信区间为 $(484.432\ 0, 684.593\ 6)$。

$\hat{\beta}_1 \pm t_{0.025} \times S_{\hat{\beta}_1} = -7.210\ 40 \pm 2.365 \times 2.976\ 1$，即 β_1 的置信区间为 $(-14.248\ 8, -0.172\ 0)$。

$\hat{\beta}_2 \pm t_{0.025} \times S_{\hat{\beta}_2} = 0.075\ 31 \pm 2.365 \times 0.014\ 4$，即 β_2 的置信区间为 $(0.041\ 4, 0.109\ 3)$。

综上，模型通过了各种检验，下面给出模型通常的报告式：

$$\hat{Y}_i = 584.512\ 79 - 7.210\ 40X_{1i} + 0.075\ 31X_{2i}$$

$$(13.812\ 6) \quad (-2.422\ 8) \quad (5.245\ 6)$$

$$R^2 = 0.941\ 24, \qquad \bar{R}^2 = 0.924\ 5, \qquad F = 56.066\ 6$$

（三）预测

如果商品单价调为 40 元，预测一户人均月收入为 5 000 元的家庭对该商品的消费支出是多少？

将 $X_0 = (1 \quad 40 \quad 5\ 000)$ 代入样本回归方程，得

$$\hat{Y}_0 = X_0 \hat{B} = (1\ 40\ 5\ 000) \begin{pmatrix} 584.512\ 79 \\ -7.210\ 40 \\ 0.075\ 31 \end{pmatrix} = 672.651\ 8(元)$$

$$S_{e_0}^2 = \hat{\sigma}^2 [1 + X_0(X'X)^{-1}X_0'] = 237.720\ 3 \times (1 + 0.744\ 65) = 414.739\ 4$$

得

$$S_{e_0} = 20.365\ 2$$

于是，Y_0 的 95% 的预测区间为：$\hat{Y}_0 \pm t_{0.025} \times S_{e_0} = 672.651\ 8 \pm 2.365 \times 20.365\ 2$，即（624.488 2，720.815 4）。

第四节　非线性回归分析预测法

线性回归分析的前提是被解释变量与各解释变量之间的关系是线性的。实际上，各种经济变量之间的关系极其复杂，研究对象与其影响因素之间并非都呈线性关系，因而往往需要建立非线性回归模型。例如，在对生产问题研究时，资本投入和劳动力投入是影响产出的两个主要因素。研究表明，产出量 Q 与资本投入 K 和劳动力投入 L 之间并非线性关系，而是呈幂函数关系，因此建立的生产函数模型为：

$$Q = AK^{\alpha}L^{\beta}e^{u}$$

式中，A,α,β 为模型参数。此模型即为非线性模型。在回归分析中，往往将参数为线性的模型称为线性回归模型，否则称为非线性回归模型。在非线性回归模型中有一类可通过适当变换使其变成线性回归模型，这是我们重点要讨论的。

一、非线性回归模型的几种常见形式

（一）多项式曲线模型

$$Y_i = \beta_0 + \beta_1 X_i + \beta_2 X_i^2 + \cdots + \beta_k X_i^k + u_i$$

（二）双曲线模型

$$Y_i = \beta_0 + \beta_1 \frac{1}{X_i} + u_i \quad \text{或} \frac{1}{Y_i} = \beta_0 + \beta_1 \frac{1}{X_i} + u_i$$

（三）对数曲线模型

常见的对数曲线模型有半对数曲线模型和双对数曲线模型两类。

1. 半对数曲线模型：

$$\ln Y_i = \beta_0 + \beta_1 X_i + u_i \quad \text{或} Y_i = \beta_0 + \beta_1 \ln X_i + u_i$$

2. 双对数曲线模型：

$$\ln Y_i = \ln \beta_0 + \beta_1 \ln X_i + u_i$$

（四）指数曲线模型

$$Y_i = \beta_0 \beta_1^{X_i} \cdot e^{u_i}$$

（五）幂函数曲线模型

$$Y_i = \beta_0 X_i^{\beta_1} \cdot e^{u_i}$$

二、非线性回归模型的参数估计

非线性回归模型的参数估计一般采用变量直接或间接置换的方法,将非线性模型转化为线性模型,然后利用线性回归模型的参数估计方法（OLS）来估计原模型中的参数。

（1）对于多项式曲线模型,可利用变量直接置换的方法使模型线性化。令 $X_{1i}^* = X_i, X_{2i}^* = X_i^2, \cdots, X_{ki}^* = X_i^k$,则原模型可转化为:

$$Y_i = \beta_0 + \beta_1 X_{1i}^* + \beta_2 X_{2i}^* + \cdots + \beta_k X_{ki}^* + u_i$$

即可利用多元线性回归分析的方法来估计原模型中的参数 $\beta_0, \beta_1, \cdots, \beta_k$。

（2）对于双曲线模型前一种形式,令 $X_i^* = \dfrac{1}{X_i}$,则

$$Y_i = \beta_0 + \beta_1 X_i^* + u_i$$

对后一种形式,可令 $X_i^* = \dfrac{1}{X_i}, Y_i^* = \dfrac{1}{Y_i}$,则

$$Y_i^* = \beta_0 + \beta_1 X_i^* + u_i$$

即可利用一元线性回归估参法（OLS 法）来估计参数 β_0, β_1。

（3）对于对数曲线模型,令 $Y_i^* = \ln Y_i, X_i^* = \ln X_i$,则半对数曲线模型前一种形式可转化为:

$$Y_i^* = \beta_0 + \beta_1 X_i + u_i$$

后一种形式可转化为:

$$Y_i = \beta_0 + \beta_1 X_i^* + u_i$$

双对数曲线模型可转化为:

$$Y_i^* = \beta_0 + \beta_1 X_i^* + u_i$$

即可利用 OLS 法来估计参数 β_0, β_1。

（4）对于指数曲线模型,两边取对数化为:

$$\ln Y_i = \ln \beta_0 + X_i \ln \beta_1 + u_i$$

令 $Y_i^* = \ln Y_i$,用 OLS 法可估计出 $\ln \beta_0$ 和 $\ln \beta_1$,进而反解出 β_0, β_1。

（5）对于幂函数曲线模型,两边取对数即为:

$$\ln Y_i = \ln \beta_0 + \beta_1 \ln X_i + u_i$$

令 $Y_i^* = \ln Y_i, X_i^* = \ln X_i$,则可用 OLS 法估计出 $\ln \beta_0$ 和 β_1,进而求出 β_0 和 β_1。

总之,本节线性回归是针对可线性化的曲线模型而言的,只要曲线模型能通过直接、间接的变换转化成线性模型,我们就可以用熟悉的线性回归估参法

进行参数估计。

【例 8 - 2】已知某商品的需求量与价格之间呈幂函数关系,因此可建立幂函数模型,

$$Y_i = \alpha x_i^{\beta} e^{u_i} \qquad (8.4.1)$$

根据表 8 - 7 的统计数据,试对幂函数模型进行估计,并预测当商品的价格调为 32 元时,该商品的需求量为多少?

表 8 - 7

i	1	2	3	4	5	6	7	8	9	10
需求量 Y(kg)	543	580	618	695	724	812	887	991	1 186	1 940
价格 X(元)	61	54	50	43	38	36	28	23	19	10

解:

第一步:将幂函数模型线性化。即

将式(8.4.1) 两边取对数,得到:

$$\ln Y_i = \ln\alpha + \beta\ln X_i + \mu_i$$

令

$$Y_i^* = \ln Y_i, \quad X_i^* = \ln X_i, \quad \alpha^* = \ln\alpha$$

式(8.4.1) 变换为:

$$Y_i^* = \alpha^* + \beta x_i^* + \mu_i \qquad (8.4.2)$$

式(8.4.2) 即为线性化的模型,因而对式(8.4.2) 可用 OLS 法估计参数。

第二步:用 OLS 法对式(8.4.2) 进行参数估计。

根据表 8 - 7,计算得到表 8 - 8。

表 8 - 8   参数估计计算表

i	Y_i	X_i	Y_i^*	X_i^*	y_i^*	x_i^*	$x_i^* \cdot y_i^*$	y_i^{*2}	x_i^{*2}
1	543	61	6.297 1	4.110 9	- 0.427 9	0.640 0	- 0.273 9	0.183 1	0.409 3
2	580	54	6.363 0	3.989 0	- 0.362 0	0.218 1	- 0.187 5	0.131 0	0.268 4
3	618	50	6.436 5	3.912 0	- 0.298 5	0.441 1	- 0.131 7	0.089 1	0.194 6
4	695	43	6.543 9	3.761 2	- 0.181 1	0.290 3	- 0.052 6	0.032 8	0.084 3
5	724	38	6.584 8	3.637 6	- 0.140 2	0.166 7	- 0.023 4	0.019 7	0.027 8
6	812	36	6.699 5	3.583 5	- 0.025 5	0.112 6	- 0.002 9	0.000 7	0.012 7
7	887	28	6.787 8	3.332 2	0.062 8	- 0.138 7	- 0.008 7	0.003 9	0.019 2
8	991	23	6.898 7	3.135 5	0.173 7	- 0.335 4	- 0.058 3	0.030 2	0.112 5
9	1 186	19	7.078 3	2.944 4	0.353 3	- 0.526 5	- 0.186 0	0.124 8	0.277 2
10	1 940	10	7.570 4	2.302 6	0.845 4	- 1.168 3	- 0.987 7	0.714 7	1.364 9

续表

i	Y_i	X_i	Y_i^*	X_i^*	y_i^*	x_i^*	$x_i^* \cdot y_i^*$	y_i^{*2}	x_i^{*2}
Σ			67.250 2	34.708 9			−1.912 6	1.330 1	2.771 2
$\frac{1}{n}\Sigma$			6.725 0	3.470 9					

$$\hat{\beta} = \frac{\sum x_i^* \cdot y_i^*}{\sum x_i^{*2}} = \frac{-1.912\ 6}{2.771\ 2} = -0.69$$

$$\hat{\alpha}^* = \overline{Y}^* - \hat{\beta}\overline{X}^* = 6.725\ 0 - (-0.69) \times 3.470\ 9 = 9.121$$

故(8.4.2)式的样本回归方程为:

$$\hat{Y}_i^* = 9.121 - 0.69 X_i^* \tag{8.4.3}$$

$$R^2 = \frac{\left(\sum x_i^* \cdot y_i^*\right)}{\sum x_i^{*2} \cdot \sum y_i^{*2}} = \frac{(-1.912\ 6)^2}{2.771\ 2 \times 1.330\ 1} = 0.992\ 4$$

第三步:还原模型的参数。

因为:

$$\alpha^* = \ln\alpha$$

所以:

$$\hat{\alpha} = e^{\hat{\alpha}^*} = e^{9.121} = 9\ 145.342\ 4$$

将 $\hat{\alpha}, \hat{\beta}$ 代入(8.4.2)式,可得幂函数模型的样本回归方程:

$$\hat{Y}_i = 9\ 145.342\ 4 X_i^{-0.69} \tag{8.4.4}$$

第四步:预测。

将 $X_0 = 32$ 代入(8.4.4)式,得:

$$\hat{Y}_0 = 9\ 145.342\ 4 \times 32^{-0.69} \approx 837 \tag{8.4.5}$$

即该商品需求量的预测值为837kg。

习　题

1. 为什么线性回归模型的理论方程中必须包含随机误差项?

2. 对经济变量进行一元线性回归分析时,模型中的随机误差项 u_i 有哪些假设条件?为什么对 u_i 要提出这些假设?

3. 最小二乘法的基本原理是什么?

4. 已知模型 $Y_i = \beta_0 + \beta_1 X_i + u_i$,证明估计量 $\hat{\beta}_0$ 可表示为:

$$\hat{\beta}_0 = \sum_{i=1}^{n} \left(\frac{1}{n} - \overline{X}k_i\right)Y_i, \quad \text{其中 } k_i = \frac{x_i}{\sum x_i^2}$$

5. 模型的检验包括几方面内容?其具体含义是什么?

6. 什么是多重共线性?多重共线性会给模型带来什么后果?

7. 多元线性回归模型 $Y_i = \beta_0 + \beta_1 X_{1i} + \beta_2 X_{2i} + \cdots + \beta_k X_{ki} + u_i (i = 1, 2, \cdots, n)$ 的矩阵形式是什么?其中每个矩阵的含义是什么?熟练地写出用矩阵表示的该模型的最小二乘估计量,并证明在满足基本假设的情况下,最小二乘估计量是无偏估计量。

8. 表 8 - 9 中是从某个行业的 8 个不同工厂收集的数据。

表 8 - 9

| 总成本(Y) | 36 | 40 | 48 | 53 | 58 | 61 | 67 | 75 |
| 产量(X) | 4 | 6 | 5 | 7 | 8 | 11 | 9 | 12 |

根据上表要求:

(1) 估计这个行业的线性总成本函数 $\hat{Y} = \hat{\alpha} + \hat{\beta}X$。

(2) 解释 $\hat{\alpha}$ 和 $\hat{\beta}$ 的经济含义是什么?

(3) 计算判定系数 R^2。

(4) 当显著性水平 $\alpha = 0.05$ 时,对模型参数进行显著性检验(t 检验)。

(5) 预测当产量为 10 时的总成本。

9. 某地区 2010—2018 年居民消费品购买力和居民货币收入统计数据如表 8 - 10 所示。

表 8 - 10   单位:亿元

年份	2010	2011	2012	2013	2014	2015	2016	2017	2018
购买力	2	3	4	7	10	13	18	22	25
收入	4	5	8	11	15	19	24	30	33

要求:

(1) 建立一元线性回归模型,并求样本回归函数。

(2) 对所建立的回归方程进行拟合优度检验。

(3) 对回归函数进行显著性检验。

(4) 若 2019 年居民货币收入增长约 8%,试预测该地区 2019 年居民消费品购买力。并给出均值的预测区间。($\alpha = 0.05$)

10. 已知某高科技开发公司的有关收入、研究经费和研究人员的数据如表 8 -11 所示。

表 8 – 11

年份	收入 Y(万元)	研究经费 X_1(千元)	研究人员 X_2(人)
2009	435	354	50
2010	438	357	53
2011	456	375	56
2012	464	390	59
2013	471	395	62
2014	473	396	65
2015	489	411	68
2016	498	418	71
2017	504	427	74
2018	518	441	77

要求：

（1）试用矩阵法建立二元线性回归模型。

（2）对回归模型进行经济意义检验、统计检验和计量经济学检验。

（3）该公司计划2019年将研究经费增加到50万元，研究人员增加到80人，试预测该公司的收入。（$\alpha = 0.05$）

11. 某地区对某种商品的需求量、价格和当地居民人均年收入的统计数据如表 8 – 12 所示。试求其需求函数，并进行拟合优度检验、t 检验和 F 检验。（取显著性水平 $\alpha = 0.05$）

表 8 – 12

年　　次	1	2	3	4	5	6	7	8	9	10
年需求量(百吨)	10	8	8	7	5	6	9	10	11	6
价格(元／千克)	5	7	6	6	8	7	5	4	3	9
人均年收入(千元)	30	18	36	15	9	12	39	33	39	9

12. 某企业的年产值、资金投入及职工人数的统计数据如表 8 – 13 所示，试求其 C – D 型生产函数，并进行拟合优度检验和 F 检验；如果模型检验合格，试预测当职工人数增加到 2 100 人、资金投入增加到 6 000 万元时，其年产值能达到多少？（$\alpha = 0.05$）

表 8 – 13

年　　次	1	2	3	4	5	6	7	8
年产值(万元)	6 000	6 400	6 500	6 900	7 200	7 500	8 000	9 000
资金(万元)	2 500	2 600	2 900	3 100	3 500	4 000	4 500	5 000
职工人数(人)	1 600	1 620	1 650	1 700	1 750	1 850	1 900	2 000

13. 某菜市场每年 1—7 月的蔬菜供给量随时间而变化的趋势呈二次抛物线形式,其统计数据如表 8 – 14 所示,试求供给函数,并进行拟合度检验和显著性检验。如果模型检验合格,且 8—10 月的供给量的变化趋势也与二次抛物线相吻合,试预测该市场 10 月份的蔬菜供给量是多少?

表 8 – 14

月　　份	1	2	3	4	5	6	7
月平均供给量(10 吨)	18	15	14	30	40	45	60

第九章

投入产出分析预测法

第一节　投入产出分析概述

一、投入产出分析的含义

（一）投入产出分析的概念

投入产出分析（Input-Output Analysis）在国际上有各种名称，苏联和东欧国家称为"部门联系平衡法"，日本称为"产业联系法"，欧美国家则称为"投入产出分析""投入产出技术""投入产出法"等。尽管名称不同，其实质却都一样，这些名称分别突出了这种经济数学方法不同侧面的特征。这里，我们采用欧美的叫法。

投入产出分析是反映经济系统各部分（如各部门、行业、产品等）之间投入与产出的数量依存关系的经济数量分析方法。它是经济学和数学相结合的产物，属于交叉科学。

投入产出分析中的投入，是指经济活动中的各种消耗，例如国民经济各部门在产品生产和服务过程中所消耗的各种原材料、燃料、动力、各种服务、固定资产折旧和劳动力等。广义而言，投入还包括经济活动过程中对固定资产、流动资产、自然资源和劳动力的占用。投入产出分析中的产出，是指经济活动的成果（如得到一定数量的某种产品和劳务）及其使用去向，例如国民经济各部门所生产的产品（或服务）被用于生产消费、生活消费、积累和净出口等。

（二）国民经济各部门之间的经济技术联系

国民经济各部门之间的经济技术联系包括以下几方面。

1.直接联系和间接联系。所谓直接联系,是指两个部门之间,不经过任何其他部门（或产品）而发生的直接消耗关系。所谓间接联系,是指两个部门（或产品）之间需要通过其他部门（或产品）而发生的间接消耗关系。如,生产面包需要直接消耗面粉,这是食品加工部门与粮食加工部门间的直接联系,而生产面粉又需要小麦,生产小麦又需要化肥,则面包与化肥之间存在间接联系。

2.单向联系和双向联系。所谓单向联系,是指先行部门为后续部门提供生产资料,而后续部门的产品不再作为先行部门的产品投入。如,生产生产资料的部门为生产消费资料的部门提供原材料、设备,而消费资料部门生产的产品不再进入其他部门的生产过程中去。所谓双向联系是指部门之间相互消耗、相互提供产品的联系。如,煤炭部门与电力部门之间的联系即为双向联系。

3.顺联系和逆联系。所谓顺联系是指从原料开始,依次经过各加工环节,最后生产出产品。如,从农作物种植开始,经过一系列加工,最后生产出食品,这叫顺联系。所谓逆联系是指后续部门又返回去成为先行部门生产的前提条件。如,矿山机械→铁矿石→生铁→钢→钢材→矿山机械,即采矿与机械部门之间存在着逆联系。

由于国民经济系统是个复杂的大系统,部门之间的联系是极其错综复杂的。以国民经济为主要研究对象的投入产出分析是以经济理论为指导,以国民经济各部门（或产品）之间的技术经济联系为客观基础,以统计学、数学和计算机为工具,通过编制投入产出表并由此建立投入产出数学模型,用以揭示国民经济各部门（或产品）之间投入与产出的相互依存关系,从而进行经济分析、政策模拟、预测、编制计划及控制等。因此,在经济理论指导下,收集数据编制投入产出表,然后建立相应的投入产出模型,最后进行经济分析、预测、政策模拟等应用已成为投入产出分析的主要内容。

二、投入产出分析的产生及其发展

投入产出分析是美国经济学家瓦西里·列昂惕夫（Wassily Leontief）于1936年提出来的,之后在世界各国获得了普遍的应用和推广,列昂惕夫也因这一杰出贡献而荣获1973年诺贝尔经济科学奖。

1936年,当列昂惕夫在美国《经济统计评论》上发表论文《美国经济体系中投入产出的数量关系》时,该论文可算是经济分析方法论发展的一个转折点。但当时并未引起美国经济界和政府的重视,直到 40 年代才被实际应用。1942—1944 年,美国劳工部劳动统计局在列昂惕夫的主持和指导下,编制了美国 1939 年投入产出表,并据此对美国的就业状况和战后的钢产量作了预测。例如,美国劳工部统计局利用 1939 年投入产出表预测了 1945 年 12 月美国的就业状况,在 1950 年充分就业的情况下,预测钢产量将达到 9 800 万吨,这与实际产量为 9 680 万吨相比,其预测误差只有 1.24% 。这对长达 5 年的预测结果来看是很成功的。此后,美国劳工部劳动统计局、商业部、农业部等政府机构,先后编制了 1947 年、1958 年、1963 年、1966 年、1972 年等一系列投入产出表。

继美国之后,西欧国家和日本也编制了投入产出表。苏联和东欧国家在 20世纪 50 年代末期也开始重视这个方法,并先后编制了一系列投入产出表,在理论研究和应用方面都得到了充分而迅速的发展。

20 世纪 60 年代初期,随着我国经济建设的发展以及宏观管理与调控的需要,一些科研院所的少数研究人员开始了投入产出技术的宣传与理论研究工作。20 世纪 60 年代中期,中国科学院数学所运筹室的研究人员在鞍山钢铁公司成功地编制和应用了投入产出模型。1974—1976 年,在国家计委和国家统计局的主持下,第一次试编了 1973 年全国 61 种产品的实物型投入产出表。比美国晚了 34 年,比日本晚了 22 年,比苏联晚了 14 年。1987 年,国务院明确规定,以后每 5 年编制全国投入产出表,即每逢“3”“8”年份编制“2”“7”年份的投入产出表,5 年中间的“5”“10”年份通过调整系数编制全国投入产出延长表。这就在全国形成了一种制度。此外,就地区、部门、企业而言,均编制了各个层次、各种类型的投入产出表,在编表和应用方面积累了丰富的经验。

由于投入产出技术能够反映国民经济各部门在投入与产出之间的相互联系,因而得到了广泛的应用,并向一些新的行业扩展,目前国际投入产出技术的发展趋势是:

(1)编表工作经常化和制度化。投入产出表已成为国民经济核算体系的一个有机组成部分。

(2)投入产出技术与其他经济分析方法和数量经济方法日益融合。例如,投入产出技术和计量经济学、数学规划、灰色系统等相结合。

(3)投入产出技术的应用日益深入,特别是在可持续发展、知识创新、生产率增长以及根据世界经济全球化而编制的国际投入产出表等方面已得到世界各国广泛的重视。

第二节　全国价值型投入产出模型

经过多年广泛的应用和发展,目前投入产出分析已形成了具有多种模型的一个体系。解决多方面、多层次、多目标等社会经济问题,可应用不同的投入产出模型来处理。按不同的指标,投入产出模型可分为如下几种:按时间因素的不同,可分为静态模型和动态模型;按计量单位的不同,可分为实物模型和价值模型;按资料范围的不同,可分为宏观模型和微观模型;按资料性质和内容的不同,可分为报告期模型和计划期模型。本节先介绍全国静态价值型投入产出模型,该模型简称为全国价值模型,它由两部分构成:全国价值表和全国价值型数学模型,以货币为计量单位。

一、全国价值型投入产出表

价值表的基本格式见表9-1。它以整个国民经济作为描述对象,采用表格的形式表现各经济部门间的投入与产出关系。该表由4个象限组成,分别称为第Ⅰ、第Ⅱ、第Ⅲ、第Ⅳ象限。除4个象限外,表的左方称为主栏,表的上方称为宾栏。

表9-1　全国价值型投入产出表(简表)

		中间使用 1 2 ⋯ n	最终使用 固定资产更新大修理	积累	总消费	净出口	合计	总产出
中间投入	1	x_{11} x_{12} ⋯ x_{1n}					Y_1	X_1
	2	x_{21} x_{22} ⋯ x_{2n}		Ⅱ			Y_2	X_2
	⋮	⋮ ⋮ Ⅰ ⋮					⋮	⋮
	n	x_{n1} x_{n2} ⋯ x_{nn}					Y_n	X_n
初始投入	折旧	D_1 D_2 ⋯ D_n						
	劳动报酬	V_1 V_2 Ⅲ V_n		Ⅳ				
	社会纯收入	M_1 M_2 ⋯ M_n						
总投入		X_1 X_2 ⋯ X_n						

第Ⅰ象限是投入与消耗部分。其主栏是中间投入,宾栏为中间使用。它是由与主宾栏名称相同、数目相等、排列次序一一对应的产品部门纵横交错而成的棋盘式表格。中间投入是指各部门为生产活动所提供的各种物质产品(原材料、燃料、动力等)和服务。中间使用是指为国民经济各部门的本期生产活动所提供的,包括国内生产和国外进口在内的各部门产品和服务。本象限中,每个产品部门既是生产者又是消耗者,因此表中的每个数字(x_{ij})都具有投入与消耗的双重含义。它揭示了国民经济各部门之间相互依存、相互制约的技术经济联系,它是投入产出表的核心。第Ⅰ象限 n 行 n 列组成的 n 阶方阵(x_{ij})称为部门间流量矩阵,简称流量方阵。

第Ⅱ象限是第Ⅰ象限向右方向的延伸,称为最终产品象限。该象限的主栏仍是各产品部门,宾栏是最终使用,是由总消费、积累、固定资产更新改造、大修理和净出口等项组成。最终使用是指已退出或暂时退出本期生产活动而为最终需求所提供的产品和服务。总消费是指本期内,我国居民和社会集体对物质产品和服务的最终消费。净出口是指当年各类产品和服务的进出口差额。因此,第Ⅱ象限反映的是国民经济中各产品部门与最终使用各项之间的经济联系。

从行的方向看,投入产出表的第Ⅰ、第Ⅱ象限构成一张长方形表格,称为产品分配流向表,它反映了国民经济各产品部门的产品或服务的分配使用去向,即

$$中间使用 + 最终使用 = 总产出$$

其中总产出是指国民经济各部门在一定时期内所进行的生产活动的总成果。

第Ⅲ象限是初始投入(增加值、最初投入)部分。它是第Ⅰ象限向下方向的延伸。其主栏是由固定资产折旧、劳动者报酬、社会纯收入(生产税净额、营业盈余等)组成的最初投入,其宾栏是各产品部门。该象限反映的是各产品部门增加值的构成,除了反映固定资产折旧以外,还反映国民收入初次分配(劳动报酬和社会纯收入)。

从列的方向看,第Ⅰ、Ⅲ象限也构成一张长方形表格,称为产品价值形成表。它揭示了国民经济各产品部门的产品和服务的价值构成。即

$$中间投入 + 增加值 = 总投入$$

其中总投入是指国民经济各部门进行生产活动所投入的总费用。

第Ⅳ象限从理论上应反映国民收入再分配。但由于资金运动和再分配过程极其复杂,难以用限定的栏目充分、完整地表现它们,故通常将此象限省略。

表9-2是按第一、第二、第三产业编制的价值型投入产出表。

表 9 - 2　价值型投入产出表

单位:亿元

		中间使用				最终使用			总产出
		第一产业	第二产业	第三产业	合计	积累	消费	合计	
中间投入	第一产业	100	200	100	400	100	500	600	1 000
	第二产业	200	600	400	1 200	570	230	800	2 000
	第三产业	200	400	300	900	65	35	100	1 000
	合　计	500	1 200	800	2 500	735	765	1 500	4 000
初始投入	折　旧	25	50	35	110				
	劳动者报酬	355	120	55	530				
	社会纯收入	120	630	110	860				
	合　计	500	800	200	1 500				
总　投　入		1 000	2 000	1 000	4 000				

三次产业,是 1968 年联合国统计局根据美、英等国的统计实践,制定了经济活动的国际标准部门分类(简称 ISIC)。这种分类法依据生产的具体性质、用途和工艺组织,将三次产业分为 10 个部门。其中第一产业包括农业、牧业、林业和渔业、矿山采掘业;第二产业包括加工业(制造业)、建筑业;第三产业包括电力工业、供气和给水业、商业与餐饮业、旅游业、运输邮电业、金融保险业以及其他服务业等。

二、全国价值型投入产出数学模型

(一)投入产出行模型

利用投入产出表横向的平衡关系,在分配方程组中,引进直接消耗系数建立的数学模型称为投入产出行模型。

在全国价值表 9 - 1 中,第 Ⅰ、第 Ⅱ 象限组成一张矩形的产品分配流向表。此表中的每一行都可建立一个线性方程,表示 i 部门(行部门)对 j 部门(列部门)的投入量、提供的最终产品与总产出之间的数量关系。故有如下分配方程组:

$$\begin{cases} x_{11} + x_{12} + \cdots + x_{1n} + Y_1 = X_1 \\ x_{21} + x_{22} + \cdots + x_{2n} + Y_2 = X_2 \\ \quad\quad\quad\quad \vdots \\ x_{n1} + x_{n2} + \cdots + x_{nn} + Y_n = X_n \end{cases} \quad\quad (9.2.1)$$

缩写为：

$$\sum_{j=1}^{n} x_{ij} + Y_i = X_i \qquad (i = 1,2,\cdots,n) \tag{9.2.2}$$

式中：x_{ij}——从表9-1的行向看，表示第 i 产品部门生产的产品或服务分配给第 j 部门使用，并被用于生产消耗的数量；从列向看，表示第 j 产品部门生产过程中，直接消耗第 i 产品部门的产品或服务的数量；

$\sum\limits_{j=1}^{n} x_{ij}$——第 i 产品部门的产品或服务的中间产出合计，或所有产品部门生产中，对第 i 产品部门的产品或服务的中间使用合计；

Y_i——第 i 产品部门在本期生产中提供的最终使用额；

X_i——第 i 产品部门的总产出。

在建模过程中，引入了直接消耗系数（也称投入系数）a_{ij}，即

$$a_{ij} = x_{ij}/X_j \qquad (i,j = 1,2,\cdots,n) \tag{9.2.3}$$

直接消耗系数 a_{ij} 表示在生产过程中，第 j 部门单位总产出直接消耗第 i 部门产品或服务的价值。

由直接消耗系数定义式(9.2.3)，有

$$x_{ij} = a_{ij}X_j \qquad (i,j = 1,2,\cdots,n)$$

代入式(9.2.2)，有

$$\sum_{j=1}^{n} a_{ij}X_j + Y_i = X_i \qquad (i = 1,2,\cdots,n) \tag{9.2.4}$$

将式(9.2.4)写成矩阵形式为：

$$\begin{pmatrix} a_{11} & a_{12} & \cdots & a_{1n} \\ a_{21} & a_{22} & \cdots & a_{2n} \\ \vdots & \vdots & & \vdots \\ a_{n1} & a_{n2} & \cdots & a_{nn} \end{pmatrix} \begin{pmatrix} X_1 \\ X_2 \\ \vdots \\ X_n \end{pmatrix} + \begin{pmatrix} Y_1 \\ Y_2 \\ \vdots \\ Y_n \end{pmatrix} = \begin{pmatrix} X_1 \\ X_2 \\ \vdots \\ X_n \end{pmatrix}$$

还可简写为：

$$AX + Y = X \tag{9.2.5}$$

式中：A——直接消耗系数矩阵；

Y——最终使用列向量；

X——总产出列向量。

对矩阵式(9.2.5)移项合并，得：

$$Y = (I - A)X \tag{9.2.6}$$

称其中的 $(I - A)$ 为列昂惕夫矩阵。

由于 A 中所有元素均非负，即

$$a_{ij} \geqslant 0 \qquad (i,j = 1,2,\cdots,n)$$

且 A 中各列元素之和均小于 1，即

$$\sum_{i=1}^{n} a_{ij} < 1 \qquad (j = 1,2,\cdots,n)$$

则可以证明，$|I - A| \neq 0$，列昂惕夫矩阵 $(I - A)$ 可逆。

以 $(I - A)^{-1}$ 左乘 (9.2.6) 式，得：

$$X = (I - A)^{-1}Y \qquad (9.2.7)$$

称 $(I - A)^{-1}$ 为列昂惕夫逆阵。称式 (9.2.6) 和式 (9.2.7) 为投入产出行模型。

当 X 为外生变量时，可由式 (9.2.6) 求出 Y；当 Y 为外生变量时，可由式 (9.2.7) 求出 X。

（二）投入产出列模型

利用投入产出表纵向的平衡关系，在部门产品价值构成方程组中，引进直接消耗系数建立的数学模型，称为投入产出列模型。

由全国价值表 9 - 1 第 I 象限、第 III 象限组成一张矩形的产品价值形成表，此表中的每一列都可建立一个线性方程，反映 j 部门（列部门）投入要素的构成或价值形成的过程。所谓价值形成，是指生产资料转移价值、增加值与总产值之间的平衡关系。故有如下价值构成方程组：

$$\begin{cases} x_{11} + x_{21} + \cdots + x_{n1} + D_1 + V_1 + M_1 = X_1 \\ x_{12} + x_{22} + \cdots + x_{n2} + D_2 + V_2 + M_2 = X_2 \\ \qquad\qquad\qquad \vdots \\ x_{1n} + x_{2n} + \cdots + x_{nn} + D_n + V_n + M_n = X_n \end{cases} \qquad (9.2.8)$$

缩写为：

$$\sum_{i=1}^{n} x_{ij} + D_j + V_j + M_j = X_j \qquad (j = 1,2,\cdots,n) \qquad (9.2.9)$$

式中：$\sum_{i=1}^{n} x_{ij}$ ——第 j 产品部门中间投入合计，或第 j 产品部门在生产中对所有产品部门的中间消耗；

D_j ——第 j 产品部门所提取的固定资产折旧；

V_j ——第 j 产品部门生产劳动者的原始收入；

M_j ——第 j 产品部门为社会创造的价值。

在建模中，引入了直接消耗系数 a_{ij} 后，将 $x_{ij} = a_{ij}X_j$ 代入式 (9.2.9) 中，得：

$$\sum_{i=1}^{n} a_{ij}X_j + D_j + V_j + M_j = X_j \qquad (j = 1,2,\cdots,n) \qquad (9.2.10)$$

设：$a_{cj} = \sum_{i=1}^{n} a_{ij}$，为直接消耗系数矩阵 A 中第 j 列元素之和，其含义是 j 部

门生产单位产值对所有物质产品或服务的消耗量,称为直接物耗(当然也可包含服务)系数;

令 $N_j = D_j + V_j + M_j$,为 j 部门本期的增加值(最初投入)。则式(9.2.10)可改写为:

$$a_{cj}X_j + N_j = X_j \qquad (j = 1, 2, \cdots, n) \tag{9.2.11}$$

将式(9.2.11)写成矩阵形式:

$$\hat{A}_c X + N = X$$

$$(I - \hat{A}_c)X = N \tag{9.2.12}$$

式中

$$\hat{A}_c = \begin{pmatrix} \sum\limits_{i=1}^{n} a_{i1} & 0 & \cdots & 0 \\ 0 & \sum\limits_{i=1}^{n} a_{i2} & \cdots & 0 \\ \vdots & \vdots & & \vdots \\ 0 & 0 & \cdots & \sum\limits_{i=1}^{n} a_{in} \end{pmatrix} = \begin{pmatrix} a_{c1} & 0 & \cdots & 0 \\ 0 & a_{c2} & \cdots & 0 \\ \vdots & \vdots & & \vdots \\ 0 & 0 & \cdots & a_{cn} \end{pmatrix}$$

称为物耗系数对角矩阵。

$$I - \hat{A}_c = \begin{pmatrix} 1 - a_{c1} & 0 & \cdots & 0 \\ 0 & 1 - a_{c2} & \cdots & 0 \\ \vdots & \vdots & & \vdots \\ 0 & 0 & \cdots & 1 - a_{cn} \end{pmatrix}$$

称为增加值系数矩阵,其主对角线上的元素 $1 - a_{cj}$ 是第 j 部门单位产值中的增加值。

式(9.2.12)中:X——各部门总产值列向量;

　　　　　　　N——各部门增加值列向量。

以 $(I - \hat{A})^{-1}$ 左乘式(9.2.12),得:

$$X = (I - \hat{A}_c)^{-1} N \tag{9.2.13}$$

式中:$(I - \hat{A}_c)^{-1}$ 中各元素是 $(I - \hat{A}_c)$ 中各元素的倒数。

称式(9.2.12)和式(9.2.13)为投入产出列模型。

当 X 为外生变量时,可由式(9.2.12)求出 N;当 N 为外生变量时,可由式(9.2.13)求出 X。

（三）价值模型的主要系数

除了在建立数学模型时引入的系数矩阵 A、$\hat{A}_c$、$I-\hat{A}_c$ 之外，还可计算完全消耗系数、完全需要系数、直接折旧系数、直接劳动报酬系数、直接社会纯收入系数等。

1. 完全消耗系数与完全需要系数。

（1）完全消耗系数。完全消耗系数是指第 j 部门每提供一个单位最终产品时，对第 i 部门产品或服务的直接和全部的间接消耗，它通常记为 b_{ij}。完全消耗系数矩阵记为：

$$B = \begin{pmatrix} b_{11} & b_{12} & \cdots & b_{1n} \\ b_{21} & b_{22} & \cdots & b_{2n} \\ \vdots & \vdots & & \vdots \\ b_{n1} & b_{n2} & \cdots & b_{nn} \end{pmatrix}$$

为了实际计算完全消耗系数，以及了解里昂惕夫逆系数矩阵 $(I-A)^{-1}$ 的经济含义，需研究 B 的元素 b_{ij} 的展开式。

由于完全消耗系数是由两部分所组成的，即直接消耗系数与所有间接消耗系数之和：

$$b_{ij} = a_{ij} + \sum_{k=1}^{n} b_{ik} \cdot a_{kj} \qquad (i,j=1,2,\cdots,n) \tag{9.2.14}$$

式中 $\sum_{k=1}^{n} b_{ik} \cdot a_{kj}$ 表示第 j 部门单位最终产品生产中，通过中间产品 k 实现的对第 i 种部门产品的全部间接消耗量，用矩阵表示，则有：

$$B = A + BA$$

变形为

$$B - BA + I - A = I$$
$$(B+I)(I-A) = I$$
$$B + I = (I-A)^{-1}$$
$$B = [(I-A)^{-1} - I] \tag{9.2.15}$$

（2）完全需要系数。由上可见，完全消耗系数矩阵是经过 $(I-A)$ 求出逆 $(I-A)^{-1}$ 再去掉单位阵而得到的。在此，将 $B+I = (I-A)^{-1}$ 称为完全需要系数矩阵，记做 $\overline{B}$，即

$$\overline{B} = \begin{pmatrix} \overline{b}_{11} & \overline{b}_{12} & \cdots & \overline{b}_{1n} \\ \overline{b}_{21} & \overline{b}_{22} & \cdots & \overline{b}_{2n} \\ \vdots & \vdots & & \vdots \\ \overline{b}_{n1} & \overline{b}_{n2} & \cdots & \overline{b}_{nn} \end{pmatrix} = \begin{pmatrix} 1+b_{11} & b_{12} & \cdots & b_{1n} \\ b_{21} & 1+b_{22} & \cdots & b_{2n} \\ \vdots & \vdots & & \vdots \\ b_{n1} & b_{n2} & \cdots & 1+b_{nn} \end{pmatrix}$$

从完全消耗系数矩阵 B 与完全需要系数矩阵 $\overline{B}$ 可见,两者只在主对角线位置上差 1,其余各元素均对应相等。完全需要系数 $\overline{b}_{ij}$,表示第 j 个产品部门增加一个单位最终产品时,对第 i 个产品部门产品或服务的完全需要量。

2. 直接折旧系数、直接劳动报酬系数与直接纯收入系数。

(1)直接折旧系数:

$$a_{d_j} = D_j/X_j \qquad (j=1,2,\cdots,n)$$

表示 j 产品部门在生产过程中,单位产值应分摊的固定资产折旧额。其向量为:

$$A_d = (a_{d_1}, a_{d_2}, \cdots, a_{d_n}) \tag{9.2.16}$$

(2)直接劳动报酬系数:

$$a_{v_j} = V_j/X_j \qquad (j=1,2,\cdots,n)$$

表示 j 产品部门在生产过程中,单位产值的劳动报酬。其向量为:

$$A_v = (a_{v_1}, a_{v_2}, \cdots, a_{v_n}) \tag{9.2.17}$$

(3)直接社会纯收入系数:

$$a_{M_j} = M_j/X_j \qquad (j=1,2,\cdots,n)$$

表示 j 产品部门在生产过程中,单位产值的社会纯收入。其向量为:

$$A_M = (a_{M_1}, a_{M_2}, \cdots, a_{M_n}) \tag{9.2.18}$$

(四)行模型与列模型的关系

依据价值表的特点,各经济部门的总投入应与序号相同的部门产品的总产出相等。即 $i=j$ 时,

$$\sum_{j=1}^{n} x_{ij} + Y_i = \sum_{i=1}^{n} x_{ij} + N_j$$

若从国民经济总量上来看,各部门生产量之和应等于产出使用量之和,即

$$\sum_{i=1}^{n} \left(\sum_{j=1}^{n} x_{ij} + Y_i \right) = \sum_{j=1}^{n} \left(\sum_{i=1}^{n} x_{ij} + N_j \right)$$

$$\sum_{i=1}^{n} \sum_{j=1}^{n} x_{ij} + \sum_{i=1}^{n} Y_i = \sum_{j=1}^{n} \sum_{i=1}^{n} x_{ij} + \sum_{j=1}^{n} N_j$$

因为

$$\sum_{i=1}^{n} \sum_{j=1}^{n} x_{ij} = \sum_{j=1}^{n} \sum_{i=1}^{n} x_{ij}$$

所以

$$\sum_{i=1}^{n} Y_i = \sum_{j=1}^{n} N_j \tag{9.2.19}$$

式(9.2.19)表明价值表中第 Ⅱ 象限的总量与第 Ⅲ 象限的总量相等,即最终产品使用量与最终产值生产量相等,但 $Y_i \neq N_i (i=1,2,\cdots,n)$。

第三节　价值型投入产出模型在国民经济预测中的应用

投入产出模型通过直接消耗系数和完全消耗系数反映了国民经济各部门和再生产各环节之间的内在联系。在投入结构、工艺技术和管理水平相对稳定的条件下,假定消耗系数在一定时期是稳定的,这是利用投入产出模型进行经济分析和预测的前提。

现在利用表 9 - 2 对下面情况进行研究。

(1)在确定了国民经济各部门计划期内的最终需求数量 Y_i 之后,预测为达到此目标,各部门所应安排的产出计划 X_i。

【例 9 - 1】在计划期内,三次产业的最终需求分别为 500 亿元、1 000 亿元和 400 亿元,试预测出三次产业总产出的数量。

解:根据表 9 - 2 所提供的数据可以算出直接消耗系数矩阵为:

$$A = \begin{pmatrix} 0.1 & 0.1 & 0.1 \\ 0.2 & 0.3 & 0.4 \\ 0.2 & 0.2 & 0.3 \end{pmatrix}$$

完全需要系数矩阵为:

$$(I-A)^{-1} = \begin{pmatrix} 1.246 & 0.274 & 0.334 \\ 0.669 & 1.854 & 1.155 \\ 0.547 & 0.608 & 1.854 \end{pmatrix}$$

由题目已知:

$$Y = \begin{pmatrix} 500 \\ 1\,000 \\ 400 \end{pmatrix}$$

根据公式: $X = (I-A)^{-1}Y$,则有:

$$\begin{pmatrix} X_1 \\ X_2 \\ X_3 \end{pmatrix} = \begin{pmatrix} 1.246 & 0.274 & 0.334 \\ 0.669 & 1.854 & 1.155 \\ 0.547 & 0.608 & 1.854 \end{pmatrix} \begin{pmatrix} 500 \\ 1\,000 \\ 400 \end{pmatrix} = \begin{pmatrix} 1\,030.6 \\ 2\,650.5 \\ 1\,623.1 \end{pmatrix}$$

因此,三次产业总产出的预测值分别为 1 030.6 亿元、2 650.5 亿元和 1 623.1 亿元。

(2)当确定了计划年度内国民经济各部门的产出增加量(用 ΔX 表示)后,预测按此计划各部门所能提供的最终产品增加量(用 ΔY 表示)。

【例 9 - 2】计划期三次产业的总产出比基期的总产出分别增长 4%、18% 和

25%,试预测出三次产业所提供的最终产品的数量。

解:由题可知:

$$\begin{pmatrix} \Delta X_1 \\ \Delta X_2 \\ \Delta X_3 \end{pmatrix} = \begin{pmatrix} 1\,000 \times 0.04 \\ 2\,000 \times 0.18 \\ 1\,000 \times 0.25 \end{pmatrix} = \begin{pmatrix} 40 \\ 360 \\ 250 \end{pmatrix}$$

根据公式 $\Delta Y = (I - A)\Delta X$,则有:

$$\begin{pmatrix} \Delta Y_1 \\ \Delta Y_2 \\ \Delta Y_3 \end{pmatrix} = \begin{pmatrix} 0.9 & -0.1 & -0.1 \\ -0.2 & 0.7 & -0.4 \\ -0.2 & -0.2 & 0.7 \end{pmatrix} \begin{pmatrix} 40 \\ 360 \\ 250 \end{pmatrix} = \begin{pmatrix} -25 \\ 144 \\ 95 \end{pmatrix}$$

由于 $Y_{计} = Y_{基} + \Delta Y$,即

$$\begin{pmatrix} Y_1 \\ Y_2 \\ Y_3 \end{pmatrix}_{计} = \begin{pmatrix} 600 \\ 800 \\ 100 \end{pmatrix} + \begin{pmatrix} -25 \\ 144 \\ 95 \end{pmatrix} = \begin{pmatrix} 575 \\ 944 \\ 195 \end{pmatrix}$$

因此,三次产业的最终产品预测值分别为 575 亿元、944 亿元和 195 亿元。

(3)当确定了计划年度内国民经济各部门的产出计划后,则可预测出各部门的增加值与国内生产总值 GDP。

【例 9 – 3】设计划年度内,总产出列向量为:

$$X_{计} = \begin{pmatrix} X_1 \\ X_2 \\ X_3 \end{pmatrix} = \begin{pmatrix} 1\,040 \\ 2\,360 \\ 1\,250 \end{pmatrix}$$

根据公式 $N_j = \left(1 - \sum_{i=1}^{n} a_{ij}\right)x_j$,则有:

$$N = \begin{pmatrix} N_1 \\ N_2 \\ N_3 \end{pmatrix} = \begin{pmatrix} \left(1 - \sum\limits_{i=1}^{3} a_{i1}\right)x_1 \\ \left(1 - \sum\limits_{i=1}^{3} a_{i2}\right)x_2 \\ \left(1 - \sum\limits_{i=1}^{3} a_{i3}\right)x_3 \end{pmatrix} = \begin{pmatrix} 0.5 \times 1\,040 \\ 0.4 \times 2\,360 \\ 0.2 \times 1\,250 \end{pmatrix} = \begin{pmatrix} 520 \\ 944 \\ 250 \end{pmatrix}$$

所以

$$GDP = N_1 + N_2 + N_3 = 520 + 944 + 250 = 1\,714(亿元)$$

因此,计划期内三次产业增加值的预测值分别为 520 亿元、944 亿元和 250 亿元,GDP 为 1 714 亿元。

(4)当确定了计划期内某些部门最终产品的增加量,则可预测出全社会各部门需要增加的劳动报酬,并可预测出社会劳动量(指全社会安排的就业人数)

与劳动就业结构(指劳动力在国民经济各部门的分配比例)。

【例9-4】计划期内,仅第二产业的最终产品增加了150亿元,其他部门的最终产品不变,则可预测出全社会劳动报酬的增加量、全社会所增加的就业人数以及就业结构。(设三次产业劳动力的人均年货币收入分别为2 500元、6 000元、8 000元)

解:由公式 $X = (I-A)^{-1}Y$,有 $\Delta X = (I-A)^{-1}\Delta Y$,则有:

$$\begin{pmatrix} \Delta X_1 \\ \Delta X_2 \\ \Delta X_3 \end{pmatrix} = \begin{pmatrix} 1.246 & 0.274 & 0.334 \\ 0.669 & 1.854 & 1.155 \\ 0.547 & 0.608 & 1.854 \end{pmatrix} \begin{pmatrix} 0 \\ 150 \\ 0 \end{pmatrix} = \begin{pmatrix} 41.1 \\ 278.1 \\ 91.2 \end{pmatrix}$$

又因为 $V_j = a_{v_j} \cdot X_j$,得 $\Delta V_j = a_{v_j} \cdot \Delta X_j \quad (j = 1, \cdots, n)$,其矩阵形式为:

$$\Delta V = \begin{pmatrix} a_{v_1} & & & \\ & a_{v_2} & & \\ & & \ddots & \\ & & & a_{v_n} \end{pmatrix} \begin{pmatrix} \Delta X_1 \\ \Delta X_2 \\ \vdots \\ \Delta X_n \end{pmatrix}$$

则有:

$$\begin{pmatrix} \Delta X_1 \\ \Delta X_2 \\ \Delta X_3 \end{pmatrix} = \begin{pmatrix} 355/1\,000 & & \\ & 120/2\,000 & \\ & & 55/1\,000 \end{pmatrix} \begin{pmatrix} 41.1 \\ 278.1 \\ 91.2 \end{pmatrix} = \begin{pmatrix} 14.59 \\ 16.69 \\ 5.02 \end{pmatrix}$$

因此,全社会劳动报酬增量的预测值为 $\sum_{i=1}^{3} \Delta V_i = 36.3$ 亿元。又根据题目假设,可得各次产业所增加的劳动力分别为:

第一产业

$$\Delta L_1 = 14.59/2\,500 \approx 0.005\,84(亿人)$$

第二产业

$$\Delta L_2 = 16.69/6\,000 \approx 0.002\,78(亿人)$$

第三产业

$$\Delta L_3 = 5.02/8\,000 \approx 0.000\,63(亿人)$$

由此可见,为了满足第二产业的市场需求,各产业必须增加生产,从而可以为全社会92.5万人提供就业机会。其中三次产出的就业机会分别为58.4万人、27.8万人和6.3万人,同时可见提供就业机会最多的部门并非是第二产业,第一产业增加的就业人数为第二产业的一倍多。这正说明了投入产出分析从系统观点、全面联系角度出发研究问题的优越性。

第四节　企业实物型投入产出模型及其应用

投入产出分析作为一种数量经济分析方法,不仅可以用于研究全国、地区、行业等方面的经济问题,而且也可作为一种现代化管理方法,来研究企业的经营管理问题。多年的实践证明,投入产出技术在实现企业资源合理配置上发挥了积极有效的作用。

一、企业投入产出表的基本特点

企业投入产出表的基本特点是由企业运行的特点和应用投入产出法的目的共同决定的,从满足企业经营管理的要求出发,企业投入产出表应具有以下特点:

(1)企业一般按月度核算,故应编制月度投入产出表,为此,应使编表更加科学化、规范化和信息化。

(2)企业投入产出表的结构应视企业的生产特点和使用要求来决定,在表中应设置相应的矩阵以描述自产产品对各种资源的消耗和占用。

(3)企业投入产出表是以产品的生产、加工过程为主线,以产品为分析对象,对产品的投入产出关系予以描述。因此,表中产品的列名原则是从管理角度出发,凡是有技术参数、消耗定额的每一种中间产品,都应作为投入产出表中的一种产品。

(4)企业投入产出表中产品的种类,无论在实物表还是在价值表、成本表中皆相同,并且实物表是价值表和成本表的基础。

(5)根据企业生产的特点,必须专门研究一些方法来处理企业特殊的投入与产出依存关系问题。如,同一部门的多种产出问题、可替代产品问题、配方问题等。

二、企业实物型投入产出模型

由于企业实物型投入产出表和数学模型是企业投入产出分析的基础,是其他类型投入产出表和模型建立的依据。因此,本节仅对企业实物型投入产出表和模型加以介绍。

(一)企业实物型投入产出表

企业实物型投入产出表的简化表式,如表9－3所示。

表9-3　企业实物型投入产出表

		单位	中间使用			合计	最终使用				总产品
			1 2 j n				外销商品	库存增减	其他使用	合计	
中间投入	自产产品 1 2 i n		x_{11}　　　x_{1n} x_{21}　I　x_{2n} 　　x_{ij} x_{n1}　　　x_{nn}						II	Y_1 Y_2 Y_i Y_n	X_1 X_2 X_i X_n
	外购产品 1 2 i k		h_{11}　　　h_{1n} h_{21}　III　h_{2n} 　　h_{ij} h_{k1}　　h_{kn}						IV	F_1 2 F_i F_k	H_1 H_2 H_i H_k

表中包括了 n 种自产产品(由本企业加工、制作的产品),其中包括自产的特种产品、辅助和附属产品。表中还列出了企业从外部购入的 k 种产品,其中包括原材料、动力、辅助材料、元器件、零件、部件、低值易耗品、劳保用品、办公用品等,这些产品统称为外购产品。

对于外协件应视具体情况处理,或作为自产产品处理,或作为外购产品处理。一般情况下,由本企业向协作厂家提供原材料,同时又支付加工费的外协件作为自产产品处理;而仅向协作厂家支付加工费,原材料由协作厂家自备的外协件应视为外购零部件,作为原材料处理。

企业实物型投入产出表由4个象限组成。第Ⅰ象限反映了自产产品之间的投入和产出的数量依存关系,即反映了企业内部产品之间的生产技术联系;第Ⅱ象限反映了自产产品作为最终产品使用的情况,它包括可供外销的商品、库存增减和本企业的其他非工业生产活动的消耗(使用)数量;第Ⅲ象限是企业在生产过程中消耗外购产品的数量,即反映了自产产品在本期生产中,对外购产品的实际消耗量;第Ⅳ象限反映了外购产品用于转手外销或增加库存的数量。将第Ⅰ、Ⅱ象限连起来,就是自产产品按实际用途的分配关系;将第Ⅲ、Ⅳ象限连起来,就是外购产品按实际用途的分配去向。

(二)企业实物型投入产出模型

表9-3中符号的含义如下:

x_{ij}——本期生产第 j 种自产产品消耗第 i 种自产产品的数量。

Y_i——本期第 i 种自产产品用于最终产品的数量。

X_i——本期第 i 种自产产品的总产量。

h_{ij}——本期生产第 j 种自产产品对第 i 种外购产品的消耗量。

F_i——本期第 i 种外购产品用于最终产品的数量。

H_i——本期第 i 种外购产品总量。

由于计量单位的不同,表 9-3 中不能按列相加,故企业实物型投入产出模型只有如下行模型:

$$\sum_{j=1}^{n} x_{ij} + Y_i = X_i \qquad (i=1,2,\cdots,n) \tag{9.4.1}$$

$$\sum_{j=1}^{n} h_{ij} + F_i = H_i \qquad (i=1,2,\cdots,k) \tag{9.4.2}$$

式(9.4.1)称为自产产品分配平衡方程式,式(9.4.2)称为外购产品的分配平衡方程式。

为了从数量上确定产品间的生产联系强度,为了求解线性方程组,并进行各种经济分析及其他应用,故引入直接消耗系数。

令

$$a_{ij} = x_{ij}/X_j \qquad (i,j=1,2,\cdots,n) \tag{9.4.3}$$

$$d_{ij} = h_{ij}/X_j \qquad (i=1,\cdots,k;j=1,2,\cdots,n) \tag{9.4.4}$$

分别表示自产产品 j 对自产产品 i 的直接消耗系数和自产产品 j 对外购产品 i 的直接消耗系数。直接消耗系数的大小,主要取决于生产技术条件,故被称为技术系数。通过同一行业不同企业之间实物型直接消耗系数的对比,则可看出不同企业在生产技术水平和管理水平上的差距,并找出增产节约的途径。

将式(9.4.3)代入式(9.4.1)中,则有

$$\sum_{j=1}^{n} a_{ij}X_j + Y_i = X_i \qquad (i=1,2,\cdots,n) \tag{9.4.5}$$

将式(9.4.5)写成矩阵形式:

$$AX + Y = X \tag{9.4.6}$$

由于 $I-A$ 满秩,故有:

$$X = (I-A)^{-1}Y \tag{9.4.7}$$

式中:A——自产产品的直接消耗系数矩阵;

Y——最终产品列向量;

X——总产品列向量;

$(I-A)^{-1}$——自产产品的完全需要系数矩阵。

式(9.4.7)的经济含义非常明显,只要确定了计划期自产产品的销售量与库存增减量等,就可利用以销定产模型(9.4.7)式,推算出计划期的总产量。

再将式(9.4.4)代入式(9.4.2)中,则有

$$\sum_{j=1}^{n} d_{ij}X_j + F_i = H_i \qquad (i=1,2,\cdots,k) \tag{9.4.8}$$

将式(9.4.8)写成矩阵形式：

$$DX + F = H \tag{9.4.9}$$

将式(9.4.7)代入式(9.4.9)中,则有

$$D(I-A)^{-1}Y + F = H \tag{9.4.10}$$

式中:D——自产产品对外购产品的直接消耗系数矩阵;

F,H——外购产品的最终使用与外购总量的列向量。

称 $D(I-A)^{-1}$ 为自产产品对外购产品的完全消耗系数矩阵。

式(9.4.10)的经济含义是,在计划期内,按一定方法预测出企业自产产品及外购产品用于最终产品的数量 Y 与 F,再将企业自产产品与外购产品的直接消耗系数进行适当的修正,则由式(9.4.10)就可以很容易地算出企业对外购产品的总需求量 $H_{计}$。

三、企业实物型投入产出模型在经济预测中的应用

企业实物型投入产出模型能以定量的形式反映出自产产品之间、自产产品与外购产品之间的依存关系,为达到企业生产计划的准确性,则可利用投入产出技术,预测出自产产品的计划产量以及外购产品的供应量。

【例9-5】已知某钢铁企业实物型投入产出表,如表9-4所示。

表 9-4

		单位	中间产品				最终产品			总产品
			钢锭	钢坯	钢材	合计	外销	库存	合计	
自产产品	钢锭	万吨		6.75	1.25	8.0		0.2	0.2	8.2
	钢坯	万吨			6.0	6.0		-0.6	-0.6	5.4
	钢材	万吨					6.9		6.9	6.9
外购品	废钢	万吨	8.2			8.2				
	电	万度	4 100	335	305	4 740				

(1)在现有技术水平与管理水平之下,利用投入产出技术对企业生产现状进行经济分析。

解:自产产品的直接消耗系数矩阵为:

$$A = \begin{pmatrix} 0 & 1.25 & 0.181 \\ 0 & 0 & 0.870 \\ 0 & 0 & 0 \end{pmatrix}$$

由 $B = (I-A)^{-1} - I$ 可求出自产产品的完全消耗系数矩阵为:

$$B = \begin{pmatrix} 0 & 1.25 & 1.268\ 5 \\ 0 & 0 & 0.87 \\ 0 & 0 & 0 \end{pmatrix}$$

自产产品对外购品的直接消耗系数矩阵为:

$$D = \begin{pmatrix} 1 & 0 & 0 \\ 500 & 62.04 & 44.20 \end{pmatrix}$$

由 $F = D(I - A)^{-1}$ 可算出自产产品对外购产品的完全消耗系数矩阵为:

$$F = \begin{pmatrix} 1 & 0 & 0 \\ 500.00 & 62.04 & 44.20 \end{pmatrix} \begin{pmatrix} 1 & 1.250\ 0 & 1.268\ 5 \\ 0 & 1 & 0.870\ 0 \\ 0 & 0 & 1 \end{pmatrix} = \begin{pmatrix} 1 & 1.25 & 1.268\ 5 \\ 500.00 & 687.04 & 732.424\ 8 \end{pmatrix}$$

从矩阵 A, D 可见,每生产 1 吨钢坯直接消耗 1.25 吨钢锭,并直接消耗外购品62.04度电;每生产 1 吨钢锭直接消耗外购产品 1 吨废钢、500 度电;每生产 1 吨钢材直接消耗 0.181 吨钢锭、0.87 吨钢坯,并直接消耗外购产品 44.2 度电。

再从矩阵 B 与 F 来看,每生产 1 吨钢锭需完全消耗外购产品 1 吨废钢、500 度电;每生产 1 吨钢坯需完全消耗 1.25 吨钢锭,并完全消耗外购产品 1.25 吨废钢、687.04 度电;每生产 1 吨钢材,需完全消耗 1.268 5 吨钢锭、0.87 吨钢坯,并完全消耗外购产品 1.268 5 吨废钢及 732.4 度电。

用以上这些信息与同行业相关企业的信息进行比较,则可判断本企业生产技术与管理水平的优劣。

(2)在计划期内,若钢锭、钢坯与钢材的最终产品分别为 0.5 万吨、0.1 万吨及 7.5 万吨,试对 3 种自产产品的产量及外购产品需求量进行预测。

解:利用公式 $X = (I - A)^{-1}Y$,可算出:

$$\begin{pmatrix} X_1 \\ X_2 \\ X_3 \end{pmatrix} = \begin{pmatrix} 1 & 1.250\ 0 & 1.268\ 5 \\ 0 & 1 & 0.870\ 0 \\ 0 & 0 & 1 \end{pmatrix} \begin{pmatrix} 0.5 \\ 0.1 \\ 7.5 \end{pmatrix} = \begin{pmatrix} 10.138\ 8 \\ 6.625\ 0 \\ 7.500\ 0 \end{pmatrix}$$

即计划期应生产钢锭 10.138 8 万吨、钢坯 6.625 万吨、钢材 7.5 万吨。

计划期的自产产品生产量确定后,则可根据公式 $DX = D(I - A)^{-1}Y$,计算出对外购产品的需求量,即

$$DX = \begin{pmatrix} 1 & 0 & 0 \\ 500 & 62.04 & 44.20 \end{pmatrix} \begin{pmatrix} 10.138\ 8 \\ 6.625 \\ 7.5 \end{pmatrix} = \begin{pmatrix} 10.138\ 8 \\ 5\ 811.915 \end{pmatrix}$$

计算结果说明:为了完成计划期市场需求,必须采购 10.138 8 万吨废钢铁及 5 811.915 万千瓦小时的电。在企业的技术结构与管理水平不发生重大变化的情况下,用上述公式确定的计划方案,才是比较稳妥的方案。根据此方案安排生产才有可能达到产、供、销平衡。

四、多种产出部门(联、副产品)的处理方法

任何一种经济管理数学模型,只能用简单的数学方法反映经济运行过程或生产过程的主要特征。投入产出模型也不例外,它同样提出一些假定,将复杂的经济现象进行必要的简化和抽象。概括地讲,投入产出模型具有如下两个最基本的假定:

一是同质性假定,即假定每个产品部门只生产一种同质(投入结构、生产工艺、经济用途相同)产品。此假定的实质是将实物模型的"大类产品"或价值模型的"纯部门"视为同质产品集合体,以减少产品数量,从而使模型集中反映产品间单纯的投入与产出关系。

二是比例性假定,即假定每个部门的产出量与对它的各种投入量成正比例关系。此假定的实质是对模型的线性假定,从而保证产出与投入成线性函数关系。

在企业中,违反两个基本假定的生产过程是普遍存在的,如同一生产过程中的多种产出问题、用不同生产工艺加工同种产品的问题、可替代产品问题、消耗量与产出量不成比例关系的问题等,对于这些问题必须要有相应的处理方法,才能扩大企业投入产出法的应用范围,并提高应用效果。这里仅对多种产出部门的处理方法以简例的形式加以介绍。

(一)一个多种产出部门的例子

假设某厂有煤气和焦炭两种生产装置(称为部门),其投入与产出情况(单位:万元,以下均同)如图9-1所示。

图9-1 煤气和焦炭两种生产装置的投入产出情况

由于煤气部门同时生产煤气和焦炭两种产品,因此,该部门不满足于"用单一的投入结构生产单一产品"的同质性假定。编制企业投入产出表的关键在于对煤气部门处理方法的选择。

(二)两种典型的处理方法

下面仅对两种典型的处理方法(分离方法、负投入方法)的要点加以说明,并编制相应的企业投入产出表。

1. 分离方法。分离方法的处理要点是:按照一定的分摊原则,将对多种产出部门的各种投入划分为对该部门每一种产出的投入。关于分摊原则有许多种,主要应根据管理要求和有关的技术参数来决定。为了方便,本例可按产出比 525: 100 来分摊。图9－2表示了用分离法对煤气部门的处理结果。

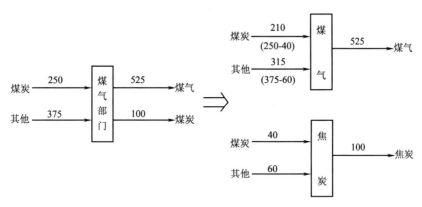

图9－2　分离法对煤气部门的处理

图 9－2 中,对产品焦炭所投入的煤炭为 $100/(100+525)\times250=40$ 万元,所投入的其他产品或服务为 $100/(100+525)\times375=60$ 万元,显然,对产品煤气所投入的煤炭及其他分别为 210 万元、315 万元。

依据上述处理结果,再将原焦炭部门的投入与产出,并与新分离出的产品焦炭的投入与产出对应相加,则可编制出企业投入产出表如表 9－5 所示。

表9－5　投入产出表(分离方法)　　　　单位:万元

投入	产出			
	煤　气	焦　炭	最终需求	总产出
煤　气	0	0	525	525
焦　炭	0	0	820	820
煤　炭	210	440 (400＋40)		
其　他	315	380 (320＋60)		
总投入	525	820		

2. 负投入方法。负投入方法的处理要点是:将多种产出部门的一种产品确定为主产品,其余产品作为副产品,并将主产品的产出量作为该部门的产出量,

而将副产品的产出作为副产品生产部门对该部门的负投入处理。按此方法,可将伴随主产品煤气产出的 100 万元焦炭,作为焦炭对煤气的负投入,其投入量为 –100 万元。图 9 – 3 表示了用负投入方法对煤气部门的处理结果。

图 9 – 3　负投入法对煤气部门的处理

从上述处理结果可见,焦炭的产出量,仅指焦炭部门的产出量,而不包括煤气部门副产品焦炭的产出量。所编制的企业投入产出表如表 9 – 6 所示。

表 9 – 6　投入产出表(负投入方法)　　　　　　　　单位:万元

投入	产出			
	煤　气	焦　炭	最终需求	总产出
煤　气			525	525
焦　炭	–100		820	720
煤　炭	250	400		
其　他	375	320		
总投入	525	720		

上述介绍的分离方法与负投入方法,均为通过不同途径使多种产出部门转化成单一产出部门,从而满足了投入产出分析的同质性假定,但两种方法均有各自的特点与适用范围。方法选择的根本点在于要保证投入产出分析与核算原则和管理方法相一致。例如,分离法适用于生产联产品的企业所编制的投入产出模型,而负投入方法则适于生产主副产品的企业所编制的投入产出模型。

第五节　投入占用产出技术及其应用

投入产出技术作为一种现代管理科学方法,在世界各国已得到广泛的普及和应用,在我国国民经济的诸多领域也得到成功的应用。近年来,我国投入产出学者又开拓了一些新的应用领域,在国内外产生了较为广泛的影响。其中,由我国著名学者陈锡康教授提出的投入占用产出技术,受到了国际有关著名学者的高度评价。该技术已在水利、粮食产量预测、金融、教育、能源利用、环境保护、对外贸易等多个领域取得了一批可喜的成果。

一、投入占用产出表及模型

目前世界各国所编制的投入产出表中,总投入由中间投入和最初投入两部分组成。投入产出分析实际上就是利用数学方法和计算机技术来研究经济活动中的投入与产出之间的数量联系。只要确定最终需求向量 Y,利用以下公式:

$$X = (I - A)^{-1} Y$$

就可确定各部门的总产量 X。实际上,生产活动的前提是必须占用生产资料、劳动力和相应的自然资源,如农业生产必须具有土地、农用固定资产、流动资金和农业劳动力等,否则农业生产活动就无法进行。如果各部门占有的固定资产、劳动力、自然资源等的数量不能保证,那么计算所得出的各部门总产出可能无法实现。为了对生产过程进行深入研究,不仅需要研究投入(消耗)与产出的联系,而且需要研究占用与产出的联系,还需要研究占用与投入的联系。也就是说,应当把投入产出分析扩展为投入占用产出分析,把投入产出表扩展为投入占用产出表。

通常的投入产出表在垂直方向上只包含投入部分(中间投入和最初投入),而投入占用产出表则包含投入和占用两个部分。占用是指对生产中长期使用的物品或劳务,如固定资产、流动资金、劳动力、科技和教育资源、自然资源等的拥有状况,具体应包括如下内容:①各类固定资产的占用,包括厂房、机器设备、交通运输工具、仪器、计算机等。②存货。③金融资产,可分为通货、存款、证券、股票等。④劳动力,按受教育程度或熟练程度分类,可分为未上学者、小学、中学、大专以上等。⑤自然资源,可分为土地资源(耕地、水面、草地等)、水资源、矿产资源、森林等。⑥其他(无形资产),可分为商标、专利等。

投入占用产出表式参见表 9 - 7。投入占用产出模型从水平方向看有如下两类平衡关系式:

第一类,各部门总产出等于中间使用(中间需求)与最终使用(最终需求)之和,即

$$\sum_{j=1}^{n} X_{ij} + Y_i = X_i \quad (i = 1, 2, \cdots, n) \tag{9.5.1}$$

及

$$\sum_{j=1}^{n} a_{ij} X_j + Y_i = X_i \quad (i = 1, 2, \cdots, n) \tag{9.5.2}$$

式中各符号的含义与前相同。

表9-7 投入占用产出表

			中间使用与中间占用			最终使用与最终占用				总产出与总占用
			部门1	部门2 … 部门n	消费	固定资本形成 1,2,…,n	增加存货 1,2,…,n	出口	进口	
投入部分	中间投入	部门1 部门2 ⋮ 部门n		X_{ij}			Y_i			X_i
	最初投入	固定资产折旧 从业人员报酬 生产税净额 营业盈余								
	总投入			X_j						
占用部分	固定资产	部门1 部门2 ⋮ 部门n								
	存货	部门1 部门2 ⋮ 部门n		R_{ij}			Y_i^R			R_i
	金融资产	通货 存款 证券 股票 其他								
	劳动力	未上学者 小学 中学 大学以上								
	自然资源	土地 水资源 矿产 森林								
	其他	商标 专利 其他								

第二类,各类占用品的总占用量等于中间占用(生产领域占用)与最终占用(最终需求领域占用)之和,即

$$\sum R_{ij} + Y_i^R = R_i \quad (i = 1,2,\cdots,m) \tag{9.5.3}$$

式中：R_{ij}——第 j 生产部门占用的第 i 种资源数量；

$\quad Y_i^R$——最终需求领域对第 i 种资源的占用量；

$\quad R_i$——第 i 种资源的总占用量。

在建模过程中，引入了直接占用系数 r_{ij}：

$$r_{ij} = R_{ij}/X_j \quad (i = 1,2,\cdots,m;j = 1,2,\cdots,n) \tag{9.5.4}$$

直接占用系数 r_{ij} 表示第 j 种生产部门单位产出对第 i 种资源的直接占用量。

将式(9.5.4)代入式(9.5.3)中，有

$$\sum_{j=1}^{n} r_{ij}X_j + Y_i^R = R_i \quad (i = 1,2,\cdots,m) \tag{9.5.5}$$

二、新的完全消耗系数及若干相关系数的计算方法

从式(9.2.14)可知，完全消耗系数为直接消耗系数与所有间接消耗系数之和，即

$$b_{ij} = a_{ij} + \sum_{k=1}^{n} b_{ik}a_{kj} \quad (i,j = 1,2,\cdots,n)$$

上式的主要缺点是没有将固定资产对资源的消耗包括进去，比如用上式核算钢对电的消耗，仅能包含钢对电的直接消耗，以及生产中通过生铁、煤、石灰石等对电的各种消耗，但未包含炼钢过程中机器设备和厂房所消耗的电力，以及生产这些固定资产所消耗的各种产品所耗用的电力。现给出修正的完全消耗系数公式如下：

$$b_{ij}^* = a_{ij} + \sum_{k=1}^{n} b_{ik}^* a_{kj} + \alpha_i d_{ij} + \sum_{s=1}^{n} b_{is}^* \alpha_s d_{sj} \quad (i,j = 1,2,\cdots,n) \tag{9.5.6}$$

式中：b_{ik}^*——包含固定资产消耗的完全消耗系数；

$\quad \alpha_i$——第 i 种固定资产的折旧率；

$\quad d_{sj}$——第 j 部门对第 s 种固定资产的直接占用系数。

从式(9.5.6)可见，包含固定资产的完全消耗系数由以下 4 部分组成：①直接消耗系数 a_{ij}，如钢对电的直接消耗系数；②第 j 部门通过所消耗的中间投入品对 i 种产品的间接消耗系数，即 $\sum_{k=1}^{n} b_{ik}^* a_{kj}$；③对占用固定资产的直接消耗系数，即 $\alpha_i d_{ij}$；④第 j 部门通过各种占用品对第 i 种产品的间接消耗系数，即 $\sum_{s=1}^{n} b_{is}^* \alpha_s d_{sj}$，如钢通过占用冶金设备对电力的间接消耗系数。

将式(9.5.6)写成矩阵形式如下：

$$B^* = A + B^* A + \hat{\alpha} D + B^* \hat{\alpha} D \tag{9.5.7}$$

式中,B^*,D,$\hat{\alpha}$ 分别表示包含固定资产消耗的完全消耗系数矩阵、固定资产直接占用系数矩阵和固定资产折旧率对角矩阵。由此可得

$$B^* (I - A - \hat{\alpha} D) = A + \hat{\alpha} D$$

从数学上可以证明矩阵$(I - A - \hat{\alpha} D)$的逆矩阵$(I - A - \hat{\alpha} D)^{-1}$存在,由此得出:

$$B^* = (A + \hat{\alpha} D)(I - A - \hat{\alpha} D)^{-1}$$

$$B^* = [I - (I - A - \hat{\alpha} D)](I - A - \hat{\alpha} D)^{-1}$$

$$B^* = (I - A - \hat{\alpha} D)^{-1} - I \tag{9.5.8}$$

式(9.5.8)即为包含固定资产消耗的完全消耗系数矩阵的计算公式。显然按式(9.5.8)计算的完全消耗系数大于或等于利用式(8.2.15)计算的数值。即

$$b_{ij}^* \geqslant b_{ij} \tag{9.5.9}$$

根据 1987 年中国城乡经济投入占用产出表的资料,利用式(9.5.8)计算完全消耗系数,并与未包括固定资产消耗的完全消耗系数进行比较,全部满足式(9.5.8)。从表 9-8 可以看出部分部门 b_{ij}^* 与 b_{ij} 的对比情况。

表 9-8　部分部门的 b_{ij}^* 与 b_{ij} 对比表

		稻谷	棉花	煤炭采选	金属冶压	机械工业	建筑业
煤炭采选	b_{ij}^*	0.006 68	0.005 12	0.028 55	0.055 45	0.022 32	0.023 42
	b_{ij}	0.005 61	0.004 31	0.022 43	0.051 51	0.018 95	0.020 85
电力蒸汽	b_{ij}^*	0.020 45	0.013 66	0.093 34	0.094 75	0.053 59	0.051 39
	b_{ij}	0.018 10	0.011 90	0.080 19	0.086 26	0.046 32	0.045 84
机械工业	b_{ij}^*	0.022 42	0.016 52	0.125 91	0.115 08	0.272 15	0.114 00
	b_{ij}	0.012 05	0.008 49	0.075 62	0.079 88	0.247 75	0.091 22
建筑业	b_{ij}^*	0.017 41	0.014 14	0.108 02	0.072 32	0.055 76	0.042 50
	b_{ij}	0	0	0	0	0	0

三、投入占用产出技术的应用

近年来,投入占用产出技术不但被用于编制投入占用产出表,而且在水利、能源利用、环境保护、对外贸易、金融、教育、粮食预测等多方面均有广泛的应

用。下面仅对部分应用加以简要介绍。

（一）中国城乡经济投入占用产出表的编制及应用

中国科学院数学与系统科学研究院编制了1987年中国城乡经济投入占用产出表，又称为农村经济投入占用产出表，表中将国民经济分为农村和城市两部分。在价值型表中，农村经济分为28个部门，城市经济分为32个部门，占用部分包括土地、劳动力、固定资产和流动资金。由于资料条件的限制，农村经济仅编制了占用部分。利用此表，研究人员曾分析了中国城乡经济联系与城乡差别；研究了中国工农业产品价格剪刀差；探讨了工农业增长速度的最优比例；预测了中国农业的资金需求量和剩余劳动力的数量等问题。

（二）全国粮食产量预测研究

目前国际对农作物产量预测主要采用如下3种方法，即气象产量预测法、遥感技术、统计动力学模拟法。由于种种原因，国际上粮食产量的预测误差通常为产量的5%～10%。

中国科学院数学与系统科学研究院利用以投入占用产出技术、变系数预测模型为核心的系统综合因素预测法对粮食、棉花、油料等的产量进行预测，综合考虑了社会、经济、技术、政策、气候和自然条件等因素的影响，重点研究了农作物的投入和占用状况与农作物产量的联系。多年来，在每年5月初就向中央或有关部门发布全国粮棉产量的预报信息。实际结果表明，预测提前期一般为半年以上，粮食产量平均预测误差为抽样实割产量的1.9%，获得了中央领导和有关部门的很高评价。

（三）中国乡镇企业环境经济投入占用产出分析

乡镇工业的发展有力地推动了国民经济的发展，但也带来严重的环境问题，表现为对自然资源的浪费、破坏和严重的环境污染。中国科学院数学与系统科学研究院与美国麻省理工学院教授等合作，前后6年对山西省的部分乡镇企业和国有控股炼焦企业进行调查，并在此基础上，编制了中国1992年和1995年乡镇企业环境经济投入占用产出表。此项研究中提出了各部门生态增加值、生态国内生产总值的概念和核算方法，以及与投入占用产出表的结合方法，计算了乡镇企业发展对国民经济的乘数效应，包括就业乘数效应、居民收入乘数效应和环境污染乘数效应等。此次研究对中国乡镇企业的可持续发展有着重要作用。

（四）全国及九大流域水利投入占用产出表的编制及其应用研究

近几十年来，水资源短缺和环境保护日益引起国内外政府的重视，水资源短缺将成为制约我国，特别是制约中国北方地区社会经济发展和人口生活水平提高的最重要因素之一。根据水利部门的要求,由中国科学院数学与系统科学研究院、中国人民大学、国家统计局国民经济核算司、西安交通大学、水利水电科学院等 7 个单位的 28 位研究员和教授共同完成的全国及九大流域片水利投入占用产出表,是中国首次,在国际上也前所未有。其主要研究结果,如水利基建投资对国民财富和 GDP 的总体净效应和分类净效应、工业用水对工业增加值的边际效应,水利基建投资在 GDP 中的最佳比重、在全社会基建投资总额中的最佳比重,以及在国家财政支出中的最佳比重及理想区间和可接受区间等,都对相关部门具有重要参考价值。

习 题

1. 什么是投入产出分析?其基本内容是什么?

2. 如何区分中间产品与最终产品,中间投入与初始投入?

3. 试述全国价值型投入产出表的基本结构。

4. 已知某一报告期投入产出表,要求:

(1)填满表 9 - 9 内的空缺项。

(2)计算直接消耗系数、完全消耗系数与完全需要系数。

(3)若将计划期各部门总产品向量确定为(600,1 200,800),试推算计划期各部门的最终产品向量。

(4)若计划期各部门最终产品比报告期分别增长 5%、8%、12%,问计划期各部门的总产量应为多少?

表 9 - 9 单位:万元

	中间产品				最终产品				总产出
	农业	工业	其他	合计	固定资产更新大修	积累	消费	合计	
农 业	40	160	0	200	0	40	160		400
工 业	80	70	60	210	100	210		690	900
其 他	20		40	220	30	30	160	220	
折 旧	20	90	20	130					
劳 动 报 酬	160	180		460					
社 会 纯 收 入		240	200	520					
总 投 入									

5. 已知实物型直接消耗系数矩阵为:

$$A = \begin{pmatrix} 0.1 & 0.1 & 0.2 \\ 0 & 0.4 & 0.1 \\ 0.3 & 0.1 & 0.2 \end{pmatrix}$$

总产品列向量为 $Q = (100,300,200)^{\mathrm{T}}$, 中间产品"其他"项为 $Q_s = (5,40,20)$, 试编制一张实物型投入产出表(中间产品"其他"项是指未包括在模型中的全部产品对包括在模型中的某一产品的中间消耗量)。

6. 试述投入产业表与投入占用产出表有何不同? 完全消耗系数 BB^* 有何区别?

经济决策概论

第一节　决策的作用、基本要素与基本类型

一、决策的作用与基本要素

（一）决策的作用

从预测分析中可知,对社会现象和社会活动采取不同的预测方法,在不同的背景条件下,可取得不同的预测结果。对于管理者来讲,预测的目的就是要推断各种可能出现的结果及最可能出现的结果,并根据这一结果确定自己的行动策略,即进行决策。例如,某企业打算研制一种新产品,首要的问题是要研究这种新产品的销路。经过预测与分析,企业估计市场销路好时,采用新产品可赢利 8 万元;不采用新产品而生产老产品时,其他竞争者会开发新产品,而使老产品滞销,企业可能亏损 4 万元;市场销路不好时,采用新产品就要亏损 3 万元,若不采用新产品,就有可能用更多的资源发展老产品,可获得 10 万元。另经调查预测得知,市场销路好的概率为 0.6,销路不好的概率为 0.4。企业面对上述预测信息需要作出选择,是否研制生产新产品,这即是一个典型的决策问题。

所谓决策,是指管理部门和企业为了达到某种特定的目标,在调查、预测和对经济发展、管理活动等规律认识的基础上,运用科学的方法,对若干个可行方案进行分析、比较、判断,从中选出一个令人满意的方案,并予以实施的过程,是各种矛盾、各种因素相互影响最后平衡的结果。决策随着人类的发展而产生,是管理工作的主要内容,它涉及管理的各个方面,贯穿于管理的全过程。应该说,调查与预测是决策的基础,决策是根据调查及预测结论作出的决断。在充满竞争的市场中,管理者、决策者往往对事物发展所导致的结果捉摸不透,对情况和信息掌握不足,而摆在面前的又有很多行动方案可供采用。这时,决策就是决定应当选择哪一种行动方案。

决策是由目标出发作出选择,并以此指挥行动,而行动产生相应的结果贯穿于事物发展的整个过程。科学的决策起着由目标到达结果的中间媒介作用,决策是否科学,小至影响到经济发展的速度和效益,大到决定经济发展的成败,它对于宏、微观经济健康、持续地发展具有重要的作用。

（二）决策的基本要素

作为管理核心的决策是一个综合系统,组成该系统的基本要素主要包括:决策主体、决策目标、决策对象及内外部环境。

第一,决策主体即决策者,既可以是单个决策者,也可以是一个决策团体或组织。决策者进行决策的客观条件是他(或他们)必须具有判断、选择和决断的能力,并能够承担决策后果的法定责任。

第二,决策目标是任何决策都不可能回避的问题,决策是围绕着特定的目标展开的,决策的开端是确定目标管理,决策的终端是目标的实现。决策目标既体现了决策者的主观意志,又反映了客观现实,没有决策目标就没有决策,也可以说,管理的成功与否,一定程度上取决于确定的目标是否恰当、科学。

第三,决策对象是决策客体,决策对象涉及的领域十分广泛,可以包括人类活动的各个方面,但决策对象必须具备决策者能够对其施加影响的特点。凡是决策者的行为不能施加影响的事物,不能作为决策对象。

第四,决策环境。决策不是在一个孤立的、封闭的系统中进行的,而是依存于一定的环境,同环境进行物质、能量和信息的交换,决策系统与环境构成一个密不可分的整体,它们之间是相互影响、相互制约的。

二、决策的基本种类

世界上有无数个决策,却很少有两种完全相同的决策。实际上,作为一个管理者在其生活的每一天都充斥着似乎无止境的许许多多决策,一个决策所需要的支持种类可能和下一个决策完全不同。需要对各种各样的决策进行分类,以便于比较和掌握。决策可以按照管理的层次划分,也可以根据决策的侧重点不同划分,还可以根据所掌握的信息多少等划分。

(一)基于方法的决策类型

按照决策方法的性质,决策可分为定性决策与定量决策。其中定性决策重在对决策质的把握。当决策变量、状态变量及目标无法用数量描述而只能作抽象的概括时,决策者只能依靠知识、智慧和经验选择满意方案,这即为定性决策,它充分体现了决策者的智慧、胆识和决策艺术。而定量决策是决策者使用统计方法或数学模型,对能用数量表现决策目标和未来行动的问题作出的决定。实践中为了提高决策的科学性,常将定性和定量决策方法结合,在总的定性决策中可以有局部的定量决策,在总的定量决策中也可以有局部的定性决策,或定性决策和定量决策共同使用,以提高决策的正确性。

(二)基于决策程序的决策类型

按决策问题的性质,决策可分为完全规范化决策、部分规范化决策和非规范化决策。

完全规范化决策是指决策过程已经有了规范程序的决策,包括决策的模型、数学参数名称和参数数量,以及明确的评价标准等,只要外部环境因素基本不变,这些规范化程序就可重复用于解决同类问题,完全不受决策者个人主观看法的影响。这类决策方法通常用于经常重复出现的、有章可循的问题的决策。

非规范化决策是完全无法用常规办法来处理的、一次性的、新的问题的决策,这类决策完全取决于决策者个人。由于参与决策的个人的经验、判断方法或所取得的信息不同,对于同一个问题会有不同的观点,不同的决策者可能作出不同的决断。这类决策法主要用于首次发生的、非例行的、无据可依的新问题的决定。

部分规范化决策是介于以上两者之间的一种决策,即决策过程涉及的问题,一部分是可以规范化的,另一部分是非规范化的。对于这类问题的解决是先按规范化的办法处理规范化部分的问题,然后由决策者在此基础上运用创造性思维对非规范化部分作出决定。

(三)基于信息的决策类型

按决策者所掌握的信息不同,决策可分为确定型决策、非确定型决策、风险型决策。

确定型决策是指已掌握决策的条件、因素和完整的信息,有明确的目标,每个决策行动方案都只有一个确定的结果,没有不确定因素的情况下所作出的决策。非确定型决策,是指由于存在不可控制的因素,一个方案可能面临不同的自然状态,产生不同的结果,而同时又缺乏各种结果出现概率的信息时所作出的决策。风险型决策是指虽然存在不可控制的因素,但已知各种可能情况出现的概率,因此可以结合概率作出判断从而作出决策,这是需要承担一定风险的决策。

（四）基于目标数量的决策类型

按决策目标的数量,决策可分为单一目标决策和多目标决策。单一目标决策是指决策要达到的目标只有一个,如追求利润最大化或实现成本最低的决策。而多目标决策则是指决策要达到的目标不止一个而是多个的决策。如企业的经营目标往往除了当期企业的利润外,还有股东的利益以及企业的长远发展等。在实际决策中,很多的决策问题都是多目标决策问题,而多目标决策问题相对于单一目标决策要复杂很多。

（五）基于过程的决策类型

从决策的过程来看,决策可分为单阶段决策和多阶段决策。所谓单阶段决策是指某一特定时期的某一问题的决策,整个决策问题只是由一个阶段构成。而多阶段决策也称动态决策,整个决策问题分为多个阶段,前一阶段的决策结果会影响到下一阶段的决策,是下一阶段决策的出发点。多阶段决策必须追求整体的最优而不是其中某一阶段的最优,各阶段决策的最优之和并不构成整体决策结果的最优。

（六）基于行为的决策类型

依据决策行为,可以将决策分为企业型行为、适应型行为和计划型行为。其中,企业型行为通常具有高度的不确定性,需要主动地考虑如何选择方案,注重短期利益而不是解决长期问题;适应型行为的决策同样具有高度不确定性的特点,但决策者通常被动地考虑如何选择方案,该决策更注重短期利益;计划型行为决策的环境特点是高风险,制定决策既需要主动地考虑也需要被动地考虑,更注重长期的利益和效用。

（七）基于策略的决策类型

根据作出最终选择所使用的策略,决策可以分为计算型策略、判断型策略、折中型策略和灵感型策略。其中,计算型策略是相关的选择和结果相当确定,而且对于可能的选择存在强烈偏好的决策;判断型策略是对于可能的选择存在强烈的偏好,存在着高度不确定性的决策;折中型策略对可能选择的偏好很微弱或者不清楚;灵感型策略同样对可能的选择偏好很微弱。

第二节 决策的程序与原则

一、决策的程序

决策程序,是指决策由提出到定案所经过的各个阶段。决策无论大小都不是一经提出就定型的,而是要经过分析、研究、选择等过程。一个完整的决策过程,必须经过以下几个阶段:

第一阶段,发现问题。决策工作是从发现问题开始的。发现和确认问题是管理者和领导者的重要职责,这不仅因为他们负责管理的责任,还因为他们站得高、看得远,可以统观全局,易于找出问题的关键所在。即使是下属群众或专家发现的问题,也必须由领导者确认才能成为决策的起点。

第二阶段,确定目标。确定目标是科学决策的重要一步。所谓目标是指在一定的环境和条件下,决策者所要达到的结果。决策目标的确定,首先要求是具体、准确的,即目标的含义应准确,易于评估;其次尽可能将目标数量化,并明确目标的时间约束条件;最后目标应有实现的可能性,并富有一定的挑战性。

第三阶段,确定价值准则。价值准则是落实目标、评价和选择方案的基本依据,因此必须认真对待。准则失当,决策就不可能达到最初确立的目标,甚至南辕北辙。确定价值准则,主要包括三个方面的内容:①把目标分解为若干层次的价值指标。这些指标实现的程度就是衡量达到决策目标的程度。②规定价值指标的主次及其在相互发生矛盾时的取舍原则。在大多数情况下,要同时达到整个价值系统的各指标的标准是困难的,因此,对于满意决策,掌握这一条就十分重要了。③指明实现这些指标的约束条件。任何决策都是在一定环境下的决策,不可能是随心所欲的。约束条件包括各类资源限制、决策权力的范围以及时间限制等。

第四阶段,搜集资料,拟订备选方案,即寻找达到目标的有效途径。途径有效与否,要经过比较才能鉴别,因此必须制订多种可供选择的方案。拟订备选方案是一个创新的过程,应具有创新精神,扩展思路,既要充分发挥经验和知识的作用,又要充分发挥人的想象力和创造力。在拟订方案时,还应注意两个方面的问题:一是方案的详尽,在可能的条件下,应拟订出所有的重要方案。二是方案间的相互排斥性,即不同的备选方案之间必须相互排斥,不能同时执行几个方案,只能从中选择一个最满意方案。

第五阶段,方案的分析、评估与比较。对各种方案的各个方面进行分析评价,是决策成功与否的关键。所谓分析、评估与比较,是指根据预定的决策目标和所建立的价值标准,确定方案的评估要素、评估标准和分析评估方法,对各种备选方案的可行性进行计算、分析和总体比较,不仅要比较经济效益的高低,而且要分析人力、物力、财力的可行性。条件允许时,应尽可能地在评估过程中进行典型试验或运用计算机进行模拟试验。

第六阶段,方案的选优与实施。经过分析与评估,各方案的优劣比较完成之后,就可以进行最终的选优决策。决策方案的选优方法包括:经验判断法、数学分析法、模拟试验法等。不论采用何种方法,都要将定性分析与定量分析相结合,选取最合理的决策方案;进入实施阶段,应建立信息反馈系统,对实施情况进行追踪验证,对偏离决策目标的情况,应及时取得信息,以便采取措施加以解决,最终实现决策的预定目标。

第七阶段,试验实证。方案选定后,有时需要进行局部试验,以验证其可靠性,通常称之为试点。试验实证是一个科学的步骤,但必须科学地实施才具有意义。试验既不能简单地随便找一个地方试试,也不能给试点创造特殊的条件,以证明领导者决策正确。试验必须选出在全局情况中具有某些典型性条件的点,并且严格按照所决策的方案实施,同时,还必须有相同条件下的一般对照组,这样才可能从比较中得出科学的结论。如果试点成功,即可进入全面普遍实施阶段,如果不行,那就必须反馈回去,进行决策修正。由于决策过程是一个动态的依赖于时空变量的复杂随机函数,为了能客观地反映决策合理与否,还需要进行可靠性分析。

第八阶段,普遍实施。这是决策程序的最终阶段。由于在实施过程中仍会发生这样那样偏离目标的情况,因此必须加强反馈工作。这时,可以制定一套跟踪检查体系,保证决策贯彻执行。

二、决策的基本公理与基本原则

(一)决策的基本公理

决策的基本公理是正常的决策者应接受或承认的基本原理,它是众多决策者长期决策实践经验的总结。决策的基本公理主要有以下几点。

1. 方案之间的优劣是可以比较的,并且是不能相互循环的。

2. 各备选方案应有独立存在的价值。若其中有一方案在各方面均显著劣于另一方案,则这一方案没有存在的价值,应从备选方案中剔除。

3. 分析方案时,只有不同的结果才有比较的必要。若多个方案在某一方面均是相同的,那么进行方案的优劣比较时则可不必进行这一方面的比较。

4.主观概率与方案结果之间不存在联系,即决策者估计某种状态出现的主观概率不受方案结果的影响,两者是相互独立的。自然状态出现可能性大小的主观概率估计只与决策者主观上对自然状态发展趋势的乐观程度有关。

5.效用的等同性及替换性。若两个方案对决策者是等同的、不分优劣的,这就说明两方案的效用是等同的,两个方案是可以相互替代的。

决策的公理很容易理解,也容易接受,要合理地进行决策,必须严格遵守以上公理。当然在进行实际决策时,由于心理、环境等多种因素的影响,人们经常处于不理智的状态,因而不能保证总是严格遵守上面的公理。

（二）决策的基本原则

要作出正确的决策,除了遵循基本公理外,还应遵循下列几项基本原则。

1.系统原则。决策对象不论是政治问题、经济问题、还是管理问题,它们都处在社会这个大系统中,它们本身又构成了一个子系统。决策,其实是对系统的决策,所以,决策必须遵循系统性原则。系统性原则客观上要求决策要达到整体化、综合化、最优化。

2.可行性原则。决策所选定的方案,不能超越主客观所具备的条件,包括技术、资源等方面的条件。决策应从实际出发,在对各种方案进行定性、定量分析及进行可行性科学论证和评价的基础上,进行最优方案的选择。遵循可行性原则,要求决策者着重考虑两个问题:一是决策能否顺利进行;二是决策实施以后是否会带来负面效应。

3.经济性原则。即通过多方案的比较,所选定的方案应是花费较小、收益较大、投入较少、产出较多的方案,能够获得令人满意的经济效果并达到预期的目标。如果决策所花的代价大而所得收益小,就不是科学的决策,无实施的必要。

4.创新原则。决策是决策者的一种创造性的劳动。决策之可贵,贵在创新,墨守成规很难做出具有时代性和科学性的决策。一个好的决策绝不是旧事情的简单重复,而是充分吸收符合时代潮流的新鲜因素的产物。创新原则要求决策者在决策的内容、步骤和方法上,敢于提出独到的见解,敢于采用新的科学方法。当然,创新绝不是胡思乱想,想怎么干就怎么干,创新是建立在求实基础上的,应以客观条件和科学根据、科学方法为前提。

5.定性分析与定量分析结合的原则。决策方案的确定,需要通过多方案的分析、比较。定量分析有其反映事物本质的可靠性和确定性的一面,但也有其局限性。当决策变量较多、约束条件变化较大、问题较复杂时,进行定量分析不仅往往需要耗费大量的人力、费用、时间,而且,某些方面(如社会、政治、心理等)的重要影响因素较难用定量的方法分析。因此,在进行决策时,不仅应重视定量分析,同时也不能忽略定性分析,而应将定量分析和定性分析相结合,选择令人满意的方案。

6.信息准、全原则。决策是使用大量信息对影响未来的行动作出的决定,因此信息是决策的基础。没有准确、全面、及时的信息,决策便没有基础,从而导致决策的失误。科学的决策,首先要求有准确的信息,能够真实地反映事物发展的过程,同时要求有全面的信息,能够全面反映所要研究的问题。从时间上看,信息不仅包括过去的信息、现在的信息,同时还包括对未来预测的信息,以尽量减少决策的风险性。从空间看,信息不仅包括内部的信息,更重要的还应包括外部各种环境信息等。

7.追踪决策原则。选定了决策方案并付诸实施后,决策部门为保证预定目标的实现,必须追踪监控决策的执行情况,以便根据情况的变化,进行必要的调整或追踪决策,使既定的目标得以实现。

习　题

1.简要说明何谓科学决策。

2.决策基本公理有哪些?

3.简要说明决策的基本步骤。

4.决策的基本分类有哪些?

5.决策应遵循的基本原则有哪些?

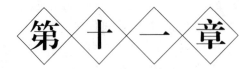

确定型决策与不确定型决策

第一节　确定型决策及其几种决策方法

一、确定型决策的基本特点

所谓确定型决策是指在决策系统及所处环境条件下,决策者根据已掌握的科学知识和技术手段,对不可控制因素能够完全作出科学、正确的判断。确定型决策一般具备以下条件:①存在决策者希望达到的一个明确目标;②只存在一个决策者不可控制的自然状态;③存在着可供决策者选择的两个或两个以上的备选方案;④不同的决策方案在确定状态下的收益值或损失值能够计算出来。如企业生产规模确定、库存最佳规模的设计、进货批量的安排及原料的套裁等问题。

一般确定型决策可以用单纯选优决策法和模型选优的数学分析决策法来进行。

单纯选优法是一种较简单的决策方法。如果决策者遇到的是这样一类决策问题,其行动方案仅是有限个,而且掌握的数据资料也无须加工计算,就可以逐个比较直接选出最优方案或最优行动,这种在确定情况下的决策就是单纯选优决策法。如利率不同的多种渠道均可以筹措到一笔资金,在单一决策目标(即筹资成本最低)下,我们就可以选定利率最低的渠道去筹措资金。

确定型决策问题看起来似乎很简单,但是有的实际问题很复杂,有时可供选择的方案有很多,难以选择。例如,有 N 个产地、M 个销地的某种物资的运输问题,当 M,N 较大时,运输方案相当多,这就需要找出运费最少的方案。对于确定型决策的模型选优,一般常用的方法有:线性规划、非线性规划、整数规划、动态规划、投入产出模型、确定性存储技术、网络分析技术等。

模型选优决策方法的基本思路是:

(1)决策目标的设计,包括单一目标的决策和多目标的决策。在多目标决策问题中,还应区分各目标之间的优先级顺序及重要程度。

(2)确定型决策的约束条件的建立。有些确定型决策问题要实现指标的最大化或最小化是有一定限制条件的,如资源的限制等。这时,要得到最优方案,必须在满足约束条件的基础上进行。

(3)求解确定型决策的优化解,即最优方案。

二、盈亏平衡决策模型

(一)线性盈亏平衡分析

所谓线性盈亏平衡分析,就是对企业总成本和总收益的变化作线性分析,目的在于掌握企业经营的盈亏界限,确定企业的最优生产规模,使企业获得最大的经济效益,以作出合理的决策。

以 Q 表示产量(亦即销售量),F 表示生产固定成本,v 表示单位可变成本,P 为销售价格,TC 表示总成本,TR 表示总收入,则 $TR = PQ$,$TC = F + Qv$。

若盈亏平衡,$TR = TC$,则 $PQ = F + Qv$。即当 $Q = \dfrac{F}{P-v}$ 时,成本与收入持平,实现盈亏平衡。

【例 11 - 1】　生产规模的盈亏平衡分析。某企业新购置一自动化设备,固定成本 400 万元,单位可变成本为 500 元,每件产品的销售价格为 1 000 元,试确定该企业的最小经济生产规模。

解:

$$Q = \frac{F}{P-v} = \frac{4\ 000\ 000}{1\ 000 - 500} = 8\ 000(件)$$

即该企业的最小经济生产规模为 8 000 件,低于此生产规模时,该企业亏损见图 11 - 1。

【例 11 - 2】　生产规模与购置选择的盈亏分析模型。某企业正准备筹建一个新项目,提出 3 个方案:①采用高度自动化设备,固定成本将较高,达到 800 万元,单位可变成本为 100 元;②采用半自动化设备,固定成本为 600 万元,单位可变成本为 120 元;③采用非自动化设备,固定成本虽然较低为 400 万元,但单位可变成本却较高,为 160 元。在此基础上试确定该项目的最佳建设方案。

解:经过分析,我们可以看到,决策的目标是在一定产量下取得最高的利润或达到生产成本最低。假设售价不变,利润的高低取决于生产规模,即在不同的生产规模下,采用的最优方案将会有所不同。设年产量为Q,则各方案的总成本为:

$$TC_1 = 800 + 100Q$$
$$TC_2 = 600 + 120Q$$
$$TC_3 = 400 + 160Q$$

将这3条总成本线描绘在同一图上,形成总成本结构分析图,参见图11-2。

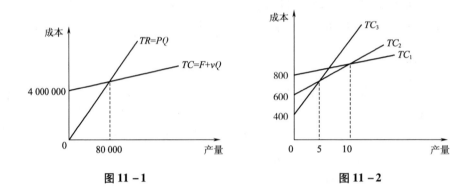

图 11-1　　　　　　　　　　　　　　　　图 11-2

当生产规模为5万时,$TC_2 = TC_3$;当生产规模为10万时,$TC_2 = TC_1$。

当生产规模小于5万时,第三方案的总成本最低,则应采用第三方案;当生产规模小于10万且大于5万时,第二方案的总成本最低,则应采用第二方案;当生产规模大于10万时,第一方案总成本最低,则应采用第一方案。

(二)非线性盈亏平衡分析模型

在现实经济领域中,很多的决策问题所研究变量之间呈现的关系不是线性关系,而是一种非线性关系,有时甚至不能用代数关系来描述。如盈亏平衡的基本关系式是$TR = TC$,若收益、成本、产量之间的关系是二次曲线关系,则

$$TR = a_1Q + a_2Q^2$$
$$TC = F + b_1Q + b_2Q^2$$

盈亏平衡状态下,$TR = TC$,这样会得到:

$$a_1Q + a_2Q^2 = F + b_1Q + b_2Q^2$$
$$(a_2 - b_2)Q^2 + (a_1 - b_1)Q - F = 0$$

这样,解方程可以得到两个根,即两个盈亏平衡点。由上面方程或图11-3,均可以得出赢利区和亏损区。若要在赢利区中确定最佳生产规模,可以对上式两边关于Q求导,即得:

$$(a_1 - b_1) + 2(a_2 - b_2)Q = 0$$

满足此方程的产量即为最大赢利产量。

当企业的收益、成本、产量呈非线性关系,且不易用代数关系来描述时,也可用表格法来进行分析,确定最佳生产规模。例如,一家企业的固定成本保持不变为12 000元,但随着产量的增长,单位可变成本不成比例地增长,同时销售价格也随着销售数量的增多而发生变化。该企业成本与收益的测算结果如表 11 -1 所示。

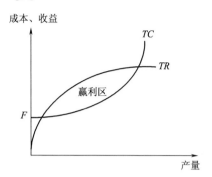

图 11 -3 成本、收益、产量关系图

表 11 -1 成本与收益的测算结果   单位:元

产量	固定成本	可变成本	总成本	总收入	盈亏额
50	12 000	4 300	16 300	15 000	- 1 300
55	12 000	5 200	17 200	16 500	- 700
60	12 000	6 000	18 000	18 000	0
65	12 000	6 800	18 800	19 500	700
70	12 000	7 700	19 700	21 000	1 300
75	12 000	8 700	20 700	21 375	675
80	12 000	10 800	22 800	22 800	0
85	12 000	13 500	25 500	24 225	- 1 275

由计算表可以看到,该企业有两个盈亏平衡点,其赢利的产量区间范围是60~80,其中最佳的生产规模是70。

三、最优经济批量决策模型

最优经济批量决策,分为经济采购批量决策和经济生产批量决策等多种类型。对于这类决策问题,可以先建立数学模型,然后再借助微分知识寻求其最优解。

若某企业在一年内根据生产计划估计全年需要外购某种原料 Q 公斤,每公斤单价为 P 元,每一次的采购费用为 C_1 元,每公斤平均储存费用为 C_2 元。假定原料的消耗是匀速的,那么为使采购与储存费用最低,试确定最优采购批量和批次。

设最佳采购批量为 q,则采购费用为 QC_1/q,储存费用为 $qC_2/2$,总费用为

$C = QC_1/q + qC_2/2$。若要使总费用达到最小,对上式两边求导数,并令其为 0,得 $q = \sqrt{2QC_1/C_2}$,对其再求二阶导数,可以证明其大于 0,即 q 为总成本最小时的最优采购批量,采购批次为 Q/q。

【例 11 - 3】某企业计划全年外购某种原料 200 000 公斤,每公斤单价为 20 元,每一次采购的采购费用为 500 元,每公斤年平均储存费用为 0.5 元。假定原料的消耗是匀速的,那么为了使采购与储存费用最低,则最佳采购批量为:

$$q = \sqrt{\frac{2QC_1}{C_2}} = \sqrt{\frac{20 \times 20\,000 \times 500}{0.5}} = 20\,000(\text{公斤})$$

则最佳批次为 200 000/20 000 = 10 次。

四、线性规划模型

对于决策系统的实际问题,通过确立线性规划模型进行分析往往是决策者经常采用的一种方法。在利用这种方法时,第一要识别该问题是否属于线性规划问题。应注意,决策系统的决策问题,要有一个明确的决策目标,而且这个目标可表示为未知变量的线性函数,这一线性函数称为决策问题的目标函数。根据研究问题的不同,要求此目标函数达到最大或最小值。同时,决策问题应存在一定的限制条件(即约束条件),而且这些限制条件都可以用一组未知数的线性等式或不等式来表述。第二就是建立线性规划的数学分析模型。设计线性规划的数学分析模型,是将实际决策问题定量地表示成数学解析方程的过程。实际上,就是把决策系统用数学符号定量地表示成数学方程的过程。

对一般的线性规划问题,建立模型:

目标函数

$$\max Z = c_1 x_1 + c_2 x_2 + \cdots + c_j x_j$$

约束条件

$$\begin{cases} a_{11}X_1 + a_{12}X_2 + \cdots + a_{1n}X_n \leqslant b_1 \\ a_{21}X_1 + a_{22}X_2 + \cdots + a_{2n}X_n \leqslant b_2 \\ \qquad\qquad\vdots \\ a_{m1}X_1 + a_{m2}X_2 + \cdots + a_{mn}X_n \leqslant b_m \end{cases}$$

【例 11 - 4】某家具制造厂最关心的问题是,为了得到最大利润,下一个生产周期应该生产甲、乙、丙 3 种小型家具各多少件? 根据市场预测得知,甲、乙、丙 3 种家具最少各需 200 件、250 件和 100 件。另外,在下一个生产周期,制造厂可用的工时最多为 1 000 单位,原料最多为 2 000 单位。相关资料如表 11 - 2 所示。在这种情况下,该家具制造厂应如何安排生产。

表 11-2 甲、乙、丙的原料等情况

产品类型	原料(单位产品)	工时(单位产品)	最小需求量(件)	利润(单位产品)
甲	10	2.0	200	100
乙	15	1.2	250	140
丙	40	1.0	100	120
可利用总量	2 000	1 000	—	—

该问题可建立线性规划模型如下:设 3 种不同类型产品的生产量分别为 X_1、X_2 和 X_3。

目标函数

$$\max Z = 100X_1 + 140X_2 + 120X_3$$

约束条件

$$\begin{cases} 10X_1 + 15X_2 + 40X_3 \leqslant 2\ 000(\text{原料单位}) \\ 2.0X_1 + 1.2X_2 + 1.0X_3 \leqslant 1\ 000(\text{工时单位}) \\ X_1 \geqslant 200(\text{产品台数}) \\ X_2 \geqslant 250(\text{产品台数}) \\ X_3 \geqslant 100(\text{产品台数}) \end{cases}$$

此问题即为线性规划问题。

第二节 不确定型决策的若干决策准则

不确定型决策是指决策者对未来事件虽有一定程度的了解,知道可能出现的自然状态,但无法确定各种自然状态可能发生的概率的情况下的决策。这种决策由于有关因素难以计算,因此完全取决于决策者的经验、判断、估计和胆识,其选择带有很大的主观性。针对不确定型的问题通常有若干种决策准则。

一、乐观决策准则

乐观决策准则,也称最大最大决策准则,即充分考虑可能出现的最大利益,在各最大利益中选取最大者,将其对应的方案作为最优方案。这种决策准则的基础是决策者感到前途乐观,有信心取得最佳结果。其基本思想与决策步骤如下:

第一,确定各种可行方案。

第二,确定决策问题将面临的各种自然状态。

第三,将各种方案在各种自然状态下的损益值列于决策矩阵表中,如表11 -3 所示。

表11 -3　各种方案在各种状态下的损益值

方　案	自然状态			
	θ_1	θ_2	$\cdots$	θ_n
A_1	a_{11}	a_{12}	$\cdots$	a_{1n}
A_2	a_{21}	a_{22}	$\cdots$	a_{2n}
$\vdots$	$\vdots$	$\vdots$	$\vdots$	$\vdots$
A_m	a_{m1}	a_{m2}	$\cdots$	a_{mn}

第四,求每一方案在各自然状态下的最大收益值,即求

$$\max\{a_{11},a_{12},\cdots a_{1n}\}$$
$$\max\{a_{21},a_{22},\cdots a_{2n}\}$$
$$\vdots$$
$$\max\{a_{m1},a_{m2},\cdots a_{mn}\}$$

第五,取$\max\limits_{\theta_j}[a_{ij}]$中的最大值$\max\limits_{A_i}\{\max\limits_{\theta_j}[a_{ij}]\}$,其所对应的方案 A_i 即为最佳决策方案。

【例11 -5】　某企业要作出购置设备的决策,拟定有 3 个购置方案,同时经过调查测算得到 3 种不同的市场条件下的收益值,如表11 -4 所列。

表11 -4

	自然状态1(θ_1)	自然状态2(θ_2)	自然状态3(θ_3)	max
方案1(A_1)	50	80	100	100
方案2(A_2)	60	70	80	80
方案3(A_3)	80	90	70	90

利用上面所提供的测算资料,可以求出每一方案在各自然状态下的最大收益值(或最小损失值),见表11 -4 中的 max 一列。最后取 max 列中的最大值所对应的方案 A_1(max(100,80,90) =100)为决策行动方案。

乐观决策的最大特点在于决策者是完全的乐观主义,认为自己在任何情况下总能处于最有利的地位。就本例而言,如果表中给出的是损失值,则应首先求出每一方案在各种自然状态下的最小损失值,然后,在各最小损失值中再取最小值所对应的方案为最终选择方案。

二、悲观决策准则

这种决策准则非常重视可能出现的最大损失(或最小利益),在各种最

大损失(或最小利益)中选取最小(或最大)者,将其对应的方案作为最优方案。这种决策准则的基础是决策者感到前途难测,持保守态度,其决策步骤如下:

第一步,确定各种可行方案。

第二步,确定决策问题将面临的各种自然状态。

第三步,将各种方案在各种自然状态下的损益值列于决策矩阵表中。

第四步,求每一方案在各自然状态下的最小收益值,即

$$\min\{a_{11},a_{12},\cdots,a_{1n}\}$$
$$\min\{a_{21},a_{22},\cdots,a_{2n}\}$$
$$\vdots$$
$$\min\{a_{m1},a_{m2},\cdots,a_{mn}\}$$

取$\min\limits_{\theta_j}[a_{ij}]$中的最大值$\max\limits_{A_i}\{\min\limits_{\theta_j}[a_{ij}]\}$,所对应的方案 A_i 为最佳决策方案。

对于上例,若表中测算的资料为收益值,采用悲观决策准则选择决策方案,则应首先求每一方案在各自然状态下的最小收益值(或最大损失值),见表 11 - 5中的 min 一列。最后取 min 列中的最大值所对应的方案 A_3(max (50, 60,70) =70)为决策行动方案。

表 11 - 5

	自然状态 $1(\theta_1)$	自然状态 $2(\theta_2)$	自然状态 $3(\theta_3)$	min
方案 1(A_1)	50	80	100	50
方案 2(A_2)	60	70	80	60
方案 3(A_3)	80	90	70	70

悲观决策准则的最大特点在于决策者极端惧怕损失,认为自己在任何情况下总是处于最不利的地位,因而设法保住自己收益的最低限。如本例中,若选取方案 3,不论任何自然状态都可以保证决策者至少获取 7 的收益值。

三、赫威斯决策准则

赫威斯决策准则,又称乐观系数决策准则,是介于乐观决策准则与悲观决策准则之间的一种决策准则。它的特点是对客观条件的估计既不过分乐观,也不极端悲观,可以用一个数值 α 来反映决策者的乐观程度。在运用这种准则进行方案的选优时,首先要根据决策者的态度确定一个乐观系数 α,以反映该决策者的乐观程度。通常 α 是一个介于 0 到 1 的数值,α 越趋近于 1,说明决策者对状态的估计越乐观,反之越悲观。用这种决策准则进行决策,其选择方案的基本依据是加权平均值,计算公式如下:

$$f_i = \alpha \times (\text{第} i \text{方案的最大收益值}) + (1 - \alpha) \times (\text{第} i \text{方案的最小收益值})$$

然后进行比较,选择最大的 f 数值所对应的方案。

在例 11-5 中,若假定某决策者的乐观系数为 0.8,则 3 个方案的收益估计值分别为:

$$f_1 = 0.8 \times 100 + (1 - 0.8) \times 50 = 90$$

$$f_2 = 0.8 \times 80 + (1 - 0.8) \times 60 = 76$$

$$f_3 = 0.8 \times 90 + (1 - 0.8) \times 70 = 86$$

按赫威斯决策准则,第一方案是最优决策方案。

四、后悔值决策法

后悔值决策准则属于较为保守的一类决策准则,但它又不同于前面所介绍的悲观决策准则。在不确定型决策问题中,虽然各种自然状态的出现概率无法估计,但决策一经作出并付诸实施,其结果好坏就可以看出。若所选方案不如其他方案好,决策者就会感到后悔。而衡量后悔程度的后悔值,就是所选方案的收益值与该状态下真正的最优方案的收益值之差。很显然,按这种思路,后悔值越小,所选方案就越接近最优方案。

【例 11-6】现拟订 3 个可供选择的方案 A_1、A_2、A_3 可能遇到 3 种不同的市场状态:高需求、中需求和低需求,其收益矩阵如表 11-6 所列。

表 11-6　收益矩阵

	高需求(θ_1)	中等需求(θ_2)	低需求(θ_3)
方案 A_1	1050	600	920
方案 A_2	550	800	1200
方案 A_3	800	650	1300

解:在作决策时,针对表 11-6 中的收益值,可以首先计算出各方案在不同自然状态下的后悔值,即其实际值与该自然状态下的最佳收益值之差。各后悔值如表 11-7 所列。

表 11-7　后悔值矩阵

	高需求(θ_1)	中等需求(θ_2)	低需求(θ_3)	max
方案 A_1	0	200	380	380
方案 A_2	500	0	100	500
方案 A_3	250	150	0	250

然后从各方案的最大后悔值中,选取后悔值最小的方案,这就是后悔值决策准则。本例中,各方案的最大后悔值分别为 380,500 和 250,从中选取最小的

后悔值为250,其所对应的方案为第三方案。若选第三方案,则意味着无论自然状态如何,用后悔值表示的决策者的后悔程度不会超过25。

五、等概率决策准则

不确定型决策的最大特点是不知道各种自然状态中哪种状态容易出现,出现的概率是多大,此时就可以认为这些自然状态出现的概率是相等的。在这种假定条件下,计算各个行动方案的期望收益值,则其中具有最大收益值的方案,就是最优方案。例4中,3个方案的收益期望值经过计算分别为:

$$E_1 = \frac{1}{3} \times 1\,050 + \frac{1}{3} \times 600 + \frac{1}{3} \times 920 = \frac{2\,570}{3}$$

$$E_2 = \frac{1}{3} \times 550 + \frac{1}{3} \times 800 + \frac{1}{3} \times 1\,200 = \frac{2\,550}{3}$$

$$E_3 = \frac{1}{3} \times 800 + \frac{1}{3} \times 650 + \frac{1}{3} \times 1\,300 = \frac{2\,750}{3}$$

根据计算结果,可以选择方案3。

六、不同决策准则的比较和选择

可以看到,对不确定型决策采用不同的决策准则,就要选择不同的行动方案。这主要是因为决策具有一定的主观性,每一个决策准则都分别反映了不同类型的决策者的心态。决策者主观意识不同,心态不同,自然在同一条件下就会有不同的选择。因此,对于解决不确定型决策问题,理论上无法证明哪一种评选标准是最合理的,我们应该充分认识到主观意识若脱离了决策问题所处的客观环境,即使运用最完美的决策准则来决策也会失去它的科学价值。故对于一个具体的决策问题,其准则的选取还必须以决策问题所处的客观条件作为决策基础。一般对于那些企业规模小、技术装备不良、担负不起较大经济风险的企业来说,决策者对未来的把握信心不足,或对于那些比较保守稳妥、害怕承担较大风险的决策者来说,较多采用的是悲观决策准则。若决策者对未来的发展乐观,有充分信心取得每一决策方案的最理想结果,则较多采用的是乐观决策准则。赫威斯决策准则主要为那些对形势判断既不乐观也不太悲观的决策者所采用。后悔值决策准则主要为那些对决策失误的后果看得较重的决策者所采用。

习　题

1. 企业准备投资一种新产品,拟定了3种方案。一是引进高度自动化的设备,经测算,年固定成本总额为 600 万元,单位产品可变成本为 10 元。二是采用一般国产自动化设备进行生产,年固定成本总额为 400 万元,单位产品可变成本为 12 元。三是采用自动化程度较低的国产设备进行生产,年固定成本总额为 200 万元,单位产品的可变成本为 15 元。试分析确定企业的最佳生产规模。

2. 某生产集团公司需要某种设备 65 台,解决办法有两种:①向外订购;②自己制造。如果向外订购,每台价格为 3 000 元;如果自制,需要固定成本60 000元,可变成本为 1 800 元/台。试作出决策,该公司应向外订购还是自制这种设备?

3. 某企业生产某种产品,一年内需采购某原材料 600 吨,每吨原材料价格为 20 元,每吨原料储存保管费用为 2 元。假定原料均匀消耗,且不出现停料现象,每一次采购费用为 200 元。为使总费用最低,应如何确定对这种原料的最大采购批量和最优采购批次。

4. 企业生产某种产品,年固定成本总额为 15 万元。可变成本由两部分构成,一部分单位成本与产量成正比,产量每增加一台,增加 0.5 元;一部分单位成本不变。为使单位成本最低,该企业每年应生产多少产品。

5. 某公司经过分析测算,估计在各种经营方式及不同市场状态下的年收益值如表 11 -8 所示。

表 11 -8

	畅销	一般	滞销
经营方式1	9	7	4
经营方式2	12	8	-1
经营方式3	10	6	3

试按乐观决策准则、悲观决策准则和后悔值决策准则分别选择相应的方案。

6. 根据表 11 -9 所给信息,试按乐观决策准则、悲观决策准则、等概率决策准则和后悔值决策准则分别选择相应的方案,进行对比分析。

表 11 -9

损失值	畅销	一般	滞销
扩建	15	13	-4
技术改造	8	7	4
建设新企业	17	12	-6

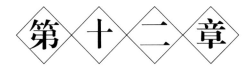

风险型决策

第一节　风险型决策的基本问题

一、风险型决策的概念

风险型决策,是决策者根据各种不同自然状态可能发生的概率及各方案的条件收益值所进行的决策。风险型决策的外部环境不完全确定,但其发生的概率是已知的。

例如,某商场拟购进一批羽绒服供冬季销售,若在上半年向工厂订货,每件200元,但销售较慢时,库存时间加长,库存费用也会增加;若下半年进货则每件300元,但储存费用会降低。羽绒服的销售状况取决于冬天的天气。天气寒冷,羽绒服的销售量就大,相应地应该多进货,进货少将会失去获得收益的机会;天气状况一般,羽绒服的销售状况也一般,应该进中等量的货;天气较暖和,羽绒服的销售量大大减少,就应该少进一些货,进货量大卖不出去商场将遭受损失。气象部门根据以往的资料和当年的情况,一般会在上半年对冬季的天气进行预测,但预测也不能完全准确。根据以往的经验,预测是寒冷冬天,实际是寒冷冬天的概率为60%,是一般冬天的可能性为30%,是暖和冬天的概率为10%,因而,决策者还是要冒预测失误的风险。这就是一个风险型决策问题。

从本例中我们可以看到,决策者所采取的任何一个行动方案都会遇到一个以上的自然状态所引起的不同结果,这些结果出现的机会是用各种自然状态出现的概率来表示的。由于不管决策者选择哪个行动方案,都要承担一定的风险,所以这种决策属于风险型决策。

二、风险型决策的特征

一般而言,风险型决策具有以下4个特征:

第一,存在着决策者希望达到的一个及一个以上的明确决策目标。

第二,存在着决策者可以主动选择的两个及以上的行动方案,即存在着多个可供选择的备选方案。

第三,存在着不以决策者主观意志为转移的两种及以上的自然状态,且能根据有关资料估计或算出每种状态将会出现的概率。这种概率信息,也称为先验概率,主要来源于经验数据和历史资料,有时也可以通过大量的重复试验获得总体分布的信息,以此得到各种自然状态出现的概率。

第四,可以具体计算得出不同行动方案在不同自然状态下的损益值。决策最终是依据不同行动方案在不同自然状态下的损益值做出的,因此,必须有能够量化的具体的损益值,比如我们只说天气好时商品的销售状况也好是不行的,必须有相应量化指标,像获利2万元,这样才可以进行定量决策。

第二节　期望损益值决策方法

一、期望损益值决策方法的概念和步骤

(一)期望损益值决策方法的概念

期望损益值决策方法是根据各种方案在各种不同自然状态下的收益值或损失值,计算各可行方案收益的期望值,选择其中期望收益值最大(或期望损失值最小)的方案作为最优方案的决策方法。

设有 m 个可行方案,记为 $A_i, i = 1, 2, \cdots, m$。方案所面临的自然状态有 n 种,每一种自然状态用 θ_j 表示,$j = 1, 2, \cdots, n$,其发生的概率为 $P(\theta_j)$。可行方案 A_i 在自然状态 θ_j 下的收益值或损失值为 A_{ij},则可行方案 A_i 的期望损益值为

$$E(A_i) = \sum_{j=1}^{n} A_{ij} P(\theta_j)$$

如果是期望收益,选择 $\max\{E(A_i)\}$ 为最优方案;如果是期望损失,选择 $\min\{E(A_i)\}$ 为最优方案。

（二）期望损益值决策方法的步骤

利用期望值决策法选择行动方案的基本步骤如下。

1. 在确定决策目标的基础上,设计各种可行的备选方案。可行方案一般是由各方面专家根据决策目标,综合考虑资源条件及实现的可能性,经充分讨论研究制定出来的,它是决策者可以在未来实施的方案,不是空想。例如商场要进行羽绒服进货时间和进货量的决策,经过综合考虑,认为有以下 4 种可行方案:上半年进大量的货;上半年进中等数量的货,下半年进少量的货;上半年进少量的货,下半年进少量的货;下半年进中等数量的货。

2. 分析各种可行的备选方案实施后可能遇到的决策者无法控制的自然状态,并预测各种自然状态可能出现的概率。自然状态来自系统的外部环境,一般决策者不能控制,如前面所说羽绒服销售面临的天气状况,天气寒冷、一般,还是较温暖就是 3 种自然状态。各种自然状态发生的概率需要进行预测。

3. 估计、预测各种方案在各种不同的自然状态下可能取得的收益值或损失值。对不同可行方案在不同自然状况下的情况进行综合分析,计算出收益值或损失值,如企业的利润总额、投资收益等。

4. 把可行方案、自然状态及其发生的概率、损益值在一张表上表示出来,就形成了收益矩阵表,参见表 12 – 1。少数情况下,通过收益和损失矩阵表可以直接找出最优方案。

表 12 – 1　收益矩阵表

	自然状态 $1(\theta_1)$	自然状态 $2(\theta_2)$	……	自然状态 $n(\theta_n)$
概率	$P(\theta_1)$	$P(\theta_2)$	……	$P(\theta_n)$
方案 $1(A_1)$	a_{11}	a_{12}	……	a_{1n}
方案 $2(A_2)$	a_{21}	a_{22}	……	a_{2n}
……	……	……	……	……
方案 $m(A_m)$	a_{m1}	a_{m2}	……	a_{mn}

【例 12 – 1】　某小企业承揽零件加工业务,拟定两个方案。并根据承揽业务的多少及拟聘用人员的数量估计了两个方案在不同业务量下的人工费支出额(见表 12 – 2),又根据预测得知,业务多(10 个月有活、2 个月没活)的可能性为 30%,业务中等(8 个月有活、4 个月没活)的可能性为 50%,业务少(6 个月有活、6 个月没活)的可能性为 20%。

由表中资料可以看到,在各种情况下,方案二都好于方案一,因此该企业应选择方案二。

表 12 − 2　支出费用表　　　　单位:万元

自然状态及概率	业务多(30%)	业务中等(50%)	业务少(20%)
方案一	20	18	16
方案二	15.8	13.6	11.4

大多数情况下,我们不能直接通过收益和损失矩阵确定最优方案,而需要选择一定的衡量标准,以确定行动方案的优劣。

根据面临的问题、分析的数据、决策的内容不同期望值决策法又可分为以下几种:单级期望值决策模型、增量分析决策模型、多级决策的决策树模型,以及相关的信息价值测算。这些模型决策的依据均为期望值,在本节中主要讨论单级期望值决策模型。

二、单级期望值决策模型

单级期望值决策模型是指决策者面临单级的决策问题,需根据各种方案在各种不同自然状态下的收益值或损失值,计算各可行方案的期望值,选择其中期望收益值最大(或期望损失值最小)的方案作为最优方案的决策方法。计算公式为:

$$E(A_i) = \sum_{j=1}^{n} a_{ij} P(\theta_j)$$

【例 12 − 2】　某商场经销某种保持期较短的食品,该食品进货成本为 60 元/千克,销售价格为 110 元/千克。如果在一周内不能出售,则由于质量降低或部分霉烂等原因不得不降价出售,平均每千克只能收回 40 元。商场可以选择每周进货 50 千克、60 千克、70 千克、80 千克。这种食品过去 60 周的每周销售量资料如表 12 − 3 所示,试确定商场每周该食品的最佳进货量。

表 12 − 3　过去 60 周销售资料

周销售量(千克)	50	60	70	80
周数	12	24	18	6

解:该决策问题可按如下步骤确定最优的可行方案。

(1)确定决策目标及各种可行的备选方案。决策目标是使该食品的销售利润最大,可行的备选方案为每周进货 50 千克、60 千克、70 千克、80 千克。

(2)分析自然状态,并预测各种自然状态可能出现的概率。本例中该食品各种销售量可能出现的概率可以根据历史资料计算确定,如表 12 − 4 所示。

表 12 − 4　概率计算表

周销售量(千克)	50	60	70	80
概率	12/60 = 0.2	24/60 = 0.4	18/60 = 0.3	6/60 = 0.1

（3）计算各种方案在各种不同的自然状态下可能取得的收益值或损失值。各种行动方案在不同自然状态下的收益值如表 12 − 5 所示。

表 12 − 5　该食品销售损失值表　　　　　　　　　　　单位：元

自然状态		需求量 50	需求量 60	需求量 70	需求量 80
概率		0.2	0.4	0.3	0.1
进货方案	50	2 500	2 500	2 500	2 500
	60	2 300	3 000	3 000	3 000
	70	2 100	2 800	3 500	3 500
	80	1 900	2 600	3 300	4 000

当需求量大于或等于进货量时，食品全部售出，进货量就是销售量，则

（销售利润）= 进货量（销售量）×（销售单价 − 进货成本）

如需求量为 70 千克，进货量为 60 千克时，收益值为 $60 \times (110 - 60) = 3\ 000$（元）；如需求量为 70 千克，进货量为 70 千克时，收益值为 $70 \times (110 - 60) = 3\ 500$（元）。

当需求量小于进货量时，只有相当于需求量的商品能够卖出，未能售出的商品只能降价处理，销售量为需求量，则

销售利润 = 需求量 ×（销售单价 − 进货成本）+（进货量 − 需求量）×（处理价 − 进货成本）

如需求量为 60 千克，进货量为 70 千克时，销售利润为 $60 \times (110 - 60) + (70 - 60) \times (40 - 60) = 2\ 800$（元）；如需求量为 50 千克，进货量为 80 千克时，销售利润为 $50 \times (110 - 60) + (80 - 50) \times (40 - 60) = 1\ 900$（元）。

（4）对损益表进行初步审查。初步审查后如果能够直接观察到在各种自然状况下收益都高于其他方案，损失都低于其他方案，就可以确定该方案为最优方案。不过这种情况很少见。大部分情况下，对损益表进行初步审查仅可以帮助我们发现并剔除不合理的劣势方案。所谓劣势方案就是在各种自然状况下都劣于某一个方案的方案，即收益都小于某一方案，损失都大于某一方案。如果发现这种劣势方案，就可以直接从损益表中剔除，以简化分析。我们对表 12 − 4 进行分析，不能直接从中发现最优方案，也没有发现明显的劣势方案，因此，都需要保留以供选择。

（5）计算各方案的期望收益值（或期望损失值），并根据期望值的大小，选择相应的行动方案。计算各方案的期望收益值分别为：

$$E_1 = 0.2 \times 2\ 500 + 0.4 \times 2\ 500 + 0.3 \times 2\ 500 + 0.1 \times 2\ 500 = 2\ 500$$

$$E_2 = 0.2 \times 2\ 300 + 0.4 \times 3\ 000 + 0.3 \times 3\ 000 + 0.1 \times 3\ 000 = 2\ 860(元)$$
$$E_3 = 0.2 \times 2\ 100 + 0.4 \times 2\ 800 + 0.3 \times 3\ 500 + 0.1 \times 3\ 500 = 2\ 940(元)$$
$$E_4 = 0.2 \times 1\ 900 + 0.4 \times 2\ 600 + 0.3 \times 3\ 300 + 0.1 \times 4\ 000 = 2\ 810(元)$$

从计算结果看,进货量为 70 千克时期望收益值最大,即为最优行动方案。

三、决策树决策法

对于一些复杂的、多阶段的决策问题,可能难以采用损益表来进行列表计算。例如,货物运输中海运、公路、铁路的选择,不同的自然状态为天气状况,由于不同的运输路线在相同的自然状态(天气)下运输的时间和成本是不同的,用损益表列表计算比较困难。此外,也有些问题是多阶段的,选择某种行动方案会出现不同的状态,在不同的状态下又要做下一步行动方案的决策,这类风险决策问题可选用决策树模型进行决策分析。

决策树模型是对决策局面的一种图解方式,也是风险型决策中常用的方法。它的优点是能使决策问题形象化,它把各种备选方案、可能出现的自然状态及各种收益值、损失值简明地绘制在一张图上,便于决策者审度决策局面,分析决策过程。特别是在多级决策问题的分析中,能起到层次分明,一目了然,计算简便的作用。

决策树决策法的基本步骤如下:

第一,按决策过程将决策的基本要素以树形的结构绘制成图,如图 12 - 1 所示。图中由决策点引出若干方案枝(用于表明所设计的若干备选方案);方案枝后紧跟状态节点,状态节点后引出概率枝,每一概率枝表示一自然状态,用于标明各行动方案实施后可能面临的各种自然状态及其出现的概率;概率枝末端注明每一方案在不同自然状态下的条件收益值(或条件损失值)。

第二,按决策树的结构计算各决策方案枝的期望收益值或期望损失值。

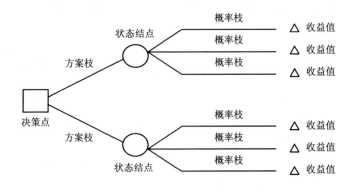

图 12 - 1

第三,将期望收益值或期望损失值进行比较,并作剪枝决策,只保留最佳方案。决策树图的分析程序是先从损益值开始由左向右推导的,也称反推决策树方法。把行动方案在不同状态下的损益值和相应概率的乘积相加就可以计算出该方案的损益期望,在每一阶段舍弃收益值低的(或损失值大的),逐级推动直到最初的决策点,这样可以得到各阶段的最优策略。这种分析程序的依据是动态规划的最优性原理:作为整个过程的最优策略具有这样的性质,即无论过去的状态和决策如何,对前面的决策所形成的状态而言,余下的诸决策必须构成最优策略。

【例 12 – 3】　某企业计划生产一种新产品,根据市场需求分析和估计,产品销路为好(Q_1)、一般(Q_2)、差(Q_3)的概率分别为 0.3,0.6,0.1。可供选择的方案也有 3 种,即大批量生产(A_1)、中批量生产(A_2)和小批量生产(A_3)。根据产量多少和销售情况,企业盈利情况也有所不同,可能获利也可能亏损,其条件收益值如表 12 – 6 所示。

表 12 – 6　条件收益值表　　　　　　单位:万元

自然状态		销路好 Q_1	销路一般 Q_2	销路差 Q_3
概率		0.3	0.6	0.1
方案	大批量 A_1	30	23	– 15
	中批量 A_2	25	20	5
	小批量 A_3	12	12	12

解:绘制决策树如图 12 – 2 所示。

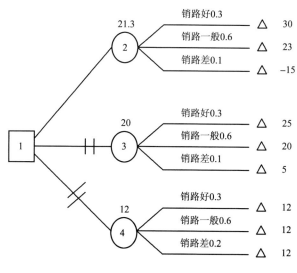

图 12 – 2

图中有三个方案枝,分别代表大批量生产、中批量生产和小批量生产,从而引出 3 个状态节点 2,3,4,每个状态节点后连接的是各方案可能面临的各种自然状态及其概率。如可能的自然状态包括销路好、销路一般和销路差 3 种,其概率分别是 0.3,0.6 和 0.1。在概率枝后面显示的数值则是各方案在不同状态发生时的收益值(或损失值)。状态节点上反映各方案的期望收益值 E 的计算如下:

状态节点 E_2:$30 \times 0.3 + 23 \times 0.6 - 15 \times 0.1 = 21.3$(万元)

状态节点 E_3:$25 \times 0.3 + 20 \times 0.6 + 5 \times 0.1 = 20$(万元)

状态节点 E_4:$12 \times 0.3 + 12 \times 0.6 + 12 \times 0.1 = 12$(万元)

比较各方案的期望收益值,方案一(大批量生产)的期望收益值21.3 万元,最大。进行剪枝决策,去掉第二方案和第三方案,选择第一方案。这是一个单阶段的决策问题,也可以用期望损益值方法进行决策,但决策树模型更加一目了然。

下面是一个多阶段问题应用决策树模型的例子。

【例 12 - 4】某企业为提高产品质量的数量决定改进生产工艺。该生产工艺可以通过自行研制或从国外引进两种方式获得。自行研制不需要额外的花费,但研制成功的可能性只有 0.6;通过引进的方式获得新生产工艺会得到地方政府的支持,且谈判成功的可能性比较高,为 0.9,但要支付购买费用 10 万元。此外,生产规模有两种选择:中批量大批量。如果自行研制或谈判失败,只能小批量生产原产品;如果自行不开制成功或谈判成功,可考虑批量生产,也可选择中批量或和大批量生产。市场前景及相应损益值预测资料如表 12 - 7 所示,作为企业应该如何选择获得生产工艺的方式和生产规模?

表 12 - 7　市场前景与收益预测表　　　　　　　单位:万元

	自然状态	销路好	销路一般	销路差
	概率	0.3	0.5	0.2
方案一 国外引进	大批量	390	220	−160
	中批量	240	190	−10
	小批量	110	110	110
方案二 自行研制	大批量	400	230	−150
	中批量	250	200	0
	小批量	120	120	120

解:这是一个多阶段决策问题,应该应用决策树模型进行决策,按照决策树模型的决策顺序,最后阶段的决策在购买专利或自行研制这两个方案中选择一个,但这两个方案的损益值依赖于生产规模方案的选择,这就需要首先对生产方案进行选择。因此,我们把决策分为两个阶段:第一个阶段是生产方案的选择;第二阶段是获得生产工艺方式的选择。

首先,按决策过程将决策的基本要素以树形的结构绘制成图,如图 12-3 所示。

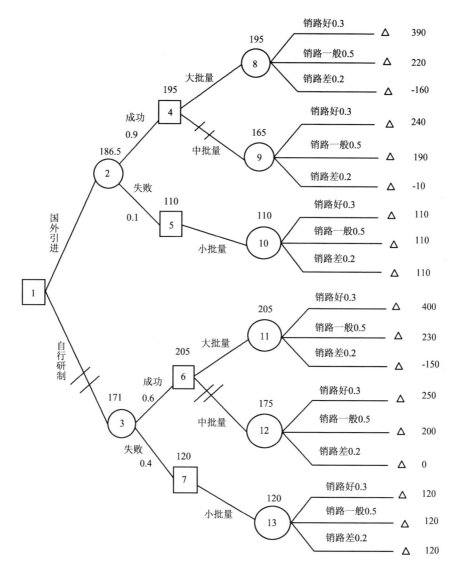

图 12-3　决策树图

其次,进行第一阶段决策分析,即生产规模方案的选择。生产方案的选择,决策点为 4、5、6、7,需要计算各状态节点 8、9、10、11、12、13 的期望利润(或期望损失)E_8、E_9、E_{10}、E_{11}、E_{12}、E_{13},计算方法前已述及。

其中

$$E_8 = 390 \times 0.3 + 220 \times 0.5 - 160 \times 0.2 = 195(万元)$$

同样

$$E_9 = 165 \text{ 万元}, E_{10} = 110 \text{ 万元}, E_{11} = 205 \text{ 万元}, E_{12} = 175 \text{ 万元}, E_{13} = 120 \text{ 万元}$$

从中选择期望利润值较大的方案,剪去期望利润值小的方案;作为第一阶段选定的方案,即在决策点4选8,大批量生产方案,在决策点5选10,小批量生产方案;在决策点6选11,大批量生产方案,剪去中批量生产方案12;决策点7选13,小批量生产方案。

再次,进行第二阶段决策,获得生产工艺方式的选择。计算状态节点2和3的期望利润值:

$$E_2 = 195 \times 0.9 + 110 \times 0.1 = 186.5(万元)$$
$$E_3 = 205 \times 0.6 + 120 \times 0.4 = 171(万元)$$

由于 $E_2 = 186.5 > E_3 = 171$,所以,应选择国外引进作为第二阶段决策方案。

整个决策过程可以用图 12 – 3 来表示。可见,对于该企业,应该选择从国外购买生产工艺,如果购买成功,就采取大批量生产的方式,可期望获得195万元的利润;如果购买失败,就按原来的生产规模小批量生产,可期望获得110万元的利润。

应用决策树模型进行决策,是采取从后往前反推的方式进行分析,在实践中关键要注意阶段的划分,通过阶段的划分应该把复杂的问题整理成相互关联的简单问题,如果这种整理既符合实际又结构清晰,每一个阶段的决策实际上和单级期望值决策模型是一样的。当然,损益值预测的准确与否、概率的确定是否符合实际,在一定程度上也会影响决策的效果。

第三节 信息价值的测算

这里所说的信息是指与决策有关的情报、数据资料等,其准确程度对决策的可靠性会产生影响。一般而言,信息越多越可靠,据以作出的决策就越有把握,但信息的获得往往要花费一定的时间和费用。

所谓完全信息,就是指对决策问题采取某一具体行动方案时会出现的自然状态、概率以及方案的损益值能够提供完全确切的情报,那么完全信息价值也就是利用完全信息进行决策所得到的收益期望值减去没有这些信息选择最优方案的收益期望值。显然,如果获取这些信息的花费高于完全信息的价值,那么搜集这种信息在经济上是不合适的。在实际中,一般不会取得真正意义上的

完全信息,但在风险性决策中应用完全信息的概念进行信息价值的测算有以下两方面的意义:

一方面,可以得到决策中获取信息所付出代价的上限(期望)。既然我们在风险型决策中搜集的信息,准确程度都不会达到完全信息的水平,那么,我们通过调查、试销等方式取得的更加准确的追加信息,其价值一定是低于完全信息的价值的。因此,通过计算完全信息的价值,就可以得到通过各种途径获取信息其价值的上限,也就是搜集资料花费的上限。从这个意义上,可以认为计算完全信息的方法也是信息价值测算的方法。在本节举例中我们运用完全信息的方法来对信息价值进行测算。

另一方面,通过信息价值的测算,可以初步判断所作决策方案的期望利润值随信息量增加而增加的程度。信息价值越大,说明信息量增加后,期望利润的增加值会较大,对这样的决策方案,应该进行进一步的研究,很可能在获取更多信息的情况下,获利也会有很大的增长。反之,信息价值小,说明信息量的增加对该方案影响较小,即使进一步调查,获取更多、更准确的信息,该方案的获利也不会有太大的增长。信息价值的测算还可以从另一个侧面说明方案的稳定性,信息价值小的方案稳定性好,信息价值大的方案稳定性差些。

当然,从期望值的意义上讲完全信息价值是信息价值的理论上限,但并不是信息价值的实际上限。由于完全信息是理论上的确切、可靠信息,因此完全信息价值一定是信息价值的上限,也就是说,如果获取更准确信息的费用大于完全信息价值,获取这种信息的努力一定是不可取的,如图 12-4 中区域 A。实际中即使进行了进一步的调查、研究,也不能获得完全信息,信息的实际价值低于完全信息的价值。如果决策时获取更准确信息的费用低于完全信息的价值,则获取这种信息有可能是值得的,如图 12-4 中区域 C,也有可能是不值得的,

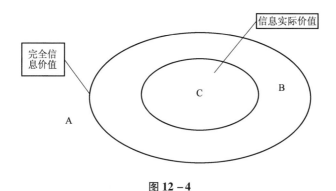

图 12-4

如图 12 - 4 中区域 B。

在例 12 - 2 中,我们应用期望损益值法进行决策,上述期望收益是不同进货方案在各种不同市场需求状态下,用销售概率对条件收益加权计算,获得的一种平均利润。它既具有一定的代表性,也具有一定的风险性。如果能够加强市场销售趋势的调查研究,掌握完整的市场情况资料,使每天的进货量完全符合市场的需要量,既无缺货,又无剩余,这时可以获得最大的利润,参见表 12 - 8。

表 12 - 8

自然状态	需求量 50	需求量 60	需求量 70	需求量 80
概率	0.2	0.4	0.3	0.1
方案 50	2 500	—	—	—
方案 60	—	3 000	—	—
方案 70	—	—	3 500	—
方案 80	—	—	—	4 000

其期望收益值为:

$$E = 0.2 \times 2\,500 + 0.4 \times 3\,000 + 0.3 \times 3\,500 + 0.1 \times 4\,000 = 3\,150(元)$$

这时的期望收益值比没有完整资料时的最大期望值 2 940 元高出 210 元。这一价值值即是完整资料的价值。在决策时,是否需要花费力量进行调查研究取得完整的市场资料,或支付多少经费去获得这些资料,需要计算进一步获取资料的费用是否超出这两种情况下的收益值之差,即 210 元,如果超出,进行调查是不值得的。

第四节　期望损益值决策的局限与效用理论

期望损益值是在相同条件下大量的重复试验中所得结果的平均值,而在决策的实践中,有时只作几次甚至一次决策,这时仍以期望值作为决策标准就有一定的局限性。

一、期望损益值决策的局限性

以期望值为标准的决策方法一般只适用于下列几种情况:①概率的出现具有明显的客观性质,而且比较稳定;②决策不是解决一次性问题,而是解决多次重复的问题;③决策的结果不会对决策者带来严重后果,即决策的风险较小。

如果不符合上述情况,期望损益值标准就不适用了,会产生期望值决策失效的问题。

　　而实际中人们并不总是按期望损益值来决策的,这是因为决策是由人作出的,决策的结果也是由人承担的,决策人的经验、才智、胆识和判断能力等主观因素,不可能不对决策的过程产生影响。如果完全以期望值的大小作为决策标准,就会把决策人的主观因素排除在外,这是不合理的。此外,影响决策的还有决策者对风险的态度。一般地,当同一决策要重复多次,或风险损失的数值较小时,决策者的兴趣就会与期望损益值的高低大体一致,而当同一决策只进行一次,并且包含有较大风险时,决策人的兴趣往往会与期望损益值存在较大差异。这可以从例12-5中看出。

　　【例12-5】某企业准备试制新产品,新产品有两个可能的方案:方案甲是试制产品 A,根据以往经验,试制成功后可以赢利400万元,但成功的把握只有50%,如果失败会损失200万元。方案乙是试制产品 B,因为技术过关,有100%把握成功,但成功后的赢利仅有50万元。需要作出最优方案的选择。

　　解:

$$方案甲的期望利润值 E_A = 0.5 \times 400 + 0.5 \times (-200) = 100(万元)$$
$$方案乙的期望利润值 E_B = 1 \times 50 = 50(万元)$$

　　尽管方案甲的期望损益值是方案乙的两倍,但对企业决策者来说,宁愿选择方案乙。因为方案乙是肯定盈利50万元,不用冒50%可能损失200万元的风险。当然也有人会选择方案甲,企图以50%的概率盈利400万元。而如果方案甲中损失的概率降低为15%,则可能有更多的决策者愿意选择它。

　　决策者怎么会对同一决策问题持有不同的态度呢? 这取决于决策者对风险的态度,即决策者对待利益和损失的态度,而这种态度是由人们的价值观决定的。在风险型决策中,不仅后果是不确定的,而且由于不同的决策者对不同的后果持有不同的态度和看法,即所谓后果的效用也是不同的,因此仅仅依靠期望损益值进行决策是远不够的。期望损益值决策没有考虑到决策者的主观性,这就成为期望损益值决策的局限所在。此外,在决策实践中,有的行动后果可以用货币值衡量,而有的则不能,更有的行动后果无法准确地数量化,这也使期望损益值作为决策准则并不总是适用的。

　　为此,我们需要在计算期望值的基础上,引入效用的概念,分析决策者在确定行动方案时的主观判断。效用理论的作用在于通过一些基本假设把各种事物的得失加以量化,统一用效用单位表示,这些量化的得失包括货币损益及非货币损益。

二、效用曲线与决策者类型分析

(一)效用的度量与等效行动

　　效用没有固定的度量单位,因此,要测定效用的绝对值是比较困难的。数学家冯·诺伊曼(von Neumann)的"新效用理论"被公认是至今为止测定效用较好的依据,他和摩根斯坦(Morgenstern)于 1944 年共同提出的测定效用方法,被称为标准测定法,有时也称 N－M 心理测定法,或等效测定法。它通过对决策者提出一系列问题,并根据决策者的回答掌握其对风险的态度,从而测定其效用。

两个效用(或期望效用)相等的行动称为等效行动。例如,在一个决策者的投资机会选择中,他所拥有的货币可以用于两种投资,一是银行存款,一是购买国债,尽管购买国债会在收益上较银行存款高一点,但资金的流动性不如银行存款,所以,该投资者认为两种投资方式都可以,没有差异。这里,购买国债和银行存款就是等效行动。

"行动 A 的效用"是指决策者采取行动 A 所获收益 m 元的效用。假如一个行动 a 可能有两种收益 m_1、m_2,并以概率 a 获取收益 m_1,以 $1-a$ 获取收益 m_2 元,那么,此行动的期望效用是 $aU(m_1) + (1-a)U(m_2)$。

（二）效用曲线的绘制

一般对效用值可以有不同的度量方法,在此,我们用 0 与 1 之间的一个数值表示,效用值为 1 的收益值是决策者最偏爱的,效用值为 0 的收益值是决策者最厌恶的。若用横坐标代表收益值或损失值,用纵坐标代表效用值,把决策者对风险态度的变化关系绘出一条曲线,就称为决策者的效用曲线。效用曲线是效用函数的一种表现形式。效用函数可以通过计算效用值和绘制效用曲线的方法来衡量。下面举例说明效用值的计算和效用曲线的绘制。

【例 12 － 6】　已知有两个方案:方案 A_1 能以 0.5 的概率获得收益值 200 元,以 0.5 的概率损失 100 元。方案 A_2 能以 1.0 的概率获得收益 25 元,见图 12 － 5。

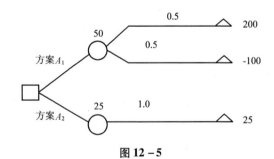

图 12 － 5

解:一个决策者究竟应该选择哪个方案? 若选择方案 A_2,说明决策者认为方案 A_2 的效用值大于方案 A_1 的效用值,尽管方案 A_1 的期望值 $E(A_1) = 0.5 \times 200 + 0.5 \times (-100) = 50$ 元,而方案 A_2 的期望值 $E(A_2) = 25$ 元,但是决策者认为方

案 A_2 的期望效用值大于 A_1 的期望效用值,即 $EU(A_1) > EU(A_2)$。这说明决策者不愿负担遭受损失的风险。由于方案 A_1 中200元是最大的收益值,因而其效用值为1,即 $U(200) = 1$,－100 元是最小的收益值,是决策者最不愿意接受的,因而其效用值为 0,$U(-100) = 0$,方案 A_1 的期望效用值 $EU(A_1) = 0.5 \times 1 + 0.5 \times 0 = 0.5$。那么当以 1.0 的概率获得多少收益值时,方案 A_2 与方案 A_1 是等效的呢?只有当决策者认为方案 A_1 与方案 A_2 对他的价值是相同的时候(如方案 A_2 是以 1.0 的概率获取 0 时),则方案 A_2 的效用值等于方案 A_1 的效用值,即为 0.5。这即是效用值的计算。绘制效用曲线,我们可以通过让投资者回答一些测定问题,从而计算出效用值。具体做法如下:

第一步:确定风险心理试验的测量范围。例 12－6 中,200 元是最大的收益值,因而其效用值为 1,－100 元是最小的收益值,是决策者最不愿意接受的,因而其效用值为 0。

第二步:用 U_L 表示有概率 P 可能出现大货币量的效用值,U_S 表示有概率 $(1-P)$ 可能出现小货币量的效用值,可以从二者中间找出一个肯定的货币量,其效用值 U 等于大货币量和小货币量效用的期望值:

$$U = PU_L + (1-P)U_S \tag{12.4.1}$$

在这个等式中,U_L 和 U_S 是已知的,可以通过这一等式测定出效用曲线。具体做法是:

给定 P 值,并根据式(12.4.1)确定效用值 U,再通过提问的方式找出相应的货币量,由此确定效用函数的一个点。用同样的方法可以找出效用函数的多个点,并画出效用曲线,从曲线中推算出其他任何货币量的效用值。下面详细介绍作出例 12－6 的效用曲线图的步骤。

首先,以方案 A_1 为参考方案,找出损益值－100 与 200 之间(相应效用值 0 与 1 之间)的效用曲线上的一个点。此时,$U_L = U(200)$,$U_S = U(-100)$。方案 A_1 的期望效用值为:$EU(A_1) = 0.5 \times U(200) + 0.5 \times U(-100) = 0.5 \times 1 + 0.5 \times 0 = 0.5$。向决策者提问以找出效用值为 0.5 的货币量。

问:你认为 A_1 和 A_2 方案哪个好?

答:A_2。说明决策者认为 25 元的效用大于 A_1 方案的期望效用值,即 $U(25) > 0.5$。

问:如果将方案 A_2 的 25 元减为 20 元,你选哪个方案?

答:选 A_2。说明 20 元的效用值仍大于 A_1 的期望效用值,即 $U(20) > 0.5$。

问:如果方案 A_2 的 25 元变成－10 元,即肯定损失 10 元,你选哪个方案?

答:选方案 A_1。决策者认为白白损失 10 元不划算,而宁愿选择方案 A_1,说明－10 元的效用小于方案 A_1 的期望效用值,即 $U(-10) < 0.5$。

经过多次询问,决策者认为方案 A_1 中的 25 元降为 0 元时,A_1 和 A_2 差不多,即二者效用相等,$U(0) = 0.5$。于是找到效用曲线上的一点 $(0, 0.5)$。

第三步:现在,修正原来的方案,方案 A_1 可以 0.5 的概率获得 200 元(效用值为 1)收益,以 0.5 的概率获得 0 元(效用值为 0.5)的收益,则该方案的期望效用值为 $EU(A_1) = 0.5 \times 1 + 0.5 \times 0.5 = 0.75$。那么方案 A_2 以 1.0 的概率获得多少收益时,对于决策者来讲两个方案是等价的呢?同理,询问决策者,提问见表 12 - 9。

表 12 - 9 效用值为 0.75 的心理试验程序

问　　题	决策者的反映	含　　义
(1)是愿意肯定得 150 元还是以 0.5 的概率得 200 元、0.5 的概率得 0 元?	肯定得 150 元	$U(150) > 0.75$
(2)是愿意肯定得 100 元还是以 0.5 的概率得 200 元、0.5 的概率得 0 元?	肯定得 100 元	$U(100) > 0.75$
(3)是愿意肯定得 20 元还是以 0.5 的概率得 200 元、0.5 的概率得 0 元?	以 0.5 的概率得 200 元、0.5 的概率得 0 元	$U(20) < 0.75$
(4)是愿意肯定得 40 元还是以 0.5 的概率得 200 元、0.5 的概率得 0 元?	以 0.5 的概率得 200 元、0.5 的概率得 0 元	$U(40) < 0.75$
(5)是愿意肯定得 80 元还是以 0.5 的概率得 200 元、0.5 的概率得 0 元?	都可以	$U(80) = 0.75$

于是得出效用曲线上的一点 $(80, 0.75)$。

第四步:将方案调整为:方案 A_1 以 0.5 的概率获得 0(效用值为 0.5)元,以 0.5 的概率损失 100 元(效用值为 0),这时方案 A_1 的期望效用值为 $EU(A_1) = 0.5 \times 0.5 + 0.5 \times 0 = 0.25$。若方案 A_2 以 1.0 的概率损失 60 元时,决策者认为两方案是等价的,则 -60 的效用值为 0.25,坐标图上新的点为 $(-60, 0.25)$。同理,假设我们经过询问得到其余两点:$(100, 0.875)$,$(-80, 0.25)$,由此得出一系列损益值与效用值的对应关系值,参见表 12 - 10。

表 12 - 10 效用函数对应数值表

损益值	200	80	0	-60	-100
效用值	1	0.75	0.5	0.25	0

将这些点连接起来就形成一条效用曲线,参见图 12 - 6。从效用曲线上可以找出对应于各个损益值的效用值;反之,也可以找出对应于各个效用值的损益值。

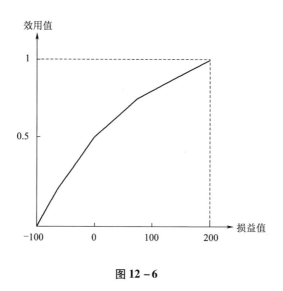

图 12 – 6

（三）效用曲线的类型及不同类型的决策者

一般地，效用曲线有 3 种基本类型：曲线 A、曲线 B 和曲线 C（如图 12 – 7 所示），分别代表 3 种

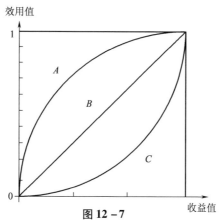

图 12 – 7

曲线 A 代表保守型的决策者。效用曲线是下凹形，表示决策者对货币收入的态度是，效用值随货币收入的增加而递增，但递增的速度越来越慢，这主要是由于边际效用递减规律的作用。这种类型的决策者对于收益的迅速增加，反应比较迟缓，而对可能的损失比较敏感，基本上属于不求大利、但求稳妥、谨慎小心的风险厌恶者。这种效用曲线的特点是曲线的中间部分呈上凸形状，上凸越厉害，表示决策者对风险的厌恶程度越高。例 12 – 6 中的决策者就属于此类，

在实际中,此类决策者占大多数。

曲线 C 代表进攻型的决策者,是一种冒险型的效用曲线。曲线形状是向下凹的,表示决策者在货币收益面前的态度与 A 类决策者完全相反,随着货币收益的增加,其效用值也随着递增,而且递增得越来越快。这种类型的决策者对于损失反应迟缓,而对于利益比较敏感,是一种谋求大利、不怕风险的决策者,有极大的进取心。其效用曲线中部下凹得越厉害,就意味着此类决策者的冒险精神越大。

曲线 B 代表中间型的决策者,是一种风险中立的效用曲线。其特点是决策者的货币收益效用值是收益的线性函数,即决策者认为效用值的大小与期望损益值大小一致,以期望损益值的大小作为选择方案的标准,即同等数量收益值得失反映同等数量效用的增减。这类决策者在选择方案时,将期望收益值或损失值作为唯一的决策标准,不需要效用函数,是一种比较机械的决策者。他们大多都是循规蹈矩、四平八稳,既不保守也不冒险的风险中立者。

三、效用决策模式

效用决策模式是指在决策过程中,以效用最大化为原则进行的决策。一般先依据决策人的偏好确定其效用函数,然后计算决策人关于各决策变量评价方案的效用值或预期效用值,依照效用最大化的决策准则进行决策方案的选择。下面以实例说明效用决策模式。

【例 12 - 7】某工厂准备推出一项新产品,通过初步调查,估计其销售情况有好、较好、一般、差 4 种,4 种情况出现的概率分别为 0.2、0.3、0.4、0.1。又拟订了 3 种生产方案:甲,引进生产线;乙,自建一条生产线;丙,改进生产线。每种生产方案在各种销售情况下的企业年效益值如表 12 - 11 所列,使用效用分析法进行决策。

表 12 -11　　　　　　　　　　　　　　单位:万元

方案	好	较好	一般	差
	0.2	0.3	0.4	0.1
甲	65	45	-20	-40
乙	85	40	-35	-70
丙	50	30	15	-15

(1)绘制效用曲线。步骤如下:

第一步:确定效用的尺度范围。在甲、乙、丙 3 种方案中,最大收益是 85 万元,最小收益是 -70 万元,则设 $U(85)=1,U(-70)=0$。

第二步:确定 -70 万元与 85 万元之间的一个点的效用值,并对决策人进行多项询问,以测定决策人对不同方案的反应。其中,X 表示以 0.5 概率获得 85 万元和 0.5 概率损失 70 万元(具体测定方法同前述)。

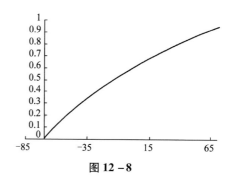

图 12 - 8

同理在 0 与 -70 万元之间进行测试,最后得出(85,1)、(-15,0.5)、(30,0.76)、(50,0.85)、(-70,0)。绘制出效用曲线,参见图 12 - 8。

(2)利用效用曲线找出表中各损益值对应的效用值,见表 12 - 12。

表 12 - 12

损益值	-70	-40	-35	-20	-15	15	30	40	45	50	65	85
效用值	0	0.3	0.34	0.47	0.50	0.68	0.76	0.8	0.83	0.85	0.92	1

(3)根据表 13 计算各方案的期望效用值:

甲

$$0.2U(65) + 0.3U(45) + 0.4U(-20) + 0.1U(-40)$$
$$= 0.2 \times 0.92 + 0.3 \times 0.83 + 0.4 \times 0.47 + 0.1 \times 0.3$$
$$= 0.184 + 0.249 + 0.188 + 0.03 = 0.651$$

乙

$$0.2U(85) + 0.3U(40) + 0.4U(-35) + 0.1U(-70)$$
$$= 0.2 \times 1 + 0.3 \times 0.8 + 0.4 \times 0.34 + 0.1 \times 0 = 0.576$$

丙

$$0.2U(50) + 0.3U(30) + 0.4U(15) + 0.1U(-15)$$
$$= 0.2 \times 0.85 + 0.3 \times 0.76 + 0.4 \times 0.68 + 0.1 \times 0.5$$
$$= 0.17 + 0.228 + 0.272 + 0.05 = 0.72$$

三方案中,我们选用期望效用值最大的方案丙。

习 题

1. 练习一。

(1)什么叫风险型决策?概率应如何确定?

(2)为什么要用增量分析决策模型?它和期望损益值法有什么区别?

(3)决策树分析法的基本步骤是什么?

(4)对信息价值进行测算有什么意义?

(5)某地要建一百货商店,有两个设计方案,一是建大型综合性商场,二是建小型综合性商店。建大型商场需要投资 400 万元,小型商店需要投资 100 万元,两者使用期都是 10 年,估计在此期间,产品销路好的可能性为0.8。两个方案的年度效益值列表如下表 12 - 13 所示。

表 12 - 13

自然状态	概率	年度效益值(万元)	
		建大型商场	建小型商店
销路好	0.8	100	40
销路差	0.2	10	15

试利用期望值决策法选择方案。

(6)某公司生产某种产品,一直在本地销售。现在公司想通过向全国销售来增加利润。经过市场调查,了解到全国和本地区对此产品具有高需求的概率都是 0.5,中等需求的概率都是 0.25,低需求的概率都是 0.25。两种销售方案在各种需求影响下的利润见 12 - 14。

表 12 - 14

	高需求(0.5)	中等需求(0.25)	低需求(0.25)
方案一	600	400	250
方案二	400	380	350

现问,企业应选择方案一:扩大到全国销售,还是方案二:继续只在本地销售,可以期望获得更大的利润?

(7)某冷饮店准备制定销售旺季(6,7,8 三月)的日进货计划,该品种冷饮从厂家进货成本每箱 30 元,销售价格每箱 50 元,如果当天销售出去每箱可获利 20 元,但如果当天没有售出,就返还厂家,每剩余一箱,会亏损冷藏等费用 10 元。当年的市场需求情况尚不清楚,但前 5 年共 460 天的日销售资料如表 12 - 15 所示,使用增量分析法对日进货计划进行决策。

表 12 - 15

日进货量	100	110	120	130
完成销售天数	92	184	138	46

(8)根据第 5 题资料,应用决策树模型进行决策,并应用完全信息测算信息价值。

（9）有一种游戏分两阶段进行，第一阶段，参加者需先付 10 元，然后从一个装有 20% 白球和 80% 红球的罐子里任意摸一球，并决定是否继续第二阶段。如果决定继续，则需要再付 10 元，根据第一阶段摸到的球的颜色在相同颜色的罐子中再摸一球。已知白色罐子中含 70% 蓝球和 30% 绿球，红色罐子中含 10% 蓝球和 90% 绿球。第一阶段摸到白球再参加第二阶段并摸到蓝球，参加者可得奖励 50 元；第一阶段摸到红球再参加第二阶段并摸到蓝球，参加者可得奖励 100 元。如第二阶段摸到的是绿球或不参加第二阶段游戏均无所得。甲说游戏对参与者有利，乙说对参与者不利。试用决策树法分析谁说得对。

（10）某企业准备投资一种新产品，拟定了 3 种方案。方案一是引进高度自动化设备进行生产，经测算固定成本总额为 600 万元，单位可变成本为 10 元。方案二是采用一般国产自动化设备进行生产，年固定成本总额为 400 万元，单位产品的可变成本为 12 元。方案三是采用自动化程度较低的国产设备进行生产，年固定成本总额为 200 万元，单位产品的可变成本为 15 元。试分析确定企业的最佳生产规模。

2. 练习二。

（1）期望损益值决策的局限性表现在什么地方？

（2）什么是效用？效用值应如何测定？

（3）效用分析中决策者的三种基本类型是什么？各有什么特征？

（4）什么是效用分析？它有何特点？

（5）效用分析决策模式的主要步骤是什么？

（6）什么是等效方案？举例说明。

（7）某人的经济收益在 −50 元和 300 元之间，问答如下：

问：如果有两个方案 A_1 和 A_2，A_1 方案能以 0.5 的概率获得 300 元收益和 0.5 的概率获得 −50 元收益，（即亏损 50 元）；方案 A_2 能以概率 1 获得 125 元收益，请问，你会选哪一个？

答：A_1 方案。

问：把方案 A_2 改为有 100% 概率获得多少元收益时，你认为方案 A_2 和 A_2 是等效的？

答：195 元。

问：如果方案 A_1 能有 0.75 的概率获得 300 元收益和 0.25 的概率获得 −50 元收益；方案 A_2 能 100% 获得多少元收益时，你认为方案 A_1，A_2 是等效的？

答：255 元。

问：如果方案 A_1 能有 0.25 的概率获得 300 元收益和 0.75 的概率获得 −50

元收益,方案 A_2 为何能与 A_1 等效?

答:方案 A_2 能有 1 的概率获得 125 元收益时,方案 A_1、A_2 是等效的。

问:如果方案 A_1 能有以 P 的概率获得 300 元和 $1-P$ 的概率获得 -50 元收益;方案 A_2 为不盈不亏,$P=0.05$,你喜欢哪个方案?

答:选择方案 A_1。

问:如果 $P=0.01$ 呢?

答:选择方案 A_2。

问:如果 $P=0.03$ 呢?

答:选择方案 A_1。

问:如果 $P=0.02$ 呢?

答:A_1,A_2 均可以。

问:如果方案 A_1 能以 0.5 的概率获得 125 元收益和 0.5 的概率不盈不亏,那么方案 A_2 以 1 的概率获得多少收益时,方案 A_1 与 A_2 是等效的?

答:80 元。

假定 $U(300)=1$;$U(-50)=0$,

①根据上述对话,绘制效用曲线。

②根据效用曲线图,求 150 元的效用值,并找出效用值为 0.6 的收益值。

③请问该决策者是什么类型的?

(8)某公司准备经营某类商品,拟订了 3 种经营方案,未来市场有畅销、平销和滞销 3 种可能,市场状态和各方案的损益值如表 12 – 16 所示,试用效用准则求出最优方案。

表 12 – 16 　　　　　　　　　　　　　　　　　　　　单位:万元

	畅销(概率0.3)	平销(概率0.5)	滞销(概率0.2)
A	12	6	−10
B	8	3	−2
C	4	4	4

(9)某企业有一幢可能遭遇火灾的建筑物,其最大可投保损失是 100 万元。设其没有不可投保损失。风险管理者经过权衡,得到建筑物的火灾损失分布如表 12 –17 所示。

表 12 – 17 　　　　　　　　　　　　　　　　　　　　单位:万元

损失金额	0	0.5	1	10	50	100
概率	0.8	0.1	0.08	0.017	0.002	0.001

目前有 3 种避险方法:一是完全自留风险;二是部分投保、部分自留,计划

购买保额 50 万元,须付保险费 0.64 万元;三是全部投保,须付保险费 0.71 万元。假设决策者的效用值如表 12 - 18,试作出决策,选出最优方案。

表 12 - 18

损失(万元)	效用值	损失(万元)	效用值
x	$U(x)$	x	$U(x)$
100	1	0.71	11/5 120
50	3/8	0.64	7/5 120
50.64	383/1 000	0.5	1/2 048
10	3/64	0	0
1	1/128		

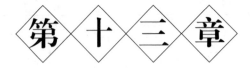

多目标决策

第一节 多目标决策的基本问题

一、多目标决策

包含有两个及两个以上目标的决策,称为多目标决策。在实际决策问题中,多目标决策问题是经常碰到的。多目标决策问题的特点主要有:①目标之间的不可公度性,即各个目标之间没有一个统一的衡量标准(如经济目标和社会目标),因而很难直接进行比较;②目标之间的矛盾性,即如果采用某一措施改善其中一个目标则会损害其他目标的实现,如经济建设与环境保护两个目标之间的关系,经济的开发往往会造成对环境的破坏。

常用的多目标决策的目标体系包括三类:

第一类是单层目标体系,即各个子目标同属于总目标下,各子目标之间是并列的关系。如图 13-1 所示。

第二类是树形多层目标体系,即目标可分为多个层次,每个下层目标都隶属于一个而且只隶属于一个上层目标,下层目标是对上层目标更加具体的说明。如图 13-2 所示。

第三类是网状多层次目标体系,即目标分为多层,每个下层目标隶属于某几个上层目标(至少有一个下层目标隶属于不止一个上层目标),各种目标体系之间的关系如图 13-3 所示。

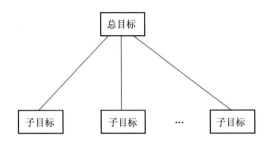

图 13 − 1

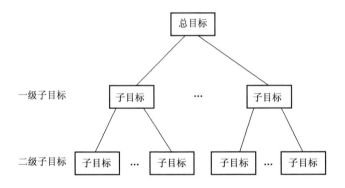

图 13 − 2

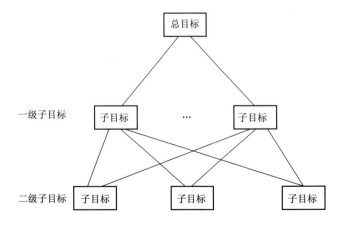

图 13 − 3

二、多目标决策的基本原则

处理多目标决策问题,一般遵循下面的基本原则:

原则一,在满足决策需要的前提下,应尽量减少目标的个数。因为目标数越多,选择标准就越多,比较和选择各种不同的方案就越困难。因此在实际问题中,如有可能应将目标数化多为少。其做法通常有:①可以考虑剔除那些不必要的和从属性的目标,如果将提高企业利润作为决策目标之一,就不要再将降低成本同时列为决策目标,因为降低成本就是实现提高利润的手段之一,是从属性的子目标,可以剔除;②如果目标之间存在着明显的客观联系,可以把其中类似的几个目标合并为一个目标来处理;③根据各个目标的重要性,分清主次关系,可以适当考虑把本质的主要目标列为目标,而把非主要的、非本质的目标列为约束条件;④将几个目标,通过同度量、平均或构造函数的办法构成一个综合性的目标。

原则二,目标排序,即决策者根据目标重要性的大小将其排成一个序列。这样做的目的,一是在选择方案时,必须先达到重要目标后才考虑下一个目标,然后再选择、作出决策;二是综合分析时可以分别赋予每个目标一个相应的重要性权重。

当然,在实际决策时,遇到多目标决策问题时,虽然有些可以通过一些办法把目标数目减少,或化为单一目标问题来解决,但有些情况很难做到这一点,难以用简单的方法按各目标间的客观联系直接转化为单目标,这样仍然需要寻找解决多目标决策问题的方法。目前常用的多目标决策的量化方法主要有:多目标规划、层次分析法、模糊多目标决策、优劣系数法等。

第二节　多目标规划决策法

一、多目标规划基本思想与模型的建立

（一）多目标规划的基本思想

多目标规划是在线性规划的基础上发展起来的,既保持了线性规划易于计算的特点,也克服了线性规划只能解决单一目标优化问题的局限性。它是解决与协调各种约束条件和目标之间重要程度不同的多目标决策问题的一个有效工具。它的基本含义是:求一组非负变量,在满足一定的线性约束与多个线性

目标约束条件下,实现计划管理目标与实际可能完成的目标之间的偏差总和为最小。

（二）多目标规划的模型建立

利用多目标规划法进行决策的关键是建立数学模型,包括目标函数的建立和约束条件的建立。

1.目标函数的建立。由于目标规划是解决多目标的决策问题,它并不能像线性规划那样直接求出单目标决策的最优解,而是要求在给定的约束条件下,使计划目标和实际可能达到的目标值之间的偏差总和为最小,所以,它的目标函数是使给定的目标偏差之和达到最小。为此,需要引入反映偏差的偏差变量,用符号 d^+ 和 d^- 表示,且 d^+ 和 d^- 为非负数,其中 d^+ 表示超出目标或可供资源的偏差变量,d^- 表示低于目标或可供资源的偏差变量,在同一目标或资源限制的偏差变量 d^+ 和 d^- 中至少有一个为0。

目标函数引入偏差变量时,要注意:

（1）目标要求恰好达到,则将该项目标正负偏差均列入目标函数,此时目标函数为目标偏差极小化:$Z = d_i^+ + d_i^-$。

（2）目标要求超额完成,则应将目标的负偏差列入目标函数,此时目标函数为目标偏差极小化:$Z = d_i^-$。

（3）目标要求不要超额,则应将目标的正偏差列入目标函数,此时目标函数为目标偏差极小化:$Z = d_i^+$。

（4）对于目标函数同一级别的偏差变量,由于决策的要求不同,可以给偏差变量赋予不同的权数 w 来区分其重要程度,但必须做到偏差变量所表示的目标度量单位一致。

此外,还将多个目标按其重要程度划分为不同的等级,即目标的优先级。优先级是与目标的重要性相联系的,同等重要的目标划归为一类,放在同一优先级中,重要性越大的目标,其优先级越高。另外,同一优先次序的偏差变量的度量单位必须相同,不同优先次序的偏差变量的度量单位可以不同。为了把优先级概念引入模型中,需要设计优先级因子,一般用符号 P 表示,并且用 P_i 表示有限级因子,并约定 $P_1 \gg P_2 \gg \cdots \gg P_i \gg P_{i+1} \gg \cdots$,其中符号"$\gg$"表示"远远大于"的意思。这就是说,一旦模型中的优先次序被确定下来,在求解的过程中,一定要严格做到使最重要的目标的未达到部分尽可能最小,然后再考虑次一级的目标。

这样目标函数的一般模式为:

$$\text{Min } Z = \sum P_i (w_1 d_i^- + w_2 d_i^+)$$

式中：w_1, w_2——同一目标级别的偏差变量的权数。

2. 约束条件的建立。目标规划的约束条件分为目标约束条件和资源约束条件，其一般形式为：

$$\sum a_{ij}x_j + d_i^+ - d_i^- = g_k$$

式中：x_j——决策变量；

$\quad\quad g_k$——给定的目标水平；

$\quad\quad a_{ij}$——决策变量与目标水平 g_k 有关的技术系数。

一般的约束，即资源条件约束和线性规划一样，根据要求列出不等式组，但若已列入目标约束就不必重复，以目标约束为主。

至此，目标规划的数学模型为：

极小化：

$$Z = \sum P_i(w_1 d_i^- + w_2 d_i^+)$$

约束条件：

$$\sum a_{ij}x_j + d_i^+ - d_i^- = g_k$$

一般约束：

$$\sum b_{ij}x_{ij} \leq (或 \geq 、=)c_i$$

非负条件：

$$x_j, d_i^-, d_i^+ \geq 0$$

二、多目标规划的应用

某企业拟安排甲、乙两种产品的生产方案。已知生产这两种产品需要经过加工和装配两条生产线，其产品的工时定额和相关资料如表 13-1 所示。

表 13-1

	工时定额		可提供的最多工时
	甲产品	乙产品	（工时/天）
加工线	1	3	120
装配线	1	1	80
单位产品产值	15	25	—

要求安排生产计划必须按顺序达到以下三个目标：

一级目标：每天产值至少为 1 500 元。

二级目标：充分利用生产线可提供的工时。

三级目标:尽量减少加班工时。

为达到上述目标,现需要制订一个满意的生产方案。这是一个典型的多目标规划问题,其关键是建立多目标规划模型:

第一,确定决策变量,设 x_1、x_2 分别为甲、乙两种产品的日产量,d_i^+、d_i^- 分别为不同目标的偏差变量。

第二,确定目标函数,P_1 级为日产值,每天至少是 1 500 元,由于目标要求超额完成,所以将 d_1^- 列入目标函数。P_2 级为充分利用工时,所以只需将 d_2^- 和 d_3^- 列入目标函数。P_3 级为尽量减少加班时间,所以需要将 d_2^+ 和 d_3^+ 列入目标函数。

这样,目标函数为:

$$\text{Min } Z = P_1 d_1^- + P_2 (d_2^- + d_3^-) + P_3 (d_2^+ + d_3^+)$$

第三,明确约束条件,本问题中包括目标约束和变量的非负条件:

$$15x_1 + 25x_2 + d_1^- - d_1^+ = 1\ 500$$

目标约束为:

$$x_1 + 3x_2 + d_2^- - d_2^+ = 120$$
$$x_1 + x_2 + d_3^- - d_3^+ = 80$$

非负条件:

$$x_1, x_2, d_i^-, d_i^+ \geqslant 0$$

至于规划的求解,在此不作介绍,请学习运筹学中目标规划的求解方法。

第三节　层次分析法

层次分析法是用于处理有限个方案的多目标决策问题最常用并且也是最重要的方法之一。它的基本思想是:把复杂问题分解为若干层次,即把决策问题按总目标、子目标、评价标准直至具体措施的顺序分解为不同层次的结构,然后在低层次通过两两比较得出各因素对上一层的权重,并逐层进行,最后利用加权求和的方法递阶归并,以求出各方案对总目标的权重,权重最大者为最优方案。

一、实施层次分析法的具体步骤

运用层次分析方法解决实际问题,大体有以下几个步骤。

第一步,分析决策系统中各因素之间的关系,建立递阶层次结构。首先,进行系统分析,把复杂问题分解为由元素组成的各部分。这些元素又按其属性分成若干组,形成不同层次。同一层次的元素作为准则对下一层次的某些元素起支配作用,同时它又受上一层次元素支配。这些层次大体上分为三类:第一类是最高层,一般是问题的预定目标,这一层中只有一个元素;第二类是中间层,这一层次包括了总目标下的若干一级子目标(当然在一级子目标下还可以有二级、三级子目标等),它可以由若干层次组成,这一层次也可称为准则层;第三类是最低层,表示为实现目标可供选择的方案。典型的层次结构如图 13 – 4所示。

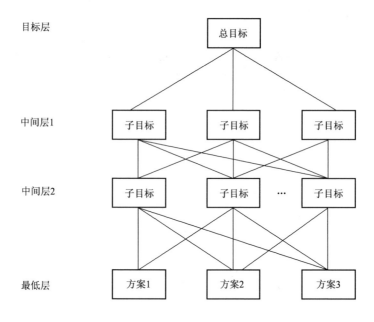

图 13 – 4

在层次结构中,若某元素与下一层中所有元素均有联系,则称该元素与下一层次存在着完全的层次关系;若某元素只与下一层次中的部分元素有联系,则称该元素与下一层次存在着不完全的层次关系。层次结构中的层次数与研究问题的复杂程度及分析的需要有关,一般可以不受限制。

第二步,构造两两判断矩阵。在建立层次结构后,上下层次之间元素的隶属关系就被确定了。据此,可以构造一系列的判断矩阵。首先构造总目标层与下属有联系的各元素的判断矩阵,然后从上而下地确立以上一层某元素作为准则,并相对下一层元素有影响关系的层次结构,目的是在该准则之下按它们相对重要性赋予相应的权重。层次分析法通过对元素之间的两两比较,判断其相对于上一层次的重要性,并利用 1~9 比例标度对重要性程度赋值。表 13-2 列出了 1~9 标度的含义。

表 13-2 1~9 标度的含义

标 度 a	含 义
1	元素 i 与元素 j 相比,同样重要
3	元素 i 与元素 j 相比,稍微重要
5	元素 i 与元素 j 相比,明显重要
7	元素 i 与元素 j 相比,强烈重要
9	元素 i 与元素 j 相比,极端重要
2,4,6,8	上述相邻判断的中间值
$1/a$	i 比 j 得 a,则 j 比 i 得 $1/a$

对于 N 个元素来说,可得如下判断矩阵:

$$A = (a_{ij})_{n \times n}$$

第三步,层次单排序及一致性检验。这一步要解决在某一准则下,各元素的排序权重的计算问题,并对判断矩阵进行一致性检验。

对于判断矩阵 A,解最大特征根和特征向量 $AW = \lambda_{\max} W$,所得向量 W 经正规化后作为各元素在该准则下的排序权重。求解方法有多种,如方根法、和积法等。在精度要求不高的情况下,可采用近似的方法计算,如方根法,其计算步骤如下:

(1)计算判断矩阵 A 每一行元素的乘积:

$$M_i = \Pi a_{ij}$$

(2)计算 M 的 n 次方根:

$$\overline{W}_i = \sqrt[n]{M_i}$$

(3)对向量 $\overline{W}_i$ 规一化,得排序权重向量 W_i:

$$W_i = \frac{\overline{W}_i}{\sum \overline{W}_i}$$

(4)计算 $\lambda_{\max}$:

$$\lambda_{\max} = \sum \frac{(AW)_i}{nW_i}$$

为保持思维判断的一致性,避免出现甲比乙重要、乙比丙重要、丙比甲重要的逻辑错误,需进行一致性检验。

首先计算一致性指标 $C. I.$：

$$C. I. = \frac{\lambda_{\max} - n}{n - 1}$$

其次，查找相应的平均随机一致性指标 $R. I.$，$1 \sim 15$ 阶平均随机一致性指标如表 13 - 3 所示。

表 13 - 3

矩阵阶数	1	2	3	4	5	6	7	8
$R. I.$	0	0	0.52	0.89	1.12	1.26	1.36	1.41
矩阵阶数	9	10	11	12	13	14	15	
$R. I.$	1.46	1.49	1.52	1.54	1.56	1.58	1.59	

最后计算一致性指标 $C. R.$：

$$C. R. = \frac{C. I.}{R. I.}$$

当 $C. R. < 0.1$ 时，认为判断矩阵的一致性是可以接受的，否则应对判断矩阵进行适当修正。

第四步，层次总排序及一致性检验。为得到递阶层次结构中每一层次的所有元素相对于总目标的相对重要性权重，需要把第三步计算的单排序结果进行适当组合，最终计算出最低层次中各元素相对于总目标的相对权重和整个递阶层次结构的判断一致性检验。

假定已经计算出第 $K - 1$ 层上 n_{k-1} 个元素相对于总目标的排序权重向量 $W^{k-1} = (W^{k-1}_1, W^{k-1}_2, \cdots, W^{k-1}_{n(k-1)})^T$，第 K 层上 n_k 个元素以第 $K - 1$ 层上第 j 个元素为准则的排序权重向量为 $P^k_j = (P^k_{1j}, P^k_{2j}, \cdots, P^k_{nj})^T$，则第 K 层上元素对总目标的合成排序由下式给出：$W^k_j = P^k W^{k-1}$。同样，从上到下逐层进行一致性检验。若已求得以 $K - 1$ 层元素 J 为准则的一致性指标 $C. I._j^k$，平均随机一致性指标 $R. I._j^k$，一致性比例 $C. R._j^k$，当检验指标小于 0.1 时，则可以认为递阶层次结构在 K 层水平上的所有判断具有整体满意的一致性。

二、层次分析法示例

某企业为促进生产的发展，准备对现有设备进行技术改造，经过初步可行性研究，提出五种技术改造方案。从改善劳动条件、促进技术进步、扩大生产能力来看，这五种方案均各有其合理的因素。为达到促进企业生产发展的目的，需要对五种技术方案进行比较和评价，按优劣顺序选择最佳方案。

这个问题可以采用层次分析法进行评价选择。

（一）建立层次结构模型

五项技术改造方案,其目的是改善劳动条件、促进技术进步、扩大生产能力,而这一切最终都是为了促进企业的生产发展。根据上述分析,可建立层次分析结构,如图13-5所示。

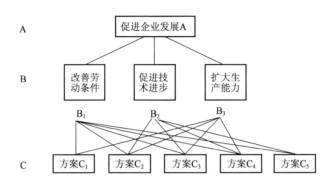

图13-5

（二）构造判断矩阵

根据企业的实际情况,该企业主管部门采用专家意见法,就层次分析结构中各因素两两进行比较,构造判断矩阵如下。

1.判断矩阵 $A-B$（相对于促进企业生产发展的总目标,各准则之间的相对重要性比较）,如表13-4所示,表中的数值即为两两准则相对于总目标重要性比较的数值判断。例如,第一行第二列元素 $b_{12}=1/5$,表示相对于合理选择技术改造方案促进企业发展这个总目标,改善劳动条件准则(B_1)与促进技术进步准则(B_2)相比较,B_2 比 B_1 明显重要。

表13-4

A	B_1	B_2	B_3
B_1	1	1/5	1/3
B_2	5	1	3
B_3	3	1/3	1

2.判断矩阵 B_1-C（相对于改善劳动条件准则,各方案之间相对重要性比较）,见表13-5。

表 13 - 5

B_1	C_1	C_2	C_3	C_4	C_5
C_1	1	2	3	4	7
C_2	1/2	1	3	2	5
C_3	1/3	1/3	1	1/2	1
C_4	1/4	1/2	2	1	3
C_5	1/7	1/5	1/2	1/3	1

3. 判断矩阵 $B_2 - C$(相对于促进技术进步准则,各方案之间相对重要性比较),见表 13 - 6。

表 13 - 6

B_2	C_2	C_3	C_4	C_5
C_2	1	1/7	1/3	1/5
C_3	7	1	5	3
C_4	3	1/5	1	1/3
C_5	5	1/3	3	1

4. 判断矩阵 $B_3 - C$(相对于扩大生产能力准则,各方案之间相对重要性比较),见表 13 - 7。

表 13 - 7

B_3	C_1	C_2	C_3	C_4
C_1	1	1	3	3
C_2	1	1	3	3
C_3	1/3	1/3	1	1
C_4	1/3	1/3	1	1

(三)层次单排序及其一致性检验

用方根法计算判断矩阵 $A - B$ 的最大特征根及其对应的特征向量,并进行一致性检验。

1. 计算判断矩阵每一行元素的乘积:

$$M_1 = 1 \times \frac{1}{5} \times \frac{1}{3} = 0.067$$

$$M_2 = 5 \times 1 \times 3 = 15$$

$$M_3 = 3 \times \frac{1}{3} \times 1 = 1$$

2. 计算 M_i 的 n 次方根 $\overline{W}_i$:

$$\overline{W}_1 = \sqrt[3]{M_1} = \sqrt[3]{0.067} = 0.405$$

$$\overline{W}_2 = \sqrt[3]{M_2} = \sqrt[3]{15} = 2.466$$

$$\overline{W}_3 = \sqrt[3]{M_3} = \sqrt[3]{1} = 1$$

3. 对向量 $\overline{W} = [\overline{W}_1, \overline{W}_2, \overline{W}_3]^{\mathrm{T}} = [0.405, 2.466, 1]^{\mathrm{T}}$ 正规化：

$$\sum_{j=1}^{n} \overline{W}_j = 0.405 + 2.466 + 1 = 3.871$$

$$W_1 = \frac{\overline{W}_1}{\sum_{j=1}^{n} \overline{W}_j} = \frac{0.405}{3.871} = 0.105$$

$$W_2 = \frac{\overline{W}_2}{\sum_{j=1}^{n} \overline{W}_j} = \frac{2.466}{3.871} = 0.637$$

$$W_3 = \frac{\overline{W}_3}{\sum_{j=1}^{n} \overline{W}_j} = \frac{1}{3.871} = 0.258$$

则所求特征向量 $W = [0.105, 0.637, 0258]^{\mathrm{T}}$。

4. 计算判断矩阵的最大特征根：

$$AW = \begin{pmatrix} 1 & 1/5 & 1/3 \\ 5 & 1 & 3 \\ 3 & 1/3 & 1 \end{pmatrix} \begin{pmatrix} 0.105 \\ 0.637 \\ 0.258 \end{pmatrix} = \begin{pmatrix} 0.318 \\ 1.936 \\ 0.785 \end{pmatrix}$$

$$\lambda_{\max} = \sum_{i=1}^{n} \frac{(AW)_i}{nW_i} = \frac{0.318}{3 \times 0.105} + \frac{1.936}{3 \times 0.637} + \frac{0.785}{3 \times 0.258} = 3.037$$

5. 进行一致性检验：

$$C.I. = \frac{\lambda_{\max} - n}{n-1} = \frac{3.037 - 3}{3-1} = 0.019$$

$$R.I. = 0.58$$

$$C.R. = \frac{CI}{RI} = \frac{0.019}{0.58} = 0.033$$

同理可得

判断矩阵 $B_1 - C$（各方案相对于改善劳动条件准则的相对重要性排序权值）：

$$W = \begin{pmatrix} 0.491 \\ 0.232 \\ 0.092 \\ 0.138 \\ 0.046 \end{pmatrix} \quad \begin{array}{l} \lambda_{\max} = 5.126 \\ C.I. = 0.032 \\ R.I. = 1.12 \\ C.R. = 0.028 \end{array}$$

判断矩阵 $B_2 - C$（各方案相对于促进技术进步准则的相对重要性排序权值）：

$$W = \begin{pmatrix} 0.055 \\ 0.564 \\ 0.118 \\ 0.263 \end{pmatrix} \quad \begin{array}{l} \lambda_{\max} = 4.117 \\ C.I. = 0.039 \\ R.I. = 0.90 \\ C.R. = 0.043 \end{array}$$

判断矩阵 $B_3 - C$（各方案相对于扩大生产能力准则的相对重要性排序权值）：

$$W = \begin{pmatrix} 0.406 \\ 0.406 \\ 0.094 \\ 0.094 \end{pmatrix} \quad \begin{aligned} \lambda_{max} &= 4 \\ C.I. &= 0 \\ R.I. &= 0 \\ C.R. &= 0 \end{aligned}$$

（四）层次总排序及其一致性检验

各方案相对于促进企业生产发展总目标的层次总排序计算，如表 13 − 8 所示。

层次总排序一致性检验如下：

$$R.I. = \frac{\sum\limits_{j=1}^{3} B_j C.I._j}{\sum\limits_{j=1}^{3} B_j C.R._j} = \frac{0.105 \times 0.032 + 0.637 \times 0.039 + 0.258 \times 0}{0.105 \times 1.12 + 0.637 \times 0.9 + 0.258 \times 0} = 0.041$$

由层次总排序结果可以看出，各方案促进生产发展这个总目标，相对优先排序为：方案 3、方案 5、方案 2、方案 1、方案 4。

表 13 − 8

层次 C	B_1	B_2	B_3	层次 C 总排序权值
	0.105	0.637	0.258	
C_1	0.491	0	0.306	0.157
C_2	0.232	0.055	0.406	0.164
C_3	0.092	0.564	0.094	0.393
C_4	0.138	0.118	0.094	0.113
C_5	0.046	0.563	0	0.172

习 题

1. 什么是多目标决策？进行多目标决策的基本准则和主要方法有哪些？

2. 说明目标规划决策的基本步骤。

3. 举例说明层次分析法目标体系的基本类型。

经济对策论基础

前几章我们介绍的经济预测与决策,都是讲座经济行为主体在一定条件下的预测与决策的行为,没有考虑行为主体之间的相互影响和相互作用。实际上,在经济系统中,每个行为主体都有自己的利益,他们的行为是相互影响和相互作用的。对策论(又称博弈论)就是研究在利益相互影响的局势中,理性的局中人为了使自己的利益最大化,如何选择自己的策略以及这种策略的均衡问题,即研究当一个局中人的选择受到其他局中人的影响,而且反过来又影响到其他局中人选择时的决策问题的均衡问题。本章简单介绍对策论的基本知识,主要介绍非合作博弈中的完全信息静态博弈、完全信息动态博弈、不完全信息静态博弈、不完全信息动态博弈和合作博弈。

第一节　完全信息静态博弈

在非合作博弈理论中,博弈有两种表述方式:策略型表述(又称标准型表述)与扩展型表述。其中策略型表述主要用于表现静态博弈,而扩展型表述则更适于表现动态博弈。

一、博弈的策略型表述

博弈的策略型表述由以下三个基本要素组成。

（一）局中人（players）

局中人即博弈的参与者,他们是博弈的决策主体,根据自己的利益要求来决定自己的行为。局中人可以是自然人，也可以是各种社会组织，如企业、政府、社团等。

记第 i 个局中人为 i，局中人集合 $N = \{1, 2, \cdots, n\}$，即共有 n 个局中人。为了方便，我们将局中人 i 之外的其他局中人称为"i 的对手"，记为 $-i$。

（二）策略（strategies）

策略是指每个局中人在博弈中可以选择采用的行动方案，每个局中人均有可供其选择的多种策略。记局中人 i 的策略为 $s_i \in S_i$，S_i 为局中人 i 所有可供选择的策略组成的策略集，又称为局中人 i 的策略空间。n 个局中人各选择一个策略形成的向量 $s = (s_1, s_2, \cdots, s_n)$ 被称为策略组合（strategy profile），称策略组合的集合 S 为该博弈的策略空间。

为了讨论方便，我们把局中人 i 之外其他局中人（即 i 的对手 $-i$）所采取的策略组合记为 $s_{-i} \in S_{-i}$，因而策略组合 $s = (s_1, \cdots, s_{i-1}, s_i, s_{i+1}, \cdots, s_n)$ 就可简记为 $s = (s_i, s_{-i})$。

（三）支付函数（payoff functions）

支付是指每个局中人从各种策略组合中获得的收益，其中收益往往采用局中人的效用概念，由于它是策略组合的函数，所以也被称为支付函数，记局中人 i 的支付函数为 $u_i(s)$。

以上三种基本要素构成了策略型博弈，因此策略型博弈可记为 $G = \{S_1, \cdots, S_n; u_1, \cdots, u_n\}$。

用策略型表述的完全信息静态博弈，其中的"完全信息"，是指局中人对自己和其他局中人的所有与博弈有关的事前信息（策略空间、支付函数等）有充分的了解；"静态博弈"是指博弈实际进行时，每个局中人的策略选择同时进行而且仅进行一次。其中的"同时"并不要求时间上的完全一致，只要每个局中人在选择策略时不知道其他局中人所选择的策略就可以表述为静态博弈。

如果一个博弈中的局中人个数与每个局中人的策略数均是有限的，则称该博弈为有限博弈。双人有限博弈往往用矩阵形式来进行描述。

下面通过以下一个实例来说明博弈的策略型表述方法。

【例 14 - 1】囚徒困境（prisoner's dilemma）（Tucker，1950）及其策略型表示。

囚徒困境是对策论中最有名的实例，说的是有两个人因为涉嫌一次犯罪而被捕，被警方关在不同的房间内审讯，他们面临的形势是：如果两个人都坦白罪行，那么将各被判处 6 年有期徒刑；如果一方坦白另一方不坦白，那么坦白者从宽，判处 1 年徒刑，抗拒者从严，判处 8 年徒刑；如果两个人均不坦白，则各被判处 2 年徒刑。

用策略型博弈可以清晰地表现这一局势,其中有两个局中人,分别记为局中人1和局中人2;每个局中人有两种策略:坦白和不坦白;他们的支付函数一般采用矩阵形式来表现,如图14-1所示。

局中人2

	坦白	不坦白
坦白	$(-6, -6)$	$(-1, -8)$
不坦白	$(-8, -1)$	$(-2, -2)$

局中人1

图 14-1 囚徒困境

在该矩阵中括号内第一个数字表示局中人1在对应的策略组合中得到的支付,第二个数字表示局中人2所获得的相应支付。这种矩阵也被称为支付矩阵。

支付矩阵能够很清晰地表现只有两个局中人且每个局中人可选策略数目有限的博弈局势,有时也用来表现包括3个局中人并且策略有限的局势(列出3个矩阵),但它不能表现局中人可选策略数目无限的情形,也很少用于4个和更多局中人的情形。在不宜使用矩阵形式表现的情况下,只能利用语言描述或者使用数学公式进行描述。

在对博弈局势进行描述后,对策论分析需要求局中人进行策略选择的理性结局。

二、纳什均衡

纳什均衡(Nash equilibrium)概念是现代对策论中的核心内容和重要基础,许多理论研究和应用都是围绕这一基本概念展开或与此密切相关的。所以,理解和掌握博弈均衡思想和理论体系必须以纳什均衡为起点。

纳什均衡的思想很简单,博弈的理性结局是这样一种策略组合,其中每一个局中人均不能因为单方面改变自己的策略而增加收益。换一种说法是,其中每个局中人选择的策略是对其他局中人所选策略的最佳反应。博弈均衡体现一种"双赢"或"多赢"的思想。

纳什均衡的定义:在策略型博弈 $G = \{S_1, \cdots, S_n; u_1, \cdots, u_n\}$ 中,如果策略组合 $s^* = (s_1^*, \cdots, s_n^*)$ 对所有的 i 和所有的 $s_i \in S_i$ 均满足 $u_i(s_i^*, s_{-i}^*) \geq u_i(s_i, s_{-i}^*)$,则称此策略组合 $s^* = (s_1^*, \cdots, s_n^*)$ 为该博弈的一个纳什均衡(又称纯策略纳什均衡)。

纳什均衡的意义在于,它是关于博弈结局的一致性预测,如果所有的局中人预测一个特定的纳什均衡会出现,那么这种均衡就会出现,预测之间没有矛盾,不会因为有的局中人认为不符合自己的利益要求而失败。只有纳什均衡才能使每个局中人均认可这种结局,而且他们均知道其他局中人也认可这种结局。而非纳什均衡的结局并非一致性预测,如果局中人预测会出现非纳什均衡,那么或者是局中人的预测相互不统一或者是局中人在估计别人策略选择或极大化自己支付时犯了错误。

三、纳什均衡的求法

对于有限策略博弈,往往根据定义直接进行判断。对于双人有限博弈问题,也可以使用一种简便方法——双划线法寻找纳什均衡点:对局中人 2 的每一个给定策略,为局中人 1 寻找使其支付最大的策略(结果可能不止一个),在其对应支付下划线;然后对局中人 1 进行相应的步骤;最后,凡是两个局中人支付下均被划线的结局就是"你好我好大家都好"的结局,即为纳什均衡。对于策略空间相当大的双人博弈问题,也可以使用同样的方法来寻找纳什均衡点。

用划线法求得囚徒困境的纳什均衡是("坦白","坦白"),这是博弈中局中人各自从自身利益出发的理性选择结果。

囚徒困境反映了一个很深刻的问题,即个体理性与集体理性之间的矛盾。在这一例子中,局中人为了自己的利益进行理性选择的结果是双方各被判处 6 年徒刑,然而事实上他们可以得到更好的结局,即双方均不坦白而各自仅被判处 2 年徒刑。用经济学术语来说,其中存在帕累托改进的机会,个体理性选择的结果并非帕累托最优,也不符合集体理性的要求。

【例 14 - 2】社会保障博弈①。

局中人是政府和一个下岗工人。下岗工人有两个策略:寻找工作或游荡;政府也有两个策略:救济或不救济。政府想帮助下岗工人,但前提是后者必须努力寻找工作,否则不予救济;而下岗工人只有在得不到政府救济时才会寻找工作。它可用支付矩阵形式表示,见图 14 - 2。

下岗工人

		寻找工作	游荡
政府	救济	3,2	-1,3
	不救济	-1,1	0,0

图 14 - 2 社会保障博弈

---

① 张维迎.博弈论与信息经济学[M].上海:上海三联书店,1996:97.

在这种局势中,不存在纯策略纳什均衡,无论是何种结局,都有局中人可以通过改变策略而获得福利的增加。

【例14-3】两寡头垄断竞争的古诺模型。

两寡头垄断(Duopoly)是一个只有两家厂商向大量消费者提供同一类产品的市场。就买方而言,市场是竞争的,且每一单个消费者对市场价格的影响程度较小;而对卖方来说,两寡头垄断竞争的本质构成只有两个局中人的博弈,两者都是理性的决策者,他们的行为既影响自身,又影响对方。尽管两寡头由于垄断能给他们带来一些共同利益,但是,他们的根本利益并不是完全一致的。如果两寡头之间可以签订有约束力的协议,彼此之间达成合作,形成完全垄断,此时的博弈是一种合作博弈。然而,在大多数情况下,彼此之间很难达成有约束力的协议,这样的两寡头垄断就是非合作博弈问题。

最早研究两寡头垄断竞争,并作出巨大贡献的当推法国经济学家古诺,他在《财富理论的数学原理研究》(1838)中,对寡头市场的极端形式——两寡头垄断市场作了分析,研究了在静态条件下,完全相同产品市场中两家厂商的竞争行为、反应函数和均衡结果,得出两寡头市场价格比垄断市场价格低,产量比垄断市场高,利润比垄断市场低的结论。这是典型的囚徒困境问题,导致个人理性与集体理性的矛盾冲突。遗憾的是,古诺的突出成就被忽略了近半个世纪,直到伯特兰(1883)重新对古诺模型进行严格论证时,人们才认识到古诺模型及其思想方法的重要价值。

实际上,厂商之间的生产行为是相互影响的。作为理性的厂商在进行生产决策时,不仅要考虑投入与产出的依存关系,而且要考虑生产者之间的相互影响。现代经济对策论为分析这类问题提供了有效的工具。我们以古诺模型为例,来说明相互影响的生产者如何确定最优产量。

在古诺厂商竞争模型中,有两个局中人,分别记为厂商 1 和厂商 2。每个厂商的策略是选择产量,策略空间就是它们的产量空间。我们用 $q_1 \in [0, +\infty)$ 表示厂商 1 的产量,$C_1(q_1)$ 表示厂商 1 的成本函数;类似地,$q_2 \in [0, +\infty)$ 表示厂商 2 的产量,$C_2(q_2)$ 表示厂商 2 的成本函数。$P = P(q_1 + q_2)$ 表示价格决定于总产量,即价格是产量的函数。假定两个厂商都有相同的不变单位成本 c,则 $C_1(q_1) = q_1 c, C_2(q_2) = q_2 c$,市场的需求函数取线性形式:$P = a - (q_1 + q_2)$。支付是利润,它是这两个厂商产量的函数,即由它们的产量来决定。则两个厂商的利润函数(即支付函数)分别为:

$$\pi_1(q_1, q_2) = q_1[a - (q_1 + q_2)] - q_1 c = q_1(a - q_1 - q_2 - c)$$
$$\pi_2(q_1, q_2) = q_2[a - (q_1 + q_2)] - q_2 c = q_2(a - q_1 - q_2 - c)$$

如果 (q_1^*, q_2^*) 是纳什均衡产量,则有:

$$q_1^* \in \arg\max\pi_1(q_1,q_2) = q_1 P(q_1+q_2) - C_1(q_1)$$
$$q_2^* \in \arg\max\pi_2(q_1,q_2) = q_2 P(q_1+q_2) - C_2(q_2)$$

下面用对每个厂商的利润函数求一阶导数并令其为 0 的方法找出纳什均衡：

$$\frac{\partial\pi_1}{\partial q_1} = P(q_1+q_2) + q_1 P'(q_1+q_2) - C'_1(q_1) = 0$$

$$\frac{\partial\pi_2}{\partial q_2} = P(q_1+q_2) + q_2 P'(q_1+q_2) - C'_2(q_2) = 0$$

这两个式子称为一阶条件，它们分别对应于两个反应函数：

$$q_1^* = R_1(q_2) = \frac{1}{2}(a - q_2 - c)$$

$$q_2^* = R_2(q_1) = \frac{1}{2}(a - q_1 - c)$$

这两个反应函数说明，每个企业的最优产量（策略）是另一个企业产量的函数。而这两个反应函数的交叉点就是纳什均衡：

$$q_1^* = q_2^* \doteq \frac{1}{3}(a-c)$$

每个企业的均衡利润为：

$$\pi_1(q_1^*,q_2^*) = \pi_2(q_1^*,q_2^*) = \frac{1}{9}(a-c)^2$$

而垄断企业的问题是：

$$\max_Q \pi = Q(a - Q - c)$$

其最优产量为：

$$Q^* = \frac{1}{2}(a-c) < q_1^* + q_2^* = \frac{2}{3}(a-c)$$

最优利润为：

$$\pi^M = \frac{1}{4}(a-c)^2 > \frac{2}{9}(a-c)^2$$

从中容易看出，垄断企业的最优产量小于两个竞争厂商的产量之和，而垄断企业的均衡利润却大于两个竞争厂商的利润之和。这说明在厂商竞争的条件下，厂商在选择自身最优策略时，只考虑了其对本企业利润的影响，而没有考虑对其他企业的负影响。

古诺产量竞争模型是博弈中一个著名的模型，它在经济学中最早应用了博弈的思想。这一模型和由其变化而来的其他模型至今还具有重要的意义。古诺所描述的竞争均衡，实质上就是我们今天所说的博弈均衡，是实际中市场竞争的一种近似。在我国现阶段建立和完善市场经济体制的过程中，会出现一些类似情况。如，同类产品中几家厂商占据绝大部分市场，市场占有率几乎是百分之百。这些情况在某些地区、某段时期、对于某种商品来说并不鲜见,像我国的电力业、电信业等,可用古诺方法研究这类问题。由此可见,古诺揭示的竞争博弈,对于我国市场经济建设的理论和实践,都有明显的借鉴意义。

从这一实例可以看到,这种连续策略博弈局势的纳什均衡的求解方法是:首先求出每个局中人对其他局中人策略组合的反应函数,即在其他局中人策略组合给定时极大化自己的支付,得到的最佳反应策略表现为其他局中人策略组合的函数;得到每个局中人的反应函数后,将这些反应函数联立求解即得到了博弈的纳什均衡解。

四、纳什均衡的多重性

纳什均衡的弱点在于,它并不能保证唯一性,存在多个纳什均衡时,哪一个会成为参与博弈的局中人理性选择的最终结局,这是最关键的问题。纳什均衡是局中人的一致性预测,但当纳什均衡多于一个时,让所有局中人预测同一个纳什均衡出现是很困难的事情,在实际生活中就往往会出现局中人预测不一致,从而最终出现了非纳什均衡的结果。另外,有些纳什均衡并不合理,这一点将在下一节扩展型博弈中详细介绍。

【例 14 – 4】性别大战(battle of sexes)。

一男一女谈恋爱,安排业余活动,或看足球,或看音乐会演出,男的喜欢足球,女的更喜欢听音乐,但他们正处于热恋之中,宁愿在一起,也不愿意分开。图 14 – 3 给出支付矩阵。

女

男		足球	音乐
	足球	3,2	1,1
	音乐	– 1, – 1	2,3

图 14 – 3 性别大战

用划线法可知,此博弈有两个纯策略纳什均衡:(足球,足球),(音乐,音乐)。就是说,给定一方去看足球,另一方也会去看足球;一方去听音乐会,另一方也会去听音乐会。

正如此例所表明的,在许多博弈局势中,都存在着多个纳什均衡,有时甚至存在着无穷多个纳什均衡。这成了对策论研究中的一个重要课题。

对策论从各种各样的实际博弈局势中抽象出最基本的组成要素构成博弈

的一般性分析框架,在这一过程中就省略了许多现实中对于博弈结局有影响的其他因素,例如社会文化背景、局中人的习惯与嗜好等。在实际生活中,存在多个纳什均衡的局势里这些被省略的因素具有重要影响,决定博弈最终达成何种纳什均衡,这些由对策论理论框架之外的因素决定的纳什均衡被称为聚点均衡(focal point)。例如,给两个小孩分蛋糕,让他们各自提出自己的要求,规定如果两人的要求出现争执,那么谁也得不到。容易证明其中存在无数个纳什均衡,任何正好分割蛋糕的两人要求都是纳什均衡,对策论不能解决其中的均衡选择问题。但实际生活中,两人各得一半就是一个极有可能出现的聚点均衡。另外,实际生活中解决纳什均衡多重性的一种方法是局中人在博弈开始前进行事前的廉价磋商。通过这种无成本的事前磋商有时确实能够保证某种各方均能接受的纳什均衡出现,但有时也并不能奏效。另外,在局中人多次重复一种博弈时,通过局中人根据博弈历史进行的学习有可能使得某种特定均衡最终会出现。

第二节　完全信息动态博弈

前面介绍了完全信息静态博弈中纳什均衡的概念,纳什均衡在对策论中占有很重要的地位,然而,它存在几个突出的问题:

第一,一局博弈可能有不止一个纳什均衡。事实上,有些博弈可能有无数个纳什均衡,究竟哪个纳什均衡实际上会发生? 不知道。

第二,纳什均衡并不一定导致帕累托最优。例如,"囚徒困境"意味纳什均衡并不导致帕累托最优,导致了个人理性与集体理性的矛盾。对于这样的问题,纳什均衡没有给出解决的办法。

第三,纳什均衡假定:每个人将别人的策略视为给定,选择对自己最有利的策略,即如果其他局中人不改变策略,任何单个局中人不能通过单方面改变策略来提高他的效用或收益。这种完全信息的假定不符合实际情况。

第四,在纳什均衡中,局中人在选择自己的策略时,把其他局中人的策略当做给定的,不考虑自己的选择如何影响对手的策略。这个假设在研究静态博弈时是成立的,因为在静态博弈下,所有局中人同时行动,无暇反应。但对动态博弈而言,这个假设就有问题了。当一个人行动在先,另一个人行动在后时,后者自然会根据前者的选择而调整自己的选择,前者自然会理性地预期到这一点,所以不可能不考虑自己的选择对其对手选择的影响。

第五,与第四个问题相联系,由于不考虑自己的选择对别人选择的影响,纳什均衡允许了不可置信威胁的存在,这就引出了泽尔腾的贡献。

泽尔腾,德国波恩大学教授,1994 年获诺贝尔经济学奖。泽尔腾在文章中指出:纳什均衡的概念仅适用于分析一些静态的"非重复性博弈",当用它来分析一些动态或重复性的博弈时,所得结果往往过于含糊、笼统。因此,必须对纳什均衡的概念加以修正。1965 年,泽尔腾提出"子博弈完美纳什均衡"的理论,其基本思想是:在扩展型博弈(即博弈的局中人一步一步地往下推演)中的任一点,先行动的局中人利用其先行优势及推测后行动的局中人必然做出理性反应的事实,来达到其最有利的纳什均衡。对于有限完美信息博弈,相应的办法是"倒推归纳法"。所谓倒推归纳法,就是由后至前先找出后面子博弈的纳什均衡,再逐步向前推。当所有局中人对已泄露的信息达成一致的看法时,那么剩下来的博弈就是子博弈完美纳什均衡。子博弈完美纳什均衡的思想简单、直观,最适用于经济学上的分析。

泽尔腾对纳什均衡进行修正的思路是开创性的,他开辟了动态博弈研究的新领域,对对策论的后续研究有着极大的启发和指导作用。

一、博弈的扩展型表述

在静态博弈中,所有局中人同时选择自己的策略,而现实中许多博弈局势中存在着局中人行动的先后顺序,即存在着一定的动态结构,对策论中使用扩展型博弈来描述这种博弈,其中与策略型博弈的不同之处在于,它增加了对局中人行动次序与局中人行动时所掌握的信息的描述。

我们知道,博弈的策略型表述包含三个要素:①局中人集合;②每个局中人的策略空间;③由策略组合决定的每个局中人的支付函数。博弈的扩展型表述所"扩展"的主要是局中人的策略空间。策略型表述简单地给出局中人有些什么策略可以选择,而扩展型表述要给出每个策略的动态描述:谁在什么时候行动,每次行动时有哪些具体行动可供选择,以及知道些什么。

一般来说,扩展型博弈包括以下几个组成部分:

(1)局中人集合 N,第 i 个局中人仍记为 $i \in N$。

(2)局中人的行动顺序,即谁在何时行动。

(3)局中人的行动空间,即在每次行动时,局中人可以进行哪些选择。

(4)局中人的信息集,即局中人进行选择时所知道的信息。

(5)局中人的支付函数,即在行动结束之后,每个局中人得到的收益(支付是所有行动的函数)。

(6)外生事件的概率分布,对此引入"自然"作为一个虚拟局中人,记为 N,

它在博弈中的作用只是在相应的地方在若干外生事件中根据一定概率分布随机选取,没有自己的利益目标与支付函数。

正如策略型博弈中常常利用矩阵形式作为一种清晰的表现手段一样,扩展型博弈利用博弈树来表现 n 人有限策略博弈。

二、博弈树

博弈树的形式与决策理论中的决策树很相似,我们通过下面的例子来说明博弈树的构成。

【例 14 –5】房地产开发博弈①。

有两家房地产开发商 A 和 B,考虑是否在同一地段开发写字楼,各自面临的选择是开发还是不开发。在作决定时,关心的当然是开发是否有利可图。房地产市场充满了风险,风险首先来自市场需求的不确定性,需求可能大,也可能小;其次来自竞争对手。这两家开发商面临同样的选择问题。我们假设该博弈的行动顺序为:

(1)开发商 A 首先行动,选择开发或者不开发。

(2)在 A 决策后,自然选择市场需求的大小。

(3)开发商 B 在观测到 A 的选择和市场需求后,决定开发或不开发。

图 14 –4 是房地产开发博弈的博弈树。博弈从空心圆圈开始,空心圆圈旁边标注 A 表示开发商 A 在此点决策。A 有两个行动可以选择:开发或不开发,分别用标有"开发"和"不开发"的两个枝表示。A 选择开发(或不开发)后博弈

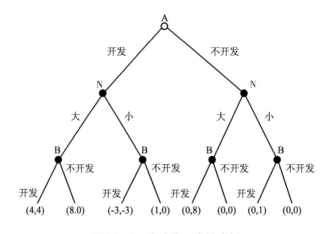

图 14 –4 房地产开发博弈树

---

① 张维迎.博弈论与信息经济学[M].上海:上海三联书店,1996:136.

进入标有 N 的节点(实心圆),表示不受局中人控制的自然开始行动。自然以
1/2 的概率选择市场需求"大",1/2 的概率选择"小",分别用标有"大"和"小"
的枝表示。在自然选择之后,博弈进入标有 B 的节点(实心圆),表示开发商 B
开始行动。B 的行动分别用标有"开发"和"不开发"的枝表示。在 B 选择之
后,博弈结束。对应于不同的行动路径,得到不同的支付向量,其中每个向量的
第一个数字是 A 的支付,第二个数字是 B 的支付。习惯上,支付向量中各分量
的顺序与博弈树上行动的顺序是一致的。

博弈树几乎给出了有限博弈的所有信息。通过上面的例子我们看到,博弈
树是由节点、枝和信息集组成的。

如图 14 - 4 所示,博弈树是由一系列节点组成,节点包括决策节点和终止
节点两类,决策节点是局中人采取行动的时点,终止节点是博弈行动路径的终
点。这些节点之间存在着顺序关系,记为"$\succ$",$x \succ x'$ 意指"x 先于 x'",其中 x 称
为 x' 的前列节点,x' 称为 x 的后续节点。这种关系满足传递性和反对称性。传
递性是指:如果 $x \succ x'$ 且 $x' \succ x''$,则 $x \succ x''$;反对称性是指:如果 $x \succ x'$,则 $x' \succ x$ 不
成立。这两种性质使得这一关系成为数学上的偏序。

在博弈树中,有一个初始节点先于所有其他节点,记为 O,没有后续节点的
节点被称为终止节点。每个终止节点代表了通过博弈树的一条路径,也就是说
博弈从开始到结束过程中局中人的一种行动序列,形成博弈的一种结局,结局
中每个局中人对应的支付以函数 $u_i : Z \to R$ 表示(R 为实数集),$u_i(z)$ 表示达到
终止节点 z 时局中人 i 所获得的支付。在博弈树中,支付向量写于每个终止节
点的旁边,这就表现了扩展型博弈的第五个组成部分。

不是终止节点的节点被称为决策节点,非初始节点的决策节点用黑点表
示。决策节点表示对应的局中人在相应的直接后续节点中进行选择,每一个直
接后续节点表示该局中人在当时可以选择的一种行动。在博弈树中,决策节点
对应的局中人标注在节点旁边,如图 10 - 1 中决策节点旁的字母。

在以上描述的节点之间的基本关系上,博弈树通过节点与节点之间的连线
来表现整个扩展型博弈局势。局中人的可选行动用该决策节点与直接后续节
点之间的连线来表示,这样的连线称为枝,每一个枝代表局中人的一个行动选
择。对每一个决策节点,存在一个有限的行动集合 A,$A(x)$ 表示节点 x 处的可
选行动的集合。这就表现了扩展型博弈的第二、第三个组成部分。

扩展型博弈的第四个组成部分是需要表现局中人在进行策略选择时所知
道的信息,这通过信息集 $h \in H$ 来表现。信息集分割了博弈树的全部节点,也就
是说,每个节点在且仅在一个信息集中。属于同一个信息集的不同节点处是由
同一个局中人选择自己的行动。包含 x 的信息集 $h(x)$ 的含义是指在 x 处采取

行动的局中人不能确定自己是处于 x 还是处于 $h(x)$ 中的其他节点 x'。另外还需要条件:如果 $x' \in h(x)$,则 $A(x') = A(x)$,即同一信息集中的不同节点处对应的局中人所能够选择的行动完全一样。总的来说,信息集是一些节点的集合,这些节点处同一个局中人面临着完全相同的决策形式。信息集在博弈树中表现为所有属于同一信息集的节点都由一条虚线连接起来。

一类特殊的博弈是"完美信息"博弈,其中所有的信息集都是单点集,在完美信息博弈中,一次只有一个局中人在行动,而且他在行动时知道博弈中所有以往行动的历史。

在经济学应用的绝大多数博弈模型中,均假设博弈具有"完美回忆",即没有局中人会忘记自己所知道的信息,所有局中人都记得自己以往的行动选择。

当博弈中涉及外生的不确定事件时(扩展型博弈的第六个组成要素),在建模中引入"自然" N 这一虚拟局中人,它以某种特定概率分布在若干特定事件中进行选择,在博弈树中表现为 N 的行动(选择特定事件),以方括号内的数字表示每一事件发生的概率。

得到扩展型博弈的表述后,就需要考察它的解,在以扩展型博弈表述的完全信息动态博弈中,使用的解概念是子博弈完美均衡。

三、扩展型博弈的纳什均衡

为了在扩展型博弈中使用纳什均衡概念,需要对扩展型博弈的策略做出定义,这样就可以按策略型博弈中的方式定义纳什均衡。

首先需要定义扩展型博弈中的纯策略。记 H_i 为局中人 i 的信息集的集合,局中人 i 的全部可选行动的集合为 $A_i = \cup_{h_i \in H_i} A(h_i)$,其中 $A(h_i)$ 表示信息集 h_i 上的全部可选行动的集合。局中人 i 的纯策略是映射 s_i: $H_i \rightarrow A_i$,即对所有 $h_i \in H_i$ 有 $s_i(h_i) \in A_i(h_i)$。局中人 i 的纯策略空间 S_i 为所有由这样的 s_i 组成的集合,也就相当于各个 h_i 处的行动空间的笛卡儿乘积,即 $S_i = \underset{h_i \in H_i}{\times} A(h_i)$。这种定义的关键在于,每个信息集对应的局中人在信息集中每个节点处所能选择的行动都是一样的。对应的,局中人 i 的纯策略的数目为 $\#S_i = \prod_{h_i \in H_i} \#A(h_i)$,其中 $\#A(h_i)$ 表示集合 $A(h_i)$ 中所含的行动个数。

给定每个局中人 i 的一种纯策略与自然行动(如果有的话)上的概率分布,可以计算出结局上的概率分布,从而得到每一种策略组合 s 对应的期望效用函数 $u_i(s)$(即支付函数)。在策略组合 s 下以正概率达到的信息集被称为 s 的路径。

从以上概念出发就可以定义扩展型博弈中的纯策略纳什均衡,如同策略型博弈一样,扩展型博弈中的纳什均衡是这样的策略组合 s^*:其中每一个局中人 i 的策略 s_i^* 在它对手的策略 s_{-i}^* 给定的情况下能最大化自己的期望支付。

以上述定义为基础,可以建立扩展型博弈与策略型博弈的对应关系,通过扩展型博弈纯策略的定义与相应期望支付函数的建立,就可以将扩展型博弈用策略型博弈的形式来表现。

仍以房地产开发博弈为例,现将扩展型博弈用策略型博弈的形式来表现。

假定在博弈开始之前,自然就选择了"低需求",并且这已成为局中人的共同信息。然后假定 A 先决策,B 在观测到 A 的选择后再决策。那么博弈的扩展型表述可如图14 – 5所示。

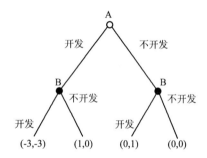

图 14 – 5　房地产开发博弈扩展型表述

这是一个完美信息博弈(每个人的信息集都是单节的)。A 只有一个信息集,两个可选择的行动,因而 A 的行动空间就是策略空间:$S_A = \{$开发,不开发$\}$。

图 14 – 5 中局中人 B 有两个信息集,每个信息集上有两个可选择的行动,B 的纯策略由局中人 B 的两个节点(即两个信息集)处的行动选择组合而成(由左至右)。因而 B 有四个纯策略:①无论 A 开发还是不开发,B 开发;②A 开发 B 开发,A 不开发 B 不开发;③A 开发 B 不开发,A 不开发 B 开发;④无论 A 开发还是不开发,B 不开发。将 B 的信息集从左到右排列,上述四个纯策略可以简写为:(开发,开发),(开发,不开发),(不开发,开发),(不开发,不开发)。表14 – 1 是此博弈的策略型表述。

表 14 – 1　房地产开发博弈的策略型表述

A	B			
	(开发,开发)	(开发,不开发)	(不开发,开发)	(不开发,不开发)
开　发	$-3, -3$	$-3, -3$	1,0	1,0
不开发	0,1	0,0	0,1	0,0

从策略型表述中,用双划线法可知此博弈有三个纯策略纳什均衡:(开发,(不开发,开发))、(开发,(不开发,不开发))和(不开发,(开发,开发))。在每一个均衡中,给定对方的策略,自己的策略都是最优的。前两个均衡的结果是:A 开发,B 不开发;第三个均衡的结果是:A 不开发,B 开发。由此可知,均衡与均衡结果是不同的(不同的均衡可能对应相同的均衡结果)。

以上讨论了扩展型博弈的纯策略,在其基础上纳什均衡的定义仍然有效。

如果扩展型博弈有有限个信息集,每个信息集上局中人的可选行动数目有限,则这个扩展型博弈就是有限的;如果一个扩展型博弈是有限的,那么对应的策略型博弈也是有限的,从而存在混合策略纳什均衡。另外,如果有限扩展型博弈是完美信息的,那么它存在纯策略纳什均衡(Zemoelo,1913;Kuhn,1953)。

以上可以看到,扩展型博弈的纳什均衡是借助与之对应的策略型博弈而定义的,而扩展型博弈事实上包含了比策略型博弈更为丰富的信息,它应该能够得出比纳什均衡更强的解概念,否则会在很大程度上失去意义,其结果就是纳什均衡在扩展型博弈中的改进——子博弈完美纳什均衡。

四、子博弈完美纳什均衡

子博弈完美纳什均衡是针对扩展型博弈中纳什均衡的缺陷而形成的。正如以上所述,策略型可以用来表述任意复杂的扩展型博弈,从而拓展了纳什均衡概念应用的范围。但泽尔腾指出,在扩展型博弈的纳什均衡中有些是不合理的,它的实现依赖于局中人不合理的"空洞威胁"(例如上例中的(开发,(不开发,不开发))和(不开发,(开发,开发))),需要加以剔除,从而形成了子博弈完美纳什均衡的概念。

为了剔除依赖空洞威胁的纳什均衡,泽尔腾于 1965 年提出了子博弈完美纳什均衡的概念,这种均衡要求均衡策略在每一个信息集上都是对于对手策略的最佳反应,这些就避免了局中人利用非最佳反应策略实施"空洞"威胁的情况。

(一)子博弈完美均衡的定义

为了定义子博弈完美纳什均衡,首先要对子博弈进行合适的定义。

子博弈的定义:一种扩展型博弈 T 的子博弈 G,由 T 中的决策节点与它的所有后续节点组成,具有性质:如果 $x' \in G$ 且 $x'' \in h(x')$,则有 $x'' \in G$。子博弈的信息集与支付函数均来自原博弈,即在 G 中的 x' 与 x'' 属于同一信息集,当且仅当它们在原博弈中属于同一信息集时,子博弈的支付函数就是原博弈支付函数适用于子博弈的部分。

这种定义的关键是子博弈不能分割原博弈的信息集,否则就改变了博弈的信息结构,会使得局中人知道原博弈中他不会知道的信息。这也使得子博弈的初始节点在原博弈中属于一个单点信息集,即原博弈中没有其他与之同属一个信息集的节点。在习惯上,原博弈也作为自己的一个子博弈。

例如,前面的房地产开发博弈中有三个子博弈,如图 14 - 6 所示。

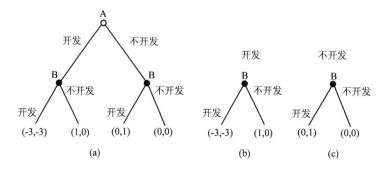

图 14 - 6　房地产开发博弈的子博弈

在子博弈定义的基础上,就可以定义子博弈完美均衡概念。

子博弈完美纳什均衡定义:扩展型博弈的策略组合 s^* 如果在任何子博弈上均能给出纳什均衡,这一策略组合即为子博弈完美纳什均衡。

上述房地产开发博弈中,三个纯策略纳什均衡:(开发,(不开发,开发)),(开发,(不开发,不开发))和(不开发,(开发,开发))中只有(开发,(不开发,开发))是子博弈完美纳什均衡。

(二)子博弈完美均衡的求解——倒推归纳法

在有限完美信息的扩展型博弈中,一般使用倒推归纳法求解子博弈完美均衡。其方法是,从位于最后的决策节点的子博弈开始,求出对应的局中人的最佳选择,然后在这种选择给定的情况下,倒推至该节点的前一个节点,求出相应局中人的最佳选择,然后再向前倒推,直至初始节点。这样得到的策略组合就是子博弈完美纳什均衡。

用倒推归纳法同样可以求出(开发,(不开发,开发))是房地产开发博弈中唯一的子博弈完美纳什均衡。从这一例子中可以看到,子博弈完美均衡有效地排除了依赖于空洞威胁的纳什均衡。

【例 14 - 6】斯坦克尔伯格寡头竞争模型。

斯坦克尔伯格(Stackelberg,1934)模型可以看作是泽尔滕的子博弈完美纳什均衡的最早版本,揭示的是完全信息动态条件下的博弈均衡问题。与古诺模型一样,厂商的行动也是选择产量。不同的是,在斯坦克尔伯格模型中,厂商 1

是领头厂商,首先选择产量 $q_1 \geqslant 0$;厂商 2 是尾随厂商,观测到 q_1 后,选择自己的产量 $q_2 \geqslant 0$,因此,这是一个完美信息动态博弈。因为厂商 2 在选择 q_2 前观测到 q_1,它可以根据 q_1 来选择 q_2;而厂商 1 首先行动,它不可能根据 q_2 来选择 q_1,因此,厂商 2 的策略应该是从 Q_1 到 Q_2 的一个函数,即 s_2: $Q_1 \rightarrow Q_2$(这里 $Q_1 = [0, +\infty)$ 是厂商 1 的产量空间,$Q_2 = [0, +\infty)$ 是厂商 2 的产量空间),而厂商 1 的策略就是简单地选择 q_1;纯策略均衡结果是产出向量为 $(q_1, s_2(q_1))$,支付函数为 $u_i(q_1, s_2(q_1))$。

假定逆需求函数为 $P(Q) = a - (q_1 + q_2)$,两个厂商有相同的不变单位成本 $c \geqslant 0$,那么,支付(利润)函数为:

$$\pi_i(q_1, q_2) = q_i(P(Q) - c) \qquad (i = 1, 2)$$

我们用倒推归纳法求解这个博弈的子博弈完美纳什均衡。首先考虑给定 q_1 的情况下,厂商 2 的最优选择。厂商 2 的问题是:

$$\underset{q_2 \geqslant 0}{\text{Max}} \, \pi_2(q_1, q_2) = q_2(a - q_1 - q_2 - c)$$

最优化的一阶条件意味着:

$$s_2(q_1) = \frac{1}{2}(a - q_1 - c)$$

假定 $q_1 < a - c$,这实际上是古诺模型中厂商 2 的反应函数,不同的是,这里 $s_2(q_1)$ 是当厂商 1 选择 q_1 时厂商 2 的实际选择,而在古诺模型中,$S_2(q_1)$ 是厂商 2 对于假设的 q_1 的最优反应。

因为厂商 1 预测到厂商 2 将根据 $s_2(q_1)$ 选择 q_2,所以厂商 1 在第一阶段的问题是:

$$\underset{q_1 \geqslant 0}{\text{Max}} \pi_1(q_1, s_2(q_1)) = q_1(a - q_1 - s_2(q_1) - c)$$

解一阶条件得:

$$q_1^* = \frac{1}{2}(a - c)$$

将 $q_1^* = \frac{1}{2}(a - c)$ 代入 $s_2(q_1)$ 得:

$$q_2^* = s_2(q_1^*) = \frac{1}{4}(a - c)$$

这就是子博弈完美纳什均衡结果,一般称为斯坦克尔伯格均衡结果。注意,$q_1^* = \frac{1}{2}(a - c)$ 和 $q_2^* = \frac{1}{4}(a - c)$ 是均衡结果,而不是均衡本身,因为 $q_2^* = \frac{1}{4}(a - c)$ 并不是对于任何给定的 q_1 的最优选择(即不是第二阶段的所有子博弈的纳什均衡)。子博弈完美纳什均衡是 $(q_1^*, s_2(q_1))$。

前面古诺模型得到的结果是：$q_1^* = q_2^* = \frac{1}{3}(a-c)$，比较两个结果，我们发现，斯坦克尔伯格均衡的总产量（$\frac{3}{4}(a-c)$）大于古诺均衡的总产量（$\frac{2}{3}(a-c)$）。但是，厂商 1 的斯坦克尔伯格均衡产量大于古诺均衡产量，而厂商 2 的斯坦克尔伯格均衡产量小于古诺均衡产量。因为厂商 1 本来可以选择古诺均衡产量，但它没有选择，说明厂商 1 在斯坦克尔伯格博弈中的利润大于古诺博弈中的利润，而总产量上升意味着总利润下降了，从而厂商 2 的利润一定下降了。这就是所谓的"先动优势"。

此例也说明，在博弈中拥有信息优势可能使局中人处于劣势，而这在单人决策中是不可能的。厂商 2 在斯坦克尔伯格博弈中的利润之所以低于古诺博弈中的利润，是因为它在决策之前就知道了厂商 1 的产量。即使厂商 1 先行动，但如果厂商 2 在决策之前不能观测到厂商 1 的产量，我们就回到了古诺均衡，因为此时，厂商 1 不存在先动优势。

倒推归纳法在求解有限完美信息动态博弈时最为有效，不过，有些非完美信息的博弈也可以使用倒推归纳法的逻辑进行求解。在无限博弈中，倒推归纳法失效，这就需要从子博弈完美均衡的定义出发求解。

第三节　不完全信息静态博弈

一、不完全信息

不完全信息博弈理论中的不完全信息具有特定含义，它专指一种博弈局势中至少有一个局中人对其他局中人（或者他自己）与该种博弈局势有关的事前信息了解不充分。这里所谓的事前信息，是指关于在博弈实际开始之前局中人所处的地位或者状态的信息，这种地位与状态对于博弈局势具有影响，而不是博弈中产生的与局中人实际策略选择有关的信息。从技术上来说，按照豪尔绍尼的说法，博弈中的不完全信息表现为对博弈的基本数学结构的了解不充分。

博弈中的不完全信息具有多种形式，如局中人对其他局中人（或自己）所掌握的自然资源、人力资源、商业经验、决策能力的了解不充分，对其他局中人偏好与品味的不完全了解，对其他局中人可用策略的不完全了解，对处于一种博弈局势的局中人具体数目的不完全了解等。

在理论上,这些多种多样的不完全信息情形在对策论分析中可以归结为一种不完全信息:局中人对其他局中人(甚至自己)的支付函数的不完全了解。我们通过一个不完全信息博弈实例来说明。

【例14-7】市场进入博弈。

一种行业有两个相关企业,一个是垄断者(局中人1),另一个是潜在的进入者(局中人2)。局中人1决定是否建立一个新工厂,而同时局中人2决定是否进入这一行业。其中存在着不完全信息,局中人2不知道局中人1的建厂成本是3还是1,而局中人1知道自己的成本。这样形成的不完全信息博弈局势如图14-7所示。

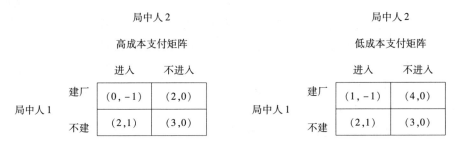

图14-7 市场进入博弈

不完全信息引起了局中人决策的困难,他们需要对自己所不能确知的各种信息作出主观判断,并在此基础上决定自己的行为。在不完全信息博弈中,不是所有人都知道同样的信息,除了共知的公共信息外,局中人各自具有自己的私人信息。于是在进行策略选择的时候,局中人需要猜测其他局中人的私人信息,同时也需要猜测其他局中人对自己私人信息的猜测,这种对猜测的猜测的序列还可以无限继续下去。为此,需要引入一种特定的分析机制,采用从思想上能够接受而且技术上能够处理的方式,对不完全信息所带来的博弈问题进行描述与处理,这就是豪尔绍尼转换。

二、豪尔绍尼转换

豪尔绍尼转换的主要思路是以类型概念构造对不完全信息的描述,并在此基础上构造概率模型来描述局中人在博弈中对不完全信息的处理,从而将不完全信息博弈转化为不完美信息的完全信息博弈。

(一)类型(type)

在对策论中用类型来定义局中人的私人信息。在不完全信息博弈中,每个局中人具有若干种类型,而类型的差别对于最终的结局产生影响。如果对于其中两种类型来说,各自形成的博弈结局(最终支付)在各种情形下完全相同,那么这两种类型对于这种不完全信息决策来说是没有区别的,在考察中将二者合为一种。因此,与所考察的博弈无关的通常意义上的类型是不加以考虑的。

在类型概念的基础上,就比较容易进行对私人信息的描述。对于一个局中人来说,他知道自己是某种特定类型,而对于(全部或者部分)其他局中人来说则只知道他是若干种可能类型中的一种,但是不能确切地知道他是哪一种特定类型。每一个局中人所具有的私人信息是他自己的确切类型,而对此所有局中人均知道的公有信息则是:每个局中人的具体类型是该局中人的若干种类型中的一种,并且这一事实为所有人所知。这样,每个局中人所知道的是:他的私人信息,即自己属于何种特定类型,以及其他各个局中人的实际类型分别为相应若干种可能类型中的一种,但不清楚具体是哪一种。

这种描述方法决定了,在现实中无限可能的类型分类中,实际进行考察的类型是其他局中人不能确定该局中人所处的所有可能的类型。如果所有局中人均知道该局中人不可能为某种类型,那么这种类型将不在考虑之列。这极大地缩小了所需考察的可能类型的数目。

在符号上,局中人 i 的类型记为 $\theta_i \in \Theta_i$,Θ_i 为局中人 i 的可能类型的集合。

类型是一个适用性非常广的概念,可以用来描述各种各样的不完全信息形势。在利用类型对博弈中的不完全信息进行表述之后,下一步人们需要通过概率模型对自己所不了解的类型信息进行主观判断。

（二）概率模型

在不完全信息博弈中,局中人知道其他局中人的实际类型为若干可能类型中的一种,但不知道究竟是哪一种,只能在猜测的基础上选择自己的策略。为了描述这种主观判断,贝叶斯博弈利用贝叶斯理性原则来描述这种不确定情形下人们的理性行为。所谓贝叶斯理性原则,是指人们进行决策时在对与之相关的某种客体没有确定性了解,同时也不知道客观概率时,对其作出主观概率判断,并在决策中如同应用客观概率一样应用这种主观概率进行判断的原则。

由此,在不完全信息博弈中,局中人所做的事,是对其他局中人的实际类型作出主观概率判断,然后根据这种主观概率进行策略选择。但这样仍然存在着一个问题,即局中人对其他局中人主观判断的猜测问题。

为了解决这一问题,贝叶斯博弈理论设计了一种概率模型。假设局中人的类型 $\{\theta_i\}_{i=1}^I$ 来自一种类型上的联合概率分布 $p(\theta_1,\cdots,\theta_I)$,这种联合概率分布是局中人的公有信息,然后各个局中人在此基础上形成对其他局中人实际类型

的概率判断,即局中人 i 在知道自己的实际类型为 θ_i 的情况下,对对手类型形成的条件概率分布 $p(\theta_{-i}|\theta_i)$ 进行贝叶斯推断,即 $\dfrac{p(\theta_i, \theta_{-i})}{p(\theta_i)}$。

下面我们以实例来说明这种概率模型。

【例 14-8】两个企业在同一种产品市场竞争,他们彼此不清楚对方关于相关事务的真实力量,而只知道自己的力量,双方力量的不同会导致双方在使用策略不变的情况下最终结局的不同。这种局势的简化描述为:双方均有两种类型,力量强与力量弱,可称为"强"类型与"弱"类型。

我们现在引入这种不完全信息博弈的一种概率模型,其中联合概率分布如表14-2所示。

表 14-2 联合概率分布实例

企业1	企业2	
	强	弱
强	0.3	0.2
弱	0.1	0.4

根据这一联合概率分布,就可以知道每个局中人在不同情况下对其他局中人实际类型的概率推断。例如,如果企业 1 为"强"类型,那么他对企业 2 的类型判断依据贝叶斯推断原则有:企业 2 为"强"类型的概率为 0.3/(0.3 + 0.2) = 0.6,企业 2 为"弱"类型的概率为 0.2/(0.3 + 0.2) = 0.4;而当企业 1 为"弱"类型时,他对企业 2 类型的主观判断为:企业 2 为"强"的概率为 0.2,为"弱"的概率为 0.8。类似有企业 2 对企业 1 类型的判断。

在这种概率模型中,由于联合概率分布为各个局中人均知道的公有信息,这种形成主观判断的机制也为所有局中人了解,所以局中人知道其他局中人的主观判断的方式以及相应的结果,如例 10-8 中,企业 1 不知道企业 2 的真实类型,他会根据自己的实际类型作出对企业 2 真实类型的概率判断,而企业 2 尽管不知道企业 1 的真实类型,他同样可根据以上过程知道:如果企业 1 为"强"类型,那么企业 1 对自己真实类型的概率判断将是 0.6 与 0.4,如果企业 1 为"弱"类型,那么企业 1 对自己的概率判断将是 0.2 与 0.8。通过这种概率机制的引入,就能构造局中人对其他局中人私人信息的猜测过程,使得这种猜测方式为其他局中人所知,从而避免了对其他局中人主观判断的不确定性,形成了对不完全信息的完整描述。

这种概率模型是目前对不完全信息的唯一规范化描述,按照豪尔绍尼的说法,它的深层含义是,理性人在掌握同样的信息时对同一事件会形成相同的概率判断,人们对同一事件形成不同的概率判断的原因只是因为各自掌握的信息不同。在以上概率模型中,这意味着局中人对包括自己的所有局中人类型上的先验概率判断都是一样的,只是由于局中人掌握的私人信息不同,从而形成了各自对其他局中人类型上概率分布的判断不同。

(三)豪尔绍尼转换

在概率模型的基础上,就可以通过豪尔绍尼转换将不完全信息转化为不完美信息。其中引入"自然"这一虚拟局中人,所有局中人的实际类型均来自由"自然"根据类型上的联合概率分布进行的一种初始抽彩,局中人根据这种抽彩决定自己对其他局中人类型的主观判断,然后局中人进行实际博弈。我们通过例 14 - 7 来表现这一转换。

在例 14 - 7 中,局中人 1 具有两种可能类型,"高"建厂成本与"低"建厂成本,而局中人 2 没有私人信息。假设概率模型为:局中人 1 类型为"高"成本的概率为 0.4,"低"成本的概率为 0.6。那么原来的不完全信息博弈转换为如图 14 - 8 所示的不完美信息的完全信息博弈。

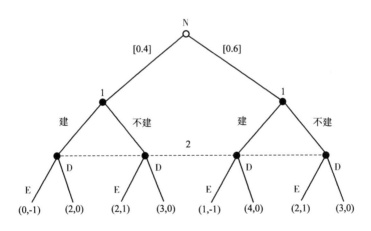

图 14 - 8 豪尔绍尼转换

图 14 - 8 的意思是:设"自然(N)"的概率分布为(0.4, 0.6),当概率为 0.4 时,局中人有"建厂"与"不建厂"两种选择;局中人 2 针对局中人 1 的两种策略,均有"进入"与"不进入"两种选择;如果局中人 2 针对局中人 1 的"建厂"策略选择"进入(E)",则双方的支付函数为(0, - 1),如果他选择"不进入(D)",则支付函数为(2, 0);其余类推。

豪尔绍尼转换将不完全信息博弈转化为不完美信息的完全信息博弈后,就可以利用完全信息博弈的处理方法,得到贝叶斯 - 纳什均衡,这是纳什均衡在不完全信息下的推广。

三、贝叶斯－纳什均衡

在不完全信息静态博弈中,局中人同时行动,没有机会观察别人的选择。给定别人的策略选择,每个局中人的最优策略依赖于自己的类型。由于每个局中人仅知道其他局中人类型的概率分布而不知其真实类型,因此他不可能准确地知道其他局中人实际上会选择何种策略。但是,他能正确地预测到其他局中人的选择是如何依赖于各自的类型的。这样,他决策的目标就是在给定自己的类型和别人的类型依存策略的情况下,最大化自己的期望效用。贝叶斯－纳什均衡是这样一种类型依存策略组合:在给定自己的类型和别人类型的概率分布的情况下,每个局中人的期望效用达到了最大化,也就是说,没有人有积极性选择其他策略。

上面讨论了类型 $\theta_i \in \Theta_i$ 与类型上的联合概率分布 $p(\theta_1, \cdots, \theta_I)$。贝叶斯博弈还包括每个局中人 i 的纯策略 $s_i \in S_i$、相应的混合策略 $\sigma_i \in \sum_i$ 以及与类型组合有关的支付函数 $u_i(s_1, \cdots, s_I, \theta_1, \cdots, \theta_I)$。由于每个局中人的策略选择依赖于他的实际类型,故而以 $s_i(\theta_i)$ 与 $\sigma_i(\theta_i)$ 表示局中人 i 在其实际类型为 θ_i 时所选择的纯策略与混合策略。当局中人 i 知道其他局中人作为类型函数的策略选择时,他就可以应用自己对其他局中人类型的概率判断 $p_i(\theta_{-i}|\theta_i)$ 来计算自己每一种策略选择对应的期望效用,从而决定自己的最佳反应 $\sigma_i(\theta_i)$。

贝叶斯博弈的博弈次序就是:首先按照自然概率分布 $p(\theta_1, \cdots, \theta_I)$ 随机抽取选择类型向量 $(\theta_1, \cdots, \theta_I)$,每个局中人知道自己的实际类型,但不知道其他局中人的实际类型;每个局中人选择自己的策略;局中人得到自己的支付。

贝叶斯－纳什均衡定义:局中人具有类型 $\theta_i \in \Theta_i$、策略 $s_i \in S_i$ 及支付函数 u_i,类型上先验分布为 p 的不完全信息博弈中的纯策略贝叶斯－纳什均衡是一种"扩充"博弈的纳什均衡,这种扩充博弈中每个局中人 i 的纯策略空间是由 Θ_i 到 S_i 的映射的集合 $S_i^{\Theta_i}$。另一种等价的定义方式为:贝叶斯－纳什均衡是一种与类型有关的策略组合 $(s_1^*(\theta_1), \cdots, s_I^*(\theta_I))$,其中每个局中人 i 在给定自己类型 θ_i 和其他局中人策略 $s_{-i}^*(\theta_{-i})$ 的情况下最大化自己的期望效用函数,即

$$s_i^*(\theta_i) \in \operatorname*{argmax}_{s_i} \sum_{\theta_{-i}} p(\theta_{-i}|\theta_i) u_i(s_i, s_{-i}^*(\theta_{-i}), (\theta_i, \theta_{-i}))$$

图 14－8 所示的贝叶斯博弈相当于表 14－7 所示的完全信息的扩充博弈局势。

局中人2

	进入	不进入
（建，建）	(0.6, -1)	(3.2,0)
（建，不建）	(1.2,0.2)	(2.6,0)
（不建，建）	(1.4, -0.2)	(3.6,0)
（不建，不建）	(2,1)	(3,0)

局中人1

图 14-9　例 14-7 对应的扩充博弈局势

我们现在求解例 14-7 的贝叶斯-纳什均衡，以表中的(0.6, -1)为例说明数字的计算方法。当概率为 0.4 时，局中人 2 针对局中人 1 的"建厂"策略选择"进入"，双方的支付函数为 (0, -1)；当概率为 0.6 时，局中人 1 的"建厂"策略选择"进入"，双方的支付函数为(1, -1)。局中人 1 的收益为：$0 \times 0.4 + 1 \times 0.6 = 0.6$。局中人 2 的收益为：$(-1) \times 0.4 + (-1) \times 0.6 = -1$，其余类推。第一列表现的是局中人 1 在两种类型下的策略选择，括号内前者是局中人 1 在其实际类型为高成本类型时选择的策略，后者是局中人 1 为低成本类型时选择的策略。表中的数据为各个局中人得到的期望效用，为类型分布下对应结局的期望。

从图 14-9 可以看出，这一贝叶斯博弈的纯策略贝叶斯-纳什均衡有两个，一个是((不建，建)，不进入)，即局中人 1 建厂成本高时不建，建厂成本低时建，而局中人 2 不进入；另一个是((不建，不建)，进入)，即局中人 1 总是不建，而局中人 2 进入。

【例 14-9】不完全信息古诺模型。

在不完全信息古诺模型里，局中人的类型是成本函数。假定逆需求函数仍是 $P = a - q_1 - q_2$，每个厂商都有不变的单位成本。设 c_i 为厂商 i 的单位成本，那么厂商 i 的利润函数为：

$$\pi_i = q_i(a - q_1 - q_2 - c_i) \qquad (i = 1,2)$$

假定厂商 1 的单位成本 c_1 是共同知识，厂商 2 的单位成本 c_2 可能是 c_2^L（低成本），也可能是 c_2^H（高成本），$c_2^L < c_2^H$；厂商 2 知道自己的成本是 c_2^L 还是 c_2^H，但厂商 1 只知道 $c_2 = c_2^L$ 的可能性为 μ，$c_2 = c_2^H$ 的可能性为 $(1 - \mu)$；μ 是共同知识。换言之，我们假定厂商 1 只有一个类型，厂商 2 有两个类型，为了更具体一些，我们进一步假设 $a = 2, c_1 = 1, c_2^L = 3/4, c_2^H = 5/4, \mu = 1/2$（因而厂商 2 的成本的期望值与厂商 1 的成本相同）。给定厂商 2 知道厂商 1 的成本，厂商 2 将选择 q_2

最大化利润函数：$\pi_2 = q_2(t - q_1^* - q_2)$，其中 $t = a - 3/4 = 5/4$ 或 $t = a - 5/4 = 3/4$，依赖于厂商 2 的实际成本。从最优化的一阶条件可得厂商 2 的反应函数为：

$$q_2^*(q_1, t) = \frac{1}{2}(t - q_1)$$

这就是说，厂商 2 的最优产量不仅依赖于厂商 1 的产量，而且依赖于自己的成本。令 q_2^L（低产量）为 $t = 5/4$ 时厂商 2 的最优产量，q_2^H（高产量）为 $t = 3/4$ 时厂商 2 的最优产量。那么：

$$q_2^L = \frac{1}{2}\left(\frac{5}{4} - q_1\right)$$

$$q_2^H = \frac{1}{2}\left(\frac{3}{4} - q_1\right)$$

厂商 1 不知道厂商 2 的真实成本，从而不知道厂商 2 的最优反应究竟是 q_2^L 还是 q_2^H，因此厂商 1 将选择 q_1 最大化下列期望利润函数：

$$E\pi_1 = \frac{1}{2}q_1(1 - q_1 - q_2^L) + \frac{1}{2}q_1(1 - q_1 - q_2^H)$$

解最优化的一阶条件得厂商 1 的反应函数为：

$$q_1^* = \frac{1}{2}\left(1 - \frac{1}{2}q_2^L - \frac{1}{2}q_2^H\right) = \frac{1}{2}(1 - Eq_2)$$

这里 $Eq_2 = \frac{1}{2}q_2^L + \frac{1}{2}q_2^H$ 是厂商 1 关于厂商 2 产量的期望值。

均衡意味着两个反应函数同时成立。解两个反应函数得到贝叶斯均衡为：

$$q_1^* = \frac{1}{3}, \quad q_2^{L*} = \frac{11}{24}, \quad q_2^{H*} = \frac{5}{24}$$

下面我们比较一下不完全信息下的贝叶斯均衡与完全信息下的纳什均衡。如果厂商 2 的成本是 $c_2 = 3/4$，厂商 1 知道 $c_2 = 3/4$，那么反应函数分别为：

$$q_1^* = \frac{1}{2}(1 - q_2)$$

$$q_2^* = \frac{1}{2}\left(\frac{5}{4} - q_1\right)$$

纳什均衡产量为 $q_{1L}^{NE} = \frac{1}{4}, q_{2L}^{NE} = \frac{1}{2}$，这里下标 L 表示厂商 2 为低成本的情况。类似地，如果厂商 2 的成本是 $c_2 = 5/4$，厂商 1 知道 $c_2 = 5/4$，则纳什均衡产量为 $q_{1H}^{NE} = \frac{5}{12}, q_{2H}^{NE} = \frac{1}{6}$，这里下标 H 表示当厂商 2 为高成本的情况。因此，我们有：

$$q_{1L}^{NE} = \frac{1}{3} < q_1^* = \frac{1}{3}; q_{2L}^{NE} = \frac{1}{2} > q_2^{L*} = \frac{11}{24}$$

$$q_{1H}^{NE} = \frac{5}{12} > q_1^* = \frac{1}{3}; q_{2H}^{NE} = \frac{1}{6} < q_2^{H^*} = \frac{5}{24}$$

这就是说,与完全信息相比,在不完全信息情况下,低成本企业的产量相对较低,高成本企业的产量相对较高。导致这个结果的原因是:当厂商 1 不知道 c_2 时,只能生产预期的最优产量,高于完全信息下面对低成本竞争对手时的产量,低于完全信息下面对高成本竞争对手时的产量,厂商 2 对此作出反应。

第四节　不完全信息动态博弈

前面讨论的不完全信息静态博弈中,局中人同时选择策略,下面讨论的不完全信息动态博弈中引入了局中人行动的先后次序,两者之间的关系类似于完全信息静态博弈与完全信息动态博弈之间的关系。正如子博弈完美均衡对纳什均衡进行了精炼,动态贝叶斯博弈中的均衡概念也是对贝叶斯 – 纳什均衡的进一步精炼。

在不完全信息动态博弈中,"自然"首先选择局中人的类型,局中人自己知道,其他局中人不知道;在自然选择之后,局中人开始行动,局中人的行动有先有后,后行动者能够观测到先行动者的行动,但不能观测到先行动者的类型。但是,因为局中人的行动是类型依存的,每个局中人的行动都传递着有关自己类型的某些信息,后行动者可以通过观察先行动者所选择的行动来推断其类型或修正对其类型的先验信念(概率分布),然后选择自己的最优行动;先行动者预测到自己的行动将被后行动者所利用,就会设法选择传递对自己最有利的信息,避免传递对自己不利的信息,因此,博弈过程不仅是局中人选择行动的过程,而且是局中人不断修正信念的过程。

完美贝叶斯 – 纳什均衡是不完全信息动态博弈均衡的基本概念,它是泽尔腾的完全信息动态博弈的子博弈完美纳什均衡和豪尔绍尼的不完全信息静态博弈的贝叶斯 – 纳什均衡的结合。完美贝叶斯 – 纳什均衡要求:给定有关其他局中人的类型的信念,局中人的策略在每一个信息集开始的"后续博弈"上构成贝叶斯 – 纳什均衡;并且,在所有可能的情况下,局中人使用贝叶斯法则修正有关其他局中人的类型的信息。

动态贝叶斯博弈中引入了局中人行动的先后次序,同时,不完全信息通过概率模型转换为不完美信息,所以它主要通过扩展型博弈的形式来表述。

一、完美贝叶斯 - 纳什均衡

在动态贝叶斯博弈中,完全信息动态博弈中发展的子博弈完美均衡概念已经不再适用,由于不完全信息处理是在博弈开始时自然根据特定概率分布的一种或然行动,所以动态贝叶斯博弈只有自身一个子博弈(因为,这时从非初始节点出发的任何子树都会割裂信息集),子博弈完美均衡概念失效。不过,其中可以应用子博弈完美均衡的思想,结合贝叶斯 - 纳什均衡的概念,就形成了完美贝叶斯 - 纳什均衡概念。

在不完全信息动态博弈中,局中人可以在有限信息的条件下,通过前面博弈进行的结果来修正自己关于其他局中人类型的信念,从而更好地把握博弈局势。局中人的行动选择与他的私人信息有关,选择的是与类型有关的行动,在他之后行动的局中人就可以通过对行动历史的观察推断他的类型,即使不能完全消除不确定性,也可以得到概率分布上的改进。这也就是从先验分布到后验分布的贝叶斯推断过程。

子博弈完美均衡进行均衡精炼的思路,要求均衡策略不仅在整个博弈上构成纳什均衡,而且在从任何信息集开始的子博弈上也形成纳什均衡。类似地,完美贝叶斯 - 纳什均衡(Perfect Bayes Nash Equilibrium)的思路是,将从每个信息集开始的博弈的剩余部分称为后续博弈(continuation game),由于后续博弈之前的行动历史使得局中人可以修正自己对其他局中人类型分布的信念,所以在进行后续博弈时,局中人是依据修正后的后验信念进行策略选择。后续博弈与相应的后验信息相结合就构成了后续的贝叶斯博弈。完美贝叶斯 - 纳什均衡要求在所有的后续贝叶斯博弈上也达成贝叶斯 - 纳什均衡。其基本意义是:均衡不仅要考虑初始的不完全信息使得局中人只能依赖于先验信念开始博弈,而且要考虑到这种先验信念在博弈进行中会随着局中人的行动而发生变化,通过贝叶斯推断过程不断形成新的后验信念,包含了这种信念修正过程的均衡才是可信的。信念的修正借助于贝叶斯法则,即如 $P(y) > 0$,后验概率与先验概率之间的关系为:

$$P(x|y) = \frac{P(y|x)P(x)}{P(y)}$$

如 $P(y) = 0$,则后验概率任意取值。

总的来说,完美贝叶斯 - 纳什均衡要求:

(1)在每个信息集上,局中人必须有一个定义在属于该信息集的所有节点之上的概率分布,这就是局中人的信念,信息集包含了局中人类型的信息,这一信念也相当于局中人在该信息集上对其他局中人类型的概率判断。

（2）给定该信息集上的信念和其他局中人的后续策略（subsequent strategy），为后续博弈上的完备的行动组合，局中人的后续策略必须为最优的。

（3）局中人根据贝叶斯法则和均衡策略修正后验信念。

完美贝叶斯－纳什均衡定义：设有 I 个局中人，局中人 i 的类型为 $\theta_i \in \Theta_i$，$p_i(\theta_{-i}|\theta_i)$ 为局中人 i 关于其他局中人类型的先验信念（即先验概率），局中人 i 的纯策略为 $s_i \in S_i$，a^h_{-i} 为信息集 h 上局中人 i 观测到的其他局中人的行动组合，为由 s_{-i} 限定的对应行动组合，$\tilde{p}_i(\theta_{-i}|a^h_{-i})$ 为观测到 a^h_{-i} 时形成的对其他局中人类型的后验信念（后验概率），$u_i(s_i,s_{-i},\theta_i)$ 为局中人 i 为类型 θ_i 时得到的支付。在这些符号的基础上，就可以定义完美贝叶斯－纳什均衡。

完美贝叶斯－纳什均衡是一种策略组合 $s^*(\theta) = (s_1^*(\theta_1),\cdots,s_I^*(\theta_I))$ 与一种后验概率组合 $\tilde{p} = (\tilde{p}_1,\cdots,\tilde{p}_I)$，满足：

（P）对于所有的局中人 i，在每个信息集 h 上，

$$s_i^*(s_{-i},\theta_i) \in \underset{s_i}{\mathrm{argmax}} \sum_{\theta_{-i}} \tilde{p}_i(\theta_{-i}|a^h_{-i}) u_i(s_i,s_{-i},\theta_i)$$

（B）$\tilde{p}_i(\theta_{-i}|a^h_{-i})$ 由先验概率 $p_i(\theta_{-i}|\theta_i)$、所观测的 a^h_{-i} 和最优策略 $s_{-i}^*(\cdot)$ 通过贝叶斯法则形成。

在定义中，（P）为精炼条件（perfectness condition），它表现在其他局中人的策略和局中人的后验概率给定时，局中人 i 的策略选择在从信息集 h 开始的后续博弈上是最优的；（B）为贝叶斯法则在信念修正上的应用，其中值得注意的是，如果 a_{-i} 不是均衡策略下的行动，而又观测到了 a_{-i}，那么相当于零概率事件发生，这时的后验概率可以任意取值，也就是说非均衡路径上的信念没有限制，对此存在进一步的均衡概念引入对非均衡路径的后验概率的限制以改善完美贝叶斯－纳什均衡概念。

二、均衡精炼

以往所讨论的任何一种均衡概念都不能在保证存在性的同时保证唯一性，由此产生的均衡多重性是对策论面临的一个难题。对此，目前的解决方法是：无论采用哪一种均衡概念，在对应的多个均衡中利用特定的评价标准可能能够分辨出其中一些是合理的，而另一些是不合理的，这样通过评价标准的设定就可以剔除相应不合理的均衡。这种方法被称为均衡的精炼，通过剔除在对应标准下不合理的均衡以减少均衡的数目。例如，子博弈完美纳什均衡就是纳什均衡的精炼。以下介绍两种精炼均衡：序贯均衡和颤抖手均衡。

（一）序贯均衡

完美贝叶斯－纳什均衡是动态贝叶斯博弈中对贝叶斯－纳什均衡概念的

精炼,在其基础上仍然可以进一步精炼,主要原因是:在完美贝叶斯－纳什均衡概念中非均衡路径上的后验概率没有定义,可以任意取值。通过对非均衡路径上的后验概率作出合理的限制就可以对均衡概念进行改进。

序贯均衡概念是由 Kreps 和 Wilson 于 1982 年首先提出的。它的原理与完美贝叶斯－纳什均衡相似,也应用于动态贝叶斯博弈,但着重强调非均衡路径上后验概率的形成,对局中人随着博弈的进行修正自己信念的方式作了更为严格的要求,认为局中人的行动必须被对行动历史的信念"合理化"。

序贯均衡对非均衡路径上后验概率的处理是:首先假定在每个信息集上,局中人选择严格混合策略(即以严格正的概率选择每一个行动),从而使博弈到达每一个信息集的概率严格为正,这样贝叶斯推断公式在每一个信息集上都可以适用而不会出现后验概率任意取值的情况;然后,将均衡作为这种严格混合策略和相应的后验概率的序列的极限,能够成为这种极限的均衡就是序贯均衡。

(二)颤抖手均衡

泽尔腾于 1975 年应用策略型博弈形式提出了颤抖手完美均衡的概念,简称颤抖手均衡。其基本思想是:在任何一个博弈中,每一个局中人均有可能犯错误,如同一个人抓东西时,手的颤抖使其发生偏差而抓不住一样(这种均衡概念的名称即来源于此)。这样局中人在选择策略时就需要考虑到其他局中人犯错误的可能性,从而颤抖手均衡就是比纳什均衡更为合理的均衡概念。

泽尔腾将非均衡事件的发生解释为局中人策略选择时的"颤抖",当局中人发现博弈偏离均衡时,他将这一事件归结为某一个其他局中人的非蓄意错误。在发生颤抖的博弈中局中人要针对这些颤抖作出最佳反应,从而构成了纳什均衡。当颤抖的幅度缩小时,被颤抖扰动的博弈中的均衡的极限就是颤抖手均衡。

颤抖手均衡要求均衡策略不仅是对手策略的最佳反应,而且是对手策略发生微小(或无限小)颤抖时的最佳反应。

这样定义的颤抖手均衡仍然具有缺陷,将它应用到动态博弈对应的策略型描述时,就会出现颤抖手均衡不是子博弈完美均衡的情况,这是由于在动态博弈的策略型描述中同一局中人在动态博弈的不同阶段的错误(颤抖)具有相关性,从而不能剔除子博弈完美均衡概念所揭示的不合理的均衡。为了排除局中人犯错误时的动态相关性,泽尔滕引入了"代理人—策略型表述",也就是将原来的局中人作为委托人,他在不同信息集上雇用了不同的代理人,授权后者决策。代理人的支付函数与委托人相同,按委托人利益而行动,但是彼此独立行动,这样犯错误的可能性也是独立的,从而消除了颤抖的动态相关性。通过这种方法就改进了颤抖手均衡概念,与子博弈完美均衡不再矛盾。

颤抖手均衡与序贯均衡的关系是：颤抖手均衡一定是序贯均衡，而序贯均衡则不一定是颤抖手均衡。不过，两种概念在实用中差别不大，实际上这两种精炼均衡在几乎所有的博弈局势中是完全相同的。

（三）均衡精炼

均衡精炼是对策论中的一个重要专题，出现了多种多样的精炼均衡概念。如，Myerson于1978年提出的恰当均衡。其思路是：在颤抖手均衡中，假设的是局中人在各个方向上犯错误的可能性相同，而实际上，局中人犯错误的后果并不相同，错误选择一种策略可能比错误选择另一种策略带来的损害更大，所以局中人会尽量避免代价大的错误。考虑到这种心理就形成了恰当均衡的概念。

均衡精炼至今仍处于发展之中，不断有新的均衡概念出现。不过目前这方面主要在进行理论讨论，在实际应用中，多数还是我们在这四节中所介绍的四种均衡概念：完全信息静态博弈中的纳什均衡，完全信息动态博弈中的子博弈完美纳什均衡，不完全信息静态博弈中的贝叶斯－纳什均衡，不完全信息动态博弈中的完美贝叶斯－纳什均衡。

三、博弈学习理论与博弈进化理论

此外，研究非完全理性（或称之为相关理性）情况下的博弈学习理论和博弈进化理论已成为分析博弈演变及其均衡的重要方法。

多数非合作博弈理论都集中讨论博弈中的均衡问题，尤其是纳什均衡及其精炼，在此领域的研究取得了巨大的成就，并有力地推动了对策论方法在经济理论研究中的应用。其中一些具有开创性贡献的专家因此获得了1994年诺贝尔经济学奖。但是，博弈理论研究并没有因此而终结，还存在着许多有待于进一步深入研究的问题。其中之一就是：什么时候和为什么人们可以预期博弈的结果将是这些均衡的问题之一。均衡的一个传统解释是：它是在博弈规则、局中人的理性以及局中人的支付函数都是共同知识的情况下，由局中人分析和自省所得出的结果。弗登博格和莱文（Fudenberg and Levine, 1998）认为，无论是概念上还是实验上，这些理论都存在如下问题：

（1）当有多种均衡时，存在一个主要的概念性问题：在缺少局中人如何预测同一均衡解释的情况下，其博弈结果并不需要符合任何均衡。当局中人利用一种共同选择过程，如海萨尼和泽尔腾（Harsanyni and Selten, 1988）搜寻过程来协调他们的期望时，这是可能的。而它不能解释的是，这样一种过程是怎样成为共同知识的。

（2）他们怀疑运用于许多博弈中的关于支付（payoffs）和理性（rationality）是准确的共同知识的（exact almost common knowledge）假设。如果将这一条件应用到所有共同知识（almost common knowledge）的假设上将产生更弱的结论。

（3）均衡理论并不能很好地解释大多数博弈实验前面的环节，尽管它对其后面的环节解释得较好。仅靠纯粹的自省理论要实现从非均衡向均衡结果转变是困难的。

弗登博格（Fudenberg）和莱文（Levine）在《博弈学习理论》（*The Theory of Learning in Games*）一书中发展了一个替代的解释，即"均衡是作为不够完全理性的局中人寻求最优化的长期过程的结果"。他们认为，该书讨论的"学习模型将为均衡理论提供基础"，"学习模型导致纳什均衡的精炼"，"学习模型提供了改进传统均衡概念的有用方法"。

由于传统博弈均衡理论的缺陷和博弈学习模型与进化模型的优点，对博弈学习理论和进化理论的研究于 20 世纪 90 年代在西方博弈理论界迅速兴起，并已成为现代博弈理论的一个重要分支。

第五节　合作博弈

合作博弈的意义表现在它与非合作博弈的差别上。豪尔绍尼（1966）提出，在博弈局势中，如果局中人的意愿（如协议、承诺、威胁等）具有完全的约束力且可强制执行的，则该博弈为合作博弈。如果局中人的意愿不可强制执行，即使局中人之间在博弈之前可以互相交往，则只能是非合作博弈。如囚徒困境中，囚徒之间可以达成攻守同盟，如果这种同盟有外界力量保证实施的话，那么这种博弈就是合作博弈，博弈的结局为双方均不坦白；如果这种同盟没有外界力量保证能够实施的话，那么这种博弈就是非合作博弈，而局中人从自己利益出发的理性行为将使得这种同盟没有约束力，博弈的理性结局会是纳什均衡，双方坦白。

非合作博弈理论分析的是局中人为了自身利益最大化，在利益相互影响的局势中如何选择各自的策略以及这些策略的均衡问题，纳什均衡是其核心概念。合作博弈理论分析的是联合体合作的结果与利益怎样实现、怎样分配的问题，在合作博弈理论中省去了理性的局中人如何达成合作的过程。

在形式上，有一种观点认为，可从如下角度把合作博弈看成是非合作博弈的特殊情形，即把达成合作的谈判过程和执行合作协议的强制过程明确地纳入博弈的扩展形式，用扩展型博弈研究合作博弈，从而将合作博弈理论纳入非合作博弈理论体系中。不过，由于非合作博弈的重点是个体，是每个局中人该采用什么策略;合作博弈的重点则是群体,何种联盟将会形成,联盟中的成员将如何分配他们可以得到的支付。即使可以把所形成的联盟看作是一个利益主体参与博弈,但如何在联盟内部分配他们的支付则是合作博弈所特有的研究内容。因此,合作博弈有其独立存在的理论价值,而且也有比较广泛的应用领域。

一、联盟和分配

合作博弈中最重要的两个概念为联盟和分配,对应的定义如下:

定义 14 - 1　设 $\zeta = \{1,2,\cdots,n\}$ 为局中人集合,则其中任意一非空子集 $S \subset \zeta$ 为一个联盟。其中,单个局中人是一个特殊的联盟,另外为了数学处理的方便,将空集 Φ 也作为一种特殊的联盟。所有联盟构成的集合记为 $P(\zeta)$。

定义 14 - 2　合作博弈的一个分配是指对 n 个局中人来说,存在一个向量 $x = (x, \cdots, x_n)$ 满足:① $\sum x_i = V(\zeta)$;② $x_i \geqslant V(i)$ 。

其中 $V(\zeta)$ 表示 n 个局中人总的最大收益, $V(i)$ 表示局中人不与任何人结盟时的收益。

定义 14 - 2 中两个条件的含义是:条件(1)是群体理性,说明各人分配的收益和正好是各种联盟形式总的最大收益;条件(2)是个体理性,说明从联盟中各人分配到的收益不小于单独"经营"所得收益,即分配必须使每个人都能得到更多的好处。

合作博弈存在的两个基本条件是:一是对联盟来说,整体收益大于其每个成员单独经营时的收益之和;二是对联盟内部而言,应存在着具有帕累托改进性质的分配规则,即每个成员都能获得比不加入联盟时要多一些的收益。如何保证实现和满足这些条件,这是由合作博弈的本质特点所决定的,也就是联盟内部成员之间的信息是可互相交换的,所达成的协议必须是强制执行的。

合作博弈分为两类:具有可转移效用的和不可转移效用的,其中不可转移效用是指局中人获得的效用不可转移;可转移效用是指联盟中各局中人获得的效用可以相互转移。一般研究的是具有可转移效用的合作博弈,应用的工具就是联盟型博弈,在理论上常常称为特征函数型博弈。

二、联盟型博弈

策略型博弈与扩展型博弈被用来表现非合作博弈局势。在合作博弈中,能起类似作用的是联盟型博弈,也称特征函数型博弈。这三种博弈概念存在着相互联系。扩展型博弈详细说明了博弈行动次序与信息结构细节,具有最丰富的信息,用来表述结构严整的博弈局势。在扩展型博弈的基础上可以简化出策略型博弈,只不过其中存在精微细节方面的损失。对于策略型博弈,如果引入意愿表示是有约束力的,且可强制执行的假设(即合作博弈前提),则可进一步简化博弈形势,不再有策略细节,而将研究重点放在合作的价值上。这就形成了联盟型(特征函数型)博弈,联盟型博弈是合作博弈的基本表述形式。

合作或联盟形式以每类局中人集合可以得到的共同最优结果来表示博弈。如果收益是可以比较的,且转移支付是可能的,从合作中得到的收益就能用一个单一数字(如货币单位)来代表,否则将得到的最优结果只是一种抽象的帕累托最优集。

特征函数型博弈对每一种可能联盟给出相应的联盟总和收益,也就是给出了一种集合函数,称为特征函数 $V(\bullet)$ 。

特征函数具有超可加性:对任意两个独立联盟 S 与 T(两者没有公共成员,即 $S \cap T = \Phi$),有 $V(S \cup T) = V(S) + V(T)$ 。具有 n 个局中人,局中人集合为 $\zeta = \{1, 2, \cdots, n\}$,特征函数为 $V(\bullet)$ 的特征函数型博弈被记为 (ζ, V) 。

合作博弈中如果有 $V(\zeta) = \sum_{i \in \zeta} V(i)$, $V(i)$ 表示局中人 i 一人组成的联盟收益,则称该合作博弈是非本质的,若有 $V(\zeta) > \sum_{i \in \zeta} V(i)$,则此合作博弈是本质的,即存在有净增收益的联盟。如果对于任何 $S \subset \zeta$ 有 $V(S) + V(\zeta \backslash S) = V(\zeta)$,其中 $\zeta \backslash S$ 表示 ζ 中除了 S 成员之外的其他成员组成的联盟,那么此合作博弈被称为常和的。

以下我们用一个简单的例子说明从策略型博弈向特征函数型博弈的转化。

【例 14 - 10】设有一种策略型博弈形式如表 14 - 3 所示。

表 14 - 3

局中人 1	局中人 2	
	S_2^1	S_2^2
S_1^1	-1,2	5,5
S_1^2	0,10	0,10

其中存在四种联盟,空集 Φ 、$\{1\}$ 、$\{2\}$ 、$\{1,2\}$,其中 $\{1\}$ 与 $\{2\}$ 分别为局中人 1 与 2 独自组成的联盟,$\{1,2\}$ 为局中人 1 与 2 结成的联盟。特征函数 V 即对这四种联盟求得他们各自的总和收益,一般的求法是设联盟外局中人将采取行动使该联盟的总和收益最少(这是一种非常悲观的观点,遭到了相当多的批评,但这是目前最为简明有效的方法,体现了"从坏处着想,往好处努力"的思想)。

首先 $V(\Phi)=0$,这很显然,因为没有人的联盟是不会有任何收益的。$V(1)=0$,局中人 2 能使局中人 1 面临的最坏情形是局中人 2 取策略 S_2^1 ,局中人 1 将不得不在 0 与 -1 之间选择。$V(2)=5$,局中人 1 能使局中人 2 面临的最坏情形是局中人 1 取 S_1^1 ,局中人 2 将不得不在 2 与 5 之间选择。$V(1,2)=10$,没有联盟外局中人,10 是局中人 1 与 2 能取得的最大总和收益。

对于特征函数以上这种求法,主要批评意见是,它忽略了联盟外局中人使联盟面临最糟的处境,自己也将付出代价(有时代价极高)。例如,豪尔绍尼认为,特征函数的取值应该由联盟与其对立联盟(联盟外所有局中人形成的联盟)之间的一次谈判而决定。

特征函数型博弈与策略型相比,损失了更多的信息。在上例中用四个数值取代了策略型博弈的双矩阵。对一个具有 n 个局中人的合作博弈,其中有 2^n-1 个可能联盟,特征函数即为这 2^n-1 个联盟上的函数。

特征函数可以由对应的策略型博弈简化获得,也可以直接对实际博弈局势进行分析而获得,而且有时实际博弈局势中不容易得到完整的扩展型或策略型博弈,只能利用这种方法。以下就是一个直接分析得到特征函数的例子。

【例 14-11】垃圾博弈。

在一区域中居住着 7 户居民,每户居民每天产生一袋垃圾,这些垃圾只能扔在这一区域的某一户人家中(区域中没有空地)。这就构成了一种博弈局势,在合作博弈条件下,可以直接分析得到其中的特征函数。

我们以 V_n , $n=1,2,\cdots,7$ 表示任意 n 个局中人组成的特征函数值,其中,$V_0=V(\Phi)=0$;而 1 个局中人组成的联盟所遇到的最糟处境是其他局中人将他们产生的垃圾扔到自己的地里,即收到 6 袋垃圾,自己则可将垃圾扔到其他任意一个局中人的地里,所以对应的特征函数值为 $V_1=-6$;两个局中人组成的联盟则将收到 5 袋垃圾,联盟产生的两袋垃圾处理到别的局中人地中,故 $V_2=-5$;同理,$V_3=-4$, $V_4=-3$, $V_5=-2$, $V_6=-1$,而全部 7 个局中人组成的联盟的特征函数值有所不同,因为他们无法将垃圾扔到非联盟成员的地里,所以他们收到 7 袋垃圾,$V_7=-7$ 。读者可以证明这一特征函数满足超可加性。

在特征函数型博弈表述的基础上,就可以建立合作博弈解(合作博弈均衡)的概念。

三、合作博弈的解

合作博弈中有相当多的解概念,其中没有一种具有纳什均衡在非合作博弈中所占据的地位,这在很大程度上限制了合作博弈的应用。1952 年罗伊德·

沙普利(Lloyd S. Shapley)将"核"发展为合作博弈的一般利益分配集合,即它是一种所有成员均无法提升自身效用的稳定联盟状态。由于"核"这个概念不能给出联盟内成员效用分配的唯一预测,1953 年沙普利进一步在合作博弈框架中加入了一些着眼于"公平"分配合作利益的公理。沙普利首先对"公平""合理"等概念给予了严格的公理化描述,然后寻求是否有满足人们想要的那些公理的解。当然,如果对一个解的性质或公理要求太多,则这样的解可能不存在;另一方面,如果这些性质或公理要求得少,则又可能有许多解,即解存在但不唯一。

他证明在这些公理的约束下,存在唯一的效用分配方案,这就是沙普利值。沙普利值是根据各人给联盟带来的增值来分配,在直观上是所有边际贡献的平均值。沙普利值计算方法简单,而且能得到合作博弈的唯一解,使用较为广泛。到目前为止这个解仍然是合作博弈领域内最重要的结果之一。不仅如此,沙普利的工作具有方法论上的重要意义,他的公理化方法使我们可以研究讨论合作博弈中其他各种各样的解。

对于一般的合作博弈(具有或不具有可转移效用),其解的核心思想是合作均衡概念。合作博弈理论求解的目的是得到博弈的"理性"最终分配,主要方法有两种:优超与赋值。

一般形式的合作博弈与特征函数型博弈略有不同,为了考虑不可转移效用情形,它的形式中还包括了策略概念,设有 n 个局中人,每个局中人有相应的可选择策略,在(所有)可能的策略组合上定义各局中人的效用函数。效用向量 $u = (u, n, u_n)$ 则表现博弈的一种分配。这种合作博弈形势类似于策略型博弈,只不过其中使用了合作理论前提。在这种形势中,优超概念是对效用向量 $u = (u, n, u_n)$(分配向量)而言。一种效用向量被优超意味着存在一种联盟 S,对于联盟中的每一成员 i,联盟给予他的效用将大于效用向量中他得到的,即 $u_i(S) > u_i$ 对任意的 $i \in S$ 成立。直观上说优超概念就是联盟中的每个人都感觉好的分配原则肯定比只有部分人感觉好的分配准则更可取。在优超概念上,可以定义合作均衡,即指这样的局中人策略组合,它产生的效用向量不被任何联盟优超(核的概念)。

以上优超与合作均衡概念是针对一般合作博弈而言,对于具有可转移效用的特征函数型博弈,一种效用分配向量被优超,则是指存在一种联盟,该联盟获得的总和收益大于效用向量提供给该联盟各成员的效用之和。

在优超定义中,最关键的是联盟能提供给成员的效用分配,对它的分析方法有如下三种:

(1)联盟中各成员在联盟外成员策略固定时能获得的效用水平,对联盟这种方法来自古诺—纳什均衡概念定义的思路,其中联盟内的局中人将联盟外的局中人所采取的策略视为既定的,即不期望任何报复性反应,故而称为强古诺—纳什均衡,由此定义的合作均衡往往因为这种强的要求而不存在。

（2）联盟不能被阻止得到的效用。也就是说,不管联盟外成员如何行动,联盟总可以达成的效用水平,由此得到的合作均衡的集合称为合作博弈的核心。

（3）联盟能保证自己得到的效用,它是关于联盟收益的最悲观的评价,对应的合作均衡集合是合作博弈的核心。

以上三种是对合作均衡最主要的研究方法。在优超法这一思路下,合作博弈的解概念还包括稳定集、谈判集、核心、核仁等,它们均是在合作均衡概念（以上三种）上进一步施加各种限制而得到的解概念。在遇到复杂的外部环境时,这些概念可应用于分析联盟的稳定性和分配原则。

赋值法的目标是:对每种博弈形式,构造一种考虑冲突各方要求的折中的合理结果,通过公理化方法描述解的性质,进而得到唯一的解,及博弈后各局中人得到的效用分配。

以下讨论几种合作博弈的解。

（一）核

为了定义核概念,首先我们严格定义优超概念:

定义 14 – 3 设 $x = (x_1, \cdots, x_n)$ 和 $y = (y_1, \cdots, y_n)$ 为 n 人合作博弈 (ζ, V) 的两个分配,$S \subset \zeta$ 为一个联盟,如果:（1）对任意,有 $x_i > y_i$;（2）$\sum_{i \in S} x_i \leqslant V(S)$,则称 x 在 S 上优超 y,记为 $x \succ y$。

对于两个分配 x 和 y,如果存在某联盟 S,使得 $x \succ y$,则称 x 优超 y,记为 $x \succ y$。注意,对于联盟 $S = \zeta$ 或 $S = \{i\}$,不能有 $x \succ y$。

一旦联盟 S 发现有 $x \succ y$,它将放弃分配 y 而接受 x。所以,只有不被优超的分配对局中人来说才令人满意。这就是核的意义。

定义 14 – 4 n 人合作博弈 (ζ, V) 的所有不被优超的分配的集合称为它的核,记为 $C(V)$。

定理 14 – 1 核的特征:n 人合作博弈 (ζ, V) 的核由所有满足以下条件的 n 维向量 $x = (x_1, \cdots, x_n)$ 组成:①对任意 $S \subset \zeta$,$\sum_{i \in S} x_i \geqslant V(S)$;②$\sum_{i \in \zeta} x_i = V(\zeta)$。

由此定理可知核是闭凸集。如果博弈的核非空,就可以将总收益 $V(\zeta)$ 按这样一种方式分配给各个局中人,使之不仅满足个体理性和群体理性,而且满足联盟理性,即任何联盟在这种方式下的所得都不小于它独立出来时的所得,因而也就没有积极性拒绝这样的分配,除非联盟中有人同意让自己的所得变小。然而,把核中的分配作为合作博弈的解,一个致命的缺陷就是核有时是空的。例如,有以下的定理。

定理 14-2 常和合作博弈的核是空的。

作为一种解,存在性可说是最重要的性质,核有时存在,有时不存在,这样何时核存在就称为一个很重要的问题,以下是关于核存在性的定理。

定理 14-3 核的存在性:对于 n 人合作博弈 (ζ, V),核 $C(V)$ 非空的充分必要条件是下述线性规划:

$$\min z = \sum_{i=1}^{n} x_i$$

s.t. $\sum_{i \in S} x_i \geq V(S)$,对任意的 $S \subset \zeta$,有最小值 $z^* \leq V(\zeta)$。

有一类特殊的合作博弈被称为简单博弈,其定义如下:

定义 14-5 如果合作博弈中联盟的特征函数值不是 0 就是 1,那么称之为简单博弈。

简单博弈常常用来描述投票问题。这种博弈的核有以下结论。

定义 14-6 在简单博弈 (ζ, V) 中,如果对于某局中人 i_0 有 $V(\zeta \setminus \{i_0\}) = 0$,则称局中人 i_0 为具有否决权的局中人。

定理 14-4 在简单博弈 (ζ, V) 中,核 $C(V)$ 非空的充分必要条件是存在有否决权的局中人。

（二）稳定集

稳定集是由冯·诺依曼与摩根斯特恩提出来的概念,有时被记为 VN-M 解。记所有可能分配组成的集合为 $E(V)$,则稳定集定义如下:

定义 14-7 对于 n 人合作博弈 (ζ, V),分配集 $W \subset E(V)$ 为稳定集,则 W 满足:

（1）（内部稳定性）不存在 $x, y \in W$ 满足 x≻y 。

（2）（外部稳定性）对于任意 $x \notin W$,存在 $y \in W$,使得 $y > x$。

作为稳定集存在的例子有:

定理 14-5 对于简单博弈 (ζ, V),S 是一个极小获胜联盟（即 $V(S) = 1$,但对 S 的任何真子集 T 有 $V(T) = 0$）,则稳定集为:

$$W = \{x = (x_1, \cdots, x_n) \in E(V), 若 i \notin S, 则 x_i = 0\}$$

定理 14-6 稳定集和核的关系:设 n 人合作博弈 (ζ, V) 的稳定集为 W,核为 $C(V)$,则 $C(V) \subset W$。

稳定集的存在性比核要好一些,但有时稳定集仍是不存在的,这就需要其他解的概念。

（三）核仁

核仁具有如下意义的性质：①每个博弈有且仅有一个核仁；②如果核存在的话，核仁是它的一部分。为了定义核仁，首先定义剩余的概念。

定义 14-8 对于 n 人合作博弈 (ζ, V)，S 为一个联盟，$x = (x_1, \cdots, x_n)$ 为一个分配，记 $x(S) = \sum_{i \in S} x_i$，则 $e(S, x) = V(S) - x(S) = V(S) - \sum_{i \in S} x_i$ 称为 S 关于 x 的剩余。

剩余反映了联盟对于分配的不满意程度，当然每个联盟都希望剩余越小越好。因为 ζ 的子集共有 2^n 个，数 $e(S, x)$ 也有 2^n 个，可以将它们按照由小到大的顺序排列为一个向量 $\theta(x) = (\theta_1(x), \cdots, \theta_{2^n}(x))$。设 x, y 为两个向量，为了比较好坏，引入 "<"，$\theta(x) < \theta(y)$ 是指或者 $\theta_1(x) < \theta_1(y)$ 或者对 $k = 1, \cdots, i-1$，有 $\theta_k(x) = \theta_k(y)$ 而 $\theta_i(x) < \theta_i(y)$。

定义 14-9 对于 n 人合作博弈 (ζ, V)，它的核仁 $N(V)$ 是指集合 $N(V) = \{x \in E(V) \mid$ 对一切 $y \in E(V)$，只要 $y \neq x$，就有 $\theta(x) < \theta(y)\}$

定理 14-7 核仁的性质：对于 n 人合作博弈 (ζ, V)，则

(1) 它的核仁 $N(V)$ 非空，而且只包含一个元素；

(2) 若核 $C(V) \neq \Phi$，则它必定包含核仁，即 $N(V) \subset C(V)$。

（四）沙普利值

1953 年沙普利给出了 n 人合作博弈利益分配的一个解的概念——沙普利值（Shapley Value）。沙普利值不但能解决经济活动中的利益分配问题，而且在社会活动中能够估算团体或派别的权利，在现实中有着广泛的应用。因此，如果说纳什均衡是非合作博弈的核心概念的话，那么我们可以说，沙普利值是合作博弈（联盟博弈）中最重要的概念。

如前所述，合作博弈主要关心的问题是 n 个局中人之间构成怎样的联盟，并且如何分配因为联盟而获得的总收益。因为联盟获得的最大收益由特征函数给出，于是求解总收益的"分配方案"（合作博弈利益分配的一个解）就成为联盟是否稳定的重要条件。参与经济活动中的主体为获得更多的经济利益结成一个联盟，如果利益分配方案是"公平"的，为各经济主体所接受，那么这个联盟的协议就是有约束力的、可执行的，并且也是稳定的。但是，"公平"是一个很难的事情，不同的经济主体都会有各自的判断标准，"众口难调"，做到一致是非常困难的。

但是，沙普利给出了一个比较客观的标准。沙普利值的主要思想是：按照局中人对联盟的贡献来分配合作得到的总收益（总效用）。

定义 14-10 在一个 n 人参加的合作博弈 (ζ, V) 中，设 i 是联盟 S 中的一

个成员,我们称 $V(S) - V(S\backslash\{i\})$ 为局中人 i 对联盟 S 的贡献(contribution)。

这里 $S\backslash\{i\}$ 表示集合 S 对集合的差集,就是从联盟 S 中剔除局中人 i 的集合(联盟)。这个定义对于不是联盟 S 成员的 i 也适用,只需要注意这时 $S = S\backslash\{i\}$, $V(S) - V(S\backslash\{i\}) = 0$。

如果对于某个局中人 $i \in S$,有 $V(S) - V(S\backslash\{i\}) = 0$,则称局中人 i 是联盟 S 的一个无为局中人(dummy player),i 当然也是联盟 $S' = S\backslash\{i\}$ 的无为局中人。进一步说,如果局中人 i 加入任何一个联盟 $S \subset \zeta$ 都未能增加该联盟的总收益,则称局中人 i 是合作博弈 (ζ, V) 中的一个无为局中人。

此外,我们这里还做如下约定:$|S|$ 表示联盟 S 的参与人数,则可以定义沙普利值(Shapley Value)如下。

定义 14-11 沙普利值(Shapley Value):在 n 人合作博弈 (ζ, V) 中,称 $\varphi[V] = (\varphi_1[V], \cdots, \varphi_n[V])$ 为合作博弈(联盟博弈)(ζ, V) 的沙普利值,其中

$$\varphi[V] = \sum_{S \subset \zeta(i \in S)} \frac{(|S| - 1)!(n - |S|!)}{n!} [V(S) - V(S\backslash\{i\})]$$

沙普利值可认为是出自一种概率解释。假定局中人依随机次序形成联盟,各种次序发生的概率假定相等,均为 $\frac{1}{n!}$。局中人 i 在与其前面 $|S| - 1$ 个人形成联盟 S,局中人 i 对这个联盟的贡献为 $V(S) - V(S\backslash\{i\})$(实际上为一种边际贡献)。$S\backslash\{i\}$ 与 $\zeta\backslash S$ 的局中人相继排列的次序共有 $(|S| - 1)!(n - |S|)!$ 种,因此,各种次序出现的概率应为 $\frac{(|S| - 1)!(n - |S|)!}{n!}$。根据这种解释,局中人所作贡献的期望值正好就是沙普利值。

传统经济学中,通过价格调整可以实现供需平衡。然而,在一些特殊市场中,价格不能用作配置资源的手段,资源只能以分配或配给方式加以配置。配置的关键问题在于保证一个配对是稳定的。所谓稳定解,指的是在匹配市场上没有剩下彼此愿意与对方组对,但却没有被市场允许的一对人,同时,已组对的人对自己的队友应该是满意的。沙普利使用合作博弈的方法来研究现实中的匹配难题,哈佛大学商学院的阿尔文·罗斯(Alvin E. Roth)教授进一步深化和拓展了沙普利的工作,并广泛应用于实践,为表彰他们在稳定配置理论和市场设计实践方面所作出的杰出贡献,2012 年诺贝尔经济学奖授予了沙普利教授和罗斯教授。

1962 年,沙普利与盖尔合写一篇短文,以 10 名男子和 10 名女子"婚配"为范例,设想先让所有男子向自己最满意的女子求婚,然后让所有女人挑选最中意的,并剔除所有其他人选;再让没有被选中的男人再次向自己第二满意的女

人求婚,然后让所有女人挑选最中意的,并剔除所有其他人选;这一过程不断重复,直到所有人找到了配偶为止。

上述方法被称为 GS 运算法则。这种方法能确保匹配是稳定的,因为任何一个男子,如果他发现某个女子比自己老婆更可爱,则那个女子一定拒绝过他。这些方法同时也限制了市场主体操纵匹配过程的动机。沙普利设计的方法能够系统性地对两个市场主体其中一方有利。

习 题

1. 对策论与决策论有何区别与联系?

2. 对策论研究什么问题?

3. 博弈有几种表示方法? 他们有何区别与联系?

4. 求出下述博弈的纳什均衡,见表 14 - 4。

表 14 - 4 价值型投入产出表

局中人 1	局中人 2		
	左	中	右
上	0,4	4,0	5,3
中	4,0	0,4	5,3
下	3,5	3,5	6,6

5. 两寡头价格竞争的静态博弈:在模型中有两个局中人,分别记为厂商 1 和厂商 2,他们生产同质产品。每个厂商的策略是选择价格,策略空间就是它们的价格空间,用 $p_1 \in [0, +\infty)$ 表示厂商 1 的价格,$p_2 \in [0, +\infty)$ 表示厂商 2 的价格,假设两个厂商有相同的单位成本 c,厂商 1 的需求函数为 $q_1(p_1, p_2) = a - p_1 + p_2$,厂商 2 的需求函数为 $q_2 = a - p_2 + p_1$,支付函数取利润函数,它是这两个厂商价格的函数,即由它们的价格来决定。求出两厂商同时选择价格时此博弈的纳什均衡。

参考文献

[1]暴奉贤,陈宏立.经济预测与决策方法[M].广州:暨南大学出版社,2001.

[2]侯文超.经济预测:理论、方法及应用[M].北京:商务印书馆,1993.

[3]董承章.经济预测原理与方法[M].大连:东北财经大学出版社,1992.

[4]冯文权.经济预测与决策技术[M].武汉:武汉大学出版社,2002.

[5]孙明玺,吴俊卿.实用预测方法及案例分析[M].北京:科学技术文献出版社,1993.

[6]唐小我.经济预测方法[M].成都:成都电讯工程学院出版社,1989.

[7]李子奈,潘文卿.计量经济学[M].北京:高等教育出版社,2000.

[8]赵国庆.计量经济学[M].北京:中国人民大学出版社,2001.

[9]刘振亚.计量经济学教程[M].北京:中国人民大学出版社,2001.

[10]彭代武.市场调查·商情调查·经营决策[M].北京:经济管理出版社,1996.

[11]胡玉立.市场预测与管理决策[M].北京:中国人民大学出版社,1996.

[12]易丹辉.统计预测[M].北京:中国统计出版社,2001.

[13]吴喜之.统计学:从数据到结论[M].2版.北京:中国统计出版社,2006.

[14]贾俊平.统计学[M].3版.北京:中国人民大学出版社,2008.

[15]钟契夫.投入产出分析[M].北京:中国财政经济出版社,1993.

[16]董承章.投入产出分析[M].北京:中国财政经济出版社,2000.

[17]卢纹贷.SPSS for Windows 统计分析[M].2版.北京:电子工业出版社,2002.

[18]Narerh K Malhotra.市场营销研究[M].涂平,译,北京:电子工业出版社,2002.

[19]张维迎.博弈论与信息经济学[M].上海:上海三联书店,1996.

[20]王文举.博弈论应用与经济学发展[M].北京:首都经济贸易大学出版社,2003.

[21]王文举.经济博弈论基础[M].北京:高等教育出版社,2010.

［22］王文举. 博弈论应用与经济动态模拟［M］. 北京:中国社会科学出版社,2010.

［23］王文举. 诺贝尔经济学奖获得者学术思想举要［M］. 北京:首都经济贸易大学出版社,2011.

［24］张守一. 现代经济对策论［M］. 北京:高等教育出版社. 1998.

［25］张守一. 制胜之道:现代经济对策论［M］. 北京:中央电视大学出版社,1999.

［26］FUDENBERG D,TIROLE J. Game Theory［M］. 中译本. 北京:中国人民大学出版社,2002.

［27］GIBBONS R. Came Theory for Ajpplied Economists［M］. 中译本. 北京:中国社会科学出版社,2000.

［28］MASON ROBERT D,LIND DOUGLAS A. Statistical Techniques in Business & Economics［M］. Ninth Edition. © Richard D. Inc. , a Times Mirror Higher Education Group,1996.

［29］FUDENBERG D, LEVINE D K. The Theory of Leaning in Games［M］. Cambridge,MA: MIT Press,1998.

［30］HARSANYI J. Games with incomplete information played by Bayesian players ⅠⅡ & Ⅲ［J］. Management Science, 1967 − 1968 (14):159 − 182,320 − 324, 486 − 502.

［31］KREPS D, Wilson R. Sequential Equilibrium［J］. Econometrics, 1982 (50):863 − 894.

［32］MYERSON R. Refinement of the Nash Equilibrium Concept［J］. International Journal of Game Theory,1978(7):73 − 80.

附录:IBM SPSS Statistics 26.0 简介与例解

解决预测方法的计算问题,有多种统计软件包可以选择,如 SAS、SPSS、Eviews等等。由于 SPSS 最突出的特点就是操作界面友好,操作简便,本书选择了 SPSS 26.0 结合例题作为简介。

最初 SPSS 软件全称为社会科学统计软件包(Statistical Package for the SocialSciences),2000 年正式将英文全称更改为 Statistical Product and Service Solutions ,意思是"统计产品与服务解决方案"。由于 IBM 公司收购了 SPSS,因此更名为 IBM SPSS。目前 SPSS 最新版本为 28.0,称为 IBM SPSS Statistics 28.0。

SPSS 的运行方式有三种:完全窗口菜单方式、程序运行方式,以及前两种方式的混合运行方式。

为了掌握 SPSS,首先要认识 SPSS 的三大窗口,即数据编辑窗口(Data Editor);结果输出窗口(Output);语句编辑窗口(Syntax Editor)。

一、数据编辑窗口(Data Editor)

数据编辑窗口的功能是建立数据文件或编辑、显示已有的数据文件。打开数据编辑窗口有四种,其中最简单的是直接双击已存在的数据文件,另外三种分别具体如下。

1. SPSS 的启动:新建数据文件安装 SPSS26.0 之后,依次单击"开始"→IBM SPSS Statistics 26.0,即可开启 SPSS;或者点击图标 也可以打开如图 1 所示的欢迎使用 IBM SPSS Statistics 的初始对话框。

打开 SPSS 的启动操作界面,在其左上角是"新建文件",点击下面框内的新建数据集,即进入 SPSS 数据编辑窗口,如图 2 所示。

在 SPSS 数据编辑窗口,点击 编辑 → 选项 ,再点选最上方左第二项的语言按钮,打开中英文界面切换的对话框,可以将输出和用户界面的中文改成英语,如图 3 所示。点击确定之后,即可完成更改,打开英文界面的 SPSS 数据编辑窗口,如图 4 所示,这是系统隐含设置的 Data Views 数据视窗。

图1 启动 SPSS

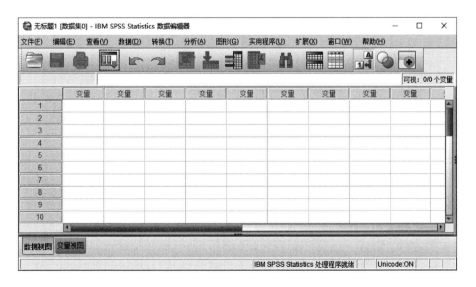

图2

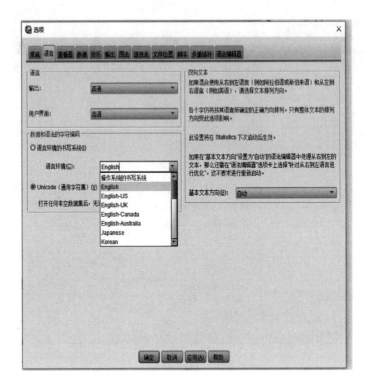

图 3

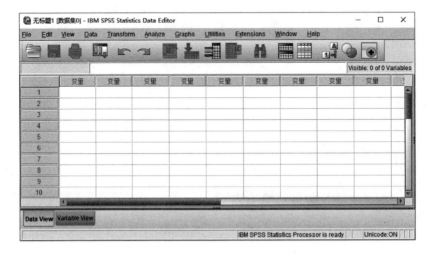

图 4

在 SPSS 数据编辑窗口,如图 4 所示,点击左下角的 Variable Views 按钮,将打开图 5 所示的变量视窗。

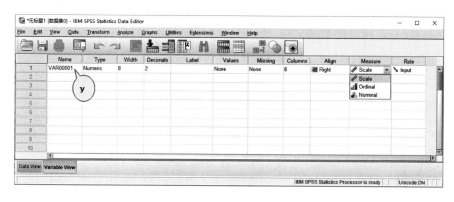

图 5

定义一个变量需要进行以下设置:

● Name：设置变量名,尽量简短精练。

● Type：变量类型,共有九种：最常用的是数值型 Numeric,其次是 String 字符型,另外还有 Data 日期型、带有逗号型 Comma 、带点型 Dot、带有 $ 美元符号 Dollar 型,以及 Scientific notation 科学计数法表示等。

● Width：设置变量所占的宽度。

● Decimals：设置变量所占的小数位。

● Label：变量标志,可以对变量名进行细致说明。

● Values：变量值标签,即对变量值的解释。

● Missing：选择对缺失值处理方式之一。

● Columns：设置变量所占的列宽。

● Align：选择左、右、居中的对齐方式之一。

● Measure：选择数据的测量尺度之一,包括 Nominal 名义尺度、Ordinal 顺序尺度和 Scale 间隔尺度三种,它们分别对应的是定类数据、定序数据和数值型数据。

例如,定义变量 y,则在 Name 下键入 y,按回车键 Enter 后,光标会自动移至 Type(变量类型)下,且 Type 等会自动出现系统隐含设置——Numeric(标准数值型)、Width(宽度)为 8,Decimals(小数位)为 2 位……Measure(变量测度)为 Scale(间隔尺度)。若要改变设置,则将光标移至改动处进行修改。如,在 Lable(标志)下键入包括中文在内的对变量的解释说明。定义变量之后,再点选左下角的图标 Data View ，重新回到数据编辑窗口，然后输入数据。

2. 打开一个已存在的数据文件，可在 IBM SPSS Statistics 的初始对话框图 1 中直接点击打开；也可以在数据编辑窗口的主菜单中点选 File→Open→Data，如图 6 所示，点击所选的数据文件，再点击右下方的 Open 打开按钮即可。

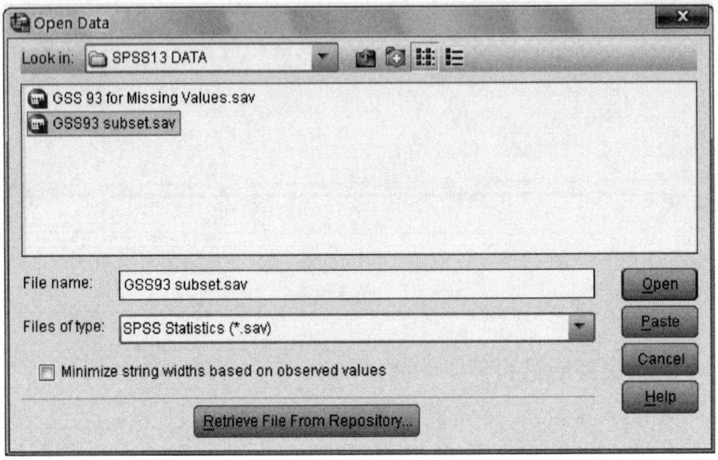

图 6

3. 若在 SPSS 运行过程中，欲建立新的数据文件，则从主菜单中点选 File → New → Data ，如图 4 所示。

建立数据文件的目的是为了统计分析，此时点击数据窗口主菜单上的 Analyzw ，具体选择所需的统计方法。最后在主对话框内选择 OK 按钮，执行 SPSS 过程的所有操作（如例 2 的图 15），得到输出结果（如图 17 所示）。

二、结果输出窗口

结果输出窗口的主要功能是输出分析的结果。打开结果输出窗口有以下三种方式：

1. 在第一次产生分析结果的 SPSS 过程后，该窗口被自动打开。

2. 与打开数据窗口一样，打开新的结果窗口，在主菜单上点击 File → New → Output 。

3. 打开已存在的结果输出文件： File → New → Output 。

在 SPSS 过程中可以打开多个结果输出窗口。也可以将此窗口的结果编辑

（Edit）到 Word 或 PowerPoint 文档中。

三、语句编辑窗口

语句编辑窗口的主要功能是把 SPSS 过程中的命令语句及其子命令语句按照 SPSS 的语法组成一个或多个完整的程序,并形成一个命令文件,粘贴在此窗口内。然后点击该窗口主菜单上的 $\boxed{\text{Run}}$,执行程序中所选的（Selection）或全部（All）的命令,同样得到输出结果。打开语句窗口也有以下三种方式:

1. 在第一次通过对话框选择 SPSS 过程时,单击按钮 $\boxed{\text{Paste}}$,语句窗口自动打开。

2. 打开新的语句编辑窗口: $\boxed{\text{File}} \rightarrow \boxed{\text{New}} \rightarrow \boxed{\text{Syntax}}$ 。

3. 调用已存在的命令文件: $\boxed{\text{File}} \rightarrow \boxed{\text{Open}} \rightarrow \boxed{\text{Syntax}}$ 。

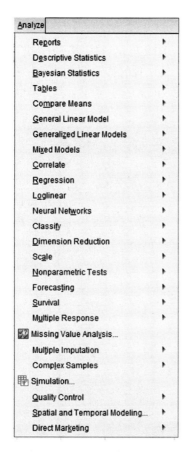

与结果输出窗口一样,也可以同时打开若干个语句编辑窗口,但指定的语句窗口只有一个。

SPSS 的最核心部分是 Analyze,如图 7 所示,其中对于预测非常重要的有 Forecasting、Correlate、Regression 等,其次是为分析所做准备的 Data、Transform 与 Graphs 部分。

由于篇幅所限,下面以本书中部分例题来说明一些具体的操作与结果的分析。欲知更详细的内容,请参考一些有关 SPSS 的书籍。

【例1】向前移动平均。

对化妆品一年各月的销售额用一次移动平均法预测下一年度第一个月的销售额（移动步长取3）。

SPSS 操作:

首先建立数据文件,设置变量名为 y,并录入数据。然后,在主菜单上依次点击 Transform→Create Time Series,打开生成时间序列对话框,如图 8 所示。

图7

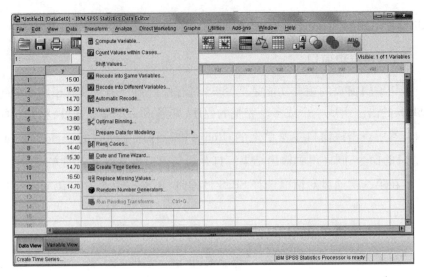

图 8

在生成时间序列 Create Time Series 对话框中,如图 9 所示,将 y 移入右侧变量框中,点选函数 Function 栏下的 Prior moving average 向前移动平均项,并在 Span 中键入移动步长 3,再点击 Change 按钮,这样生成新变量 y_1,即 PMA($y3$)。点击下方的 OK 按钮,执行。

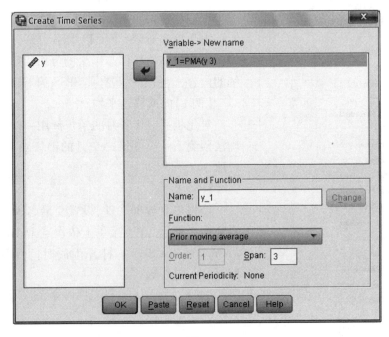

图 9

返回到数据编辑窗口,如图 10 所示,可以看到新生成的序列 y_1。下一年度第一个月的销售额为 15.3。

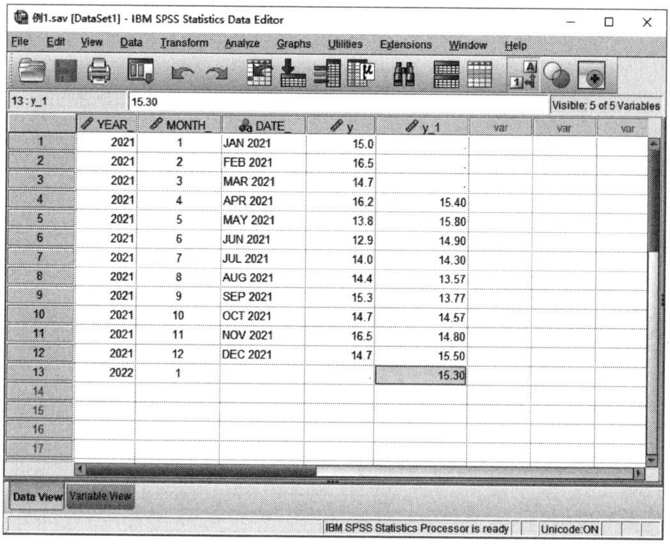

图 10

【例 2】指数平滑的计算

表 1 是 1998—2003 年我国流通中现金总量(月末数)。试用指数平滑法对序列进行预测。

表 1　1998—2003 年我国流通中现金总量——月末数　　　　单位:亿元

	1998 年	1999 年	2000 年	2001 年	2002 年	2003 年
1 月	13 108	11 997	16 094	17 019	16 726	21 245
2 月	10 886	12 784	13 983	14 910	16 642	17 937
3 月	10 201	11 342	13 235	14 362	15 545	17 107
4 月	10 173	11 225	13 676	14 623	15 864	17 441
5 月	9 984	10 889	13 076	13 942	15 281	17 115
6 月	9 720	10 881	13 006	13 943	15 097	16 957
7 月	10 037	11 199	13 157	14 072	15 358	17 362
8 月	10 129	11 395	13 379	14 370	15 712	17 607
9 月	10 528	12 255	13 895	15 065	16 234	18 306
10 月	10 501	12 154	13 590	14 484	16 015	18 251
11 月	10 671	12 483	13 878	14 780	16 346	18 440
12 月	11 204	13 455	14 653	15 689	17 278	19 746

首先建立数据文件:

设变量 y,并定义标志为"现金总量(单位:亿元)",之后录入数据。再通过主菜单上的"Data→Define date and time"创建时间变量,如图 11 所示,选择"Years,months"类型,并在右侧的 Years 和 months 框内分别键入 1998 和 1,定义起始时间,点击 OK 按钮。

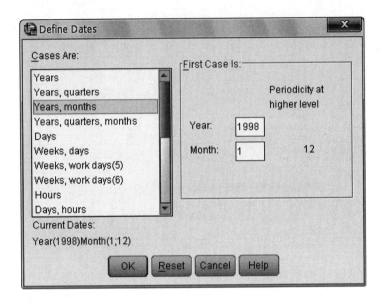

图 11

在主菜单上依次点击 Analyze→Forecasting→Sequence Charts,如图 12 所示。打开 Sequence Charts 对话框,如图 13 所示,将变量 y 移入变量 Variables 框内,点击 OK 按钮执行。结果如图 14 所示。

从时序图 14 可以看出 1998 年 1 月至 2003 年 12 月年销售额 sales 时序是具有季节变动的,同时呈线性上升趋势,且后期季节变动的幅度随趋势上升而加大,因此选用 Holter – Winter 季节乘积模型进行预测。

在主菜单中依次点击"Analyze→Forecasting→Create Traditional Models"创建模型,如图 15 所示。

在 Time series Modeler 对话框中,如图 16 所示,将变量 y 移入右侧 Dependent Variables 因变量框中,并下拉 Method 项,点选 Exponential Smoothing 指数平滑法,之后再点击其右的"条件"Criteria 按钮,打开其对话框,如图 17 所示。

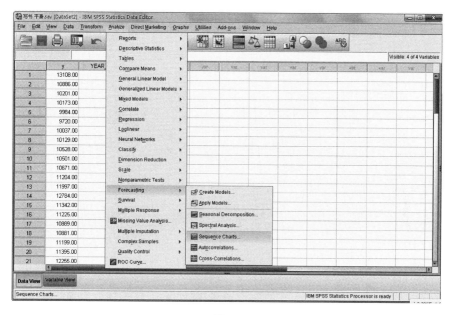

图12

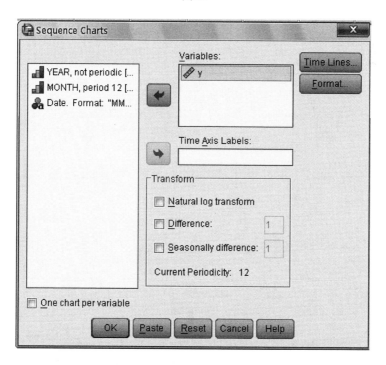

图13

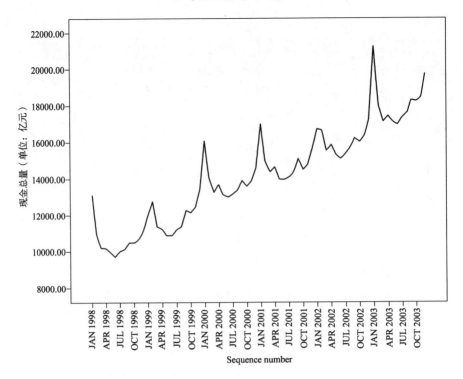

图 14

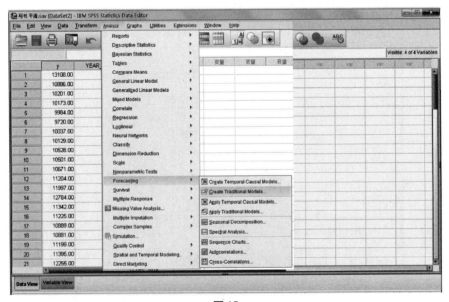

图 15

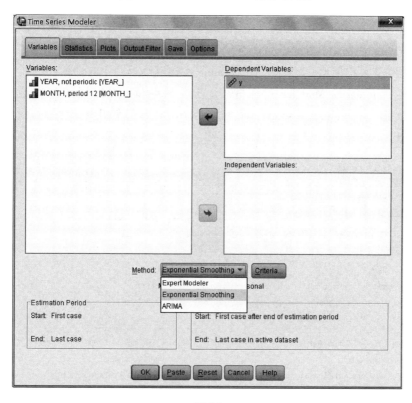

图 16

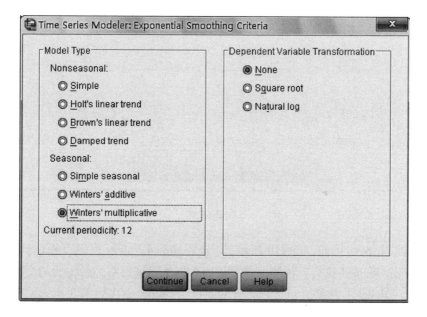

图 17

　　在 Exponential Smoothing Criteria 指数平滑条件对话框中,点选模型类型 Model Type 中带有季节 Seasonal 下的 Winter's multiplicative 项,即选用 Holter – Winter 季节乘积模型。然后点击 Continue 按钮继续返回主对话框。

　　在 Time series Modeler 对话框中,点击 Statistics 按钮打开其对话框,如图 18 所示,勾选 Mean absolute percentage error 以计算输出平均绝对百分比误差 MAPE。

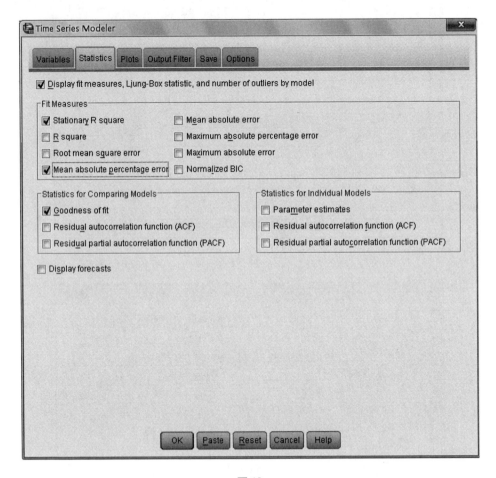

图 18

　　再点击 Save 按钮,如图 19 所示,勾选 Predicted Values 以保存输出预测值。最后点击 OK 按钮执行。预测值将要返回数据编辑窗口看到新生成的变量 Predicted_y_Model_1 及其值,如图 20 所示。并在 Output 输出结果表 2。

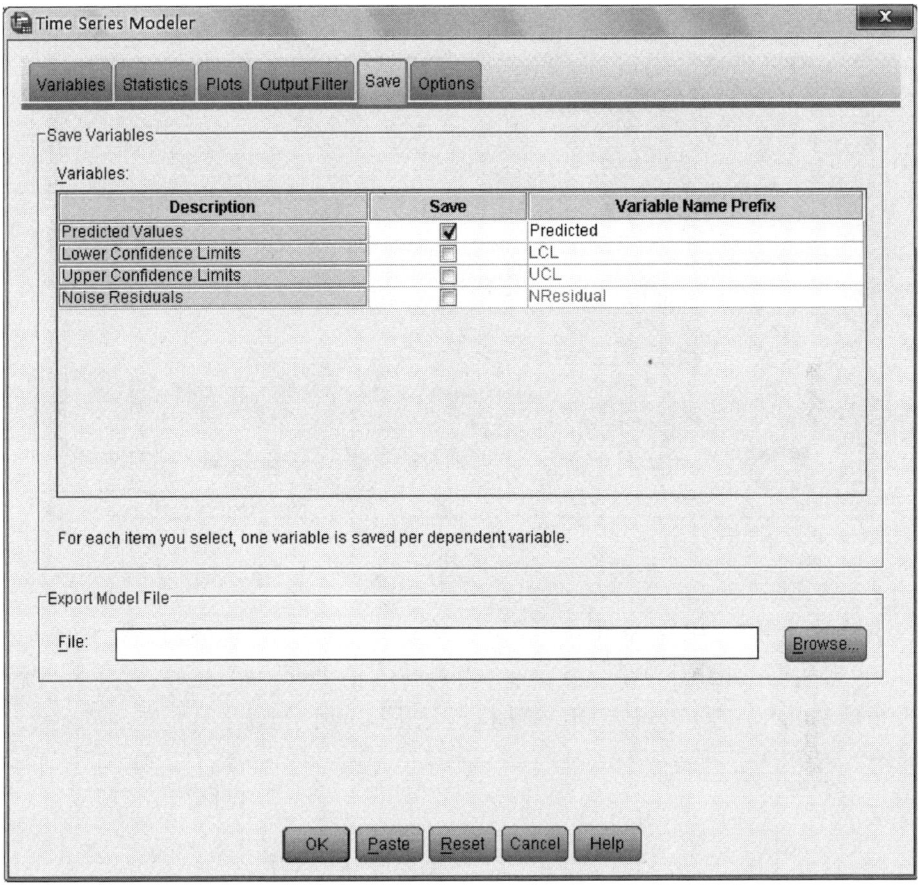

图 19

表 2　Model Statistics

Model	Number of Predictors	Model Fit statistics		Ljung – Box Q(18)			Number of Outliers
		Stationary R – squared	MAPE	Statistics	DF	Sig.	
现金总量(单位: 亿元) – Model_1	0	0.768	2.358	17.257	15	0.304	0

在 Model Statistics 表中显示平稳 $R^2 = 0.768$, MAPE $= 2.358$, 表明使用 Holter – Winter 季节乘积模型模拟效果较好。如果将原序列 y 与新生成的 Predicted_y_Model_1 序列同时画在一张时序图上将会更加直观地看到这一点。操作如下:

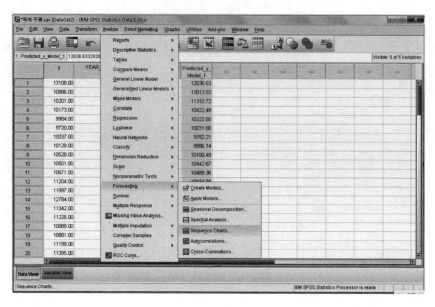

图 20

在主菜单上依次点击 Analyze→Forecasting→Sequence Charts，打开 Sequence Charts 对话框，如图 13 所示，将变量 y 和新生成的 Predicted_y_Model_1 同时移入变量 Variables 框内，点击 OK 按钮执行，如图 21 所示。

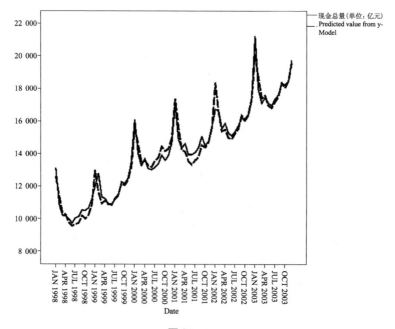

图 21　Date

预测：则需要点击 Time Series Modeler 菜单上的 Option 选择按钮，打开其对话框，如图 22 所示，点选 Forecast Period 预测日期的第二个选项，并在 Years 和 Month 框内键入 2004 和 12，指定预测范围。点击 OK 按钮执行，返回数据编辑窗口将会看到 2004 年 1～12 月的预测值，如图 23 所示。

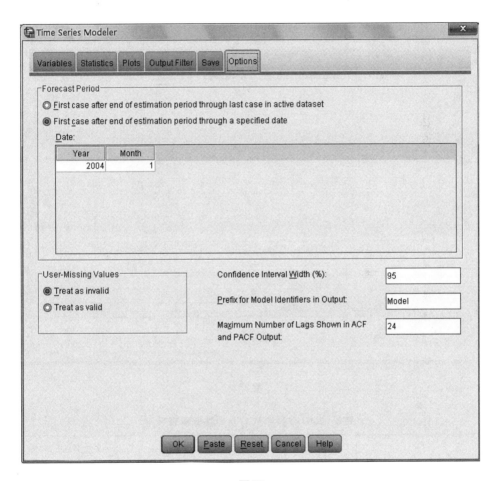

图 22

本题值得探讨的是从时序图 14 来看，样本前期季节变动的幅度随趋势上升而变化不明显，因此也可选用（Winter's additive）加法模型进行预测，从整个样本期来看，无论是拟合优度 R^2，还是 MAPE 都会比上述乘法模型的小一些。但从近期来看，见表 3，反映出乘法模型更能跟踪原始数据的变化，反映该序列未来的变化趋势，所以从预测的角度来看乘法模型仍是首选的预测模型。

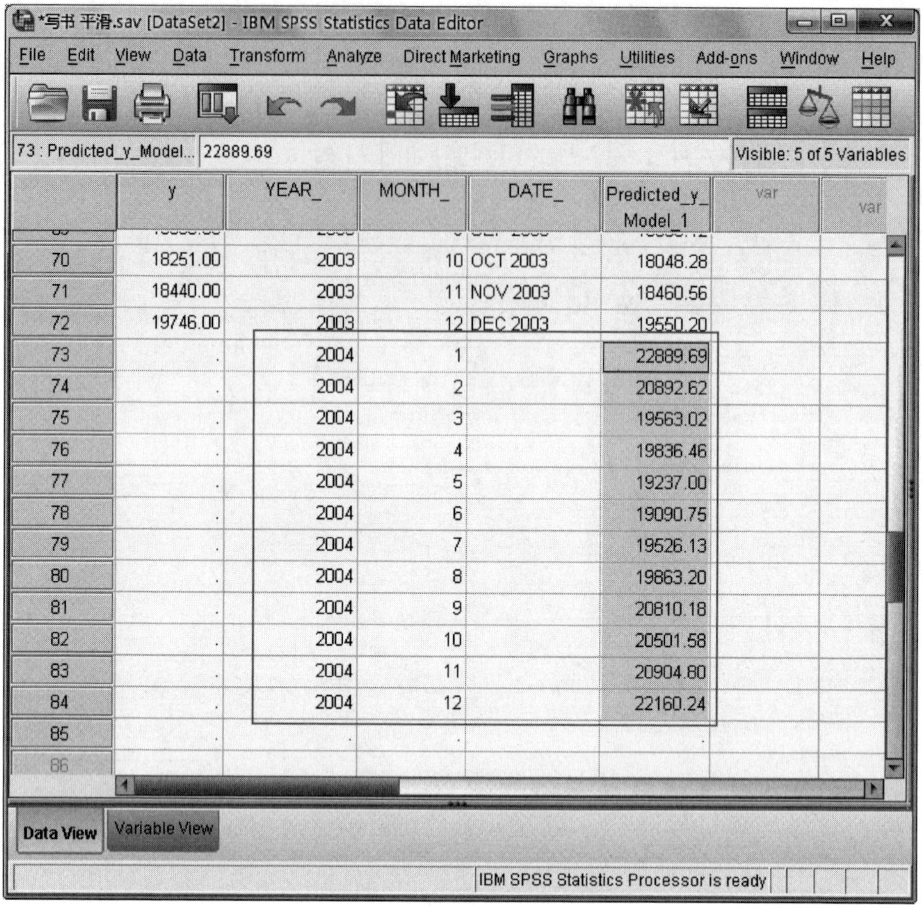

图 23

表 3　2003 年原序列与两种模型预测序列

年	月	y	Predicted_y_Model_1 (multiplicative)	Predicted_y_Model_2 (additive)
2003	1	21 245.00	20 129.68	19 389.39
2003	2	17 937.00	18 726.45	18 437.62
2003	3	17 107.00	17 410.29	17 395.98
2003	4	17 441.00	17 573.90	17 511.06
2003	5	17 115.00	16 953.50	17 037.56
2003	6	16 957.00	16 808.26	16 946.92
2003	7	17 362.00	17 179.50	17 213.42

续表

年	月	y	Predicted_y_Model_1 (multiplicative)	Predicted_y_Model_2 (additive)
2003	8	17 607.00	17 492.66	17 492.42
2003	9	18 306.00	18 360.12	18 141.89
2003	10	18 251.00	18 048.28	17 976.35
2003	11	18 440.00	18 460.56	18 325.78
2003	12	19 746.00	19 550.20	19 264.42

这里顺便讲一下:关于 Box – Jenkins 模型 ARIMA$(p,d,q)(P,D,Q)^s$ 计算，只要在 Time Series Modeler 对话框中的 Method 中点选 ARIMA 项，并单击其右的"条件"Criteria 按钮，打开其对话框，如图 24 所示。

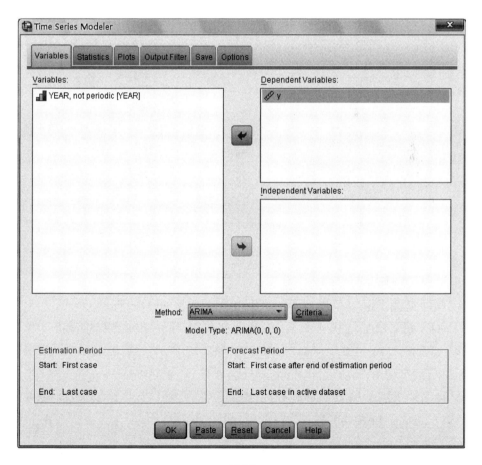

图24

在 ARIMA Criteria 对话框中,定义好 ARIMA(p,d,q)(P,D,Q)^s 中的每一个参数即可。例如 AR(1)模型,如图 25 所示。

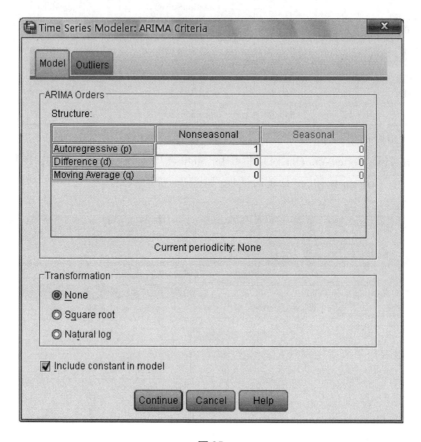

图 25

【例3】线性回归模型的计算

建立啤酒产量 y(单位:万桶)的预测模型,数据如图 26 所示。

首先建立数据文件"啤酒 1～10 年",如图 26 所示,在此数据编辑窗口的菜单上点选 Analyze → Regression → Linear,如图 27 所示,之后出现 Linear Regression 对话框,如图 28 所示,将预测变量(因变量)y 移入 Dependent 栏,将时间变量(自变量)t 移入 Independent(s)栏,如果需要,可进一步点击右栏并排的两个图标 Statistics 和 Save,打开其对话框,如图 29 和图 30 所示。最后点击下方的 OK 图标,即可得到输出结果,如表 4 所示,从中挑出有用的信息(阴影部分)。

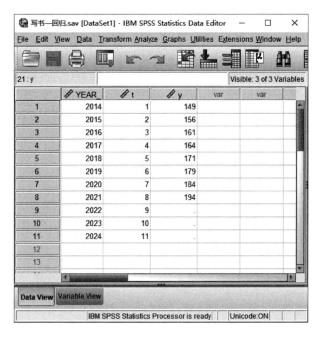

图 26

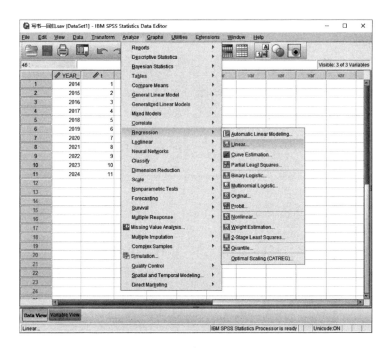

图 27

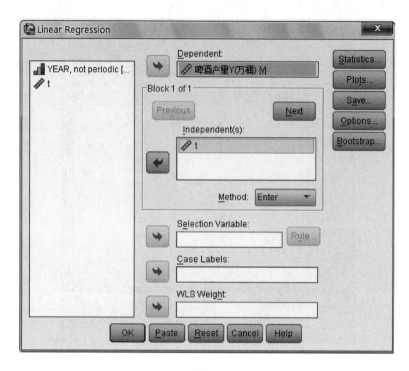

图 28

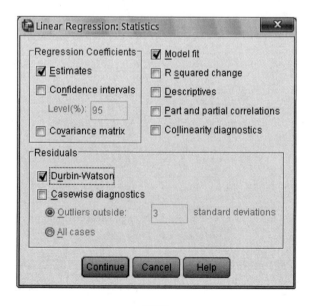

图 29

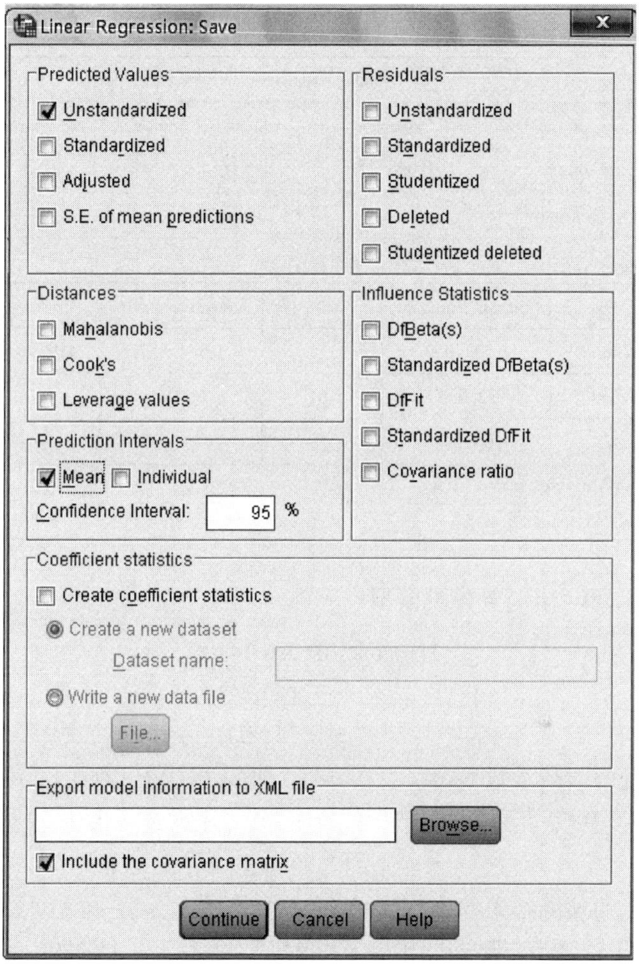

图 30

表 4 关于啤酒产量的线性模型计算结果

Coefficients[a]						
Model		Unstandardized Coefficients		Standardized Coefficients	t	Sig.
		B	Std. Error	Beta		
1	(Constant)	142.107	1.514		93.882	0.000
	t	6.143	0.300	0.993	20.493	0.000
a. Dependent Variable: y						

续表

Model Summary				
Model	R	R Square	Adjusted R Square	Std. Error of the Estimate
1	0.993[a]	0.986	0.984	1.943

a. Predictors：(Constant)，t

ANOVA[a]						
Model		Sum of Squares	df	Mean Square	F	Sig.
1	Regression	1 584.857	1	1 584.857	419.962	0.000[b]
	Residual	22.643	6	3.774		
	Total	1 607.500	7			

a. Dependent Variable：y

b. Predictors：(Constant)，t

根据表4，可写出趋势预测模型：

$$\hat{Y}_t = 142.107 + 6.143t$$

$$(20.493)$$

$$(0.000)$$

时间变量的回归系数显著。且 $F = 419.962$，相应 P 值（0.000）小于给定的显著性水平 $\alpha = 0.01$，回归方程整体线性显著。另外 $R^2 = 0.986$ 接近于1，拟合效果非常好。

啤酒产量的预测结果如表5所示。

表5　啤酒产量与其点预测及均值的置信度为95%的置信区间

年份	t	y	PRE－1	LMCI－1	UMCI－1
2014	1	149	148.250 00	145.181 67	151.318 33
2015	2	156	154.392 86	151.905 53	156.880 18
2016	3	161	160.535 71	158.527 02	162.544 41
2017	4	164	166.678 57	164.958 43	168.398 72
2018	5	171	172.821 43	171.101 28	174.541 57
2019	6	179	178.964 29	176.955 59	180.972 98
2020	7	184	185.107 14	182.619 82	187.594 47
2021	8	194	191.250 00	188.181 67	194.318 33
2022	9	—	197.392 86	193.689 00	201.096 71
2023	10	—	203.535 71	199.165 55	207.905 88
2024	11	—	209.678 57	204.623 46	214.733 68

这里,PRE_1:表示 y 的点预测值 $\hat{y}$。

LMCI_1:95% L CI for y mean 均值的置信度为 95% 的置信下限。

UMCI_1:95% U CI for y mean 均值的置信度为 95% 的置信上限。

【例4】趋势曲线预测模型

税收总收入预测,数据见第四章表 4-9 所示。

首先还是先建立地税局税收总收入的数据文件,在数据编辑窗口的菜单上点选 Analyze 的 Regression 的下拉菜单中的 Curve Estimation,如图 31 所示。之后会出现 Curve Estimation 对话框,如图 32 所示,将预测变量 y 移入 Dependent(s) 一栏,将 t 移入 Independent 的 Variable 一栏(或直接点选 Time 选项,如本例),再从下方 Models 栏目中选择 Quadratic(二次曲线)、Cubic(三次曲线)和 Exponential(指数曲线),三种模型的形式分别为:

指数曲线模型(EXP):

$$\hat{y}_t = b_0 e^{b_1 t}$$

二次曲线模型(QUA):

$$\hat{y}_t = b_0 + b_1 t + b_2 t^2$$

三次曲线模型(CUB):

$$\hat{y}_t = b_0 + b_1 t + b_2 t^2 + b_3 t^3$$

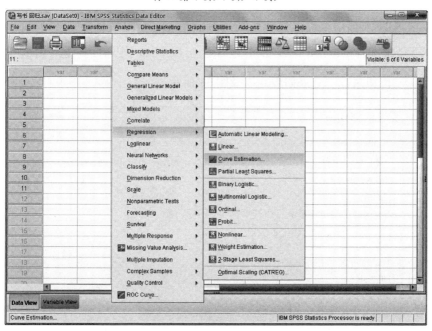

图31

点击图 32 右上角的 Save 图标按钮,打开其对话框,如图 33 所示。

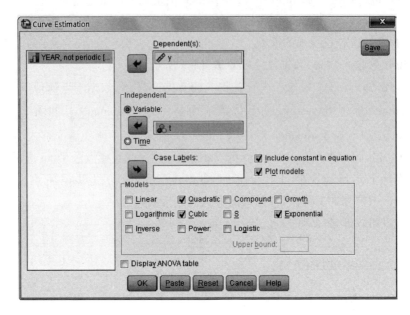

图 32

在 Save 对话框中根据需要可勾选预测值 Predicted values、残差 Residuals,以及预测区间 Prediction intervals。之后点击 Continue 按钮回到主对话框,最后点击 OK 按钮执行。结果如表 6 以及图 34 所示。

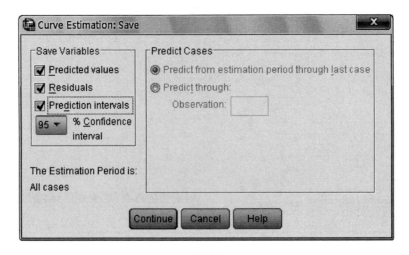

图 33

表 6　三个曲线模型计算结果

MODEL:									
Independent: Time									
Dependent	Mth	Rsq	d. f.	F	Sigf	b_0	b_1	b_2	b_3
Y	EXP	0.996	6	1 363.60	0.000	35 727.4	0.196 7		
Y	QUA	0.966	5	1 392.07	0.000	45 952.7	− 1 388.1	2 201.74	
Y	CUB	0.999	4	1 021.51	0.000	40 432.5	4 355.22	696.215	111.52

由此得到三个模型分别为:

指数曲线模型:

$$\hat{y}_t = 35\ 727.4 e^{0.196\ 7t}$$

二次曲线模型:

$$\hat{y}_t = 45\ 952.7 - 1\ 388\ 1t + 2\ 201.74 t^2$$

三次曲线模型:

$$\hat{y}_t = 40\ 432.5 + 4\ 355.22t + 696.215 t^2 + 111.52 t^3$$

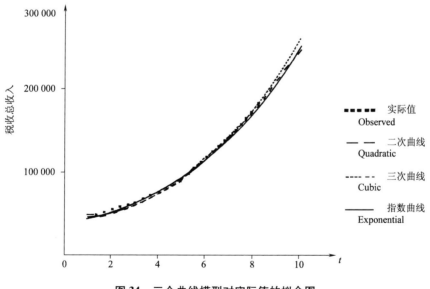

图 34　三个曲线模型对实际值的拟合图

模型评价:经过误差计算得到三个模型的 MAPE(即平均绝对百分比误差)如表 7 所示,分别为 2.738、2.315 和 1.594(最小),因此最终选择三次曲线模型进行预测,税收总收入的点预测与区间预测整理后如表 8 所示。

表7　三个曲线模型的预测误差（$e = y_t - \hat{y}_t$）

年份	指数曲线模型的预测误差 e_1	二次曲线模型的预测误差 e_2	三次曲线模型的预测误差 e_3
2014	1 272.969	− 2 000.42	− 829.455
2015	1 366.435	2 329.440	1 493.039
2016	− 1 057.900	1 792.821	621.859
2017	− 3 493.650	− 657.274	− 1 159.110
2018	− 4 377.530	− 2 913.850	− 2 412.000
2019	2 429.593	1 824.107	2 995.069
2020	1 349.961	− 1 215.420	− 379.015
2021	4 275.700	840.583	− 330.379
平均绝对百分比误差 MAPE（%）	2.738	2.315	1.594

表8　三次曲线模型的拟合值与预测值

年份	三次曲线模型的点预测值 $\hat{y}_t$	y_t 的置信度为95%的区间预测值	
		下限	上限
2014	45 595.45	37 118.35	54 072.56
2015	52 819.96	45.598.41	60 041.51
2016	62 775.14	55 440.75	70 109.53
2017	76 130.11	69 069.57	83 190.65
2018	93 554.00	86 493.46	100 614.50
2019	115 715.90	108 381.50	123 050.30
2020	143 285.00	136 063.50	150 506.60
2021	176 930.40	168 453.30	185 407.50
2022	217 321.10	200 941.00	233 701.30

【例5】Logistic 模型。

根据某小镇2015—2021年年底的人口数，如表9所示，试选择 Logistic 模型对该镇2022年年底的人口数进行预测。

表9 某小镇人口数

年份	时间 t	(实际)人口数 y_t	Logistic 模型的趋势值 $\hat{y}_t$(预测值)
2015	1	4.3	5.316 64
2016	2	8.2	7.213 51
2017	3	9.5	9.079 51
2018	4	10.4	10.669 34
2019	5	12.1	11.866 20
2020	6	12.7	12.685 95
2021	7	13.1	13.211 69
2022	8	—	13.534 80

首先建立数据文件;然后,画出该小镇人口数 $\{y_t\}$ 的时序图,如图 35 所示。

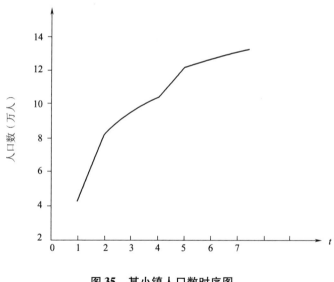

图 35 某小镇人口数时序图

该小镇的目标是将人口数控制在 14 万人左右,从图 35 可以看出,14 为其上限。

之后,仿照例 4,打开曲线估计 Cure Estimation 对话框,如图 36 所示。点选模型 Models 中的 Logistic,并在 Upper bound 内键入 14;也可点选最下行左部的方差分析表(Display ANOVA table),然后点选右上角 Save ,打开对话框,如图

37 所示,在其上点选欲存储的点预测值 Predicted values,点击最下一行 $\boxed{\text{Continue}}$ 按钮,回到 Cure Estimation 对话框,待执行。

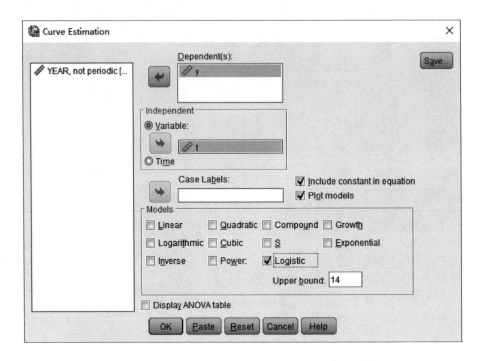

图 36 Cure Estimation 对话框与 Logistic 模型选择示意图

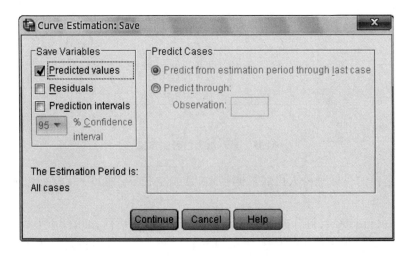

图 37 Cure Estimation 的 Save 对话框

方法一：直接点击 OK 按钮，即得到输出结果如图 38 所示。用鼠标左键点

选所需分析的内容，而后点鼠标右键，出现   ，再用鼠标左键

点 Copy 或 Copy objects 复制，最后粘贴整理到 Word 文档中，见表 10。

表 10   模型摘要和参数   因变量：人口数（万人）

Equation	Model Summary					Parameter Estimates	
	R Square	F	df1	df2	Sig	Constant	b1
Logistic Sig.	0.971	168.457	1	5	0.000	0.203	0.576

The independent variable is t.

由此可知，Logistic 模型对于该镇人口数的拟合优度 R^2 为 0.971，相当高，这也可以从图 38 得到确认。

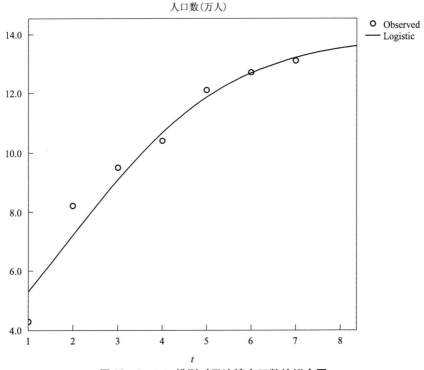

图 38　Logistic 模型对于该镇人口数的拟合图

Logistic 模型的形式为：

$$\hat{y}_t = \frac{1}{1/14 + 0.203(0.576)^t}$$

再回到数据编辑窗，如图 39 所示，可以看到 Logistic 模型的趋势值 FIT_1 即为 $\hat{y}_t$，并且预测出 2022 年年底该镇人口数将达到 13.534 8 万人。

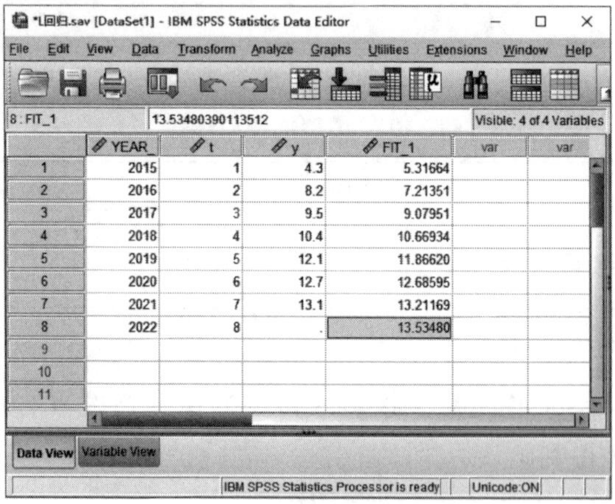

图 39 Logistic 模型的预测值

【例6】某企业从 2017 年 1 月到 2020 年 12 月的销售额数据如表 11 所示。试从这些数据中找出一些规律，使用 SPSS 对该销售额时序进行季节分解。

表 11 某企业从 2017 年 1 月到 2020 年 12 月的销售额数据 单位：百万元

年份	1 月	2 月	3 月	4 月	5 月	6 月	7 月	8 月	9 月	10 月	11 月	12 月
2017	55.45	59.83	50.91	50.55	51.18	56.49	60.57	61.63	56.86	57.02	56.34	50.29
2018	58.36	62.29	55.88	57.32	56.39	63.28	63.69	65.9	64.45	65.09	60.57	58.17
2019	67.68	68.83	62.67	63.16	61.96	68.44	72.08	68.76	70.98	71.81	68.36	62.73
2020	69.59	75.00	70.08	68.14	68.97	77.88	77.4	78.73	78.4	80.69	72.46	73.21

参考图 41 建立数据文件，之后首先画出时序图（见图 40）。

从图 40 可以看出：总的趋势是增长的，并且明显与月份的周期有关系，即销售数据具有季节性。除了增长的趋势和季节影响之外，还有些无规律的随机因素的作用。

使用中文 SPSS 26.0 的 季节性分解 可以很容易地得到结果表 12 和表 13。

操作： 分析 → 时间序列预测 → 季节性分解 ，打开其对话框如图 41 所示。

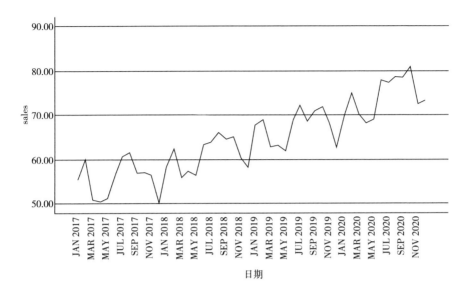

图 40

图 41

将变量 sales 移入变量栏下,勾选左下角的显示个案列表,最后点击确定按钮执行(如图 42 所示)。然后在数据编辑窗中看到生成了四个附加变量,它们是:误差(ERR_1)、季节调整后的序列(SAS_1)、季节因素(SAF_1)和去掉季节后的趋势循环因素(STC_1)。

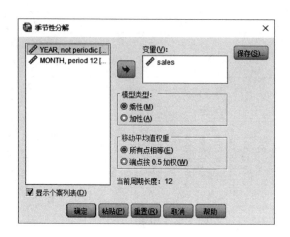

图 42

在输出结果窗中挑选出表 12。

表 12　周期性分解(1)　　　　　　　序列名称:sales

DATE_	原始序列	移动平均序列	原始序列与移动平均序列之比(%)	季节因子(%)	季节性调整序列	平滑趋势周期序列	不规则(误差)因子
JAN 2017	55.450	—	—	100.0	55.429	55.526	0.998
FEB 2017	59.830	—	—	105.4	56.738	55.129	1.029
MAR 2017	50.910	—	—	95.7	53.219	54.334	0.979
APR 2017	50.550	—	—	95.6	52.871	53.923	0.980
MAY 2017	51.180	—	—	93.6	54.701	54.318	1.007
JUN 2017	56.490	—	—	104.4	54.119	55.310	0.978
JUL 2017	60.570	55.5933	109.0	105.2	57.559	56.327	1.022
AUG 2017	61.630	55.8358	110.4	106.2	58.043	56.577	1.026
SEP 2017	56.860	56.0408	101.5	102.9	55.239	56.377	0.980
OCT 2017	57.020	56.4550	101.0	103.0	55.348	56.147	0.986

续表

DATE_	原始序列	移动平均序列	原始序列与移动平均序列之比（%）	季节因子（%）	季节性调整序列	平滑趋势周期序列	不规则（误差）因子
NOV 2017	56.340	57.019 2	98.8	98.3	57.332	56.494	1.015
DEC 2017	50.290	57.453 3	87.5	89.7	56.087	57.113	0.982
JAN 2018	58.360	58.019 2	100.6	100.0	58.338	57.897	1.008
FEB 2018	62.290	58.279 2	106.9	105.4	59.071	58.529	1.009
MAR 2018	55.880	58.635 0	95.3	95.7	58.415	59.100	0.988
APR 2018	57.320	59.267 5	96.7	95.6	59.952	59.658	1.005
MAY 2018	56.390	59.940 0	94.1	93.6	60.269	60.100	1.003
JUN 2018	63.280	60.292 5	105.0	104.4	60.624	60.608	1.000
JUL 2018	63.690	60.949 2	104.5	105.2	60.524	61.092	0.991
AUG 2018	65.900	61.725 8	106.8	106.2	62.065	61.808	1.004
SEP 2018	64.450	62.270 8	103.5	102.9	62.613	62.277	1.005
OCT 2018	65.090	62.836 7	103.6	103.0	63.182	62.776	1.006
NOV 2018	60.570	63.323 3	95.7	98.3	61.637	63.477	0.971
DEC 2018	58.170	63.787 5	91.2	89.7	64.875	64.629	1.004
JAN 2019	67.680	64.217 5	105.4	100.0	67.654	65.601	1.031
FEB 2019	68.830	64.916 7	106.0	105.4	65.273	65.899	0.991
MAR 2019	62.670	65.155 0	96.2	95.7	65.513	65.898	0.994
APR 2019	63.160	65.699 2	96.1	95.6	66.060	65.832	1.003
MAY 2019	61.960	66.259 2	93.5	93.6	66.222	66.215	1.000
JUN 2019	68.440	66.908 3	102.3	104.4	65.567	66.329	0.989
JUL 2019	72.080	67.288 3	107.1	105.2	68.497	66.814	1.025
AUG 2019	68.760	67.447 5	101.9	106.2	64.759	67.162	0.964
SEP 2019	70.980	67.961 7	104.4	102.9	68.957	68.206	1.011
OCT 2019	71.810	68.579 2	104.7	103.0	69.705	68.986	1.010
NOV 2019	68.360	68.994 2	99.1	98.3	69.564	69.616	0.999
DEC 2019	62.730	69.578 3	90.2	89.7	69.961	69.885	1.001
JAN 2020	69.590	70.365 0	98.9	100.0	69.564	70.409	0.988

续表

DATE_	原始序列	移动平均序列	原始序列与移动平均序列之比（%）	季节因子（%）	季节性调整序列	平滑趋势周期序列	不规则（误差）因子
FEB 2020	75.000	70.808 3	105.9	105.4	71.124	71.139	1.000
MAR 2020	70.080	71.639 2	97.8	95.7	73.259	71.982	1.018
APR 2020	68.140	72.257 5	94.3	95.6	71.269	72.610	0.982
MAY 2020	68.970	72.997 5	94.5	93.6	73.715	73.302	1.006
JUN 2020	77.880	73.339 2	106.2	104.4	74.611	73.754	1.012
JUL 2020	77.400	74.212 5	104.3	105.2	73.553	74.228	0.991
AUG 2020	78.730	—	—	106.2	74.148	74.980	0.989
SEP 2020	78.400	—	—	102.9	76.165	75.637	1.007
OCT 2020	80.690	—	—	103.0	78.325	76.730	1.021
NOV 2020	72.460	—	—	98.3	73.736	77.903	0.947
DEC 2020	73.210	—	—	89.7	81.649	78.490	1.040

再特别画出季节因子 1—12 月的时序图,如图 43 所示,可以清晰地看出除了 1 月正常之外,3、4、5 月与 11、12 月的季节因子都低于 100%,属于淡季,而其余月份均为旺季。

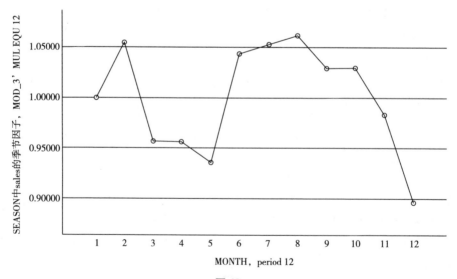

图 43

如果再使用加法模型可点选 模型类型 栏下的加性（A）一项,输出结果如表13所示。

表13　周期性分解（2）

序列名称：　sales

DATE_	原始序列	移动平均序列	原始序列与移动平均序列之差	季节因子	季节性调整序列	平滑趋势周期序列	不规则（误差）因子
JAN 2017	55.450	—	—	0.777 57	54.672	54.851	−0.178 75
FEB 2017	59.830	—	—	3.806 74	56.023	54.701	1.321 94
MAR 2017	50.910	—	—	−2.498 26	53.408	54.402	−0.993 33
APR 2017	50.550	—	—	−3.099 93	53.650	54.248	−0.598 18
MAY 2017	51.180	—	—	−4.190 76	55.371	54.567	0.803 89
JUN 2017	56.490	—	—	2.788 12	53.702	55.262	−1.559 69
JUL 2017	60.570	55.593 3	4.976 67	3.692 29	56.878	56.077	0.800 25
AUG 2017	61.630	55.835 8	5.794 17	3.528 40	58.102	56.352	1.749 35
SEP 2017	56.860	56.040 8	0.819 1 7	1.773 68	55.086	56.304	−1.217 93
OCT 2017	57.020	56.455 0	0.565 00	1.784 51	55.235	56.322	−1.086 79
NOV 2017	56.340	57.019 2	−0.679 17	−1.587 43	57.927	56.784	1.143 89
DEC 2017	50.290	57.453 3	−7.163 33	−6.774 93	57.065	57.326	−0.260 99
JAN 2018	58.360	58.019 2	0.340 83	0.777 57	57.582	57.794	−0.211 94
FEB 2018	62.290	58.279 2	4.010 83	3.806 74	58.483	58.317	0.165 93
MAR 2018	55.880	58.635 0	−2.755 00	−2.498 26	58.378	59.012	−0.633 33
APR 2018	57.320	59.267 5	−1.947 50	−3.099 93	60.420	59.795	0.625 15
MAY 2018	56.390	59.940 0	−3.550 00	−4.190 76	60.581	60.216	0.365 00
JUN 2018	63.280	60.292 5	2.987 50	2.788 12	60.492	60.603	−0.110 80
JUL 2018	63.690	60.949 2	2.740 83	3.692 29	59.998	60.997	−0.999 75
AUG 2018	65.900	61.725 8	4.174 17	3.528 40	62.372	61.807	0.564 91
SEP 2018	64.450	62.270 8	2.179 17	1.773 68	62.676	62.393	0.283 18
OCT 2018	65.090	62.836 7	2.253 33	1.784 51	63.305	62.989	0.316 54
NOV 2018	60.570	63.323 3	−2.753 33	−1.587 43	62.157	63.617	−1.459 44
DEC 2018	58.170	63.787 5	−5.617 50	−6.774 93	64.945	64.587	0.357 90
JAN 2019	67.680	64.217 5	3.462 50	0.777 57	66.902	65.330	1.572 50

续表

DATE_	原始序列	移动平均序列	原始序列与移动平均序列之差	季节因子	季节性调整序列	平滑趋势周期序列	不规则（误差）因子
FEB 2019	68.830	64.916 7	3.913 33	3.806 74	65.023	65.602	−0.578 52
MAR 2019	62.670	65.155 0	−2.485 00	−2.498 26	65.168	65.680	−0.512 22
APR 2019	63.160	65.699 2	−2.539 17	−3.099 93	66.260	65.788	0.471 82
MAY 2019	61.960	66.259 2	−4.299 17	−4.190 76	66.151	66.204	−0.052 78
JUN 2019	68.440	66.908 3	1.531 67	2.788 12	65.652	66.392	−0.739 69
JUL 2019	72.080	67.288 3	4.791 67	3.692 29	68.388	66.921	1.466 91
AUG 2019	68.760	67.447 5	1.312 50	3.528 40	65.232	67.396	−2.163 98
SEP 2019	70.980	67.961 7	3.018 33	1.773 68	69.206	68.496	0.709 85
OCT 2019	71.810	68.579 2	3.230 83	1.784 51	70.025	69.236	0.789 88
NOV 2019	68.360	68.994 2	−0.634 17	−1.587 43	69.947	69.658	0.289 44
DEC 2019	62.730	69.578 3	−6.848 33	−6.774 93	69.505	69.695	−0.189 88
JAN 2020	69.590	70.365 0	−0.775 00	0.777 57	68.812	70.040	−1.227 50
FEB 2020	75.000	70.808 3	4.191 67	3.806 74	71.193	70.790	0.403 70
MAR 2020	70.080	71.639 2	−1.559 17	−2.498 26	72.578	71.619	0.958 89
APR 2020	68.140	72.257 5	−4.117 50	−3.099 93	71.240	72.387	−1.147 07
MAY 2020	68.970	72.997 5	−4.027 50	−4.190 76	73.161	73.159	0.001 67
JUN 2020	77.880	73.339 2	4.540 83	2.788 12	75.092	73.939	1.152 53
JUL 2020	77.400	74.212 5	3.187 50	3.692 29	73.708	74.611	−0.903 09
AUG 2020	78.730	—	—	3.528 40	75.202	75.586	−0.383 98
SEP 2020	78.400	—	—	1.773 68	76.626	76.205	0.420 96
OCT 2020	80.690	—	—	1.784 51	78.905	77.028	1.877 65
NOV 2020	72.460	—	—	−1.587 43	74.047	77.646	−3.598 52
DEC 2020	73.210	—	—	−6.774 93	79.985	77.955	2.029 92

最后读者可以进一步分析使用哪个模型更佳，并使用它进行预测。